Violência Contra a Mulher

Violência Contra a Mulher

2023

Ana Flávia Messa
Maria Clara da Cunha Calheiros
Coordenadoras

Manuella Santos de Castro
Organizadora

ALMEDINA

VIOLÊNCIA CONTRA A MULHER

© Almedina, 2023
COORDENADORAS: Maria Clara da Cunha Calheiros, Ana Flávia Messa
ORGANIZADORA: Manuella Santos de Castro

DIRETOR ALMEDINA BRASIL: Rodrigo Mentz
EDITORA-CHEFE: Manuella Santos de Castro
EDITOR PLENO: Aurélio Cesar Nogueira
ASSISTENTES EDITORIAIS: Larissa Nogueira e Letícia Gabriella Batista
ESTAGIÁRIA DE PRODUÇÃO: Laura Roberti

DIAGRAMAÇÃO: Almedina
DESIGN DE CAPA: FBA

ISBN: 9786556279374
Setembro, 2023

Dados Internacionais de Catalogação na Publicação (CIP)
(Câmara Brasileira do Livro, SP, Brasil)

Violência contra a Mulher / organização Manuella Santos de Castro ; coordenadoras Maria Clara da Cunha Calheiros, Ana Flávia Messa. – São Paulo : Almedina, 2023.

Bibliografia.
ISBN 978-65-5627-937-4

1. Direito das mulheres - Brasil 2. Mulheres - Direitos - Brasil 3. Mulheres - Vítimas de violência 4. Violência contra as mulheres - Prevenção 5. Violência familiar 6. Vítimas de violência doméstica I. Castro, Manuella Santos de. II. Calheiros, Maria Clara da Cunha. III. Messa, Ana Flávia.

23-162676 CDD-362.8292

Índices para catálogo sistemático:

1. Violência contra a mulher : Violência familiar : Problemas sociais 362.8292
Aline Graziele Benitez - Bibliotecária - CRB-1/3129

Este livro segue as regras do novo Acordo Ortográfico da Língua Portuguesa (1990).

EDITORA: Almedina Brasil
Rua José Maria Lisboa, 860, Conj.131 e 132, Jardim Paulista | 01423-001 São Paulo | Brasil
editora@almedina.com.br
www.almedina.com.br

Para as mulheres que me inspiram: minha mãe, minha avó, minha irmã.

ANA FLÁVIA MESSA

DAS MULHERES

"Ó mulher, que ser esplêndido você é!
Porque você lançou seu fundamento no Sol e conquistou o mundo"

Hildegard de Bingen

Degredados de Eva, perenes somos lançados do erro original à escravidão.

Uma Babel espalha-se aos corações, milênios e séculos de incompreensão.

Maiores vítimas da desarmonia e da intolerância, mães e filhas de todos nós são.

Das mulheres de Atenas, em cadenas, ao Malleus Maleficarum, Inquisição.

Joana do Arco mártir às labaredas, Malala Yousafzai contra o talibão.

Por crimes desconhecidos, apenadas em tribunais da insensatez, exceção.

Em plúmbeas metrópoles, valquírias na multidão, ou num rincão, a solidão.

Sempre legitimadas as justiças por conta própria estão, algoz o varão.

A violência explícita propaga-se, profana, dissemina misógina segregação.

À aurora exsurge tardia indignação e irrompe legislativa tipificação.

Outrora, A Liberdade guiando o povo, sem as mulheres não há Revolução.

Do Minho ao Ceará, Maria da Fonte ou Maria da Penha, heroínas anônimas ou não.

Esperanças de uma sociedade justa, livre e plural, anseio da civilização.

ANDRÉ JOSÉ TUNISSE PENIDO

SOBRE AS COORDENADORAS

ANA FLÁVIA MESSA

Doutora em Direito Público pela Universidade de Coimbra. Doutora em Direito Público pela USP. Mestre em Direito Político e Econômico pela Universidade Presbiteriana Mackenzie. Membro da Academia Paulista de Letras Jurídicas. Membro do Conselho Científico da Academia Brasileira de Direito Tributário. Membro do Conselho Editorial da International Studies on Law and Education. Professora da Graduação e Pós-Graduação da Universidade Presbiteriana Mackenzie. Investigadora integrada na equipa do JusGov (no âmbito das atividades do JUSLAB e do ETEC) da Universidade do Minho.

MARIA CLARA DA CUNHA CALHEIROS

Doutora em Direito pela Faculdade de Direito da Universidade de Santiago de Compostela.Mestre em Direito pela Faculdade de Direito da Universidade de Coimbra. Licenciada em Direito pela Faculdade de Direito da Universidade de Coimbra. Professora Catedrática da Escola de Direito da Universidade do Minho.Presidente da Escola de Direito da Universidade do Minho

SOBRE A ORGANIZADORA

MANUELLA SANTOS DE CASTRO

Doutora em Direito Civil pela USP – Largo São Francisco. Mestre em Direito Civil Comparado pela PUC-SP. Bacharel em Direito pela PUC-SP. Cursa Faculdade de História na USP. Editora Jurídica e Advogada.

SOBRE OS AUTORES

ALEXIS COUTO DE BRITO

Doutor em Direito Penal pela Faculdade de Direito da USP. Pós-doutor pelas Universidades de Salamanca (Espanha) e Coimbra (Portugal). Professor da graduação e da pós-graduação da Universidade Presbiteriana Mackenzie e da Fadisp. Advogado.

ALICE BIANCHINI

Doutora em Direito penal pela PUC-SP.Mestre em Direito pela UFSC. Especialista em Teoria e Análise Econômica pela Universidade do Sul de Santa Catarina Unisul-SC e em Direito Penal Econômico Europeu, pela Universidade de Coimbra/IBCCrim. Foi professora do Departamento de Direito Penal da USP e do Curso de Mestrado em Direito da Uniban-SP. Foi Coordenadora dos Cursos de Especialização Telepresenciais da Rede de Ensino Luiz Flávio Gomes – Rede LFG. Leciona em diversos cursos de especialização. Conselheira de notório saber do Conselho Nacional dos Direitos da Mulher – CNDM.Conselheira Federal da OAB e Vice-Presidente da Comissão Nacional da Mulher Advogada. Vice-Presidente da Associação Brasileira de Mulheres de Carreiras Jurídicas – ABMCJ. Coordenadora da Pós-Graduação Direito das Mulheres: teoria, prática e ação transformadora (meucurso.com.br)

ANABELA SUSANA DE SOUSA GONÇALVES

Professora Associada da Escola de Direito da Universidade do Minho.

ANDRÉ BOIANI E AZEVEDO

Mestre em Direito Penal pela PUC-SP. Professor de Direito Penal e Direito Processual Penal na Universidade Presbiteriana Mackenzie.Advogado.

ARTENIRA DA SILVA E SILVA
Pós-doutora em Direitos Humanos pela UFPA. Pós-doutora em Psicologia e Educação pela Universidade do Porto. Doutora em Saúde Coletiva pela Universidade Federal da Bahia. Mestre em Saúde e Ambiente pela Universidade Federal do Maranhão. Graduada em Psicologia pela PUC-SP. Docente e pesquisadora do Departamento de Saúde Pública e do Mestrado em Direito e Instituições do Sistema de Justiça da Universidade Federal do Maranhão. Psicóloga Clínica e Forense.

BÁRBARA BARREIROS
Doutoranda ED-UM e Investigadora do JusGov.

DENISE GIMENEZ RAMOS
Mestre pela New School University – EUA. Doutora em Psicologia Clínica pela PUC-SP. Analista Junguiana pela International Association for Analytical Psychology (SBPA). Professora Titular do Programa de Pós-Graduação em Psicologia Clínica PUC-SP.

DIANA SOFIA ARAÚJO COUTINHO
Doutora em Ciências Jurídicas, na especialidade de Ciências Jurídicas-Privatísticas. Mestre em Direito dos Contratos e da Empresa. Investigadora Integrada do Centro Estudos Avançados em Direito Francisco Suárez (CEAD). Investigadora Colaboradora do Centro de Investigação para a Justiça e Governação (JusGov).

EDSON LUZ KNIPPEL
Advogado Criminalista. Doutor, Mestre e Bacharel em Direito pela PUC-SP. Professor da Faculdade de Direito da Universidade Presbiteriana Mackenzie. Palestrante e Conferencista. Autor de diversas obras jurídicas.

EDUARDO MANHOSO
Mestrando em Direito Político e Econômico pela Universidade Presbiteriana Mackenzie.Bacharel em Direito pela Universidade Presbiteriana Mackenzie. Advogado.

ÉRICA LENE DA SILVA SANTOS
Mestra em Direito e Instituições do Sistema de Justiça – UFMA. Pós-graduada em Direito Penal pela Faculdade Damásio de Jesus. Graduada em Direito pela Universidade Estadual do Piauí.

EVA MACEDO
Professora Auxiliar da Universidade Portucalense/Professora Adjunta Convidada do IPCA. Investigadora do JusGov.

EVERTON LUIZ ZANELLA
Doutor em Direito Processual Penal pela PUC-SP. Mestre em Direito Penal pela PUC-SP. Professor de Direito Penal e Direito Processual Penal da Universidade Presbiteriana Mackenzie. Coordenador Adjunto da Graduação da mesma instituição. Professor convidado dos cursos de pós-graduação da Escola Paulista de Direito. Parecerista do Conselho Internacional de Estudos Contemporâneos em Pós-Graduação – CONSINTER (Juruá Editorial). Promotor de Justiça e Secretário Executivo da Promotoria de Justiça do II Tribunal do Júri da Capital.

FLÁVIO DE LEÃO BASTOS PEREIRA
Pós-Doutorado pela Mediterranea International Centre for Human Rights Research dellUniversità "Mediterranea" di Reggio Calabria, Programa Internacional de Pós-Doutorado sobre "Novas Tecnologias e a Lei", Calábria (Itália). Doutor e Mestre em Direito Político e Econômico pela Universidade Presbiteriana Mackenzie. Professor de Direitos Humanos e de Direito Constitucional da Universidade Presbiteriana Mackenzie. Especialista em Genocídios e Direitos Humanos pelo International Institute For Genocide and Human Rights Studies/Zoryan Institute, Toronto, Canadá. Professor convidado pela Faculdade de Serviço Social da Universidade Tecnológica de Nuremberg Georg Simon Ohm, Alemanha, 2020/2021. Pesquisador da Cátedra Otávio Frias Filho de Estudos em Comunicação, Democracia e Diversidade do Instituto de Estudos Avançados da Universidade de São Paulo (IEA-USP) em convênio com o Jornal a Folha de São Paulo. Advogado. Parecerista.

GABRIELA SHIZUE SOARES DE ARAUJO
Doutora e Mestra em Direito Constitucional pela PUC-SP. Professora na Escola Paulista de Direito. Advogada.

GIANPAOLO POGGIO SMANIO
Procurador de justiça. Doutor e Mestre em Direito pela PUC-SP. Diretor da Unidade de Direito da Universidade Presbiteriana Mackenzie. Coordenador dos grupos de pesquisa (CNPQ) "Políticas Públicas como Instrumento para a Efetivação da Cidadania" e "Segurança Pública e Cidadania".

HELISANE MAHLKE
Doutora em Direito Internacional pela USP. Mestre em Relações Internacionais pela UFRGS. Professora da Universidade Presbiteriana Mackenzie.

ISABEL CELESTE FONSECA
Professora Associada da Escola de Direito da Universidade do Minho.Investigadora do JusGov.

LEVY EMANUEL MAGNO
Doutorando pela Universidade Presbiteriana Mackenzie. Mestre em Direito Processual Penal pela PUC-SP. Professor de Pós-Graduação da Universidade Presbiteriana Mackenzie e do Centro Universitário FIG-UNIMESP. Professor da Escola Superior do Ministério Público. Foi membro do Ministério Público do Estado de São Paulo por 28 anos. Advogado.

MÁRCIO AUGUSTO FRIGGI DE CARVALHO
Doutor em Direito Processual Penal pela PUC-SP. Mestre em Direito Penal pela PUC-SP. Extensão universitária em Direito Penal e Processual Penal pela Georg-August Universität – Göttingen, Alemanha. Professor de Direito Penal dos programas de graduação e pós-graduação da PUC-SP. Professor de Direito Penal e Processual Penal do curso de pós-graduação da rede Damásio e da instituição TOLEDO. Palestrante convidado de diversas Escolas do Ministério Público do Brasil e da Escola Paulista da Magistratura. Promotor de Justiça do II Tribunal do Júri de São Paulo.

MARGARIDA SANTOS
Professora Auxiliar da Escola de Direito da Universidade do Minho. Membro Integrado do Centro de Investigação em Justiça e Governação (JusGov).

MARIANA ADELAIDE VIEIRA GONÇALVES
Doutora em Psicologia Aplicada pela Universidade do Minho. Mestre em Psicologia pela Universidade do Minho. Investigadora do Centro de Investigação em Psicologia, da Escola de Psicologia da Universidade do Minho. Psicóloga.

MARINA FARACO LACERDA GAMA
Doutora e Mestra em Direito do Estado pela PUC-SP. Professora da Faculdade de Direito da PUC-SP. Professora do Mestrado em Direito Constitucional Econômico da UNIALFA.

MARLENE ALEXANDRA VELOSO DE MATOS

Doutora em Psicologia pela Universidade do Minho. Mestre em Psicologia da Justiça pela Universidade do Minho. Professora Auxiliar e Investigadora do Centro de Investigação em Psicologia, da Escola de Psicologia da Universidade do Minho. Psicóloga, perita forense e psicoterapeuta.

MARTA SOUSA

Doutoranda em Psicologia Aplicada da Universidade do Minho. Psicóloga na Associação de Psicologia da Universidade do Minho.

MIRIAM ROCHA

Doutora em Ciências Jurídicas pela Escola de Direito da Universidade do Minho. Professora Convidada equiparada a Professora Auxiliar da Escola de Direito da Universidade do Minho

OLGA CUNHA

Doutora em Psicologia da Justiça. Professora Auxiliar da Faculdade de Psicologia, Educação e Desporto da Universidade Lusófona do Porto.

ORLY KIBRIT

Doutora e Mestre em Direito Político e Econômico pela Universidade Presbiteriana Mackenzie.Professora da Universidade Presbiteriana Mackenzie. Assessora na Procuradoria Regional da 3ª Região.Integrante dos grupos de pesquisa (CNPQ) “Políticas Públicas como Instrumento para a Efetivação da Cidadania” e “Segurança Pública e Cidadania”.

PATRÍCIA TUMA MARTINS BERTOLIN

Pós-Doutorado na Superintendência de Educação e Pesquisa da Fundação Carlos Chagas. Doutora e Mestre em Direito pela USP. Professora permanente do Programa de Pós-Graduação em Direito Político e Econômico da Universidade Presbiteriana Mackenzie. Líder do grupo de pesquisa (CNPq) “Mulher, Sociedade e Direitos Humanos”.

PATRICIA VANZOLINI

Doutora e Mestre em Direito penal pela PUC-SP. Professora da graduação e da pós-graduação da Universidade Presbiteriana Mackenzie e do Damásio Educacional. Advogada.

ROGÉRIO LUIS ADOLFO CURY
Advogado Criminalista. Professor da Universidade Presbiteriana Mackenzie. Coordenador dos Cursos de Especialização em Direito e Processo Penal da Universidade Presbiteriana Mackenzie. Professor da Escola Superior do Ministério Público de São Paulo. Conselheiro Secional da OABSP. Presidente da Comissão de Cultura e Eventos da OABSP. Vice-Presidente da Comissão de Processo Penal da OABSP. Autor de obras jurídicas.

RUI ABRUNHOSA GONÇALVES
Doutor em Psicologia da Justiça. Professor Associado com Agregação da Escola de Psicologia da Universidade do Minho.

VIRGÍNIA SANTOS DE CAMARGO BARROS LAZZARINI
Advogada e Enfermeira Obstetra. Especialista em Enfermagem Ginecológica e Obstétrica pela Faculdade de Enfermagem do Hospital Israelita Albert Einstein. Especialista em Prevenção e Enfrentamento da Violência para a garantia dos direitos humanos pela Faculdade de Ciências Médicas da Santa Casa de São Paulo – FCMSCSP. Docente das pós-graduações lato sensu da FEHIAE e da Faculdade de Enfermagem da Universidade Federal de São Paulo-UNIFESP. Integrante dos grupos de pesquisa CENFOBS e GEPAM da Universidade Federal de São Paulo-UNIFESP.

VIVIANE R. ROJAS
Bacharel Teatro, Dança e Música pela Loyola Marymount University – EUA. Especialista em Psicologia Analítica pelo IJEP. Mestre em Psicologia Clínica pela PUC-SP. Doutoranda em Psicologia Clínica pela PUC-SP.

SUMÁRIO

PARTE I

MULHERES E O CICLO DA VIOLÊNCIA

1.
A NEGAÇÃO AO DIREITO DE FICAR EM CASA: VIOLÊNCIA DOMÉSTICA E FAMILIAR CONTRA A MULHER EM TEMPOS DE PANDEMIA

EDSON LUZ KNIPPEL
ROGÉRIO LUIS ADOLFO CURY

Introdução[1]

A pandemia causada pelo novo coronavírus trouxe como consequência uma mudança substancial no relacionamento interpessoal e no modo de se viver.

Em um átimo foi indispensável praticar o isolamento social como forma eficaz e recomendada para impedir o avanço da contaminação e de quadros graves e de mortes.

Dentre tantos impactos, se destaca no presente artigo a forma pela qual as medidas de quarentena influenciaram no agravamento da violência doméstica e familiar contra a mulher.

A necessidade de tornar pública a ocorrência da violência contra a mulher, fazendo com que ela extrapole os limites privados dos lares, com a consequente intervenção estatal, se viu ameaçada, já que esta mulher não mais era vista fora do lar e permanecia dentro de casa, muitas vezes na companhia do agressor, por praticamente todo o tempo.

[1] O capítulo sobre gênero foi extraído e adaptado da tese de doutoramento apresentada pelo autor Edson Luz Knippel ao Programa de Pós-Graduação em Direito da Pontifícia Universidade Católica de São Paulo (PUC/SP), cuja defesa se deu em data de 13 de março de 2015. A orientação da tese se deu pelo Professor Doutor Marco Antonio Marques da Silva.

Neste artigo buscamos demonstrar que essa realidade tem sua gênese no conceito de gênero, analisando inicialmente as principais teorias sobre este assunto, e verificar de que modo a pandemia atingiu mulheres em situação de violência, cotejando o que foi realizado pelos órgãos públicos e pela iniciativa privada.

1. Gênero e violência de gênero

A definição de gênero perpassa por diferentes áreas do conhecimento, conferindo ao tema caráter interdisciplinar. De acordo com cada segmento, se extrai uma determina teoria acerca do assunto.

Nos postulados da teoria evolutiva, se extrai que as diferenças entre homens e mulheres são o resultado da biologia evolutiva humana, consistente na existência de um critério de escolha para a seleção do parceiro. Sendo assim, tais critérios são diversos, repercutindo na evolução de cada gênero[2].

É a partir dessa premissa que se extrai, nos limites da teoria evolutiva, que o homem tende a subjugar a mulher, especialmente em relação à sua sexualidade. O casamento, visando garantir a monogamia, chegando até a circuncisão feminina são exemplos do que aqui se apresenta.

Outra forma de abordar o tema é a partir da óptica da teoria cultural ou social:

Gênero é uma construção social formada principalmente por crenças e valores sociais. Embora o gênero seja baseado na dicotomia biológica, teóricos culturais o veem mais como uma categoria social do que biológica. (...) as diferenças biológicas entre os sexos afetam apenas um número limitado de traços anatômicos (por exemplo: estatura, órgãos

[2] Rudman, Laurie A.; Glick, Peter. Idem, p. 13-14. *"(...) men face the particular problem of uncertainty about the pathernity of the mate's offspring. Men hypothetically evolved to exercise control over their mates' sexuality so that they can have confidence that their mate has not had sex with anyone else. Because of paternal uncertainty, men evolved to experience strong sexual jealousy and to engage in "mate guarding". The latter can be seen in various cultural practices designed to control women's sexuality, ranging from marriage (to ensure wive's monogamy) to female circumcision, which curtails women's sexual pleasure."*(original).

genitais e pelos faciais) e que as diferenças psicológicas entre os sexos são criações culturais.[3] (tradução nossa).

Nessa perspectiva, o fundamento da desigualdade entre homens e mulheres repousaria sobre construções culturais, sociais e antropológicas.[4] Se por um lado não se nega a existência de diferenças biológicas, por outro lado é privilegiado o aspecto cultural como fundamento para a questão comportamental e, consequentemente, para explicar a existência de diferenças entre homens e mulheres.

A teoria da aprendizagem social, por seu turno, aponta que o comportamento é por um modelo que nos é apresentado ou reforçado[5]. Desde a infância as crianças de ambos os sexos notam, apreendem e repetem comportamentos de adultos, também dos dois sexos. Dessa forma, estereótipos são reforçados e perpetuados por gerações. Shelley J. Correl, Sarah Thébaud e Stephen Bernard afirmam que "(...) por meio de reforço, as crianças aprendem tanto o 'papel' de macho como o de fêmea, internalizam-no como uma identidade, e depois adotam os comportamentos e traços associados a esse papel na medida em que exercem suas atividades adultas."[6].

[3] RUDMAN, Laurie A.; GLICK, Peter. Idem, p. 24 e 28. *"views gender as a social construction primarily shaped by social values and beliefs. Although gender is based on a biological dichotomy, cultural theorists view it as more of a social than a biological category." "(...) biological sex differences affect only a limited number of physical traits (e.g. size, genitalia, and facial hair) and that psychological differences between the sexes are culturally created."* (original).

[4] Neste sentido, Alice H. Eagly assevera que "(...) As explicações culturais, decorrentes da conhecida interpretação da socialização, enfatiza que os membros de grupos sociais adquirem crenças e valores comuns em razão de pressões sociais que eles experimentam durante a infância." (tradução nossa). *"(...) cultural explanations, deriving from the familiar socialization interpretation, emphasize that members of social groups acquire common beliefs and values because of socialization pressures they experience during childhood."* (original). In: EAGLY, Alice H. **Sex differences in social behavior: a social-role interpretation**. New Jersey: Lawrence Erlbaum Associates, 1987, P. 9.

[5] HELGESON, Vicki S. Op. cit., p. 152-153. *"first, we learn behavior that is modeled; second, we learn behavior that is reinforced. These are primary principles of social learning theory, and they apply to the acquisition of gender-role behavior as they do to any other domain of behavior."* (original).

[6] CORREL, Shelley J., THÉBAUD, Sarah; BENARD, Stephen. An introduction to the social psychology of gender, p. 2. In: CORRELL, Shelley J. (org.). **Social Psychology of Gender**. Oxford: Elsevier, 2007. *"(...) through reinforcement, children learn either the male or the female*

É dessa forma que a cultura machista e patriarcal se difunde, atribuindo ao homem legitimidade social para o exercício efetivo do poder familiar, mantendo uma relação de poder e de subordinação sobre a mulher, nos mais variados aspectos da vida. Mesmo que para isso precise fazer uso da violência.

Já para a teoria do papel social (*social role theory*) as diferenças no comportamento de homens e mulheres resultam de diferentes papeis que homens e mulheres exercem em nossa sociedade."[7].

Partindo também de uma abordagem cultural e antropológica, asservera que os papeis sociais desempenhados a cada pessoa são frutos da realidade social e também dos estereótipos.

Observa-se, segundo essa teoria, que os papeis determinados para cada sexo pela sociedade nutrem não apenas a realidade em que vivemos, mas também os estereótipos nela inseridos. O descumprimento de tais papeis acarreta reprovação social, o que obriga que cada pessoa siga cumprindo o papel social que não foi conquistado, mas imposto.

Daí a necessidade de que exista uma real modificação na distribuição de tais papeis sociais com a finalidade de alcançar uma equidade de gênero, com o escopo de diminuir os estereótipos presentes na sociedade[8].

Também é verdadeiro que existe forte resistência na mudança ou ao menos na atenuação de tais papeis socias. Setores da sociedade que possuem privilégio não desejam perdê-lo e utilizam sua força social, econômica, institucional e política para que haja uma perpetuação.

Independente da teoria adotada, principalmente aquelas que trazem como substrato a análise social e antropológica, se mostra necessário estudar gênero e a relação que se estabelece com a violência contra a mulher.

'role', internalize it as an identity, and then enact the behaviors and traits associated with that role as they carry out their adult activities." (original).

[7] Helgeson, Vicki S. Op. cit., p. 184. *"suggests differences in men's and women's behavior are a function of the different roles that men and women hold in our society."* (original).

[8] Rudman, Laurie A. e Glick, Peter. Op. cit., p. 21. *"if social roles determine both the content of stereotypes and differences in how men and women behave, then changes in men's and women's distribution into societal roles ought to either reinforce or diminish gendered stereotypes and behavior."* (original).

Não existe um conceito legal sobre gênero, tendo em vista que a Lei Maria da Penha (Lei 11.340/2006) é silente a esse respeito, apenas mencionando o termo nos artigos 5º e 8º. A doutrina apresenta diversas definições sobre gênero. Para Graziela Acquaviva Pavez, "nessa direção (é encaminhada) a introdução do gênero, enquanto construção sócio histórica sobre as relações assimétricas e desiguais entre homens e mulheres, homens-homens e mulheres-mulheres."[9]

Nos dizeres de Silvia Pimentel, Ana Lúcia P. Schritzmeyer e Valéria Pandjiarjian, "as relações de gênero ou relações sociais entre os sexos devem ser, pois, analisadas dentro de um complexo contexto de poder e violência, no qual se encontram inseridas."[10]

Em resumo, "gênero é uma construção social, cultural e antropológica que reflete a relação de poder e subordinação do homem sobre a mulher, originada de um conjunto de papéis sociais desejados, numa óptica patriarcal e machista. Trata-se de relação assimétrica, já que deriva de uma desigualdade material entre homens e mulheres. Os papéis do homem e da mulher não são alcançados por eles, e sim impostos pela construção social"[11].

Heleieth Safiotti nos alerta que a violência de gênero é aquela exercida para manter a relação de poder e subordinação. Violência de gênero é o conceito mais amplo, abrangendo vítimas como mulheres, crianças e adolescentes de ambos os sexos. No exercício da função patriarcal, os homens detêm o poder de determinar a conduta das categorias sociais nomeadas, recebendo autorização ou pelo menos tolerância da sociedade para punir o que se lhes apresenta como desvio.[12]

Via de consequência, uma vez incutido o papel social de cada um, imposto pela cultura patriarcal, tem-se a intenção de manutenção do

[9] Ibidem, p. 62.

[10] Ibidem, p. 25.

[11] Knippel, Edson Luz. Características e consequências da violência doméstica e familiar contra a mulher: necessidade de intervenção interdisciplinar. Revista de Direito Médico nº 2 (eletrônica). Revista dos Tribunais, São Paulo, 2019. Acessado em 20 de setembro de 2021: https://www.thomsonreuters.com.br/pt/juridico/webrevistas/rdm-revista-de--direito-e-medicina.html.

[12] Saffioti, Heleieth. **Contribuições feministas para o estudo da violência de gênero**. Campinas: Editora da UNICAMP, 2002, p. 197.

poder e da subordinação do subjugado pelo dominador.[13] É a partir deste ponto que se pavimenta a ideia da violência de gênero, justamente para manter o papel social imposto, e não conquistado[14].

2. Violência contra a mulher na pandemia do novo coronavírus

Especificamente na pandemia, em razão do necessário distanciamento social imposto pelas autoridades, com a finalidade de conter a propagação do novo coronavírus, foi verificado um aumento significativo no número de ocorrências de violência doméstica contra a mulher.

A violência contra a mulher, que no contexto global já era considerada epidêmica pela Organização Mundial da Saúde, passou a sofrer impacto direto pela necessidade de se evitar a propagação do novo coronavírus.

Nesse período, a mulher permaneceu por mais tempo em casa, muitas vezes em companhia praticamente em período integral com o seu agressor, sem que pudesse ser vista para que a violência pudesse ser percebida por familiares, amigos e outras pessoas de seu convívio.

Além da dupla ou até mesmo da tripla jornada, já que no contexto de uma cultura machista, as atividades do lar e o cuidado dos filhos são atribuídos à mulher, a violência passou a ser isolada em ambiente privado, sob o controle total do agressor, inclusive sobre meios de comunicação, tais como telefone ou computador com acesso à *internet*.

[13] Emma Fulu, ao tratar sobre a violência doméstica na Ásia, em especial nas Maldivas, discorreu sobre o tema: "A violência cometida por um parceiro íntimo do sexo masculino é de fato a forma mais comum de violência sofrida por mulheres (...) É tanto uma consequência da subordinação e opressão das mulheres como uma ferramenta usada para manter o regime patriarcal." (tradução nossa). "*Violence by a male intimate partner is in fact the most common form of violence faced by women (...) It is both a consequence of women's subordination and oppression and a tool used to maintain patriarchy.*" (original). **Domestic violence in Asia: globalization, gender and Islam in the Maldives**. New York: Routledge, 2014, p. 2.

[14] O estudo "Sistema de Indicadores de Percepção Social" elaborado pelo Instituto de Pesquisa Econômica Aplicada (IPEA) em 2014 ressalta que "A família patriarcal organiza-se em torno da autoridade masculina; para manter esta autoridade e reafirmá-la, o recurso à violência – física ou psicológica – está sempre presente, seja de maneira efetiva, seja de maneira subliminar", p. 4. Disponível em: [http://www.ipea.gov.br/portal/images/stories/PDFs/SIPS/140327_sips_violencia_mulheres_novo.pdf]. Acessado em: 07 de outubro de 2014.

Diante do que foi aqui explanado, também se mostra importante fazer um recorte de raça e classe. Isso porque quanto mais pobre for a família, menor serão os espaços de convívio dentro do lar, o que aumenta o convívio e a tensão do relacionamento violento.

Sendo assim, é possível afirmar que negras periféricas sofreram maior impacto da violência contra a mulher em seus lares, durante o período de isolamento social decorrente da pandemia. Importante ressaltar que é o segmento de mulheres que mais sofre violência doméstica no Brasil, inclusive no que se refere ao crime de homicídio qualificado por feminicídio.

O crescente consumo de álcool e de drogas ilícitas, embora por si só não possa ser estabelecido como causa da violência contra a mulher, é certo que funcionou como um importante gatilho nesse período de confinamento, somado ao tempo maior de permanência em casa e a dificuldade/impossibilidade de se encontrar com outras pessoas de seu relacionamento. Em outras palavras, de uma forma repentina, novos papeis sociais foram impostos a homens e mulheres. E esses novos papeis desempenhados resultaram no incremento da violência contra a mulher, em todo o mundo.

No dia 9 de abril de 2020 a Corte Interamericana de Direitos Humanos se posicionou em manifestação, lembrando aos Estados Membros sobre suas obrigações perante a comunidade internacional e a própria jurisprudência da Corte:

"Tendo em vista as medidas de isolamento social que podem levar a um aumento exponencial da violência contra mulheres e meninas em suas casas, é necessário enfatizar o dever do Estado de devida diligência estrita com respeito ao direito das mulheres a viverem uma vida livre de violência e, portanto, todas as ações necessárias devem ser tomadas para prevenir casos de violência de gênero e sexual; ter mecanismos seguros de denúncia direta e imediata; e reforçar a atenção às vítimas"

Especificamente no Brasil, diversos números foram divulgados, demonstrando o aumento expressivo do número de casos de violência doméstica contra a mulher, logo no início do isolamento social, ainda em fase de confinamento.

No Rio de Janeiro e em São Paulo, o número de casos durante o período de quarentena aumentou cerca de 50% [7]. Já o Fórum Brasileiro de Segurança Pública e do Decode Pulse mensurou uma majoração de 431% dos relatos de briga de casais no mesmo período[15].

Porém, embora o aumento medido pelas pesquisas seja relevante, certo é que a violência doméstica por si só já traz como característica a cifra oculta de criminalidade, consistente na subnotificação. Ainda mais relevante é essa ponderação no contexto de pandemia, já que muitas vezes a vítima sequer conseguiu se ausentar do lar para registrar ocorrência.

Nessa perspectiva, embora o lema das campanhas de isolamento social fosse "fique em casa!", muitas mulheres não conseguiram exercer esse direito de forma plena, sem violência.

Ficar em casa significou muitas vezes estar mais à mercê da violência, sem condições de romper o relacionamento abusivo ou ao menos pedir a intervenção do Estado para que houvesse uma quebra do ciclo de violência. O antagonismo entre se preservar da contaminação pelo novo coronavírus e se submeter à violência doméstica se apresentou como um dilema para as mulheres brasileiras.

É inegável que se trata de uma questão de gênero, tendo em vista que o homem não foi submetido a violência doméstica durante o período de confinamento. Não se trata de uma decorrência natural do isolamento social, e sim de que modo os papeis sociais são distribuídos para homens e mulheres e de que forma colaboram com a perpetuação da violência. Ainda mais considerando que as políticas públicas previstas na Lei Maria da Penha foram aplicadas, desde o início de sua vigência, de forma bastante tímida, sem grande efetividade.

Nos ditames do artigo 3º, § 1º, da Lei Maria da Penha, compete ao Estado "garantir os direitos humanos das mulheres no âmbito das relações domésticas e familiares no sentido de resguardá-las de toda forma de negligência, discriminação, exploração, violência, crueldade e opressão". Mas o que se viu na realidade foi que os equipamentos públicos

[15] Matéria jornalística extraída de https://g1.globo.com/bemestar/coronavirus/noticia/2020/04/19/violencia-fisica-e-sexual-contra-mulheres-aumenta-durante-isolamento-social-provocado-pelo-coronavirus.ghtml. Último acesso em 19.04.2020; https://revistaforum.com.br/mulher/violencia-domestica-cresce-50-no-rj-durante-isolamento/ e https://www1.folha.uol.com.br/cotidiano/2020/04/assassinatos-de-mulheres-em-casa-dobram-em-sp-durante-quarentena-por-coronavirus.shtml. Acesso em 9/5/2020.

de atendimento interdisciplinar já estavam deteriorados e muitas vezes sucateados antes mesmo do início da pandemia. Com o necessário distanciamento social, muitos deles fecharam as portas. Com isso, a prevenção e a intervenção psicológica e sociológica para que a mulher esteja fortalecida para bancar a denúncia ficaram bastante prejudicadas.

Por outro lado, no Estado de São Paulo, desde abril de 2020 se privilegiou a possibilidade de registrar ocorrência de forma eletrônica nas Delegacias de Defesa da Mulher e de atendimento interdisciplinar, com possível encaminhamento ao CRAVI (Centro de Referência e Apoio à Vítima.

Importante ressaltar que tais medidas não estão relacionadas à prevenção. O foco não foi o de evitar a ocorrência de fatos criminosos. E sim com a repressão, quando a violência já ocorreu.

A iniciativa privada também se preocupou com a escalada de violência contra a mulher. O Magazine Luiza, por exemplo, criou em seu *site* um botão de denúncia, que mais recentemente encaminha os casos ao Projetos Justiceiras, possibilitando orientação a quem estiver nessa situação.

Também houve mobilização de mulheres para facilitar o pedido de socorro em ocasiões rotineiras, como por exemplo, uma ida à farmácia. A mulher desenhava um sinal "X" vermelho na mão e exibia para quem estivesse atendendo, com o fim de solicitar ajuda.

Conforme será visto a seguir, estas duas últimas medidas advindas da iniciativa privada e do movimento de mulheres repercutiu na apresentação de projetos de lei, na Câmara dos Deputados.

Todas essas medidas foram importantes no decorrer do período de isolamento social, mas não foram suficientes para frear a escalada de violência contra a mulher, principalmente dentro de casa.

Em primeiro lugar porque os serviços de atendimento às mulheres não conseguem atender sequer a demanda regular, com número de casos estabilizado e de forma presencial.

Além disso, nova realidade se impôs sem preparação prévia, com o fechamento de serviços importantes, visando conter o avanço do novo coronavírus. A ausência de investimento estatal pesou muito no cenário verificado no decorrer da pandemia. As medidas tomadas serviram na verdade para não tornar o quadro ainda mais gravoso.

3. Projetos de Lei

Foram protocolados projetos de lei na Câmara dos Deputados com o objetivo de prevenir ou combater a violência contra a mulher.

Merecem destaque os projetos 2508/21 (David Miranda – PSOL/RJ) e 741/2021 (Perpétua Almeida – PcdoB/AC), que respectivamente dispõem sobre o envio de mensagens de socorro em aplicativos de compras e de prestação de serviços e sobre medidas de combate à violência contra a mulher e a criação do Programa de Cooperação "Sinal Vermelho Contra a Violência Doméstica.

Ambos caminham na mesma direção apontada anteriormente, envolvendo o Magazine Luiza, tornando obrigatória a existência de um módulo de comunicação ou de alarme para vítimas de violência doméstica e também na possibilidade de pedir ajuda a partir de um simples sinal.

O primeiro projeto foi apensado ao de número 3314/2020 e tramita nas comissões. Já o segundo recebeu parecer preliminar favorável pelo Plenário.

Por sua vez, o Projeto de Lei nº 1267/2020, de autoria de Talíria Petrone – PSOL/RJ e outros, propõe que haja divulgação pela imprensa do Disque 180, enquanto durar a pandemia, nas matérias e notícias que tratem de violência contra a mulher. A mensagem ser veiculada é a seguinte: "se você sofre ou conhece alguma mulher que sofra violência, ligue gratuitamente 180, disponível 24 horas, todos os dias do ano".

Este projeto foi arquivado, em razão da existência do Projeto de Lei 226/2019 (Roberto de Lucena – PODE/SP), que dispõe sobre a obrigatoriedade da divulgação da Central de Atendimento à Mulher (Disque 180) e do Serviço de Denúncia de Violações aos Direitos Humanos (Disque 100) nos estabelecimentos de acesso ao público que especifica. O projeto já foi aprovado pela Câmara dos Deputados e tramita no Senado Federal.

Já o Projeto de Lei Complementar 238/2016 (Luizianne Lins – PT/CE e Tabata Amaral – PDT/SP) propõe a alteração da Lei Complementar nº 101, de 4 de maio de 2000 – Lei de Responsabilidade Fiscal), para incluir as ações de combate à violência contra a mulher no rol de exceções à suspensão de transferências voluntárias a entes da Federação inadimplentes. Durante a pandemia foi apresentado pela primeira autora um pedido de regime de urgência, que foi aprovado.

Os projetos apresentados são importantes para reforçar aspectos de prevenção e para facilitar canais de acesso às mulheres que estão em situação de violência doméstica e familiar.

Para implantação das políticas públicas previstas na Lei Maria da Penha, se faz necessária a disposição de mais verbas, o que autoriza a inclusão desses recursos no rol de exceções mencionado na Lei de Responsabilidade Fiscal.

De qualquer modo, como estes projetos ainda não foram aprovados, possivelmente não incidirão no período de pandemia, mas os dispositivos serão úteis em período posterior na prevenção e no enfrentamento da violência contra a mulher.

Conclusões

Embora o conceito de gênero seja equívoco, em razão das diversas teorias que se debruçam sobre o tema, é possível afirmar que a violência obstétrica se enquadra como espécie da violência de gênero.

Isto porque a violência de gênero pode ser entendida como uma relação de poder e de dominação do homem e de submissão da mulher, relação esta que reflete a ordem patriarcal de gênero.

O aumento da violência contra a mulher na pandemia evidencia uma questão de gênero, já que a mesma circunstância não se verificou entre homens. Além disso, decorre da própria imposição de papeis sociais a homens e mulheres e dos lugares decorrentes dessa desigualdade no contexto da casa.

Além disso, os órgãos públicos não estavam preparados para atender essa crescente demanda, em uma perspectiva crítica e sensível, decorrente da impossibilidade de atendimento presencial e da necessidade de acompanhamento remoto, cuja estrutura até então inexistia ou era muito precária.

A possibilidade de lavrar ocorrência policial por meio eletrônico ou a triagem de atendimento às mulheres de forma remota são medidas que atuaram somente na esfera repressiva, sem que houvesse efetividade na prevenção.

A iniciativa privada e os movimentos de mulheres, diante da incapacidade estatal de enfrentar os números crescentes, buscaram fornecer meios para que as denúncias fossem registradas.

Porém, tais medidas não foram suficientes para coibir a escalada de casos, mas foram importantes para evitar que a situação se agravasse ainda mais.

Sendo assim, o direito de ficar em casa não pode ser exercido plenamente pelas mulheres, sem violência.

A premência de se manter em casa muitas vezes trouxe como consequência o incremento da violência, principalmente entre a população negra periférica. Isso porque se trata da população que mais sofre violência contra a mulher, inclusive feminicídio, e especialmente nesse caso porque os espaços de convivência dentro do lar costumam ser menores. A desigualdade social também fundamenta esta conclusão.

Referências

AGUIAR, Janaína Marques de. *Violência institucional em maternidades públicas: hostilidade ao invés de acolhimento como uma questão de gênero.* São Paulo, 2010. Dissertação (Doutorado em Ciências) – Universidade de São Paulo, São Paulo, 2010.

ANDRADE, Briena Padilha; AGGIO, Cristiane de Melo. *Violência obstétrica: a dor que cala.* Disponível em: http://www.uel.br/eventos/gpp/pages/arquivos/GT3_Briena%20Padilha%20Andrade.pdf. Acesso em: 02 nov. 2017.

ARENDT, Hannah. *Sobre a violência.* Rio de Janeiro: Civilização Brasileira, 2009.

BRASIL, Lei nº 11.108/2005. Altera a Lei nº 8.080, de 19 de setembro de 1990, para garantir às parturientes o direito à presença de acompanhante durante o trabalho de parto, parto e pós-parto imediato, no âmbito do Sistema Único de Saúde – SUS. Brasília, 07 de abril de 2005. Disponível em: http://www.planalto.gov.br/ccivil_03/_ato2004-2006/2005/lei/l11108.htm. Acesso em: 03 nov. 2017.

Convenção Interamericana para Prevenir, Punir e Erradicar a Violência contra a Mulher – "Convenção de Belém do Pará" (1994). Disponível em: http://www.pge.sp.gov.br/centrodeestudos/bibliotecavirtual/instrumentos/belem.htm. Acesso em: 02 nov. 2017.

BRIQUET, Raul. *Obstetrícia normal.* 2ª ed. atualizada por D. Declascio e A. Guariento. [s.l.], São Paulo, 1970.

CHAUÍ, Marilena. *Participando do debate sobre mulher e violência.* In: Chauí M, Cardoso R, Paoli MC, organizadores. *Perspectivas Antropológicas da Mulher.* Rio de Janeiro: Zahar. 1985.

CORRELL, Shelley J. (org.). Social Psychology of Gender. Oxford: Elsevier, 2007.

DINIZ, Carmen Simone Grilo. *O que nós como profissionais de saúde podemos fazer para promover os direitos humanos das mulheres na gravidez e no parto.* Disponível em: http://mulheres.org.br/wp-content/uploads/2016/10/Cartilha-Direitos-Humanos-das-Mulheres-na-Gravidez-e-no-Parto.pdf. Acesso em: 02 nov. 2017.

DINIZ, Simone Grilo; CHACHAM, Alessandra S. *O "corte por cima" e o "corte por baixo": o abuso de cesáreas e episiotomias em São Paulo.* Disponível em: https://www.researchgate.net/publication/307211773_O_corte_por_cima_e_o_corte_por_baixo_o_abuso_de_cesareas_e_episiotomias_em_Sao_Paulo. Acesso em: 03 nov. 2017.

D'OLIVEIRA, Ana Flávia Pires Lucas; SCHRAIBER, Lilia Blima. *Violência de gênero, saúde reprodutiva e serviços.* In: Giffin KM, Organizadora. *Questões da saúde reprodutiva.* Rio de Janeiro: FIOCRUZ, 1999. Disponível em: http://books.scielo.org/id/t4s9t/pdf/giffin-9788575412916.pdf. Acesso em: 19 abr. 2018.

EAGLY, Alice H. Sex differences in social behavior: a social-role interpretation. New Jersey: Lawrence Erlbaum Associates, 1987.

HELGESON, Vicki S. The psychology of gender. New Jersey: Pearson, 2009

JUÁREZ, Diana. *Violencia sobre las mujeres: herramientas para el trabajo de los equipos comunitarios.* 1ª ed. Buenos Aires: Ministerio de Salud de la Nación, 2012.

LEAL, Maria do Carmo et al. *Intervenções obstétricas durante o trabalho de parto e parto em mulheres brasileiras de risco habitual.* Disponível em: http://www.scielo.br/scielo.php?script=sci_arttext&pid=S0102-311X2014001300005&lng=pt&tlng=pt. Acesso em: 03 nov. 2017.

LEAL, Maria do Carmo et al. *Nascer no Brasil: inquérito nacional sobre parto e nascimento.* Rio de Janeiro: ENSP/Fiocruz, 2012. Resultados preliminares.

MERRY, Sally Engle. Gender violence: a cultural perspective. Oxford: Wiley-Blackwell, 2009.

MINISTÉRIO DA SAÚDE. *Humanização do parto: humanização no pré-natal e nascimento.* Brasília, DF, 2002. Disponível em: http://bvsms.saude.gov.br/bvs/publicacoes/parto.pdf. Acesso em: 02 nov. 2017.

PÉREZ, Barbara Angélica Gomez et al. *Percepções de puérperas vítimas de violência institucional durante o trabalho de parto e parto.* Revista Enfermagem Contemporânea, vol. 4, núm. 1, janeiro-junho, 2015.

REDE PARTO DO PRINCÍPIO. *Violência Obstétrica. "Parirás com dor": Dossiê elaborado pela Rede Parto do Princípio para a CPMI da Violência Contra as Mulheres.* 2012. Disponível em: https://www.senado.gov.br/comissoes/documentos/SSCEPI/DOC%20VCM%20367.pdf. Acesso em: 02 nov. 2017.

RUDMAN, Laurie A.; GLICK, Peter. The social psychology of gender. How power and intimacy shape gender relations. London: The Guilford Press, 2008

SAFFIOTI, Heleieth Iara Bongiovani. *Gênero, patriarcado e violência.* São Paulo: Editora Fundação Perseu Abramo, 2004.

—. Contribuições feministas para o estudo da violência de gênero. Campinas: Editora da UNICAMP, 2002.

SCHRAIBER, Lilia Blima. *O médico e suas interações: a crise dos vínculos de confiança.* São Paulo: Editora Hucitec, 2008.

STARR, Paul. *Orígenes sociales de la soberania profesional.* In: STARR, P. *La transformación social de la medicina em los Estados Unidos de América.* México: Biblioteca de la Salud. Secretaría de la Salud, Fondo de Cultura Económica, 1991.

TEIXEIRA, Neuma Zamariano Fanaia; PEREIRA, Wilza Rocha. *Parto hospitalar: experiências de mulheres da periferia de Cuiabá-MT.* Disponível em: http://www.scielo.br/scielo.php?script=sci_arttext&pid=S0034-71672006000600004. Acesso em: 19 abr. 2018.

2.
A PSICODINÂMICA DA VIOLÊNCIA CONTRA A MULHER POR SEU PARCEIRO ÍNTIMO

Denise Gimenez Ramos
Viviane R. Rojas

1. O genocídio invisível

Cerca de seis mulheres são assassinadas por hora, 137 por dia, por homens em todo o mundo, num total de 50.000 por ano, sendo 38% por seus parceiros íntimos atuais ou passados (WHO, 2021).

Globalmente, entre um quinto e quase metade das mulheres sofrem abuso físico ou sexual por seus parceiros masculinos e cerca de 35% sofreram violência psicológica, física e/ou sexual em sua vida, principalmente por um parceiro íntimo (Crowell & Burgess, 1996; Friedrich, 2013; WHO, 2021).

Na América do Norte, a taxa foi de 32%; na Europa Ocidental 22%; no Reino Unido, um homem mata uma mulher a cada três dias – uma estatística inalterada ao longo dos 10 anos estudados. Dados entre 2009 e 2019 registram 50.056 feminicídios no Brasil, sendo que 90% das vítimas foram mortas pelo companheiro atual ou passado e indicam um provável crescimento deste número (Fórum Brasileiro de Segurança Pública, 2021).

Apesar destes números espantosos, a violência contra mulheres e meninas "ainda está tão profundamente incrustada em culturas ao redor do mundo que é quase invisível", diz a ONU, descrevendo-a como "uma construção de poder e um meio de manter o status quo" (WHO, 2021; Broom, 2020).

Além desta violência explicita, é claramente observado um boicote sutil em várias áreas da sociedade, por vezes tão "refinado" que nem chega a ser identificado como tal, como a rejeição amorosa/sexual do marido frente ao sucesso social ou profissional de sua mulher, como veremos.

Ainda hoje, mulheres no poder são vistas como se estivessem quebrando barreiras ou tendo algo que não lhes pertence. Ao redor do mundo, mulheres ocupam apenas 25% dos cargos parlamentares e 21% em nível ministerial. A diferença de gênero mais preocupante está na participação econômica, com apenas 55% das mulheres engajadas no mercado de trabalho, contra 78% dos homens. Entre outras mazelas, mulheres no mesmo cargo dos homens, no Brasil, ganham cerca de 47,24% a menos do que eles (Agência Brasil, 2020; World Economic Forum's Global Gender Gap Report, 2020).

2. O que acontece quando a mulher quebra essa barreira?

A campanha presidencial nos EUA em 2016 parece ter despertado emoções arquetípicas. Desenhos mostravam Hillary Clinton como Medusa, um monstro ctônico feminino e destrutivo cujo olhar petrificava quem se aproximasse; e seu opositor Trump, como Perseu, o herói grego que lhe cortou a cabeça. Nesta época, podia-se comprar camisetas e canecas com a estampa da candidata como medusa revelando a normalização da violência de gênero e quanto esta está engendrada na cultura como um contínuo dos tempos clássicos. Na Inglaterra, uma das "brincadeiras" que demonizaram a então primeira-ministra, Thereza May, era igualmente transformá-la em Medusa, com direito ao trocadilho: "Maydusa" (Beard, 2017).

Um exemplo recente, entre tantos outros, é o comportamento abusivo de um deputado brasileiro que "acaricia" os seios de uma deputada enquanto essa firmava sua posição na mesa parlamentar; certamente uma tentativa de desestabilizar sua postura e humilhá-la publicamente.

A expectativa de que com a evolução haveria maior equiparidade entre os sexos, se realizou somente em parte. Os conflitos inerentes à luta pela igualdade trouxeram não só um aumento da violência explícita, mas também uma violência sutil e grande estresse nas relações conjugais.

O que acontece nos relacionamentos amorosos quando a mulher assume uma posição de poder?

Pesquisas confirmam o efeito desestabilizador do sucesso profissional da esposa quando este é superior ao do marido. Este efeito está presente mesmo em países considerados mais adiantados economicamente, como na Finlândia onde foi demonstrado que um alto salário da esposa aumenta o risco de divorcio, principalmente se este salário for maior do que o do marido (Jalovaara, 2003).

Esta assimetria é consistente com a dinâmica de gênero documentada nos casamentos da população em geral.

Pesquisas nos EUA mostraram que:

- A autoestima do homem é menor quando a parceira tem mais sucesso profissional
- O risco de ela sofrer violência conjugal aumenta quando seu status profissional é maior do que o do marido
- Mulheres de sucesso no poder tem 1,68 vezes mais chance de serem traídas por seus maridos/namorados (Hansen & Hall 1997; Macmillan & Gartner 1999; Ratliff and Shigehiro, 2013).

Pesquisa canadense com 12.300 mulheres provou que há um substancial aumento de violência do parceiro quando sua mulher ganha mais do que ele e maior ainda quando ele está desempregado (Johnson & Sacco, 2019).

Pesquisa realizada no Brasil (Ramos, 2020), com mulheres profissionais entre 20 e 72 anos, revela que 47% acreditam que o fato de estar sem parceiro é devido ao seu sucesso profissional; entre aquelas que ganham mais que seus parceiros (51,8%) todas percebem que seu parceiro fica ressentido e não se interessa por seus sucessos profissionais; o parceiro não só não a parabenizou por ocasião de uma premiação como durante o evento deu mais atenção a mulheres mais jovens ou subalternas. 22,3% não compartilhou os elogios ou promoção por medo do ressentimento do parceiro e 87,5% ouviu um homem referir-se pejorativamente a uma mulher bem sucedida profissionalmentre. Alguns depoimentos:

> "Uma amiga já deixou de dar palestras porque o marido a ridicularizava ao términos das palestras e chegou ao cúmulo de proibi-la a novamente palestrar.

Ele invalidava tudo que era relacionado à profissão dela.
Ele queria ter uma posição de destaque e achava que me humilhando ia conseguir isso. Ele acabou o relacionamento e se envolveu com outra colega de trabalho do mesmo cargo que ele.
É uma avidez estranha pelo sucesso e um grande egoísmo. Sinto que quer estar sempre a minha frente.
Sofri um processo de desqualificação constante por parte de meu marido, seja pelo que eu fazia ou pelo que não fazia
No meu caso vejo que existe uma DISPUTA E VAIDADE da parte dele que quer SEMPRE ser o centro da atenção. Me deixa sempre para segundo plano.
Mas eu contorno esse comportamento... evito falar ao máximo de coisas de trabalho
Houve uma traição quando comecei a fazer mestrado. Ele passava noites sozinho. Ele morre de medo da minha liberdade
Eu me divorciei recentemente por abuso emocional a partir do momento da minhas ascensão profissional. Sofri até agressões físicas por isso.
Sentia que meu parceiro me diminuía, principalmente profissionalmente.
Em vez de me impulsionar, criticava. Meu marido alimentou tanta inveja do meu crescimento profissional que nosso casamento acabou em agressão e separação.

Casos extra conjugais foram justificados pela falta de atenção da esposa, motivada por excesso de trabalho. Ter maior autonomia, independência financeira, poder e sucesso diminuem a possibilidade de achar um parceiro de mesmo status. A aparente incompatibilidade faz com que muitas mulheres diminuam seu sucesso, escondendo-o ou evitando falar no assunto.

Esta questão, tema principal deste capítulo, é primordial no desenvolvimento da consciência coletiva de uma civilização em transição.

Seria essa estatística terrível sobre a violência doméstica e feminicídio o preço da evolução da mulher? Seria o lado sombrio de sua evolução quando em descompasso com o desenvolvimento de seu parceiro íntimo?

Um estudo sobre 1,7 mil casos de mortes de mulheres no Brasil, registrou que em 70% dos casos, o assassinato é tratado como crimes de paixão ou de honra: mulheres queriam se separar e o companheiro não aceitava; suspeita de adultério ou dificuldade de aceitar que a ex-esposa pudesse seguir a vida de solteira, são raras as vezes em que agressões, humilhações verbais e constrangimentos não eram notados anteriormente (Bandeira, 2015).

O feminicídio é o fim de um ciclo violento. Se antigamente a mulher ficava por falta de recurso econômico, hoje sua independência financeira, faz com que não aceite mais situações abusivas. Mas, a tentativa de libertação muitas vezes desencadeia uma raiva intensa no homem. A maioria dos casos ocorreu no momento de separação ou até em algum tempo após.

Portanto, o aumento da violência está associado ao progresso educacional e profissional da mulher.

Essa violência, presente ao longo da história da humanidade, persiste no século XXI relativamente imune a programas sociais e educacionais.

O fato é que a evolução da mulher tem tido acompanhada por um aumento da violência e do feminicídio. E, no século XXI, se evidencia também um tipo de violência complexa e sutil: o boicote profissional e político bem como a rejeição amorosa e sexual do homem quando se sente inferiorizado.

Quais seriam as causas deste ódio e rejeição? O que é tão perturbador no sucesso de uma mulher que leva um homem a abusar, agredir e matá-la? O que é tão terrível e temeroso que precisa ser violentamente (ou sutilmente) atacado e eliminado?

3. A origem da violência contra a mulher: breve histórico

O estabelecimento do poder masculino pela força física e os mitos patriarcais iniciam o ciclo de repressão à mulher e ao feminino por meio de uma situação traumática. Ao longo da história, os homens têm reagido com um misto de admiração e medo configurando um padrão na maioria das culturas o qual tem raízes na antiguidade (Blazina 1997).

Nas culturas primitivas, não havia consciência da relação entre sexo e gravidez, portanto, atribuía-se somente às mulheres o poder de criação – construindo-se assim culturas matriarcais com mulheres em cargos de poder. Este poder era também temido e expresso em imagens e mitos sobre deusas e mulheres perigosas presentes na literatura e nas religiões.

As primeiras esculturas encontradas em várias partes do planeta (Idade da Pedra entre 3000 e 30.000 anos) tinham formato de corpo de mulher representando a força criadora, deusas que geravam e davam continuidade à vida. A maioria destas imagens está de pé ou dando à luz, sem rosto, com braços e pés pequenos, mas com barrigas e mamas avantajadas e vulvas proeminentes. Eram adoradas como deusas emergindo da terra, presentes em cavernas ou grutas. Elas não somente davam `a luz a todos os seres como também de seus seios jorravam além do leite, mel e peixes, conforme a região que eram encontradas. Eram a fonte de todo alimento material e espiritual. Sua vulva proeminente tornou-se o símbolo do poder gerador do mundo, a fonte de todos os seres (Neumann, 1955; Lederer, 1968, Baring & Cashford 1991).

Com o passar do tempo, a mulher, enquanto mãe, foi privada de seu poder mitico criador. Os sistemas matriarcais deram comando a reis-possivelmente devido ao aumento de tamanho das comunidades que estabeleceram as leis da civilização em diferentes partes do mundo. Este desenvolvimento permitiu ventilar e dar espaço aos medos e ressentimentos contra as mulheres, medos estes que tomaram por vezes rumos bastante perniciosos. Novas lendas e mitos emergiram, entre eles a ideia que o esperma do homem continha humúnculos e a mulher seria somente a portadora da semente (Campbell 1968). Uma ilustração desta transformação da admiração para o medo é a mitologia patrifocal que substituiu o poder das deusas (Campbell, 1968). Este fato é observado como "a grande reversão" do ano 500 A. C. quando se desenvolve uma atitude negativa pervasiva em relação a natureza e por conseguinte à mulher (Blazina, 1997).

Na tradição judaica cristã, surge a imagem da primeira mulher, Lilith, dada à Adão como esposa e criada como ele a partir do pó da terra. Mas, Lilith era descendente de deusa Lilitu dos sumérios e babilônios, que tinha um espírito guerreiro, rebelde e agressivo. E assim, Lilith se rebelou e fugiu sendo substituída por Eva, criada a partir da costela de Adão com a função de lhe fazer companhia, numa posição submissa. Este mito patriarcal que marca o desenvolvimento cultural judaico-cristão do ocidente tem como base a imagem universal de uma fêmea submissa, mas também diabólica, mortal e sedutora. Eva passa a ser culpada de todo mal como inúmeras passagens do Antigo Testamento ilustram (Lederer, 1968).

Deste modo, associação da mulher com o mal pervade e domina a história ocidental há muitos séculos e faz com esta seja vista como perigosa e com poderes mágicos, uma vez que nela habita o mistério da reprodução.

Ao assumir o poder, os homens desejaram controlar ou eliminar as mulheres para se livrar de sua "magia" e formaram sociedades masculinas poderosas. Matá-las seria um contra-ataque, fato ocorrido em várias ocasiões ao longo da história. Com o desenvolvimento do patriarcado, deuses emergiram rivalizando com as mulheres no seu poder criativo. Por exemplo, Zeus que deu à luz a Athena pela cabeça ou Jeová a partir do pó da terra e um sopro. Rituais de renascimento também foram criados onde o menino 'renasce' para o clã masculino de modo a separá-lo da "contaminação" materna (Campbell, 1968; Lederer, 1968). A menstruação adquire um poder místico, tocar uma mulher durante seu período contaminaria o homem ou sugaria deste toda sua energia; crendices até hoje presentes em alguns grupos étnicos.

O Cristianismo, a princípio, também negou a existência da divindade feminina, criticando a sexualidade e a maternidade. A mulher seria vista como uma tentação contra a espiritualidade, um obstáculo para a pureza. A exaltação do espírito teria seu ápice na virgindade e a sexualidade da mulher algo a ser temido e reprimido. O lado negativo do feminino ganha destaque, reaparecendo na figura temida da grande mãe negativa: a bruxa.

A princípio, esta figura foi um fator crucial em todas as sociedades no papel de curandeira com poderes mágicos e espirituais. Entretanto, durante a Idade Média, ela reaparece em oposição ao dogma cristão e em aliança com a figura de Satã. E assim, espalham-se principalmente pela Europa lendas e temores sobre bruxaria, mulheres que dominaram homens levando-os para o mal (Lederer, 1968).

A era oficial da bruxaria e inquisição começa com a bula papal de Alexander IV em 1258 e tem como guia o livro *Malleus Maleficarum* elaborado por dois inquisidores em 1487, visto hoje como um manual de pornografia e psicopatologia. Este manual afirmava que toda feitiçaria é consequência do desejo carnal que existe em mulheres "insaciáveis", pois elas provinham da costela inferior de Adão e, portanto, seriam imperfeitas. Em geral, as mulheres acusadas, por vezes por seus maridos, eram aquelas que eram mais independentes ou se rebelavam contra a subjugação sofrida (Institoris and Sprenger, 1486/2006; Russell & Alexander, 1991).

A partir desta época até o século XVIII, foi cometido um grande genocídio feminino. Estima-se que cerca de 200 mil mulheres foram queimadas vivas. Muitas eram denunciadas como bruxas por serem atraentes, sedutoras, independentes ou por terem conhecimentos de ervas medicinais e medicina. A fantasia que estes poderes poderiam tornar um homem impotente (medo da castração) era frequente. Consideradas transmissoras do demônio deveriam ser eliminadas pelo fogo purificador (Russell & Alexander, 1991). A última mulher assassinada por "bruxaria" foi no século XVIII (Castelou, 2021).

O fato é que a mulher poderosa acabou na fogueira.

Este genocídio, portanto, tem como base o medo daquela que é "incontrolável", que tem "poderes incompreensíveis" e assim deve ser evitada, controlada, caso contrário, eliminada.

4. Formação de um trauma intergeracional

Vemos aqui a ligação entre o medo de castração do homem com a bruxa que teria poder de manipular sua potência, até mesmo castrá-lo.

Este poder projetado continua presente principalmente em mulheres de sucesso, isto é, aquelas que tem ganhos políticos ou financeiros relevantes, despertando nos homens inseguros inveja e medo inconsciente de castração.

Este fato marca inclusive o desenvolvimento da psiquiatria e da psicanálise que tiveram como objeto a mulher histérica, remanescente das chamadas "bruxas" medievais.

Estes eventos traumáticos formaram um trauma intergeracional o qual reverberou como repressão da sexualidade feminina e nos sintomas histéricos decorrentes. As pacientes histéricas do século XIX tinham em seu inconsciente a história de suas ancestrais e de certa forma colaboraram para o desenvolvimento da teoria freudiana da sexualidade (Alexander e Selesnick, 1966). A repressão da sexualidade não seria uma defesa do medo da fogueira?

A caça às bruxas durou séculos como perseguição e feminicídio. Mas tomou outras formas mais ou menos explícitas presentes hoje na vida social, cultural e política na maioria das culturas. Por trás desta misoginia milenar está o medo do feminino e dos poderes criadores da Grande Mãe. O mistério e o medo da maternidade têm um papel fundamental nos sentimentos, crenças e padrões sociais desde a época paleolítica até nossa era e reverbera na nossa sociedade na estatística estarrecedora de feminicídios.

Mas, o que é projetado sobre a mulher que provoca tantos comportamentos violentos de repressão e alienação?

5. A psicologia do medo do feminino

Segundo S. Freud (1925/1974), o medo do homem em relação a mulher é porque ela seria diferente – eternamente incompreensível e misteriosa, estranha e, portanto, aparentemente hostil. O homem teria medo de ser enfraquecido pela mulher ou ser infectado por sua feminilidade. A genitália feminina seria algo estranho, a entrada da antiga morada de onde todos nós saímos. Mas, nessa entrada há perigo: imagens da vagina dentada criam o medo da castração o qual por sua vez desperta o desejo de morte da mãe.

Para M. Klein (1945/1996), o valor narcísico que o menino dá ao seu pênis seria uma super compensação por seu sentimento de inferioridade, por sua incapacidade de gestar filhos, a qual leva o menino/homem à necessidade de afirmar sua superioridade em relação às mulheres, descarregando nelas sua agressividade.

Para K. Horney (1932/1991), a fonte da ansiedade masculina seria devido ao medo da inadequação do pênis comparado ao genital da mãe, o que criaria fantasias de que qualquer tentativa de penetração levaria ao desastre; o pênis seria submerso, devorado e a vagina teria dentes. Inúmeras representações arqueológicas revelam esta ideia. Se um homem adulto continuar a temer algo estranho e misterioso na mulher, este sentimento estaria relacionado a um medo inconsciente. Este medo que o homem tem da vagina se referiria retroativamente ao mistério da maternidade do qual ele está excluído. O tabu do incesto presente na maioria das culturas é um sistema de defesa contra o desejo do retorno à Grande Mãe, à caverna de onde emergiu. Horney afirma que atitudes infantis presentes no homem adulto faz com que pense que seu pênis é pequeno e possa se perder dentro do grande útero materno. O núcleo anatômico psicológico do medo de castração estaria no fato de que durante a relação sexual o homem confia a sua genitália ao corpo da mulher: o falo entra vivo e sai num estado de exaustão que sugere a morte.

Assim, no homem contemporâneo habita o medo intergeracional do poder feminino, "da bruxa". As fogueiras foram substituídas por métodos mais ou menos sofisticados, como vimos: a violência assume caráter social e invade as relações amorosa; a queima das mulheres transforma-se na violência conjugal, social, política até no feminicídio.

O conhecimento científico das funções biológicas femininas poderia diminuir o medo e as fantasias sobe a maternidade. Entretanto, "todos os mecanismos de defesa, todas negações, deslocamentos e projeções, racionalizações e sublimações (e conhecimento científico) todos juntos não protegem (os homens) da formação de sintoma e das desadaptações". (Lederer, 1968, p.283-4).

Se os homens não temessem as mulheres, porque as violentariam, por que as matariam?

Lederer (1968) afirma que para os homens se exorcizarem do medo do feminino precisariam primeiro aceitar e ter consciência deste terror. Entretanto, conhecer este medo não acaba com ele. Considerar a mulher como igual não significa privá-la de sua feminilidade ou limitar sua "magia". O desenvolvimento da consciência depende da aceitação de uma parceria dinâmica, com constantes reajustamentos e modulações de acordo com novos padrões emergentes na sociedade.

Neumann (1955), em seus estudos sobre a evolução da consciência, ao demonstrar certos paralelismos entre o desenvolvimento filo e ontogenético, evidencia que o medo do feminino é cultural e faz parte também do processo de crescimento do ego infantil.

O desenvolvimento da consciência ocorre dentro de uma tensão de opostos sofrida pelo ego. No confronto entre a esfera pessoal e cultural está presente a desvalorização do feminino arquetípico a qual, do ponto de vista masculino, parece estar vinculada e identificada aos poderes do inconsciente.

O desdobramento da mitologia matriarcal para a patriarcal, com a mudança da posição do feminino como deusa para o predomínio dos deuses, não poderia ter sido realizado não fosse a repressão do feminino. Uma cultura patriarcal e seus valores estão em oposição aos valores e atitudes válidos para uma consciência matriarcal – cuja representante preferida é a mulher.

De modo similar ao domínio cultural matriarcal, no desenvolvimento infantil a impotência original do bebê e total dependência da mãe dão à essa uma posição transpessoal arquetípica. Ela é objetivamente o mundo ao redor no qual a criança vive e depende.

Para o ego da criança, a situação primal, normal de segurança é garantida pela mãe, isto é, pela qualidade feminina, caracterizada pela relação primal com o feminino. Havendo muito ou pouco amor, nutrição, calor e proteção que transgrida os limites específico da espécie haverá um efeito negativo na criança (Neumann, 1994).

A perda de qualquer coisa que simbolicamente designamos como base produz medo. Mesmo quando a mãe atua corretamente com dedicação, ela pode não ser capaz de dar toda proteção e segurança necessárias, à medida que é parte de um grupo, de sua época e cultura (Neumann, 1994).

Independentemente da forma como a mãe se comporta, mesmo se positiva e corretamente, a mãe na relação primal com o tempo precisa se tornar uma "bruxa", pois o vínculo inicial da criança é restritivo. Para crescer, a criança precisa superar sua dependência materna a favor de seu desenvolvimento e progresso: é um "matricídio" que pertence a tarefa do herói.

O feminino aqui é misturado com aspectos míticos, lendários, emergindo como figuras ponderosas e aterrorizantes: mulher sereia, rainhas malévolas, monstros e bruxas entre outras. Uma das tarefas da batalha do herói é liberar o feminino do domínio da mãe da relação primal (Neumann, 1994).

Um ego infantil desenvolvido normalmente será capaz de superar este sentimento de culpa, especialmente se não for reforçado por uma mãe apegada e se puder contar com a figura do pai que apoia esta evolução. Entretanto, a mãe carente e muito ansiosa pode atrapalhar este progresso: é como a bruxa do conto-de-fadas João e Maria que mima seus filhos com mais "doces" para assim aprisioná-los. Este estado pode ser agravado tanto pela ausência do pai como pela presença de um pai aterrorizante, ambos com efeitos desastrosos pois impedem o menino de buscá-lo como modelo na luta por sua independência. Faz parte do desenvolvimento normal do ego a figura heróica masculina que ajuda o menino a liberar seu feminino do domínio materno, para assim usufruir deste seu lado transformador e tornar-se capaz de ser parceiro de uma mulher, sem medo.

Sempre que o desenvolvimento do ego masculino for perturbado e não tenha alcançado plena independência, por exemplo, quando permaneceu infantil devido a fixação materna e não desenvolveu a "combatividade", cada demanda para "transformação", para caminhar em direção ao desconhecido e longe de quem fornece segurança, é respondido com medo, raiva e comportamentos defensivos, como observado nos feminicídios no momento da separação do casal (Neumann, 1994).

Muitos homens assim lesados podem, por exemplo, completar seu desenvolvimento cultural por meio de uma adaptação ao trabalho e integração em atividades coletivas, repetindo padrões rígidos patriarcais. Seu déficit aparece na sua inabilidade de entrar num relacionamento mais completo e duradouro, na impotência sexual ou na fixação em perversões específicas (Neumann,1994).

A mulher introjetada como "mãe ponderosa" é projetada na mulher de seu relacionamento afetivo que precisa ser posta sob "controle" pois é muito ameaçadora.

O medo pode ser tão grande que leva o homem a cindir a mulher em dois: uma parte superior e outra inferior, de modo a se relacionar com um aspecto por vez: adora a mulher e com ela tem uma amizade valiosa, mas de outro lado, uma relação sexual só é possível com uma prostituta ou mulher de nível social mais baixo. Projeta assim na companheira, que tem mais sucesso econômico do que ele, um poder arquetípico aterrorizante: a Grande Mãe castradora gera medo, raiva e impotência, fato bem ilustrado nos consultórios psicológicos e no noticiário sobre violência.

Conclusões

O feminicídio no século XXI não seria uma reconfiguração das fogueiras medievais?

É sempre uma questão do medo do feminino, medo da mulher o qual é experenciado de modo tão pujante na sua totalidade que o homem, inconsciente deste sentimentos, repele violentamente a mulher ou até mesmo a agride raivosamente devido a ambiguidade de seus sentimentos. Ele culpa a mulher pelo que sente e a odeia por não conseguir "se livrar dela".

O homem com complexo materno negativo teme a mulher e tenta exclui-la da vida executiva e política. Pode se casar com uma mulher tipo "mãe", mas se esta crescer fora do lar, o medo inconsciente emerge. O homem que deseja ficar exclusivamente "masculino", por medo, rejeita o contato transformador com a mulher de igual status.

Assim, a projeção do medo do feminino sobre a mulher, especialmente se ela fizer parte da vida emocional de um homem, faz com que esta seja percebida com um poder sufocante da qual este homem tem que se livrar- por meio de agressões físicas ou boicotes sutis, como vimos. Entretanto, essa negativação do feminino impede o homem de experienciar a mulher como igual, mas de diferente qualidade. A consequência mais comum é a inabilidade de fazer qualquer contato genuíno com a mulher real, mas também com o feminino interno, seu inconsciente, fonte de sua criatividade e liberdade (Neumann, 1994).

Vivemos uma transição a qual é pavimentada por conflitos e acirramento da fase desgastada. O aumento da violência contra mulher pode ser explicado pelo conflito entre forças defensivas de valores culturais milenares e a pressão exercida por forças inconscientes que conduzem a novos desenvolvimentos da consciência.

As forças que emergem com símbolos de alteridade, igualdade racial e de gênero entre outras exigem uma desacomodação, uma ruptura de padrões familiares, um grande desconforto inevitável frente ao temido desconhecido que pressiona nossa porta.

É quase sempre o medo da transformação que aumenta a ansiedade principalmente nas pessoas que estão constritas pelo antigo. O medo e ansiedade não são somente derivados do novo, mas também dos velhos hábitos que nos aprisionam e impedem nossa evolução. Fazem parte de um complexo cultural composto no seu centro pelo trauma do feminino arquetípico, devorador e castrador. Os sintomas deste complexo são expressos nas inúmeras formas de repressão e na violência contra a mulher como mostram as estatísticas.

Neste sentido, medidas legais e punitivas podem ser relativamente eficazes, mas não suficientes. Precisamos por meio da educação e da psicologia desenvolver uma atitude progressiva, um novo nível de consciência e, assim, entrar numa nova fase de desenvolvimento – nem matriarcal, nem patriarcal, mas de alteridade. Pois, concluindo, é necessário saber que *quando um homem agride sua parceira íntima é porque está com* medo.

Referências

AGÊNCIA BRASIL Diferença salarial entre homens e mulheres aumenta. https://observatorio3setor.org.br/noticias/diferenca-salarial-entre-homens-e-mulheres-aumenta-apos-7-anos/. Acessado em setembro 2020.

ALEXANDER, A. & SELESNICK, S. *A História da Psiquiatria*. São Paulo: IBRASA. 1996.

BANDEIRA, L. *Feminicídio: a última etapa do ciclo da violência contra a mulher*, Retirado do Blog Soroptimista. Região Brasil. June 2015.

BARING, A and CASHFORD, J. *The Myth of the Goddess: The Evolution of an Image*. New York: Viking. 1991.

BEARD, M. *Women and Power*. New York: Liveright Publishing Corporation. 2017.

BLASINA, C. The fear of the feminine in the western psyche and the masculine task of disidentification: their effect on the development of masculine gender role conflict. *The Journal of Men's Studies*, 6, 1, 55-68. 1997.

BROOM, D. As the UK publishes its first census of women killed by men, here's a global look at the problem. *World Economic Forum:* https://www.weforum.org/agenda/2020/11/violence-against-women-feminicide-census. Acessado em janeiro de 2020.

CAMPBELL, J. *Creative Mythology*. New York: The Viking Press.1968.

CASTELOU, E. *Witches in Britain*. https://www.historic-uk.com. Acessado em janeiro 2021.

CROWELL, N.A. AND BURGESS, A.W. Editors. Understanding Violence Against Women. National Research Council. Washington, DC: The National Academies Press. https://doi.org/10.17226/5127.1996.

FÓRUM BRASILEIRO DE SEGURANÇA PÚBLICA. https://revistaforum.com.br/brasil/50-mil-mulheres-assassinadas/ . Acessado em agosto 2021.

FREUD, S. *O Tabu da Virgindade*. Obras Psicológicas Completas de Sigmund Freud. Vol. XI. Rio de Janeiro: Imago. 1925/1974.

FRIEDRICH, M. Violence against women. *JAMA*, 21 Vol.310(7), pp.682-682. https://www.nap.edu/read/5127/chapter/5. 2013

GLOBAL AND REGIONAL ESTIMATES OF VIOLENCE AGAINST WOMEN: Prevalence and Health Effects of Intimate Partner Violence and Non-Partner sexual Violence. 2020. http://bit.ly/l6NyKYd.

HANSEN, J. B & HALL, E. G. *Gifted women and marriage.* https://doi.org/10.1177/001698629704100406. 1997. Acessado em janeiro 2020.

HORNEY, K. *Psicologia feminina.* Rio de Janeiro: Bertrand. 1926/1996.

INSTITORIS, H. & SPRENGER, J. *Malleus Maleficarum*, ed. and trans. by Christopher S. Mackay. Cambridge: Cambridge University Press. (1486/2006).

JALOVAARA, M. The joint effects of marriage partners' socioeconomic positions on the risk of divorce. *Demography*, volume 40, issue 1, p. 67 – 81. 2003

JOHNSON, H. & SACCO, V. 'Researching violence against women'. *Canadian Journal of Criminology*, 37, 3, 281-304. 2019.

KLEIN, M. O complexo de Édipo à luz das ansiedades arcaicas'. *Obras Completas de Melanie Klein: Volume I. Amor culpa e reparação e outros trabalhos.* Rio de Janeiro: Imago. 1945/1996.

LEDERER, W. *The Fear of Women.* New York: Harcourt Brace Jovanovic, INC. 1968.

MACMILLAN, R AND GARTNER, R. When she brings home the bacon: Labor-force participation and the risk of spousal violence against women. *Journal of Marriage and the Family*, volume 61, issue 4, p. 947 – 958. 1999.

NEUMANN, E. *The Great Mother.* New York: Partenon Books. 1955.

— *The Fear of the Feminine and Other Essays on Feminine Psychology.* New Jersey: Princeton University Press.1994.

RAMOS, D. Medos, traição e ansiedade em mulheres bem-sucedidas profissionalmente. Pesquisa a ser publicada. 2020

RATLIFF, KATE AND SHIGEHIRO, OISHI (2013) Gender Differences in Implicit Self-Esteem Following a Romantic Partner's Success or Failure *Journal of Personality and Social Psychology* American Psychological Association. Vol. 105, No. 4, 688–702. 2013

RUSSELL, J. & ALEXANDER, B. A new history of witchcraft. London: Thames and Hudson LTD. 1991

WORLD ECONOMIC FORUM'S GLOBAL GENDER GAP REPORT. 2020. https://www.weforum.org/reports/ab6795a1-960c-42b2-b3d5-587eccda6023. Acessado em abril, 2021.

WORLD HEALTH ORGANIZATION. https://www.who.int/health-topics/violence-against-women#tab=tab_1. Acessado em setembro, 2021.

3.
A VIOLÊNCIA CONTRA AS MULHERES AO LONGO DO CICLO DE VIDA: UM RETRATO ATUALIZADO

Mariana Adelaide Vieira Gonçalves
Marlene Alexandra Veloso de Matos

Introdução

A Organização Mundial da Saúde (OMS) definiu a violência como "o uso intencional de força física ou poder, ameaçado ou real, contra si mesmo, outra pessoa, ou contra um grupo ou comunidade, que resulta em ou tem alta probabilidade de resultar em ferimentos, morte, dano psicológico, desenvolvimento deficiente ou privação" (Krug et al., 2002, p. 4). A OMS delimita a violência em três grandes categorias: violência autodirigida, violência coletiva e violência interpessoal (Krug et al., 2002).

A violência interpessoal tem mobilizado interesse científico, social, governamental e legislativo, a nível internacional e nacional. Este capítulo focar-se-á sobretudo na violência interpessoal contra as mulheres a dois níveis: 1. Violência familiar e por parceiro íntimo; 2. Violência comunitária, i.e., violência entre indivíduos sem relação de parentesco e que podem ou não se conhecer (e.g., tráfico de seres humanos [TSH]). Além disso, reflete-se sobre a vitimação múltipla ao longo da vida e as suas prováveis consequências nas mulheres vítimas. Nesse contexto, reforça-se a ideia de que a violência contra as mulheres beneficia de uma abordagem intersecional, uma perspetiva abrangente e integradora, capaz de considerar o papel dos processos sociais e estruturais na compreensão da vitimação feminina, nomeadamente as estruturas da etnia e da classe.

1. Violência nas relações de intimidade

A convenção de Istambul, em vigor em Portugal desde 1 de Agosto de 2014, define violência contra as mulheres com "Uma violação dos direitos humanos e é uma forma de discriminação contra as mulheres, abrangendo todos os atos de violência de género que resultem, ou possam resultar, em danos ou sofrimentos físicos, sexuais, psicológicos ou económicos para as mulheres, incluindo a ameaça de tais atos, a coação ou a privação arbitrária da liberdade, tanto na vida pública como na vida privada" (Convenção do Conselho da Europa para a Prevenção e o Combate à Violência contra as Mulheres e a Violência Doméstica, CETS No. 210, 2011, p. 4).

Ainda segundo a Convenção de Istambul, a violência doméstica abrange todos os atos de violência física, sexual, psicológica ou económica que ocorrem na família ou na unidade doméstica, entre cônjuges ou ex-cônjuges, ou entre companheiros ou ex-companheiros, quer o agressor coabite ou tenha coabitado, ou não, com a vítima (CETS No. 210, 2011). A forma mais comum de violência contra a mulher é a perpetrada por um (ex)parceiro íntimo. Comummente nomeada como "violência nas relações de intimidade", esta é definida como qualquer comportamento em "contexto de relação íntima que cause dano físico, psicológico ou sexual aos elementos envolvidos na mesma". Estes "comportamentos podem configurar atos de agressão física, violência psicológica, violência sexual (...) e outras formas de controlo sobre a vítima, chegando, por vezes ao homicídio" (Krug et al., 2002, p.?).

1.1. Violência física e/ou sexual

Estabelecer a prevalência de Violência nas Relações de Intimidade (VRI) tem sido o objetivo de diversos inquéritos epidemiológicos. Uma revisão transcultural de aproximadamente 50 estudos, conduzidas em 35 países antes de 1999, revelou que 10% a 52% das mulheres relataram ter sofrido abuso físico, abuso sexual, ou ambos, perpetrado por um parceiro íntimo durante suas vidas (Garcia-Moreno et al., 2006). Estimativas globais recentes publicadas pela OMS (2021) indicam que globalmente, em 2018, 27% (IC 23-31%) das mulheres já casadas/com parceiro, em idade reprodutiva (15-49 anos), experienciaram violência física e/ou sexual do parceiro íntimo pelo menos uma vez durante a vida. Aplicando esta prevalência aos dados populacionais de 2018 da população mundial (WPP, 2019) estima-se que, em média, entre 641 milhões e 753 milhões de mulheres, com 15 anos ou mais, experienciaram violência física e/ou violência sexual perpetrada por um parceiro íntimo. Na mesma publicação, no que respeita à violência experienciada nos 12 meses anteriores ao período de recolha de dados, globalmente, estima-se que 13% (IC 10-16%) das mulheres casadas ou numa relação, com idade compreendida entre os 15-49 anos experienciaram violência física e/ou sexual recente de um parceiro íntimo. Novamente, usando dados de população de 2018 do WPP (2019), estima-se que até 307 milhões de mulheres casadas/ numa relação, com 15 anos ou mais foram experienciaram violência física e/ou sexual recente perpetrada por um parceiro íntimo (OMS, 2021).

Estas formas de violência foram muito prevalentes em idades mais jovem (15-19 anos), estimando-se que quase uma em cada quatro meninas adolescentes nessa faixa etária tenham experiência de violência física e/ou violência sexual por um parceiro íntimo, do sexo masculino, atual ou passado (24%, IU 21–28%). Na faixa etária dos 20 aos 49 anos a prevalência destas formas de violência ao longo da vida permanece elevada, em 26-28%, sendo inferior em mulheres com idade superior a 60 anos embora (23%; OMS; 2021).

O mesmo padrão se verificou no que concerne à violência experienciada nos últimos 12 meses: 16% entre adolescentes e jovens adultas com idades entre 15-19 (IC 14-19%); 16% entre mulheres jovens com idades entre os 20–24 (IC 13–19%). A prevalência estimada deste tipo de violência nos últimos 12 meses é significativamente menor entre mulheres de 50 anos ou mais velhos e foi mais baixo entre as mulheres com idade entre 60-64 anos (5%, IC 4-7%) e aqueles com idade 65 e mais velhos (4%, IC 3-7%; OMS, 2021).

Estes resultados são congruentes com os do estudo realizado pela Agência da União Europeia para os Direitos Fundamentais [FRA] (2014) que incluiu entrevistas com 42.000 mulheres em 28 Estados-Membros da União Europeia (UE). O inquérito da FRA estimou que 13 milhões de mulheres na UE sofreram violência física e 3,7 milhões sofreram violência sexual ao longo de 12 meses. De todas as mulheres que tinham um (atual ou anterior) parceiro, 22% experienciou violência física e/ou sexual por um parceiro desde os 15 anos. Um terço das vítimas (34%)

de violência física por um parceiro anterior experienciou quatro ou mais formas diferentes de violência física. Apesar de, na maioria dos casos, a violência perpetrada por um parceiro ter ocorrido durante o relacionamento, uma em cada seis mulheres (16%) experienciou violência após o término do relacionamento. Em Portugal, 4% das mulheres referiu ter sido vítima de abusos físicos e/ou sexuais pelo atual parceiro e 5% por qualquer parceiro durante a vida (FRA, 2014).

1.2. Violência psicológica

No mesmo estudo, uma em cada três mulheres (32%) experimentou comportamento psicologicamente abusivo por parte de um parceiro íntimo, seja pelo seu parceiro atual ou por um parceiro anterior. No geral, 43% das mulheres experienciou alguma forma de violência psicológica por parte de um parceiro íntimo, como comportamento de controlo (por exemplo, tentar impedir de estar com os seus amigos ou visitar a sua família), violência económica (como proibir uma mulher de trabalhar fora de casa) e chantagem. As formas mais comuns de violência psicológica envolvem um parceiro menosprezar ou humilhar uma mulher em particular, insistir em saber onde ela está de uma forma que vai além da preocupação geral e ficar com raiva se ela falar com outros homens. Uma em cada quatro mulheres experimentou cada um destes comportamentos nos seus relacionamentos íntimos. Cerca de 5% das mulheres experienciou violência económica no seu relacionamento atual e 13% das mulheres experienciou alguma forma de violência económica em relacionamentos anteriores (FRA, 2014). Das mulheres que estavam num relacionamento, 7% experienciou quatro ou mais formas diferentes de violência psicológica por parte do seu parceiro. A maioria das mulheres que experienciou várias (quatro ou mais) formas de violência psicológica também indicaram que seu atual parceiro foi física e/ou sexualmente violento com elas (FRA, 2014).

As estatísticas da FRA (2014), relacionadas com a violência psicológica em Portugal, revelaram que 47% das mulheres foram vítimas deste tipo de violência, perpetrada por um parceiro anterior, 36% por um parceiro atual e anterior e 21% por um parceiro atual.

1.3. Perseguição/Stalking

Na UE-28, 18% das mulheres experienciaram perseguição desde os 15 anos e 5% das mulheres nos 12 meses anteriores à recolha de dados. Isto corresponde a cerca de 9 milhões de mulheres na UE-28 vítimas de perseguição num período de 12 meses. Cerca de 14% das mulheres recebeu mensagens ou telefonemas ofensivos ou ameaçadores repetidamente da mesma pessoa e 8% foi seguida. Uma em cada 10 mulheres (9%) foi perseguida pelo seu ex-parceiro. De todas as mulheres vítimas de perseguição, em 21% (uma em cada cinco), a perseguição durou mais de dois anos. Esta vitimação decorreu com recurso a novas tecnologias (perseguição por e-mail, mensagens de texto ou internet) em 4% de todas as mulheres de 18 a 29 anos, nos 12 meses anteriores à recolha de dados, em comparação com 0,3% das mulheres que tinham 60 anos ou mais Em Portugal, 9% das mulheres foi vítima de perseguição desde os 15 anos e 3% nos 12 meses anteriores às entrevistas (FRA, 2014).

Um estudo representativo da população portuguesa (Matos et al., 2019) concluiu que a prevalência de perseguição era de 19.5%, sendo de 25% nas mulheres, comparativamente aos 13.3% de homens que relataram ter experienciado essa forma de violência. Os perpetradores eram, em 32% dos casos, (ex) parceiros íntimos.

1.4. Homicídio nas relações de intimidade

O homicídio nas relações de intimidade representa as mortes consumadas no contexto doméstico no âmbito de relacionamento amoroso, presente ou passado (Polícia Judiciária, 2020), seja este seu cônjuge, ex-cônjuge, namorado, ex-namorado, ou qualquer outra relação análoga à dos cônjuges, com ou sem coabitação (Petherick & Petherick, 2019; Polícia Judiciária, 2020). O homicídio nas relações de intimidade representa um dos tipos de homicídio mais comuns, especialmente para as mulheres (Petherick & Petherick, 2019; United Nations Office on Drugs and Crime, 2019) e ocorre entre casais de diferentes orientações sexuais (Petherick & Petherick, 2019).

Em Portugal, o Relatório Anual de Segurança Interna (RASI; Sistema de Segurança Interna, 2021) refere que, em 2020, da totalidade de casos de homicídio voluntário consumado, 39.2% ocorreu em contexto relacional (parental/familiar e vizinho/conhecido). Foram identificadas 32 vítimas de homicídio em contexto de violência doméstica, 27 das quais eram mulheres, três homens e duas crianças (uma do sexo feminino e uma do sexo masculino). Dados recentes do Observatório de Mulheres Assassinadas da União de Mulheres Alternativas e de Resposta (UMAR), em 2020 foram contabilizadas 35 mulheres assassinadas, tendo sido 19 vítimas de femicídio em contexto de relações de intimidade e 16 mulheres assassinadas noutros contextos (nomeadamente na sequência de desavenças por questões financeiras, conflitos com vizinhança ou na sequência de assaltos). No que diz respeito às tentativas, contabilizaram-se em 2020, 57 tentativas assassinato, sendo destas 50 tentativas de femicídios nas relações de intimidade e 7 tentativas de assassinato de mulheres noutros contextos (UMAR, 2020).

Dados preliminares de 2021 indicam que entre 1 janeiro e 15 de novembro de 2021 foram assassinadas 23 mulheres em Portugal. Destas, 13 foram mortas no contexto de femicídios nas relações de intimidade (12 femicídios cometidos por homens e um femicídio cometido por uma mulher), 7 foram assassinatos em contexto familiar, 2 assassinatos na sequência de crimes e, ainda, um assassinato sem motivo identificado (omisso). No mesmo período decorreram 50 tentativas de assassinatos de mulheres: 40 tentativas de femicídios e 10 tentativas de assassinato. As 40 tentativas de femicídio ocorreram em diversos contextos: 36 tentativas de femicídios nas relações de intimidade, 3 tentativas de femicídio na sequência de violência sexual e 1 tentativa de femicídio no contexto de trabalho sexual. Já as tentativas de assassinatos decorreram nos seguintes contextos: 5 em contexto familiar, 3 na sequência de crimes, 1 relacionado com crime de ódio e 1 em outro contexto (UMAR, 2021).

Um estudo português recente (Matias et al., 2020), sobre as assimetrias entre homens e mulheres no homicídio na intimidade, a partir da análise de 75 processos criminais, concluiu que os homens que cometeram homicídio foram descritos como os principais agressores (79%), enquanto as mulheres que cometeram homicídio (46%) foram previamente documentadas como vítimas de violência praticada pelo parceiro íntimo.

2. Tráfico de seres humanos

O Protocolo Adicional à Convenção das Nações Unidas contra a Criminalidade Organizada Transnacional relativo à Prevenção, à Repressão e à Punição do Tráfico de Pessoas, em especial de Mulheres e Crianças, também conhecido por Protocolo de Palermo (United Nations, 2000), define o tráfico de seres humanos (TSH) de acordo com três componentes essenciais: i) as ações, que implicam o recrutamento, o transporte, a transferência, o alojamento ou o acolhimento de pessoas; ii) os meios, nomeadamente, o recurso à ameaça, força ou outras formas de coação, rapto, fraude, engano, abuso de autoridade ou de situações de vulnerabilidade, entrega ou aceitação de pagamentos ou benefícios para obter o consentimento de uma pessoa que tenha autoridade sobre outra; iii) o objetivo, que consiste na exploração (exploração da prostituição, outras formas de exploração sexual, exploração laboral ou de serviços, escravatura ou práticas similares, servidão ou extração de órgãos). As vítimas de TSH podem ser exploradas dentro ou fora das fronteiras do próprio país de origem (Gallagher, 2018).

Em Portugal, a partir do Protocolo de Palermo e de outras diretrizes comunitárias e internacionais, o crime de tráfico de pessoas (art.º 160º) passou a integrar, desde 2007, os crimes contra a liberdade pessoal (Decreto-Lei n.º 59/2007, de 4 de setembro). A partir da Diretiva n.º 2011/36/EU, de 5 de abril, homologada pelo Parlamento e o Conselho Europeu, relativa à prevenção e luta contra o TP e à proteção de vítimas, o Código Penal Português passou a contemplar, desde 2013, novas formas de exploração. O novo artigo 160º refere que "comete o crime de TP quem oferecer, entregar, recrutar, aliciar, aceitar, transportar, alojar ou acolher pessoa para fins de exploração, incluindo a exploração sexual exploração do trabalho, a mendicidade, a escravidão, a extração de órgãos ou a exploração de outras atividades criminosas" (Decreto-Lei n.º 60/2013, de 23 de agosto, p. 5089).

O TSH é um crime de muito difícil identificação. Contudo, sabe-se que as vítimas do sexo feminino continuam a ser particularmente afetadas por este crime. Em 2018, para cada 10 vítimas detetadas globalmente, cerca de cinco eram mulheres adultas e duas eram meninas. Cerca de um terço do total de vítimas detetadas eram crianças, tanto meninas (19%) quanto meninos (15%), enquanto 20 por cento eram homens adultos (UNODC, 2021).

Vítimas com perfis diferentes são traficados para fins distintos. Em 2018, no plano internacional, a maioria das mulheres vítimas detetadas foi traficada para exploração sexual, enquanto os homens vítimas detetados foram principalmente traficados para trabalhos forçados (UNODC, 2021). Aproximadamente 14% das mulheres foi traficada para fins de exploração laboral. No que respeita a vítimas menores de idade, enquanto os meninos são detetados principalmente como sendo traficados para trabalhos forçados, as meninas detetadas são, em grande parte, traficadas para exploração sexual (UNODC, 2021).

Em Portugal assiste-se a uma tendência inversa, no que respeita à identificação de vítimas de TSH, na medida em que o maior número de vítimas confirmadas, entre 2008 e 2018, eram homens (64%). A principal forma de tráfico foi a exploração laboral, totalizando 71% das vítimas confirmadas. Destes, 84% eram homens e 16% mulheres. A segunda forma com mais vítimas confirmadas foi o tráfico para exploração sexual com 18%. Nesta forma de exploração, 98% das vítimas era do sexo feminino e 2% do sexo masculino. Independentemente do sexo, as vítimas eram, na sua maioria, adultos e, em ambos os sexos, com idade igual ou superior a 25. No que diz respeito às vítimas menores, a percentagem é superior no grupo das vítimas do sexo feminino (especialmente exploradas sexualmente) em comparação com as vítimas do sexo masculino (OTSH, 2020). Por outro lado, entre as nacionalidades com maior expressão de vítimas do sexo feminino, encontram-se os nacionais da Nigéria e do Brasil. A maioria das vítimas do continente africano era mulher. No caso do continente europeu, assim como da Ásia, a maioria das vítimas era do sexo masculino (OTSH, 2020).

3. Vitimação múltipla ao longo da vida

Um número crescente de estudos tem demonstrado que a ocorrência de uma forma única forma de vitimação é um evento raro, sendo que a experiência de vitimação é um forte preditor de vitimação posterior.

São vários os conceitos que têm sido utilizados na literatura para descrever a experiência cumulativa de vitimação (Scott-Storey, 2011), sendo o principal critério diferenciador entre os conceitos o tipo de experiência de vitimação e o período no qual a mesma ocorreu. Assim, vários conceitos têm sido utilizados para traduzir a experiência repetida de se ser alvo do mesmo tipo de violência (e.g., revitimação, retraumatização) e a experiência de se ser alvo de diferentes tipos de violência, num determinado período de tempo e/ou ao longo da vida (e.g., vitimação múltipla, polivitimação, politraumatização, vitimação cumulativa). Higgins e McCabe (2000), por exemplo, cunharam, no início da década de 2000, o conceito *multi-type maltreatment* descrevendo-o como a coocorrência de cinco tipos de maus tratos na infância (físico, sexual, psicológico, negligência e exposição a violência familiar). Na mesma altura, o termo revitimação foi utilizado para descrever o risco de reexperienciar vitimação sexual na idade adulta, ao estudar pessoas que tinham sido vítimas desse tipo de violência na infância (Arata, 2006).

Um dos conceitos mais recorrentes na literatura para significar o fenómeno é o de vitimação múltipla. Este conceito surgiu na década de 80, numa reflexão de Sparks (1981), ao observar que, nos inquéritos sobre violência, os inquiridos referiam não sofrer apenas um incidente, mas dois, três ou mais. Segundo o autor, olhar para a vitimação múltipla ou recorrente, ao invés de focar os eventos ocasionais ou esporádicos, permitiria melhor compreender como e porque é que algumas pessoas eram vitimadas de forma frequente, favorecendo uma melhor compreensão das causas da vitimação (Sparks, 1981). Duas décadas mais tarde, Hope et al. (2001), partilhando da perspetiva de Sparks (1981), descrevem a vitimação múltipla como um fenómeno que podia assumir várias formas: a vitimação repetida (experiência de se ser alvo de dois os mais crimes do mesmo tipo, num dado período de tempo) e a vitimação múltipla por crimes distintos (a experiência de se ser vítima de mais do que um tipo diferente de crime, num dado período de tempo; Hope et al., 2001). Porém, na perspetiva de Hope et al. (2001), para perceber o fenómeno da vitimação múltipla no seu todo seria necessário atender a três elementos básicos: a sua repetição (os eventos ocorrem numa sequência ordenada ao longo do tempo), a sua especificidade (em que medida os eventos numa sequência ordenada são de natureza semelhante) e o risco de transmissão (a natureza do mecanismo que liga o conjunto de eventos de vitimação; Hope et al., 2001).

Matos e colaboradores (2013), numa revisão sistemática da literatura acerca da vitimação múltipla feminina, concluíram que, apesar da escassez de estudos realizados com mulheres adultas, os realizados até à data sobre vitimação múltipla apresentavam uma prevalência elevada, variável entre os 13% e os 66.2%. Existe, na literatura, um crescente reconhecimento de que diferentes tipos de violência tendem a coocorrer, de forma cumulativa, ao longo da vida das mulheres (Matos et al., 2013).

Um outro estudo com mulheres imigrantes da comunidade, em Portugal (Gonçalves & Matos, 2019), concluiu que 78.5% das mulheres experienciou pelo menos uma forma de violência ao longo da vida (66.4% reportaram ter experienciado vitimação múltipla e 12.1% reportaram uma experiência única de violência). Estas mulheres experienciaram um espetro elevado de formas cumulativas de violência interpessoal (e.g., violência psicológica, violência física, discriminação, violência institucional), em diferentes fases de vida (e.g., infância, adolescência e/ou idade adulta) em diferentes contextos (e.g., familiar, extra-familiar, laboral e/ou institucional).

4. Consequências da vitimação múltipla

O estudo da vitimação múltipla, muito além da prevalência, tem sido direcionado para a compreensão do impacto que este tipo de experiências pode ter ao nível da saúde mental das vítimas. A este respeito, predomina na literatura alguma controvérsia no que concerne a uma potencial relação efeito-dose da vitimação múltipla na saúde mental das vítimas. Isto significa que mais vitimação resultaria em mais desajustamento emocional, preconizando que a possível existência de uma associação entre o número de tipos de vitimação experienciadas, a severidade ao nível da sintomatologia e o desenvolvimento de psicopatologia (Cuevas et al., 2010; Kaltman et al., 2010; Klest, 2011; Linares, 2004; Rees et al., 2014). Alguns autores adiantam, ainda, que um olhar direcionado apenas para a violência singular poderia sobrestimar o seu impacto (Cuevas, et al., 2010; Linares, 2004).

Contudo, a existência de uma relação linear entre a vitimação e o desajustamento não é consensual, na medida em que existem vítimas expostas a elevados níveis de adversidade que não desenvolvem problemas de saúde mental (Widom et al., 2008), através da sua resiliência. A resiliência pode ser definida como um processo dinâmico que engloba contributos de fatores psicológicos, sociais, ambientais e biológicos, que permitem ao indivíduo manter a sua saúde mental, apesar da adversidade experienciada (Ahmad et al., 2013). Segundo Walklate (2011), uma pessoa pode ter, ou não ter, a capacidade para superar a adversidade, dependendo da sua resiliência que, não sendo apenas um atributo individual, envolve também recursos socioculturais. Neste sentido, sugere que talvez seja útil pensar a relação entre a vitimação e a vulnerabilidade como sendo mediada pela resiliência, representando assim um processo dinâmico no qual a capacidade para sobreviver à adversidade pode ir sofrendo alterações ao longo da vida (Walklate, 2011). Por exemplo, um estudo com mulheres imigrantes, a residir em Portugal, que experienciaram vitimação múltipla em Portugal concluiu 46% apresentavam perturbação mental, 19% referiu ter tido pensamentos suicidas e 6% referiu ter consumido substâncias ilícitas. No que respeita a PSPT, 14% preenchia critérios para esta perturbação, e em 9.3% havia comorbilidade desta com outras perturbações, como por exemplo depressão (Gonçalves & Matos, 2020). Os autores concluíram existir uma relação complexa entre vitimação e perturbação mental, combinando fatores individuais, interpessoais, estruturais e sociais. Foi possível estabelecer uma relação dose-resposta entre o número de experiências de vitimação e pior saúde mental, nomeadamente Perturbação de Stress Pós-Traumático (PSPT) e desajustamento emocional. Desemprego, baixo nível socioeconómico e maior número de experiências de vitimação constituíram fatores de risco para o agravamento da saúde mental, com a resiliência a assumir um efeito mediador total nesta relação (Gonçalves & Matos, 2020b).

5. Violência contra as mulheres segundo uma abordagem interseccional

Um dos princípios orientadores enunciado no preâmbulo da Convenção de Istambul reconhece que "a violência contra as mulheres é uma manifestação das relações de poder historicamente desiguais entre mulheres e homens que conduziram à dominação e à discriminação contra as mulheres pelos homens, o que as impedia de progredir plenamente" (p.2). Para garantir a implementação das disposições desta Convenção, em particular as medidas para proteger os direitos das vítimas, devem ser asseguradas, sem discriminação alguma com base nomeadamente no sexo, género, raça, cor, língua, religião, opiniões políticas ou outras, origem nacional ou social, associação a uma minoria nacional, fortuna, nascimento, orientação sexual, identidade de género, idade, estado de saúde, deficiência, estado civil, estatuto de migrante ou refugiado ou qualquer outra situação (p. 3).

Os estudos sobre violência contra as mulheres e violência de género têm assumido sobretudo uma lente de género. A abordagem de género da violência contra as mulheres, patente nas perspetivas feministas, trouxe contributos importantes para a compreensão do fenómeno. Começou por abordar formas de violência exercidas contra mulheres que permaneciam escondidas, como, por exemplo, a violência doméstica e o abuso sexual (Spalek, 2006). Um outro contributo importante das perspetivas feministas foi a identificação da estrutura social do patriarcado, baseado na sustentação da violência através do controlo exercido pelos homens e na consequente subordinação das mulheres (Spalek, 2006). As perspetivas feministas abordaram ainda a vítima como uma pessoa ativa, com capacidade para se adaptar, resistir à vitimação e lutar contra os danos causados pela violência (Spalek, 2006). Contudo, a lente de género na abordagem da violência contra as mulheres tem vindo a ser criticada, pelas suas insuficiências, ao assumir invariabilidade e homogeneidade no grupo das mulheres, sem atender às dinâmicas resultantes da etnia, classe e contexto cultural (Spalek, 2006).

Com efeito, na década de 90, surgiram abordagens científicas integradoras, nomeadamente aquela que defendida pela Vitimologia Crítica (Mawby & Walklate, 1994). Spalek (2006), num trabalho sobre as perspetivas teóricas da Vitimologia, refere-se à perspetiva feminista como limitadora, por não permitir estudar as diferenças existentes entre os vários grupos de mulheres (Spalek, 2006). É, portanto, necessário adotar uma perspetiva mais abrangente e integradora, capaz de considerar o papel dos processos sociais e estruturais na explicação da vitimação, nomeadamente as estruturas da etnia e da classe, bem como a forma como os indivíduos agem integrados nessas estruturas (Spalek, 2006).

O conceito de interseccionalidade, embora anterior à década de 80, surge na literatura com o cunho da feminista Kimberlée Crenshaw (1989; 1991). A autora começou por refletir sobre a interseção de padrões de racismo e sexismo, enquanto fatores predisponentes para a discriminação exercida contra as mulheres negras nos locais de trabalho (Crenshaw, 1989). Posteriormente, Crenshaw expande o conceito de interseccionalidadelidade para colocá-lo ao serviço do estudo da violência contra as mulheres, especialmente as negras. A autora analisou a forma como as várias categorias de identidade interagem para explicar a violência e a opressão, na medida em que esta experiência é, muitas vezes, moldada por outras dimensões da identidade, que interagem com o género, como a etnia e a classe (Crenshaw, 1991; Josephson, 2005).

Esta abordagem terá contribuído para o reconhecimento da violência doméstica como um problema público, para a necessidade de colocar em prática políticas antidiscriminação e para a disponibilização de serviços de apoio adequados às necessidades e especificidades das vítimas (Crenshaw, 1991; Josephson, 2005). A autora sistematizou, posteriormente, a interseccionalidade como uma abordagem que procura capturar as consequências estruturais e dinâmicas da interação entre dois ou mais eixos de subordinação. Especificamente, aborda a forma como o racismo, o patriarcado, a opressão da classe e outros sistemas discriminatórios (e.g., atos políticos) provocam desigualdades de fundo que estruturam as posições relativas das mulheres, etnias, classes e assim por diante (Crenshaw, 2002).

O paradigma da interseccionalidade tem sido amplamente estudado e analisado em várias áreas do saber (e.g., ciências sociais, ciências humanas), sendo que, em qualquer área dos estudos que envolvam as mulheres e as diferenças de género, se tem teorizado, aplicado e discutido este paradigma (Berger & Guidroz, 2009). Os autores têm sido consistentes no que respeita aos contornos gerais da interseccionalidade ao afirmar que é um processo dinâmico de múltiplas dimensões como a etnia, a classe, a idade, a nacionalidade, no qual o género é apenas uma parte constituinte (Segal & Chow, 2011). Todas essas dimensões agem não como unidades ou entidades mutuamente exclusivas, mas cuja interação recíproca produz desigualdades sociais complexas (Collins, 2015).

Um estudo realizado em Portugal, com mulheres imigrantes, permitiu uma análise interseccional às suas experiências de vitimação (Gonçalves & Matos, 2019), tendo concluído que mulheres que cumulativamente pertenciam a uma minoria étnica, pertenciam a níveis socioeconómicos desfavorecidos e experienciaram vitimação em idades precoces apresentavam padrões mais severos de vitimação na idade adulta.

Conclusões

Tradicionalmente, o estudo da violência contra as mulheres é baseado em abordagens individualizadas e dicotomizadas (por exemplo, com base no género) que falham em reconhecer a dinâmica de poder e as desigualdades estruturais. O paradigma da interseccionalidade tem sido amplamente estudado e analisado em diversas áreas do conhecimento. No entanto, um número escasso de estudos utilizou essa abordagem para estudar empiricamente como a interseccionalidade poderia moldar a experiência de violência e o impacto da vitimação nas mulheres.

É, pois, urgente que os estudos adotem uma perspetiva abrangente e integradora, capaz de considerar o papel dos processos estruturais, sociais e institucionais para explicar a vitimação contra as mulheres ao longo do ciclo de vida, para que possam informar as políticas públicas e as práticas profissionais. É fundamental que a investigação científica possa contribuir para o conhecimento de como a intersecção entre fatores estruturais, individuais, relacionais e contextuais explicam e afetam as diferenças nas experiências de vitimação. Além disso, a abordagem interseccional da violência permitirá explorar a experiência cumulativa de violência dessas mulheres.

Referências

ARATA, Catalina (2006). Child Sexual Abuse and Sexual Revictimization. *Clinical Psychology: Science and Practice*, *9*(2), 135–164. doi:10.1093/clipsy.9.2.135

COLLINS, Patricia Hill (2015). Intersectionality's Definitional Dilemmas. *Annual Review of Sociology*, *41*(1), 1–20. doi:10.1146/annurev-soc-073014-112142

COUNCIL OF EUROPE TREATY SERIES. Council of Europe Convention on preventing and combating violence against women and domestic violence. Istambul, 2011

CRENSHAW, Kimberle (1989). Demarginalizing the intersection of race and sex: A black feminist critique of antidiscrimination doctrine, feminist theory and antiracist politics. *The University of Chicago Legal Forum*, *140*, 139–167

CRENSHAW, Kimberle. (2002). Documento para o Encontro de Especialistas em Aspetos da Discriminação Racial Relativos ao Gênero. *Rev. Estudos Feministas*, *10*(1), 171–188. doi:10.1590/S0104-026X2002000100011

CUEVAS, Carlos, FINKELHOR, David, CLIFFORD, Cynthia, ORMROD, Richard, & TURNER, Header (2010). Psychological distress as a risk factor for re-

-victimization in children. *Child Abuse & Neglect, 34*(4), 235–43. doi:10.1016/j.chiabu.2009.07.004

DECRETO-LEI 60/2013, de 23 de agosto. Diário da República – I Série, N.º 162. Procede 30.ª alteração ao Código Penal, aprovado pelo Decreto-Lei n.o 400/82, de 23 de setembro, à quarta alteração à Lei n.o 5/2002, de 11 de janeiro, e a primeira alteração às Leis n.o 101/2001, de 25 de agosto e 45/2011 de 24 de junho, transpondo para a ordem jurídica interna a Directiva 2011/36/EU, do Parlamento Europeu e do Conselho, de 5 de abril, relativa à prevenção e luta contra o tráfico de seres humanos e à proteção das vítimas, e que substitui a Decisão-Quadro 2002/629/JAI do Conselho.

FRA – EUROPEAN UNION AGENCY FOR FUNDAMENTAL RIGHTS (2014). *Violence against women: An EU-wide survey*. Luxembourg: Publications Office of the European Union

GALLAGHER, Anne (2018). Trafficking in transnational criminal law. In R. Piotrowicz, C. Rijken, & B. H. Uhl (Eds.), *Routledge Handbook of Human Trafficking* (pp. 21- 40). New York: Routledge

GARCIA-MORENO, Claudia, JANSEN, Henrica., ELLSBERG, Mary, HEISE, Lori, & WATTS, Carlotte. (2006). Prevalence of intimate partner violence: findings from the WHO multi-country study on women's health and domestic violence. *Lancet*, 368(9543), 1260-1269. doi: 10.1016/S0140-6736(06)69523-8

GONÇALVES, Mariana & MATOS, Marlene (2020): Lifetime victimization: Identifying frequency and emotional (dis)adjustment among Portuguese and Immigrant women. Victims & Offenders, 15(6), 771-792. DOI: 10.1080/15564886.2020.1744051

GONÇALVES, Mariana, & MATOS, Matos (2019). Interpersonal violence in Immigrant women in Portugal: An intersectional approach. Journal of Immigrant & Refugee Studies, 18(1), 22-41. https://doi.org/10.1080/15562948.2018.1557312

HIGGINS, Daryl, & MCCABE, Marita (2000). Multi-type maltreatment and the long-term adjustment of adults. *Child Abuse Review, 9*(1), 6–18.

HOPE, Tim, BRYAN, Jane, TRICKETT, Alan, & OSBORN, Denise (2001). The phenomena of multiple victimization: The relationship between personal and property crime risk. *British Journal of Criminology*, 41(4), 595-617.

JOSEPHSON, Jyl (2005). The intersectionality of domestic violence and welfare in the lives of poor women. In N. Sokollof & C. Pratt (Eds.), *Domestic violence at the margins: Readings on race, class, gender, and culture*. USA: Rutgers University Press.

KALTMAN, Stacey, GREEN, Bonnie, METE, Mihriye, SHARA, Nawar, & MIRANDA, Jeanne (2010). Trauma, depression, and comorbid PTSD/depression in a community sample of Latina immigrants. *Psychological Trauma: Theory, Research, Practice, and Policy*, *2*(1), 31–39. doi:10.1037/a0018952

KLEST, Bridget (2012). Childhood trauma, poverty, and adult victimization. *Psychological Trauma: Theory, Research, Practice, and Policy*, *4*(3), 245–251. doi:10.1037/a0024468

KRUG, Etienne., DAHLBERG, Linda., MERCY, James, ZWI, Anthony, & LOZANO, Rafael. World report on violence and health. Geneva. World Health Organization. 2002

LINARES, Oriana (2004). Social connection to neighbors, multiple victimization, and current health among women residing in high crime neighborhoods. Journal of Family Violence, 19(6), 355–366. doi:10.1007/s10896-004-0680-y

MATIAS, Andreia, GONÇALVES, Mariana, SOEIRO, Cristina, & MATOS, Marlene (2019). Intimate Partner Homicide: A meta-analysis of risk factors, Aggression and Violent Behavior. https://doi.org/10.1016/j.avb.2019.101358

MATIAS, Andreia, GONÇALVES, Mariana, SOEIRO, Cristina, & MATOS, Marlene. Intimate Partner Homicide in Portugal: What Are the (As)Symmetries Between Men and Women?.European Journal on Criminal Policy and Research Crim Policy Res 27, 471–494 (2021). https://doi.org/10.1007/s10610-020-09469-w

MATOS, Marlene, DIAS, Rita, & PEIXOTO, Judite (2013). Vitimação múltipla feminina ao longo da vida: Uma revisão sistemática da literatura [Lifetime Multiple Victimization among Women: A systematic Review of the Literature]. Psicologia e Sociedade, 25(3), 602-611. doi: 10.1590/S0102-71822013000300014

MAWBY, R. & WALKLATE, Sandra (1994). *Critical Victimology*. London: SAGE

OBSERVATÓRIO DO TRÁFICO DE SERES HUMANOS [OTSH]. (2020). *Relatório anual sobre Tráfico de Seres Humanos 2019.*

ORGANIZAÇÃO MUNDIAL DE SAÚDE. Violence against women prevalence estimates, 2018: global, regional and national prevalence estimates for intimate partner violence against women and global and regional prevalence estimates for non-partner s exual violence against women. Geneva: World Health Organization; 2021. Licence: CC BY-NC-SA 3.0 IGO

PETHERICK, Wayne, & PETHERICK, Natasha (2019). Domestic Homicide. In W. Petherick & N. Petherick (Eds.), Homicide (pp.157-182). https://doi.org/10.1016/b978-0-12-812529-8.00008-2

POLÍCIA JUDICIÁRIA. (2020). Homicídios nas relações de intimidade: Estudo dos Inquéritos investigados pela Polícia Judiciária(2014a 2019).

REES, Susan, STEEL, Zachary, CREAMER, Mark, TEESSON, Maree, BRYANT, Richard., MCFARLANE, Alexander., ... SILOVE, Derrick (2014). Onset of common mental disorders and suicidal behavior following women's first exposure to gender based violence: a retrospective, population-based study. *BMC Psychiatry*, *14*(1), 312. doi:10.1186/s12888-014-0312-x

SCOTT-STOREY, Kelly (2011). Cumulative abuse: Do things add up? An evaluation of the conceptualization, operationalization, and methodological approaches in the study of the phenomenon of cumulative abuse. *Trauma, Violence, & Abuse*, *12*(3), 135– 150. doi:10.1177/1524838011404253

SEGAL, M. T. & CHOW, E. N. (2011). Analyzing Gender, Intersectionality, and Inequality in Global, Transnational and Local Contexts. In E. N. Chow, M. T. Segal, & L. (eds.). *Analyzing Gender, Intersectionality, and Multiple Inequalities: Global, Transnational and Local Contexts (Advances in Gender Research, Volume 15.* Emerald Group Publishing Limited, pp.1 – 14

SPALEK, Basia. *Crime victims: theory, policy and practices.* New York: Palgrave MacMillan. 2006

SPARKS, Richard (1981). Multiple victimization: Evidence, theory, and future research. *Journal of Criminal Law and Criminology*, *72*(2), 762-778.

UNIÃO DE MULHERES ALTERNATIVA E RESPOSTA. (2020). Relatório Anual 2019: Observatório de Mulheres Assassinadas da UMAR.

UNITED NATIONS (UN) (2000). *Protocol to prevent, suppress and punish trafficking in persons, especially women and children, supplementing the United Nations convention against transnational organized crime.* Consultado em www.osce.org/odihr/19223

UNITED NATIONS OFFICE ON DRUGS AND CRIME (UNODC) (2019). Global Study on Homicide: Understanding Homicide.

WALKLATE, Sandra (2011). Reframing criminal victimization: Finding a place for vulnerability and resilience. *Theoretical Criminology*, 15(2), 179-194. doi: 10.1177/1362480610383452

WIDOM, Cathy, CZAJA, Sally, & Dutton, Mary Ann. (2008). Childhood victimization and lifetime revictimization. *Child Abuse & Neglect*, *32*(8), 785–796. doi:10.1016/j.chiabu.2007.12.006

4.
VIOLÊNCIA NAS RELAÇÕES DE INTIMIDADE: CARACTERIZAÇÃO E INTERVENÇÃO NOS OFENSORES

Rui Abrunhosa Gonçalves
Olga Cunha
Marta Sousa

Introdução

A violência nas relações de intimidade (VRI) é um fenómeno complexo e contempla qualquer ato de violência física, psicológica, sexual e/ou económico que ocorre entre parceiros atuais ou ex-parceiros (Wong & Bouchard, 2021). Considerado como um grave problema de saúde pública, apresenta repercussões a nível físico, psicológico, sexual, reprodutivo e social para as suas vítimas (Campbell, 2002). Os dados internacionais estimam que 30% das mulheres em todo o mundo e 25.3% das mulheres europeias já experienciaram, em certo momento da sua vida, violência física e/ou sexual por um parceiro íntimo (WHO, 2013). Dados nacionais reportados ao ano de 2007, revelaram que 38.1% das mulheres portuguesas experienciaram, pelo menos um ato de violência física, emocional e/ou sexual (Lisboa, Barroso, Patrício, & Leandro, 2009).

Embora inicialmente as medidas de prevenção se focassem na figura da vítima, o foco da intervenção dirigiu-se posteriormente para os ofensores, uma vez que grande parte das vítimas não tinham pretensão de abandonar a relação (Stith, Rosen, McCollum, & Thomsen, 2004). Nos anos 70 surgiram os primeiros programas de intervenção para ofensores conjugais em formato de psicoterapia ou grupos educacionais não-estruturados (e.g., Gondolf, 2004), de entre os quais se destaca o

Domestic Abuse Intervention Project (DAIP), habitualmente designado de Modelo Duluth (Pence & Paymar, 1993), que assenta numa abordagem feminista. Gradualmente os programas de intervenção para ofensores conjugais passaram a incorporar elementos das abordagens psicoeducacionais e/ou cognitivo-comportamentais (e.g., Babcock, Green, & Robie, 2004; Cunha & Gonçalves, 2015; Feder & Wilson, 2005; Gondolf, 2007). De entre estes destacam-se as estratégias dirigidas às crenças disfuncionais em relação à violência face às mulheres e aos papéis de género, aos défices de autocontrolo e aos défices ao nível das competências sociais e comunicacionais.

O presente capítulo revê as principais metodologias desenvolvidas para lidar com ofensores de VRI, salientando ainda os fatores de risco associados aos homicídios nas relações de intimidade, a sua casuística em Portugal e formas de prevenir estas ocorrências. Começaremos pela caracterização e etiologia dos ofensores de VRI, para expor depois resultados da intervenção junto dos mesmos, desde as abordagens mais tradicionais às mais recentes.

1. Caracterização e etiologia dos ofensores de violência nas relações de intimidade

A literatura da especialidade (e.g., Dutton & Hart, 1992; Moffitt & Caspi, 1999; Saunders, 1995) tem identificado um conjunto de variáveis presentes na história de vida e nas características da personalidade de muitos ofensores de VRI que podem ajudar a estabelecer um potencial de risco de violência ou de re-vitimação, sempre que se desencadeia ou prevê uma situação de violência entre parceiros/as ou ex-parceiro/as. Tais fatores de risco podem ser classificados como estáticos, englobando fatores que ocorreram no passado do sujeito e não são passíveis de ser alterados (e.g., ter sido vítima de abuso físico na infância ou ter presenciado o pai a violentar a mãe) ou fatores dinâmicos (e.g., falta de assertividade social, dificuldade em controlar a raiva, impulsividade, consumo de substâncias). Dada a natureza modificável dos fatores dinâmicos eles são, por norma, o foco principal das intervenções psicológicas. No entanto, os fatores estáticos não devem ser descartados nos processos terapêuticos, pois permitirão aumentar o conhecimento do indivíduo acerca das causas do comportamento agressivo. Para além disso, são fatores úteis e alvos privilegiados para programas que visem a prevenção do comportamento agressivo.

Os fatores de risco podem ser de natureza sociodemográfica (e.g., baixa escolaridade, carências económicas, desemprego) (e.g., Cunha, Gonçalves, & Pereira, 2011; Hilton & Harris, 2005; Walton-Moss et al., 2005) ou variáveis associadas à personalidade e ao estilo de vida do ofensor (e.g., raiva e hostilidade, ciúmes excessivos, atitudes obsessivas e ruminativas, atitudes e comportamentos de dominância em relação à vítima, consumo de álcool) (e.g., Cunha, Gonçalves & Pereira, 2011; Echeburúa, Fernández-Montalvo, Corral, & Goñi, 2008). Embora a existência de perturbações graves da personalidade como a psicopatia ou a perturbação da personalidade antissocial sejam menos frequentes neste tipo de ofensores, alguns estudos mostraram a sua ligação ao risco de violência. São disso exemplo dois estudos recentes: um encontrou evidência de uma associação entre a frequência da VRI e a faceta afetiva da PCL-R (Cunha, Braga, & Gonçalves, 2021), enquanto outro revelou que tanto a psicopatia em geral quanto a sua faceta antissocial estão particularmente ligadas à reincidência geral e à reincidência de VRI (Cunha, Pinheiro, & Gonçalves, 2021).

Relativamente aos restantes problemas de saúde mental, dados recentes de um estudo longitudinal sueco indicam que a generalidade das perturbações mentais identificadas (depressão, ansiedade, uso de álcool, uso de drogas, perturbação de atenção e hiperatividade) está associada a um maior risco de perpetração de VRI em relação às mulheres. Especificamente, as perturbações aditivas quando existem, quer como diagnósticos principais ou em comorbilidade, apresentam os maiores riscos absolutos e relativos (Yu et al., 2019). Finalmente, importa dizer que, no âmbito dos fatores de risco estáticos, a história de violência na família de origem e história prévia de perpetração de VRI constituem-se como dois dos preditores mais potentes para determinar o risco futuro de VRI (Cunha, Gonçalves, & Pereira, 2011, Yu et al., 2019). Pode-se assim dizer, que a perpetração de VRI resulta de uma combinação entre fatores da personalidade (e.g., Dutton, 2007), história de aprendizagens que favorecem o maltrato como estratégia primordial de educação familiar e a interiorização de crenças legitimadoras de maus-tratos sobre as mulheres (e.g., Dias, 2018; Murrell, Christoff, & Henning, 2007) e a comorbilidade entre problemas de saúde mental e traços problemáticos da personalidade ou mesmo desordens da personalidade (e.g., Cunha, Braga, & Gonçalves, 2021; Yu et al., 2019).

A construção de tipologias a partir de *clusters* de fatores de risco é um procedimento habitual no sentido de possibilitar o desenvolvimento de estratégias e programas de intervenção melhor adaptados às necessidades criminógenas (fatores de risco) elencadas em cada tipo ou categoria. No caso da VRI, Holtzworth-Munroe e colaboradores (e.g., Holtzworth-Munroe & Stuart,1994; Holtzworth-Munroe & Meehan, 2004) identificaram três tipos principais e um intermédio: a) limitados à família (também referenciados como sendo o subgrupo menos violento e cuja agressividade se encontra limitada à relação, apresentando um risco de violência baixo); b) disfóricos-borderline (envolvidos numa violência moderada a severa, apresentam-se como ciumentos e extremamente dependentes das suas parceiras); e c) violentos e antissociais (apresentam-se como o grupo mais violento, são geralmente impulsivos, com fracas competências e com atitudes hostis para com as parceiras, envolvem-se em formas de violência severa e legitimam o uso da violência). Os autores referem-se ainda a um quarto grupo intermédio entre o primeiro e o terceiro, que combina os aspetos do primeiro, mas reporta menos incidência de comportamentos antissociais, e que identificam como "agressores antissociais de menor nível". Três dimensões – severidade e frequência da violência sobre a parceira; generalização da violência (isto é, violência intrafamiliar ou extrafamiliar); e c) psicopatologia ou perturbações da personalidade dos agressores – serviram de suporte combinatório para esta tipologia, que de resto tem vindo a ser replicada com sucesso em vários estudos e mesmo entre nós (e.g., Cunha & Gonçalves, 2013).

2. Da violência nas relações de intimidade ao homicídio

Conforme expusemos acima, os ofensores nas relações de intimidade são portadores de fatores de risco que variam em frequência e gravidade. Deste modo, faz sentido distinguir entre o risco geral para a violência na intimidade e o risco para o cometimento de homicídio sobre a parceira sendo, por isso, importante proceder a avaliações integradas do risco para cada situação, permitindo estabelecer um adequado plano de segurança para as vítimas. No quadro 1 apresentam-se, por ordem alfabética, uma lista de fatores associados ao risco de violência na relação de intimidade (R-VRI) e ao risco de homicídio na relação de intimidade (R-HRI), com base na literatura da especialidade (e.g., Abrunhosa, Rodrigues, Cruz, Gonçalves, & Cunha, 2020; Belfrage & Rying, 2004; Cunha & Gonçalves, 2019; Dutton & Hart, 1992; Saunders, 1995). Verifica-se que há fatores de risco comuns a ambos os casos, mas outros mais específicos de cada situação, uns de caráter estático e estrutural e outros podem ser claramente objeto de intervenção. Também se percebe que podem existir diferentes gradações de intensidade em cada fator, contribuindo assim para que o nível de risco final detetado em cada indivíduo possa variar em termos de gravidade (baixo, moderado ou alto). Em geral, concorrem sobretudo para o risco de HRI, aspetos associados ao funcionamento da personalidade, problemas de saúde mental, maiores níveis de expressão de raiva e hostilidade e alguns fatores situacionais.

QUADRO 1 – Indicadores do risco de violência conjugal e risco de homicídio conjugal (adaptado de Gonçalves, 2004)

Risco de VRI	Risco de HRI
• Abuso de álcool • Antecedentes de VRI • Baixa tolerância à frustração • Baixo autocontrole • Baixo nível educacional • Baixo rendimento económico • Défices de competências de relacionamento interpessoal • Desordem da personalidade antissocial • Diferentes orientações religiosas no casal • Fatores "acidentais" (gravidez não-desejada; desemprego; casamento precoce; separação, ...) • Psicopatia • Superioridade académica e profissional da mulher • Violência face às crianças • Violência na família de origem	• Abuso de álcool e drogas • Ameaças com armas • Ameaças de morte • Ameaças de suicídio • Antecedentes de VRI • Atitudes de dominância e poder extremas • Atitudes e pensamentos obsessivos e ruminativos • Ciúmes excessivos • Violência contra outras pessoas • Ferimentos graves em incidentes anteriores • Morbilidade psiquiátrica • Posse/acesso a armas de fogo • Prática de sexo forçado com a vítima • Psicopatia • Uso de armas em incidentes anteriores • Violência na família de origem

A casuística nacional do HRI indica-nos que se trata de um fenómeno à parte no panorama da criminalidade contra as pessoas. De facto, se consultarmos os dados oficiais, da Direção Geral de Política Judiciária quanto aos homicídios voluntários consumados (HVC) e os emparelharmos com os homicídios nas relações de intimidade (HRI), identificados a partir do Observatório das Mulheres Assassinadas (OMA-UMAR), verificamos que os primeiros apresentam uma tendência descendente enquanto que os segundos permanecem relativamente estáveis ao longo dos anos, não dando mostras de esmorecer (cf., figura 1).[1]

[1] Optámos por não incluir os dados de 2020 pois os mesmos podem apresentar alguma influência da recente situação pandémica, pelo que nos pareceu mais avisado reportar dados não afetados por esse evento.

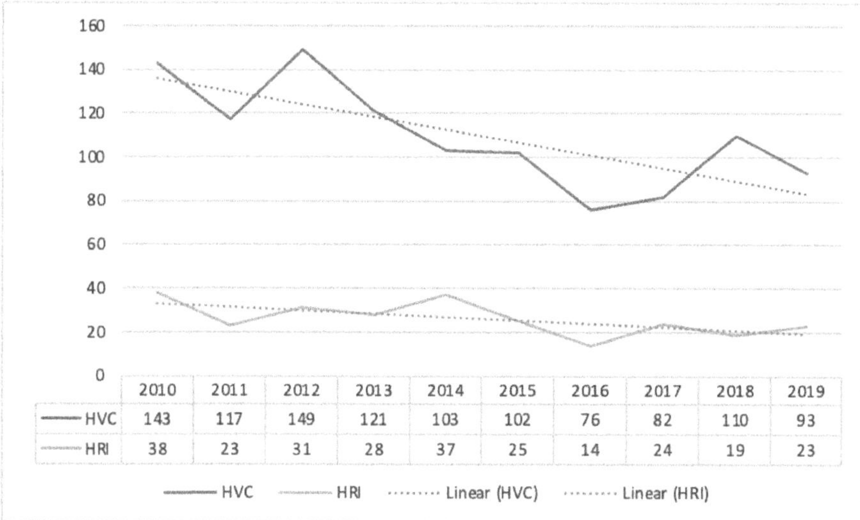

FIGURA 1 – Homicídio voluntário consumado (HVC) e Homicídio nas relações de intimidade (HRI) perpetrados por homens sobre mulheres (Fontes: Direção-Geral da Política da Justiça e Observatório das Mulheres Assassinadas, OMA-UMAR).

A tipologia tripartida de Holtzworth-Munroe e colaboradores pode ajudar na destrinça entre os candidatos mais prováveis a homicidas nas relações de intimidade. Assim, se por um lado a prática reiterada de agressões, ameaças com armas e o consumo de álcool surgem muitas vezes associados a esta situação ancoradas em perturbações graves da personalidade (e.g., psicopatia: Cunha & Gonçalves, 2019), é de assinalar também os casos mais próximos do tipo disfórico-borderline, onde a raiva e o ciúme insanos, eventualmente alimentados por perturbações emocionais ou mesmo psiquiátricas, afetam a razão e são muito típicos do homicídio da parceira seguido de suicídio do ofensor. Note-se, a título exemplificativo que, dos 12 casos de HRI reportados pela UMAR no seu relatório referente a 2018, um terço foi seguido do suicídio do homicida (cf., umarfeminismos.org.). Em 2019 suicidaram-se nove perpetradores e, em 2020, foram reportados seis em 19 casos de HRI. Esta constância de casos relança o problema da prevalência e comorbilidade de perturbações mentais neste grupo de homicidas, que passam muitas vezes despercebidos no crivo da vigilância das autoridades, já que nem sempre há queixas nos órgãos de polícia criminal ou nos tribunais e só provavelmente elementos mais próximos da vítima ou o seu médico de família é que estarão a par do seu sofrimento, tanto mais que a vitimação é normalmente de cariz psicológico. Não raro também é o facto de ser a iniciativa da mulher de pôr fim ao relacionamento que pode desencadear uma raiva intensa no ofensor que, incapaz de lidar com a frustração provocada pelo abandono iminente, se decide pelo homicídio da parceira e de si próprio e, nos casos mais extremos, dos filhos.

3. A intervenção com ofensores de violência nas relações de intimidade

Desde a sua emergência nos Estados Unidos da América, anos 70, rapidamente os programas de intervenção para ofensores de VRI se tornaram uma resposta social e legal comum para lidar com a VRI em diferentes países, incluindo também Portugal (e.g., Cannon, Hamel, & Ferreira, 2016; Cunha & Gonçalves, 2014; Ferrer-Perez & Bosch-Fiol, 2016). Diferentes *guidelines* foram desenvolvidas com vista a uniformizar os procedimentos a respeito da intervenção com perpetradores de VRI. Por exemplo, rejeita-se a possibilidade de serem realizadas intervenções de casal ou intervenções focadas na gestão da raiva e enfatizam a necessidade de incluir questões relativas ao poder e controlo. Estas *guidelines* têm, no entanto, sido questionadas, nomeadamente devido à falta de evidência empírica e à abordagem *"one size fits all"* subjacente às mesmas (Ferraro, 2017).

A maioria dos programas para ofensores de VRI assumem uma orientação cognitivo-comportamental e/ou psicoeducativa em grupo (e.g., Cunha & Gonçalves, 2014) e refletem essencialmente as principais abordagens teóricas na explicação da VRI. Ambas as abordagens apresentam semelhanças, no entanto, enquanto os modelos cognitivo-comportamentais se focam na mudança de padrões de pensamento negativos adquiridos através da aprendizagem social, os modelos psicoeducativos centram-se na educação acerca das dinâmicas da VRI e na responsabilização do maltratante para modificar os seus comportamentos e atitudes, assumindo assim um maior enfoque nas questões sociopolíticas e no poder do homem sobre a mulher (Ferraro, 2018).

Não obstante, os dados referentes à eficácia da intervenção com perpetradores de VRI mantêm-se controversos. Embora vários estudos tenham revelado benefícios para os homens que completam programas de intervenção, tais como uma redução significativa nos comportamentos abusivos (e.g., Catlett, Toews, & Walilko, 2010; Cunha & Gonçalves, 2015; Lila, Gracia, & Catalã-Miñana, 2020), no risco de violência futura (e.g., Coulter & VandeWeerd, 2009; Lauch, Hart, & Bresler, 2017), na psicopatologia (Cunha & Gonçalves, 2015), nas atitudes face à VRI (e.g., Cunha & Gonçalves, 2015; Lila et al., 2020), e um aumento na autoestima e nas competências de resolução de problemas (Cunha & Gonçalves, 2015), os resultados das meta-análises permanecem inconsistentes. Algumas meta-análises concluem que os programas para ofensores de VRI têm um efeito reduzido na cessação da VRI e nas taxas de reincidência (Arias, Arce, & Vilariño, 2013; Babcock et al., 2004; Feder & Wilson, 2005); outras sugerem um efeito significativo dos programas de intervenção na redução da violência (Karakurt, Koç, Çetinsaya, Ayluçtarhan, & Bolen, 2019); e outras revelam uma diminuição significativa na reincidência quando reportada pelo sistema de justiça, mas não quando reportada pela vítima (Cheng, Davis, Jonson-Reid, & Yaeger, 2019). Apesar de tais inconsistências, a literatura continua a reconhecer a importância de integrar os ofensores nesses programas, uma vez que apesar dos efeitos serem pequenos estes podem ser significativos para as vítimas (Babcock et al., 2004; Ferrer-Perez & Bosch-Fiol, 2016). Neste âmbito, importa promover a eficácia de tais programas, pelo que alguns autores recomendam abordagens que se têm mostrado eficazes com outras populações criminais, incluindo o modelo Risco-Necessidades-Responsividade (RNR; Bonta & Andrews, 2017) ou a Entrevista Motivacional (EM; Rollnick & Miller, 1995), ou ainda suplementar os programas de intervenção com tratamento especializado (e.g., tratamento para perturbações mentais e/ou consumo de substâncias).

Diferentes autores entendem que os perpetradores de VRI apresentam características idênticas aos restantes ofensores (e.g., Juarros-Basterretxea, Herrero, Fernández-Suárez, Pérez, & Rodríguez-Díaz, 2018), pelo que sugerem que as intervenções devem adotar os mesmos princípios e abordagens que as intervenções que se têm revelado eficazes com os ofensores em geral. O modelo RNR é uma dessas abordagens (Bonta &

Andrews, 2017). Este modelo preconiza que a intensidade do tratamento deve adequar-se ao nível de risco do ofensor, que a intervenção deve responder às suas necessidades criminógenas (i.e., aos fatores de risco dinâmicos que se associam ao comportamento abusivo, em função do tipo de ofensor) e que se deve ajustar às suas características (i.e., estilo de aprendizagem) e recorrer a modelos e estratégias de intervenção eficazes (Bonta & Andrews, 2017). Os programas de intervenção para ofensores de VRI baseados no modelo RNR têm revelado resultados satisfatórios, nomeadamente no que respeita à redução das crenças acerca da VRI e dos comportamentos abusivos (e.g., Scott, Heslop, Kelly, & Wiggins, 2015; Stewart, Gabora, Kropp, & Lee, 2014).

As críticas e controvérsias em torno da eficácia dos programas de intervenção para ofensores de VRI trouxeram à discussão a questão da motivação do indivíduo para a mudança e do envolvimento dos ofensores na intervenção. Como consequência, vários autores sugerem a inclusão de estratégias motivacionais, tais como a Entrevista Motivacional (EM), por forma a colmatar tais fragilidades e desta forma aumentar a eficácia da intervenção. O Modelo Transteórico da Mudança (Prochaska & DiClemente, 1982), que serve de base à EM, assume que todos os indivíduos passam por uma série de estádios (i.e. pré-contemplação, contemplação, preparação, ação e manutenção) antes de alcançarem a mudança, pelo que, do ponto de vista da intervenção, são descritas um conjunto de estratégias direcionadas para cada estádio de mudança com vista a potenciar a motivação para a mudança (Casey, Day, & Howells, 2005). Neste âmbito, a EM é definida como uma abordagem colaborativa e centrada no sujeito, onde a mudança é da inteira responsabilidade do cliente e o terapeuta assume o papel de auxiliar o cliente a explorar e resolver a sua ambivalência face à mudança (Rollnick & Miller, 1995). Estudos atuais reforçam a importância do recurso a estratégias motivacionais na redução do *dropout* e da reincidência em perpetradores de VRI (e.g., Santirso, Gilchrist, Lila, & Gracia, 2020).

4. Desenvolvimentos recentes na intervenção com ofensores de violência nas relações de intimidade

As críticas dirigidas às abordagens terapêuticas utilizadas com os ofensores de VRI, nomeadamente o foco excessivo na confrontação (e.g.,

Ferraro, 2017), bem como os resultados pouco expressivos dos modelos anteriormente mencionados, levaram os investigadores e terapeutas a considerar novas abordagens de intervenção. De facto, o surgimento recente das terapias de terceira geração com resultados positivos no tratamento de psicopatologias, impulsionou a sua utilização com indivíduos que adotam comportamentos agressivos (Zarling et al, 2015).

Neste sentido, têm surgido alguns estudos que visam a utilização da Terapia da Aceitação e Compromisso (ACT; Hayes et al., 1999). Esta terapia não visa a mudança dos eventos psicológicos de forma direta, mas a mudança da função desses eventos e a relação do indivíduo com eles (Hayes et al., 2012). A ACT está assente em princípios (i.e., aceitação, *defusion*, eu no momento presente, valores e ação), cuja influência nos comportamentos problemáticos surge, pelo menos em parte, por meio da redução do evitamento experiencial. De facto, algumas investigações evidenciam que o comportamento agressivo nas relações de intimidade tem subjacente a dificuldade de aceitação e a incapacidade de gestão da experiência emocional (ex., Cohn et al., 2010). Esta abordagem diferencia-se dos modelos tradicionais ao não focar a reestruturação dos pensamentos dos perpetradores de VRI em relação às companheiras, mas em ensinar os indivíduos a escolher um comportamento que atenda aos seus valores, independentemente dos pensamentos que possui. Desta forma, os valores que cada indivíduo apresenta são a motivação para a mudança de comportamento (Zarling et al., 2017).

Os resultados da utilização da ACT para travar o comportamento agressivo têm-se revelado bastante promissores. Zarling e colaboradores (2015) utilizaram esta abordagem terapêutica numa amostra clínica de indivíduos que tinham exibido recentemente comportamentos agressivos. Os resultados revelaram um declínio significativo na agressão física e psicológica autorrelatada no follow-up a 6 meses por comparação com o grupo de controlo (Zarling et al., 2015). Um outro estudo comparou os resultados de um grupo de indivíduos ofensores de VRI que frequentou um programa de intervenção assente na ACT e um grupo de indivíduos sujeitos a uma intervenção tradicional (i.e., modelo de Duluth e terapia cognitivo comportamental), em termos de condenações durante a intervenção e um ano após o tratamento (Zarling et al., 2017). Os resultados revelaram que os indivíduos que obtiveram uma intervenção ACT tinham significativamente menos novas acusações, menos acusações por violência doméstica ou acusações violentas do que os participantes da intervenção tradicional. O mesmo acontecia um ano após a intervenção. No quadro destas abordagens terapêuticas mais recentes, a ACT surge para já como a mais utilizada (e.g., Berta & Zarling, 2019; Zarling et al., 2020). Contudo, a terapia interpessoal metacognitiva começa também a ser aplicada e testada com recurso a estudos de caso (Passeto et al., 2021), pelo que é expectável que surjam avanços promissores nesta área.

Conclusões

A prevenção da VRI passa pela compreensão acerca do que motiva os ofensores, as condições em que a violência é perpetrada e as estratégias de intervenção que podem ser operacionalizadas para a cessação dos episódios abusivos. O que sabemos hoje acerca das características dos ofensores em geral, e dos perpetradores de VRI em particular, permite-nos desenvolver programas de intervenção individual e grupal tendencialmente bem-sucedidos. De facto, quer os modelos mais tradicionais quer os mais recentes, não deixam de proporcionar resultados promissores, embora nem sempre com a expressão que se desejaria em termos de efeitos. Todavia, como já tivemos oportunidade de referir noutro local, no que toca à intervenção em ofensores, mais relevante que a magnitude do efeito é a sua importância e as condições em que surge (e.g., Gonçalves, Sousa & Cunha, 2020).

Além disso, há indicações interessantes sobre aspetos mais simples das intervenções, que podem conduzir à mudança (Babcock, et al., 2016). Assim, a experiência de ser detetado como perpetrador de violência nas relações de intimidade e a consequente sujeição a sanções legais, à monitorização e ao encaminhamento para intervenção, parece ser suficiente para provocar a cessação da violência para a maioria dos ofensores. Do mesmo modo, é preciso determinar desde logo o tipo de violência (homem sobre a mulher; autodefesa; bidirecional; controle/coerciva; terrorismo íntimo) e as características dos perpetradores (psicopatologia; desordens da personalidade; problemas de vinculação; impulsividade; poder e controle). Adicionalmente, a presença de problemas de abuso de substâncias deve conduzir a uma intervenção prioritária. Finalmente, a decisão sobre o tipo de tratamento a implementar tem de ser baseada nos resultados da avaliação prévia (por exemplo, se a violência for do tipo controle/coerciva ou terrorismo íntimo, a indicação de tratamento deve incluir grupos de poder e controle seguida de monitorização em regime de prova) (Babcock, et al., 2016). Em resumo, a intervenção deve, pois, ser diferenciada e ajustada às características do ofensor (nível de risco, tipo e prevalência de fatores de risco e capacidade de resposta), privilegiar modelos e técnicas baseados na evidência científica e ser executada por profissionais especializados e bem treinados em avaliação e intervenção sobre ofensores. Pode e deve, também, apoiar-se na máxima, de que "não há santos sem passado nem pecadores sem futuro", mas também nas sábias palavras de Conrad (1982, p. 328) a propósito da intervenção em ofensores recluídos: "A única esperança para os prisioneiros é a de que eles possam melhorar as suas perspetivas participando em programas propostos para seu benefício. Sem programas não há esperança".

Referências

ABRUNHOSA, Catarina, RODRIGUES, Andreia de castro, CRUZ, Ana Rita, GONÇALVES, Rui Abrunhosa, & CUNHA, Olga. Crimes against women: From violence to homicide. Journal of Interpersonal Violence. pp. 1-24, 2020.

ARIAS, Esther, ARCE, Ramon, & VILARIÑO, Manuel. Batterer intervention programmes: A meta-analytic review of effectiveness. Psychosocial Intervention. Vol. 22, pp. 153-160, 2013.

BABCOCK, Julia, GREEN, Charles, & ROBIE, Chet. Does batterers' treatment work? A meta-analytic review of domestic violence treatment. Clinical Psychology Review. Vol. 23, pp. 1023-1053, 2004.

BABCOCK, Julia, ARMENTI, Nicholas, CANNON, Clare, LAUVE-MOON, Katie, BUTTELL, Fred, FERREIRA, Regardt, ..., SOLANO, Ingrid. Domestic violence perpetrator programs: A proposal for evidence-based standards in the United States, Partner Abuse, 7(4), 355-460, 2016.

BELFRAGE, Henrik & RYING, Mikael. Characteristics of spousal homicide perpetrators: A study of all cases of spousal homicide in Sweden 1990-1999. Criminal Behaviour & Mental Health. Vol. 14. pp. 121-133, 2003.

BERTA, Meg & ZARLING, Amie. A preliminary examination of an acceptance and commitment therapy-based program for incarcerated domestic violence offenders. Violence and Victims. Vol. 34. pp. 213-228, 2019.

BONTA, James & ANDREWS, Donald. The psychology of criminal conduct. 6th ed. London: Routledge, 2017.

CAMPBELL, Jacquelyn. Health consequences of intimate partner violence. The Lancet. Vol. 359, pp. 1331-1336, 2002.

CANNON Clare, HAMEL, John, BUTTELL, Frederick, & FERREIRA, Reggie. A survey of domestic violence perpetrator programs in the United States and Canada: Findings and implications for policy and intervention. Partner Abuse. Vol. 7, pp. 226–276, 2016.

CASEY, Sharon, DAY, Andrew, & HOWELLS, Kevin. The application of the trans-theoretical model to offender populations: Some critical issues. Legal and Criminological Psychology. Vol. 10, pp. 1-15, 2005.

CATLETT, Beth, TOEWS, Michelle, & WALILKO, Vanessa. Men's gendered constructions of intimate partner violence as predictors of court-mandated batterer treatment drop out. AmericanJournal of Community Psychology. Vol. 45, pp. 107-123, 2010.

CHENG, Shih-Ying, DAVIS, Maxine, JONSON-REID, Melissa & YAEGER, Lauren. Compared to what? A meta-analysis of batterer intervention studies using non-treated controls or comparisons. Trauma, Violence, & Abuse. 2019.

COHN, Amy, JAKUPCAK, Matthew, SEIBERT, Alana, HILDEBRANDT, Thomas & ZEICHNER, Amos. The role of emotion dysregulation in the association between men's restrictive emotionality and use of physical aggression. Psychology of Men & Masculinity. Vol. 11, pp. 53-64, 2010.

CONRAD, Joseph P. What do the undeserving deserve? In R. Johnson & H. Toch (Eds.), The pains of imprisonment, pp. 313-330. London: Sage, 1982.

COULTER, Martha, & VANDEWEERD, Carla. Reducing domestic violence and other criminal recidivism: Effectiveness of a multilevel batterers intervention program. Violence and Victims. Vol. 24, pp. 139-152, 2009.

CUNHA, Olga, BRAGA, Teresa & GONÇALVES, Rui Abrunhosa. Psychopathy and intimate partner violence. Journal of Interpersonal Violence. Vol. 36, pp. 1720-1738, 2021.

CUNHA, Olga & GONÇALVES, Rui Abrunhosa. Intimate partner violence offenders: Generating a data-based typology of batterers and implications for treatment. The European Journal of Psychology Applied to Legal Context. Vol. 5, pp. 9-17, 2013. DOI: 10.5093/ejpalc2013a2

CUNHA, Olga & GONÇALVES, Rui Abrunhosa. The current practices of intervention with batterers. Revista de Psiquiatria Clínica. Vol. 41, pp. 40-48, 2014.

CUNHA, Olga & GONÇALVES, Rui Abrunhosa. Efficacy assessment of an intervention program with batterers. Small Group Research. Vol. 46, pp. 455-482, 2015.

CUNHA, Olga & GONALVES, Rui Abrunhosa. Predictors of intimate partner homicide in a sample of Portuguese male domestic offenders. Journal of Interpersonal Violence. Vol. 34, pp. 2573-2598, 2019.

CUNHA, Olga, GONÇALVES, Rui Abrunhosa & PEREIRA, Carla. Avaliação do risco em agressores conjugais: Análise de uma amostra forense. Ousar Integrar – Revista de Reinserção Social e Prova. Vol. 4, pp. 9-22, 2011.

CUNHA, Olga, PINHEIRO, Marina & GONÇALVES, Rui Abrunhosa. Intimate partner violence, psychopathy, and recidivism: Do psychopathic traits differentiate first-time offenders from repeated offenders? Victims & Offenders. 2021.

DIAS, Isabel. Violência doméstica e de género: Uma abordagem multidisciplinar. Lisboa: Pactor/Lidel, 2018.

DUTTON, Donald. The abusive personality: Violence and control in intimate relationships. New York: Guilford, 2007.

DUTTON, Donald & HART, Stephen. Risk markers for family violence in a federally incarcerated population. International Journal of Law and Psychiatry. Vol. 15, pp. 101-112, 1992.

ECHEBURÚA, Enrique, FERNÁNDEZ-MONTALVO, Javier, CORRAL, Paz & LÓPEZ-GOÑI, José. Assessing risk markers in intimate partner femicide and severe violence: A new assessment instrument. Journal of Interpersonal Violence. Vol. 24, pp. 925-939, 2008.

FEDER, Lynette & WILSON, David. A meta-analytic review of court-mandated batterer intervention programs: Can courts affect abusers' behaviour? Journal of Experimental Criminology. Vol. 1, pp. 239-262, 2005.

FERRARI, Kathleen. Current research on batterer intervention programs and implications for policy. Battered Women's Justice Project, 2017.

FERRER-PEREZ, Victoria & BOSCH-FIOL, Esperanza. Batterer intervention programs in Spain: An analysis of their effectiveness. International Journal of Offender Therapy and Comparative Criminology. Vol. 62, pp. 1-13, 2016.

GONÇALVES, Rui Abrunhosa & CUNHA, Olga. Agressores nas relações de intimidade: O olhar da psicologia. In I. Dias, (Coord.), Violência doméstica e de género: Uma abordagem multidisciplinar, pp. 207-224. Lisboa: Pactor/Lidel, 2018.

GONÇALVES, Rui Abrunhosa, SOUSA, Marta & CUNHA, Olga. Justicia terapéutica e intervención con ofensores. In David Wexler, María Silvia Oyhamburu y Francisca Fariña (Dirs), Justicia Terapéutica: un nuevo paradigma legal, pp. 257-279. Madrid: Wolters Kluwer España, 2020.

GONDOLF, Edward. Evaluating batterer counselling programs: A difficult task showing some effects and implications. Aggression and Violent Behavior. Vol. 9, pp. 605-631, 2004.

GONDOLF, Edward. Theoretical and research support for the Duluth model: A reply to Dutton and Corvo. Aggression and Violent Behavior. Vol. 12, pp. 644-657, 2007.

HARE, Robert. The Hare Psychopathy Checklist-Revised (2nd ed.). Toronto: Multi-Health Systems, 2003.

HAYES, Steven, PISTORELLO, Jacqueline & LEVIN, Michael. Acceptance and commitment therapy as a unified model of behavior change. The Counseling Psychologist. Vol. 40, pp. 976-1002, 2012.

HAYES, Steven, STROSAHL, Kirk & WILSON, Kelly. Acceptance and Commitment Therapy: An experiential approach to behavior change. New York: Guilford Press, 1999.

HILTON, Zoe & HARRIS, Grant. Predicting recidivism among serious wife assaulters: A critical review and implications for policy and practice. Trauma, Violence, & Abuse. Vol. 6, pp. 3-23, 2005.

HOLTZWORTH-MUNROE, Amy & MEEHAN, Jeffrey. Typologies of men who are maritally violent: Scientific and clinical implications. Journal of Interpersonal Violence. Vol. 19, pp. 1369-1389, 2004.

HOLTZWORTH-MUNROE, Amy & STUART, Gregory. Typologies of male batterers: Three subtypes and the differences among them. Psychological Bulletin. Vol. 116, pp. 476-497, 1994.

JUARROS-BASTERRETXEA, Joel, HERRERO, Juan, FERNÁNDEZ-SUÁREZ, Asunción., PÉREZ, Beatriz. & RODRÍGUEZ-DÍAZ, Francisco Javier. Are generalist batterers different from generally extra-family violent men? A study among imprisoned male violent offenders. The European Journal of Psychology Applied to Legal Context. Vol. 10, pp. 8-14, 2018.

KARAKURT, GÜNNUR, KOÇ, Esin, ÇETINSAYA, Ezgi Elif, AYLUÇTARHAN, Zozan & BOLEN, Shari. Meta-analysis and systematic review for the treatment of perpetrators of intimate partner violence. Neuroscience and Biobehavioral Reviews. Vol. 150, pp. 220-230, 2019.

LAUCH, McRee, HART, Kathleen, & BRESLER, Scott. Predictors of treatment completion and recidivism among intimate partner violence offenders. Journal of aggression, maltreatment & trauma. Vol. 26, pp. 543-557, 2017.

LILA, Marisol, GRACIA, Enrique & CATALÁ-MIÑANA, Alba. More likely to dropout, but what if they don't? Partner violence offenders with alcohol abuse problems completing batterer intervention programs. Journal of Interpersonal Violence. Vol. 35, pp. 1958-1981, 2020.

LISBOA, Manuel, BARROSO, Zélia, PATRÍCIO, Joana & LEANDRO, Alexandra. Violência e género: Inquérito nacional sobre a violência exercida contra mulheres e homens. Lisboa: Comissão para a Igualdade e Cidadania e Igualdade de Género, Presidência do Conselho de Ministros, 2009.

MOFFITT, Terrie & CASPI, Avshalom. Findings about partner violence from the Dunedin multidisciplinary health and development study (Research in Brief, NCJ 170018). Washington, DC: National Institute of Justice, 1999.

MURRELL, Amy, CHRISTOFF, Karen & HENNING, Kris. Characteristics of domestic violence offenders: Associations with childhood exposure to violence. Journal of Family Violence. Vol. 22, pp. 523-532, 2007.

PASETTO, Andrea, MISSO, Dave, VELOTTI, Patrizia, & DIMAGGIO, Giancarlo. Metacognitive interpersonal therapy for intimate partner violence: a single case study. Partner Abuse. Vol. 12, pp. 64-79, 2021.

PENCE, Ellen & PAYMAR, Michael. Education groups for men who batter: The Duluth Model. New York: Springer, 1993.

PROCHASKA, James & DICLEMENTE, Carlo. Transtheoretical therapy: Toward a more integrative model of change. Psychotherapy: Theory, Research, and Practice. Vol. 19, pp. 276–288, 1982.

ROLLNICK, Stephen & MILLER, William. What is motivational interviewing? Behavioural and Cognitive Psychotherapy. Vol. 23, pp. 325-334, 1995.

SANTIRSO, Faraj, GILCHRIST, Gail, LILA, Marisol & GRACIA, Enrique. Motivational strategies in interventions for intimate partner violence offenders: A systematic review and meta-analysis of randomized controlled trials. Psychosocial Intervention. Vol. 29, pp. 175-190, 2020.

SAUNDERS, Daniel. Prediction of wife assault. In J. Campbell (Ed.), Assessing dangerousness: Violence by sexual offenders, batterers and child abusers (pp. 68-95). Thousand Oaks: Sage, 1995.

SCOTT, Katreena, HESLOP, Lisa, KELLY, Tim & WIGGINS, Kate. Intervening to prevent repeat offending among moderate- to high-risk domestic violence offenders. International Journal of Offender Therapy and Comparative Criminology. Vol. 59, pp. 273-294, 2015.

STEWART, Lynn, GABORA, Natalie, KROPP, Randall & LEE, Zina. Effectiveness of risk-needs-responsivity-based family violence programs with male offenders. Journal of Family Violence. Vol. 29, pp. 151-164, 2014.

STITH, Sandra, ROSEN, Karen, MCCOLLUM, Eric & THOMSEN, Cynthia. Treating intimate partner violence within intact couple relationships: Outcomes of multi-couple versus individual couple therapy. Journal of Marital and Family Therapy. Vol. 30, pp. 305-318, 2004.

WALTON-MOSS, Benita, MANGANELLO, Jennifer, FRYE, Victoria & CAMPBELL, Jacqueline. Risk factors for intimate partner violence and associated injury among urban women. Journal of Community Health. Vol. 30, pp. 377-389, 2005.

WONG, Jennifer & BOUCHARD, Jessica. Judging the Book by Its Cover: What Comprises a Cognitive Behavioral Intervention Program for Perpetrators of Intimate Partner Violence? Criminal Justice and Behavior. Vol. 48, pp. 1278-1299, 2021.

WORLD HEALTH ORGANIZATION (WHO). Global and regional estimates of violence against women: prevalence and health effects of intimate partner violence and non-partner sexual violence. Genève: WHO Publications, 2013.

YU, Ronggin, NEVADO-HOLGADO, Alejo, MOLERO, Yasmina, D'ONOFRIO, Brian, LARSON, Henrik, HOWARD, Louise, et al. Mental disorders and intimate partner violence perpetrated by men towards women: A Swedish population-based longitudinal study. PLoS Medicine. Vol. 16, pp. e1002995, 2019.

ZARLING, Amie, BANNON, Sarah & BERTA, Meg. Evaluation of acceptance and commitment therapy for domestic violence offenders. Psychology of Violence. Vol. 9, pp. 257-266, 2017.

ZARLING, Amie, BANNON, Sarah, BERTA, Meg & RUSSELL, Dan. Acceptance and commitment therapy for individuals convicted of domestic violence: 5-year follow-up and time to reoffense. Psychology of Violence. Vol. 10, pp. 667–675, 2020.

ZARLING, Amie, LAWRENCE, Erika & MARCHMAN, James. A randomized controlled trial of acceptance and commitment therapy for aggressive behavior. Journal of Consulting and Clinical Psychology. Vol. 83, pp. 199-212, 2015.

https://dgpj.justica.gov.pt

www.umarfeminismos.org

PARTE II

GÊNERO E FORMAS DE VIOLÊNCIA CONTRA A MULHER

5.
VIOLÊNCIA OBSTÉTRICA

Virgínia Santos de Camargo Barros Lazzarini

Introdução

A violência contra as mulheres é considerada pela Organização Mundial da Saúde - OMS um grave problema de saúde pública e violação dos Direitos Humanos. (WHO, 2002) Trata-se de uma epidemia global presente em qualquer ato ou conduta baseada no gênero, que cause às mulheres a morte, dano ou sofrimento físico, sexual ou psicológico, nas esferas pública e privada. (BRASIL, 1996).

Decorre de uma construção histórico-social em que as mulheres são consideradas inferiores, subservientes e submissas ao poder masculino, dentro de uma sociedade machista e patriarcal cujos reflexos se arrastam até os dias atuais nas relações econômicas, sociais, profissionais, políticas e familiares, em que são alvo de uma série de violências inclusive, da violência obstétrica (VO) que, embora seja considerada uma temática atual vem, há algum tempo, desenvolvendo-se de forma invisível perante toda a sociedade. (BRITO et al, 2020; JOJOA-TOBAR, et al. 2019; JARDIM e MODENA, 2018).

Até meados do século passado, a parturição no Brasil era um evento doméstico e sua assistência era predominantemente feminina, em que a parturiente recebia atenção, apoio e encontrava-se cercada por pessoas próximas. A institucionalização do parto, que se intensificou após a Segunda Grande Guerra, foi positiva no sentido de reduzir drasticamente a morbimortalidade materna com a incorporação de tecnologias que proporcionaram maior controle dos riscos maternos-fetais mas que trouxeram em seu bojo o uso de intervenções nem sempre necessárias e da alta medicalização, patologizando o processo da parturição refletindo na desconsideração dos aspectos humanos, emocionais e culturais da mulher. (JOJOA-TOBAR et al, 2019; BRASIL, 2017; CESAR, LARA, OLIVEIRA, 2017)

No contexto internacional, os movimentos de mulheres reivindicando mudanças na assistência obstétrica que se encontrava contaminada por tecnologias invasivas, abusivas, irracionais e danosas, iniciaram-se em 1970. (MENDIRI et al, 2017)

Reconhecendo as condições pouco humanas vivenciadas pelas gestantes, parturientes e puérperas na assistência obstétrica, e também as mulheres em situação de abortamento e aborto legal (art. 128 do Código Penal Brasileiro – CP) a Organização Mundial da Saúde – OMS, em 1990, recomendou que fossem desenvolvidas políticas públicas e estratégias respeitosas a fim de mudar este cenário e, em 2014, declarou que as condutas desumanizadas dentro das instituições de saúde constituíam grave violação dos direitos humanos. (WHO, 2014) (CÉSPEDES e ROCHA, 2020)

Cabe ressaltar que o desenvolvimento e a implementação de uma política pública decorrem da necessidade de solucionar um problema pungente. Neste sentido, Secchi (2019, p. 5) afirma que "O problema público está para a doença, assim como a política pública está para o tratamento." Contudo, não basta a existência de políticas públicas de saúde se estas não forem efetivadas. (JOJOA-TOBAR, 2019)

E diante da constatação desta realidade hospitalar o Brasil, através do seu Ministério da Saúde, desenvolveu políticas públicas "humanizadoras" dentre as quais o Programa de Humanização do Pré-Natal e Nascimento (PHPN) criado em 2000 com o objetivo de proporcionar a melhoria do acesso, da cobertura e da qualidade do acompanhamento do pré-natal, da assistência ao parto e puerpério às gestantes e ao recém-nascido, na perspectiva dos direitos de cidadania. (MENDIRI et al, 2017; BRASIL, 2000).

1. Conceito

Em 2010, a pesquisa 'Mulheres brasileiras e gênero nos espaços público e privado" realizada pela Fundação Perseu Abramo e SESC – Serviço Social do Comércio, constatou que o ambiente hospitalar obstétrico estava contaminado por condutas desumanizadoras na assistência prestada às mulheres no ciclo gravídico-puerperal (gestação até o pós-parto) e nos abortamentos, caracterizadas pelo descaso, abandono, agressões físicas, verbais e morais, autoritarismo e demais abusos oriundos dos profissionais de saúde e direcionados ao binômio materno-fetal; tais condutas foram denominadas "Violência Obstétrica" – VO. (ABRAMO, 2013).

A Defensoria Pública do Estado de São Paulo, com base nas leis da Argentina (2009) e da Venezuela (2007) sobre o tema, define a VO como:

a apropriação do corpo e processos reprodutivos das mulheres pelos profissionais de saúde, através do tratamento desumanizado, abuso da medicalização e patologização dos processos naturais causando a perda da autonomia e da capacidade de decidir livremente sobre seus corpos e sexualidade, impactando negativamente na qualidade de vida das mulheres. (SÃO PAULO, 2015)

A Violência Obstétrica, que pode ocorrer em qualquer fase do ciclo gravídico-puerperal e no abortamento, encontra-se mais fortemente associada ao trabalho de parto e parto pois é o período em que a mulher vivencia uma situação de grande vulnerabilidade; está presente nos partos vaginais e também nas cesarianas, tanto em hospitais públicos como nos privados; as condutas e os danos provocados podem ser físicos, verbais, morais, sexuais e psicológicos; seu sujeito passivo é o binômio materno-fetal e, sujeitos ativos, os profissionais da saúde diretamente ligados à assistência obstétrica. (BRITO et al, 2020; JOJOA-TOBAR et al, 2019; JARDIM e MODENA, 2018; KOPERECK et al., 2018; BRASIL, 2015).

2. Espécies de violência obstétrica

Se por um lado a existência da VO é indiscutível – cerca de 25% das brasileiras declaram já a terem vivenciado (ABRAMO, 2013) – por outro, há a dificuldade em identificá-la, pois é invisibilizada diante da naturalização destas condutas desrespeitosas que, de tão frequentes, acabaram sendo concebidas como necessárias e integrantes do processo de parturição; e esta percepção de normalidade é relatada tanto pela equipe de saúde como pelas mulheres que sofreram os danos delas decorrentes. (SENS e STAMM, 2019; JOJOA-TOBAR, 2019; JARDIM e MODENA, 2018; ASSIS, 2018; MENDIRI et al, 2017; SÃO PAULO, 2015).

Quanto às suas características, as condutas constituem atos ilícitos omissivos ou comissivos, dolosos ou culposos, físicos, morais, psicológicos e sexuais. (JOJOA-TOBAR, 2019; JARDIM e MODENA, 2018; KOPERECK et al., 2018; MENDIRIA, 2017).

Para exemplificar, a VO física pode ser caracterizada pelas intervenções praticados sem respaldo científico que acometem o corpo feminino, resultando em dano não acidental, ocasionando dor ou lesão física, intensa ou não (KOPERECK et al., 2018); a VO moral está mais associada ao comportamento dos profissionais e menos relacionada às regras da instituição, ao espaço físico, aos instrumentos e materiais (KOPERECK et al., 2018); a VO psicológica decorre da falta de informação à mulher e a consequente falta de obtenção do seu consentimento para procedimentos e intervenções, limitando ou proibindo o seu protagonismo no parto (JOJOA-TOBAR et al, 2019); a VO verbal manifesta-se através da insensibilidade do profissional da saúde diante da manifestação de dor da paciente, da não comunicação, do tratamento infantilizado prestado, dos insultos e dos comentários humilhantes e agressivos; e a VO sexual é constituída por condutas e/ou por comentários/insinuações de cunho sexual. (JOJOA-TOBAR et al, 2019; JARDIM e MODENA, 2018).

3. Elementos da violência obstétrica

A Violência Obstétrica, em qualquer de seus tipos, tem como elementos a vulnerabilidade da mulher e a conduta agressiva do agente.

3. 1. A vulnerabilidade da mulher

Vulnerabilidade é a suscetibilidade de ser lesionada, ferida, que decorre da incapacidade ou impossibilidade de se defender. (MORAIS e MONTEIRO, 2017). O art. 8º da Declaração Universal sobre Bioética e Direitos Humanos – UNESCO (2005) expõe que a vulnerabilidade humana deve ser levada em consideração na aplicação e no avanço do conhecimento científico, das práticas médicas e de tecnologias associadas. Indivíduos e grupos de vulnerabilidade específica devem ser protegidos e a integridade individual de cada um deve ser respeitada. (MORAIS e MONTEIRO, 2017, p. 312).

Assis (2018) afirma que "quanto maior a vulnerabilidade da mulher, mais rude e humilhante tende a ser o tratamento oferecido a ela" e, de acordo com a OMS, as mulheres solteiras, de baixo nível sócio econômico, de minorias étnicas, migrantes, portadoras de HIV, encarceradas e negras possuem maior propensão de serem atingidas pela Violência Obstétrica. (BRITO et al, 2020; JOJOA-TOBAR et al, 2019; KOPERECK et al., 2018; JARDIM e MODENA, 2018; FOCHI et al, 2017; WHO, 2014).

A gravidez, por si só, deixa as mulheres em estado de vulnerabilidade devido às modificações físicas, fisiológicas, hormonais e emocionais decorrentes das adaptações de quase todos os seus sistemas corporais para acomodarem e suprirem as necessidades do feto em crescimento, o que pode também desencadear ou agravar diversos quadros patológicos relacionados à gestação. (CESAR et al, 2017; NÉNÉ, MARQUES e BATISTA, 2016) Ademais, a vulnerabilidade pode ser potencializada pela falta de conhecimento sobre o período gravídico-puerperal e dos direitos, pelos fatores culturais e religiosos, pelo medo, angústias, expectativas, ansiedade, além da história de vida que a gestante traz consigo. (CÉSAR, LARA e OLIVEIRA, 2017).

3.2. Das condutas

Não há um rol taxativo de condutas que caracterizam a VO pois elas se entrelaçam, potencializam-se e se alteram e, talvez por este motivo, não seja fácil a tipificação penal da violência obstétrica.

A Violência Obstétrica encontra-se no precário atendimento no pré-natal; nos comentários constrangedores à mulher; ofensas, humilhações ou xingamentos; ameaças à mulher em caso de não aceitação de algum procedimento; realização de procedimentos obsoletos ou desnecessários; omissão informações; exigência de imobilidade da parturiente; imposição de jejum; desconsideração da manifestação de dor, negando a analgesia farmacológica e não-farmacológica; em não proporcionar o contato pele-a-pele imediato com a criança logo após o nascimento; não incentivar e apoiar o aleitamento materno, dentre muitos outros. (SÃO PAULO, 2015)

Estudos científicos constatam que tais atos são motivados pelo despreparo institucional, excesso de intervencionismo, mecanização do atendimento, alta medicalização, negligência assistencial, naturalização da agressão, desrespeito entre as partes, ausência ou obscurantismo de informações, ausência de manifestação de vontade da mulher, autoritarismo do profissional da saúde, falta de vínculo entre as partes e a vulnerabilidade da mulher no ciclo gravídico-puerperal. A VO está no tratamento desumano, na desconsideração das diferenças étnicas, raciais, religiosas, econômicas, culturais, idade e grau de instrução do ser humano. (SENS e STAMM, 2019; JOJOA-TOBAR et al, 2019; JARDIM e MODENA, 2018; KOPERECK et al., 2018; MENDIRI et al, 2017; BRASIL, 2017)

Fazendo um paralelo entre saúde e Direito, assim como em um processo judicial os fatos e provas devem ser avaliados individualmente e considerados no contexto em que ocorreram, a análise das condutas agressivas caracterizadoras da VO também devem ser consideradas diante das circunstâncias existentes inclusive, das condições sócio econômicas e culturais da mulher. Uma paciente é diferente da outra e, por este motivo, a assistência ao parto deve ser individualizada. A assistência obstétrica não se resume à aplicação de um protocolo rígido, engessado e usado indistintamente para todas as pacientes sem considerar suas peculiaridades, resultando em uma assistência em que a atuação da equipe é sempre igual "tal qual um técnico especializado inserido na produção hospitalar em série". (GUGGENBUHL-CRAIG, 1978, p. 105)

Ademais, a individualização da assistência é fundamental haja vista que cada ser humano é único, cada parto é único. As intervenções poderão ser utilizadas "se" e "quando" necessárias, sempre utilizando-se da melhor técnica possível e dos melhores recursos disponíveis da realidade hospitalar em que se encontram, do bom senso, das evidências científicas sérias e comprovadas que possam justificá-las e proporcionando o mínimo de risco para o binômio materno-fetal; o profissional da saúde assume a obrigação de prestar à paciente a sua melhor assistência tendo em vista que está cumprindo um contrato que envolve uma obrigação de meio e a obtenção do consentimento informado da mulher é imprescindível, conforme se verifica na Constituição Federal de 1988 (CF/88), artigo 1º, inciso III; no Código de Defesa do Consumidor, artigo 6º (CDC); no Código de Ética Médica, artigos 13 e 22; no Código de Ética da Enfermagem, artigo 50. (BRASIL, 2019; SCALQUETTE e NICOLETTI CAMILLO, 2017; COFEN, 2017; BRASIL, 1988)

De acordo com Correa (2017), o consentimento informado deriva de exigência ética ao profissional da saúde e tem por escopo possibilitar o conhecimento e a consequente avaliação pelo paciente ou aqueles que o represente naquele momento de todas as implicações que poderão ser verificadas a partir de procedimento médico a que será submetido, de modo a eximir o médico de eventual responsabilidade civil em caso de insucesso do tratamento, nas hipóteses onde não tenha agido com culpa em sentido amplo (p. 20).

A utilização de práticas desatualizadas, não recomendadas, realizadas reiteradamente pelo profissional porque "sempre foram assim", podem colocar em risco o binômio materno-fetal. Pesquisas demonstram que o crescente desenvolvimento do conhecimento científico nem sempre é acompanhado pelos profissionais de saúde envolvidos na assistência obstétrica e que, nestas condições estão, no mínimo, infringindo o código de ética da sua classe. (CEM, 2019; BRASIL, 2017).

Um exemplo em constante debate é a episiotomia (corte perineal realizado para facilitar a saída do feto e evitar possíveis lacerações perineais de diversos graus). Há alguns anos, esta intervenção era considerada "a conduta de ouro" dos partos normais e a melhor ciência recomendava sua realização em todos os partos vaginais, como pode ser constatado no Manual de Obstetrícia de 1960 (GRELLE, 1960) na p. 324: "*Episiotomia.* A secção do assoalho pélvico deverá ser praticada de rotina nas primíparas e nas multíparas episiorrafisadas (...)" (grifo próprio). No entanto, esta indicação sofreu alterações e, atualmente, a sua realização, embora não seja vedada, deve ser utilizada com parcimônia e após criteriosa análise perineal feita no momento da expulsão fetal, em que são ponderados os riscos e benefícios tanto para a parturiente como para o feto; e, sendo necessária, deve ser realizada sob anestesia local assim como também, na sua sutura (episiorrafia). (CESAR et al, 2015).

Portanto, como afirma Pinheiro (2017) "O 'bom parto', seja ele vaginal ou por cesariana, deve ser aquele que assegure o bem-estar materno-fetal". (NÉNÉ, MARQUES E BATISTA, 2016, p. 331).

4. Erro médico e violência obstétrica

Embora o erro médico possa constituir também uma VO, a existência da VO independe do erro médico. A Violência Obstétrica deve ser analisada sob a ótica dos direitos humanos, morais e constitucionais das mulheres.

Neste sentido, o acórdão da 9ª Câmara de Direito Privado do Tribunal de Justiça de São Paulo, Apelação Cível nº 1001392-67.2014.8.26.0292,

Comarca de Jacareí-SP, Voto nº 20.598, julgamento em 20 de setembro de 2016. Relator: Des. Galdino Toledo Júnior, que condena o nosocômio à indenização da parturiente (responsabilidade objetiva) não pela ocorrência de erro médico – que foi afastada – mas pelo atendimento desumanizado prestado à parturiente, como pode ser verificado pela ementa que segue:

> **RESPONSABILIDADE CIVIL**
> Ação reparatória proposta em face de entidade mantenedora do hospital réu, fundada em aventado erro médico e mau atendimento prestado a menor parturiente (contando à época 15 anos de idade) durante e após sua internação – Realização de parto induzido diante da constatação de quadro infeccioso na gestação, com resultado de morte do feto – Perícia realizada por profissional do IMESC que concluiu pela ausência de nexo de causalidade entre o natimorto prematuro e o atendimento médico-hospitalar dispensado à autora – Afastamento da tese de erro médico que não implica, por si só, adequação ao tratamento dispensado ao feto e a paciente – Inexistência de impugnação específica, ou contraprova do nosocômio réu a mitigar à alegação de que este não promoveu atendimento humanizado e multidisciplinar, principalmente no aspecto psicológico da adolescente gestante e sua família – Situação a configurar responsabilidade objetiva do estabelecimento demandado – Obrigação de reparar caracterizada – Danos morais – Manutenção do crédito condenatório extrapatrimonial em R$ 5.000,00 – Valor da indenização que deve servir de desestímulo para repetição da ofensa – Apelo desprovido.

5. O acompanhante da mulher e a violência obstétrica

Outro fato muito presente nas salas de pré-parto e parto é a violação do direito ao acompanhante de livre escolha da mulher, reconhecido pela Lei nº 11.108 de 2005, tanto nos partos vaginais como nas cesarianas. (BRASIL, 2005) Embora os hospitais tenham tido a oportunidade de adaptarem suas estruturas para o acolhimento da mulher e seu acompanhante (a lei concedeu seis meses para os hospitais realizarem as adequações necessárias) muitos não as fizeram e utilizam-se desta motivação para proibirem ou limitarem o exercício deste direito, o que caracteriza uma Violência Obstétrica. (BRASIL, 2005). A presença do acompanhante é fundamental para o bom andamento do trabalho de parto e parto por conferir segurança, companhia, encorajamento e apoio emocional à parturiente, além de constituir um fator inibidor da VO. (JOJOA-TOBAR et al, 2019).

Neste sentido, segue a ementa do acórdão proferido pela 5ª Câmara de Direito Privado do Tribunal de Justiça de São Paulo. Apelação nº 0001314-07.2015.8.26.0082, da Comarca de Boituva. Voto nº 15297, julgamento em 11 de outubro de 2017, Relator Des. Fábio Podestá:

> RESPONSABILIDADE CIVIL – DANO MORAL – VIOLÊNCIA OBSTÉTRICA. Direito ao parto humanizado é direito fundamental. Direito da apelada à assistência digna e respeitosa durante o parto que não foi observado. As mulheres tem pleno direito à proteção no parto e de não serem vítimas de nenhuma forma de violência ou discriminação. Privação do direito à acompanhante durante todo o período de trabalho de parto. Ofensas verbais. Contato com filho negado após o nascimento deste. Abalo psicológico *in re ipsa*. Recomendação da OMS de prevenção e eliminação de abusos, desrespeito e maus-tratos durante o parto em instituições de saúde. Prova testemunhal consistente e uniforme acerca do tratamento desumano suportado pela parturiente. Cada parturiente deve ter respeitada a sua situação, não cabendo a generalização pretendida pelo hospital réu, que, inclusive, teria que estar preparado para enfrentar situações como a ocorrida no caso dos autos. Paciente que ficou doze horas em trabalho de parto, para só então ser encaminhada a procedimento cesáreo. Apelada que teve ignorada a proporção e dimensão de suas dores. O parto não é um momento de "dor necessária". Dano moral mantido. *Quantum* bem fixado, em razão da dimensão do dano e das consequências advindas. Sentença mantida. Apelo improvido.

6. As intervenções desnecessárias no procedimento obstétrico

Assim como um processo judicial se caracteriza pelo conjunto de atos interdependentes que se sucedem, o parto humanizado também é uma sucessão de atos e, uma intervenção desnecessária pode desencadear a "necessidade" de uma série de outras intervenções alterando totalmente a trajetória do parto. Trata-se da "cascata de intervenções". Desta forma, o parto humanizado não pode se reduzir a uma estratégia de "marketing" de profissionais ou de instituições de saúde mas constituir-se em uma assistência obstétrica efetivamente respeitosa para a mãe e para o bebê, primando-se pela vida e saúde de ambos. (BRITO et al, 2020) E saúde não é apenas a ausência de doença ou enfermidade; saúde é um estado de completo bem-estar físico, mental e social. (WHO, 2002) Contudo, alcançar esta meta não é simples; exige mudanças profundas no ser humano que carrega consigo sua cultura, seus princípios morais e a sua história de vida, sendo possível através de constante investimento na educação básica das nossas crianças além de intensas modificações na formação técnica e científica dos futuros profissionais da saúde, valorizando-se os princípios morais, a consciência, o comprometimento com a profissão e com os direitos humanos, cujos resultados não serão imediatos. (JOJOA-TOBAR et at, 2019; JARDIM e MODENA, 2018; ASSIS, 2018; BRASIL, 2017)

7. Da importância do pré-natal

A realização de um pré-natal de qualidade é fundamental para uma boa assistência à gestante e está prevista no Programa de Humanização no Pré-Natal e Nascimento, cujos efeitos positivos serão vivenciados no momento da parturição reduzindo a possibilidade de uma Violência Obstétrica. Recomenda-se que o pré-natal seja iniciado o mais breve possível e que a gestante seja estimulada a comparecer nas consultas, a realizar os exames, a obter informações e ter reavaliado o risco obstétrico e perinatal a cada consulta. (CESAR et al, 2017; BRASIL, 2000)

Também é recomendado que o médico e o enfermeiro deem atenção especial à educação em saúde da gestante e do seu companheiro trazendo-o para o pré-natal. (HERRMANN et al, 2016) Como afirma Farias et al (2017, p. 786), "o dever de informar – viga mestra das relações de consumo – incide com particular vigor nas relações entre médicos e pacientes". A consulta de pré-natal deve envolver acolhimento, escuta qualitativa, acompanhamento físico e obstétrico, solicitação e leitura de exames, orientações referentes à gestação, parto, pós-parto, plano de parto e amamentação, prescrições, evolução e anotações corretas e precisas no prontuário e no cartão da gestante, instrumento utilizado no Sistema Único de Saúde – SUS. A participação nas rodas de conversas e nos grupos de gestantes são positivas para o levantamento e esclarecimento de suas dúvidas, que possam mitigar suas inseguranças e eventuais idealizações. Investir no conhecimento da gestante e seu parceiro é fundamental para o empoderamento da mulher e criação do vínculo de confiança entre o profissional e a gestante. (ASSIS, 2018; CESAR et al, 2017; BRASIL, 2017)

8. Da responsabilidade

Expõe o art. 186 do CC: "Aquele que, por ação ou omissão voluntária, negligência ou imprudência violar direito e causar dano a outrem, ainda que exclusivamente moral, comete ato ilícito" e, por consequência, fica obrigado a repará-lo (art. 927 do CC). (CÉSPEDES e ROCHA, 2020)

Um único ato lesivo do profissional de saúde na assistência gravídico-puerperal pode provocar diversos danos ao binômio, obrigando-o à reparação dos danos. A sua responsabilidade é subjetiva e pode envolver as esferas civil, criminal, ética-profissional, administrativa e trabalhista. (SCALQUETTE e NICOLETTI-CAMILLO, 2017)

Desta forma, a mulher que sofreu violência obstétrica pode levar o caso ao Judiciário, à ouvidoria do hospital, aos conselhos regionais de medicina e/ou de enfermagem e à delegacia de polícia.

A prática demonstra que o prontuário hospitalar é o primeiro e mais importante documento probatório requisitado pela autoridade judiciária quando a parte ingressa com uma ação.

No entanto, muitas das condutas da VO são caracterizadas pela desconsideração dos direitos constitucionais fundamentais da mulher perfazendo-se em um dano moral que nem sempre estará registrado no prontuário hospitalar, não sendo possível sua comprovação pela sua análise pericial. Por este motivo, torna-se imprescindível a oitiva do acompanhante da parturiente como testemunha no processo judicial e não, apenas como informante pois, na maioria dos casos, ele é a única pessoa que testemunhou o fato. Como afirma Farias et al. (2017) na página 789, "em princípio, a prova da culpa cabe à vítima"; e completa, citando Aguiar Dias, "a prova pode ser feita por testemunhas, quando não haja questão técnica a elucidar". (obra cit, p. 799)

É por este motivo que o sistema normativo deve se adequar às situações específicas, conforme leitura do Código de Processo Civil (CPC) dos artigos 447, parágrafos 2,4 e 5, e do art. 448; no Código Civil (CC),

Art. 228, *caput* e parágrafo 1º, e do art. 1525, inciso III. (CÉSPEDES e ROCHA, 2020).

Como exposto por Carlos Roberto Gonçalves (2012), o dano moral, salvo casos especiais, como o de inadimplemento contratual, por exemplo, em que se faz mister a prova da perturbação da esfera anímica do lesado, dispensa prova em concreto, pois se passa no interior da personalidade e existe *in re ipsa*. Trata-se de presunção absoluta. (p. 391)

Na responsabilidade civil, as condutas danosas violam direitos Constitucionais fundamentais como, a dignidade da pessoa humana (art. 1º, III, CF), liberdade de consciência e crença (art. 5º, VI, CF), intimidade e vida privada (art. 5º, X, CF), saúde (arts. 6º e 196, CF), proteção à maternidade (art. 6º, CF) como também violação do Estatuto da Criança e Adolescente (Lei n. 8.069/90). (CÉSPEDES e ROCHA, 2020)

A instituição de saúde também pode ser responsabilizada pela VO como previsto no art. 932, III do CC e no art. 14, parágrafos 1º e 4 do Código de Defesa do Consumidor (CDC) devendo indenizar o paciente/consumidor que for lesado em decorrência de falha na prestação dos serviços. Trata-se da responsabilidade objetiva onde não se discute a culpa bastando a demonstração do ato ilícito e seu nexo causal com o dano provocado; caso o hospital venha a ser judicialmente condenado e queira apurar a responsabilidade dos profissionais envolvidos nos danos decorrentes da VO, deverá fazê-lo por ação própria como previsto no art. 934 do CC (CÉSPEDES e ROCHA, 2020), mesmo em se tratando de profissional de saúde autônomo posto que não é admissível que um estabelecimento de saúde possa apenas emprestar suas instalações e conceito, sem se envolver na qualidade dos serviços do profissional que devem ser prestados de forma adequada, de modo a não causar qualquer dano ao paciente (culpa *in eligendo*). Quanto aos hospitais públicos ou postos de saúde, "a vítima dos danos seria consumidora por equiparação (CDC, art. 17)", o Poder Público tem responsabilidade objetiva e também pode exercer o direito de regresso conforme previsto no art. 37, parágrafo 6, da Constituição Federal. (CÉSPEDES e ROCHA, 2020; FARIAS et al, 2017, p. 811).

O profissional de saúde, autor da Violência Obstétrica, também possui responsabilidade administrativa perante à instituição de saúde em que desempenha suas funções, respondendo pelos danos que der causa, independendo se o profissional é empregado, servidor público ou trabalhador autônomo. Sua responsabilidade é sempre subjetiva devendo estar demonstrada a culpa ou o dolo na conduta. (GONÇALVES, 2012).

Quanto à responsabilidade ética, ela deve ser apurada nos órgãos de classe de cada profissional. Inicia-se com a denúncia da vítima, de seu representante legal, ou da comissão de ética do hospital em que ocorreu o fato. Nos Conselhos de Ética do COREN (Conselho Regional de Enfermagem) e no CRM (Conselho Regional de Medicina) a apuração dos fatos ocorre por sindicância que poderá ensejar um posterior procedimento ético-administrativo com etapas e punições previstas nos regulamentos próprios (art. 1º CEM, 2019; Art. 51, COFEN, 2017).

Quanto à responsabilidade penal, a Violência Obstétrica não é crime no Brasil pois inexiste tipificação penal para a conduta (art. 22 CF) e, como expõe o art. 1º CP, "Não há crime sem lei anterior que o defina. Não há pena sem prévia cominação legal". Mesmo assim, existem tipos penais que abrangem diversos atos da Violência Obstétrica não os deixando isentos de punição específica; por exemplo: crime de lesão corporal (art.129, CP), crime de omissão de socorro (art.135, CP), crimes contra a honra (arts. 138, 139 e 140, CP), de constrangimento ilegal (art. 146, CP), de injúria racial (art. 140, par. 3º, CP), de violência psicológica (art. 147-B do CP) recentemente introduzido pela Lei 14.188, de 2021. (CÉSPEDES e ROCHA, 2020; BRASIL, 2021).

Conclusões

A VO existe, é invisibilizada e deve ser combatida.

Embora o arcabouço jurídico aplicável aos casos de violência obstétrica seja extenso, a legislação por si só não resolverá o problema dos maus-tratos maternos. Os deveres éticos ultrapassam qualquer codificação e atentar para a educação é fundamental.

De acordo com o grande filósofo Aristóteles,

> "A virtude moral é uma consequência do hábito. Nós nos tornamos os que fazemos repetidamente. Ou seja: nós nos tornamos justos ao praticarmos atos justos, controlados ao praticarmos atos de autocontrole, corajosos ao praticarmos atos de bravura." (PENSADOR, 2021)

Referências

ABRAMO. Fundação Perseu Abramo. Disponível em https://fpabramo.org.br/2013/03/25/violencia-no-parto-na-hora-de-fazer-nao-gritou/. Acesso em 10/01/2020

MENDIRI,Miriam Al Adib; BERNÁLDEZ, María Ibáñez; BLANCO, Mariano Casado; REDONDO, Pedro Santos. *La violencia obstétrica: un fenómeno vinculado a la violación de los derechos elementales de la mujer.* Med. leg. Costa Rica. 2017 Mar 34(1): 104-111. Disponível em: http://www.scielo.sa.cr/scielo.php?script=sci_arttext&pid=S1409-00152017000100104&lng=en.

ARGENTINA. Ley 26.485 de 11 de março de 2009**.** Ley de protección integral para prevenir, sancionar y erradicar la violencia contra las mujeres em los âmbitos en que desarrollen sus relaciones interpersonales. Disponível em: http://www.oas.org/dil/esp/ley_de_proteccion_integral_de_mujeres_argentina.pdf. Acesso em 29 set. 2018.

ASSIS, Jussara Francisca de. *Interseccionalidade, racismo institucional e direitos humanos: compreensões à violência obstétrica.* Rev Serv Soc. n133, p. 547-565. São Paulo, 2018. Disponível em: http://dx.doi.org/10.1590/0101-6628.159. Acesso em 31 Jan. 2020.

BRASIL. Lei Federal nº 11.108, de 7 de abril de 2005. *Altera a Lei nº 8.080, de 19 de setembro de 1990, para garantir às parturientes o direito à presença de acompanhante durante o trabalho de parto, parto e pós-parto imediato, no âmbito do Sistema Único de Saúde – SUS.* Disponível em http://www.planalto.gov.br/ccivil_03/_ato2004-2006/2005/lei/l11108.htm

BRASIL. Ministério da Saúde. Portaria/GM n. 569, de 1/6/2000. *Programa de Humanização do Pré-Natal e Nascimento (PHPN).* Disponível em https://bvsms.saude.gov.br/bvs/publicacoes/parto.pdf

BRASIL. Lei nº 14.188, de 28 de julho de 2021**.** *Define o programa de cooperação Sinal Vermelho contra a Violência Doméstica como uma das medidas de enfrentamento da violência doméstica e familiar contra a mulher previstas na Lei nº 11.340, de 7 de agosto de 2006 (Lei Maria da Penha), e no Decreto-Lei nº 2.848, de 7 de dezembro de 1940 (Código Penal), em todo o território nacional; e altera o Decreto-Lei nº 2.848, de 7 de dezembro de 1940 (Código Penal), para modificar a modalidade da pena da lesão corporal simples cometida contra a mulher por razões da condição do sexo feminino e para criar o tipo penal de violência psicológica contra a mulher.* **Disponível em:** http://www.planalto.gov.br/ccivil_03/_ato2019-2022/2021/lei/L14188.htm**, Acesso em 30 ago.2021.**

BRASIL. Ministério da Saúde. *Guia do Pré-Natal do Parceiro para Profissionais de Saúde.* 2018. Disponível em: https://portalarquivos2.saude.gov.br/images/pdf/2018/agosto/22/PNP.pdf

BRASIL. Decreto n. 1973, de 1º de agosto de 1996. *Convenção Interamericana para Prevenir, Punir e Erradicar a Violência contra a Mulher. Convenção de Belém do Pará,* de 09 jun.1994. Disponível em http://www.planalto.gov.br/ccivil_03/decreto/1996/d1973.htm. Acesso em 15 jan 2021

BRASIL. Conselho Nacional da Saúde. *Recomendação nº 024, de 16 maio.2019.* Disponível em: http://conselho.saude.gov.br/recomendacoes/2019/Reco024.pdf. Acesso em 15 jan.2020.

BRASIL. Ministério da Saúde. *Diretrizes Nacionais de Assistência ao Parto Normal.* 2017. Disponível em http://bvsms.saude.gov.br/bvs/publicacoes/diretrizes_nacionais_assistencia_parto_normal.pdf. Acesso em 31 jan.2020

BRITO, Cecília Maria Costa de; OLIVEIRA, Ana Carolina Gondim de Albuquerque; COSTA, Ana Paula Correia de Albuquerque da. *Violência obstétrica e os direitos da parturiente: o olhar do Poder Judiciário brasileiro.* Cad. Ibero-amer. Dir. Sanit., Brasília, 9(1): jan./mar., 2020. Disponível em file:///C:/Users/Virginia/Downloads/glauciacruz,+06_604_Viol%C3%AAncia+obst%C3%A9trica%20(1).pdf. CEM. Conselho Federal de Medicina. *Código de Ética Médica.* Resolução CFM nº 2.217, de 27 de setembro de 2018, modificada pelas Resoluções CFM nº 2.222/2018 e 2.226/2019. Disponível em: https://portal.cfm.org.br/images/PDF/cem2019.pdf

CESAR, Mônica Bimbatti Nogueira; LARA, Sonia Godinho de; GABRIELLONI, Maria Cristina; BARBIERI, Márcia. *Episiotomia: Indicação versus prática.* São Paulo: Revista Nursing. 2016;17(219):65-71. Disponível em: https://pesquisa.bvsalud.org/portal/resource/pt/lil-789609

CÉSAR, Mônica Bimbatti Nogueira; LARA, Sônia Regina Godinho de; OLIVEIRA, Juliana Christina Cardoso de; OLIVEIRA, Rafaella do Santos de. *Repercussões da Gravidez sobre o Organismo Materno.* Cap. 3. P. 25-34. In Enfermagem em obstetrícia e ginecologia. Barueri: Manole, 2017. Série manuais de especialização Einstein.

CÉSAR, Mônica Bimbatti Nogueira; LARA, Sônia Regina Godinho de; OLIVEIRA, Juliana Christina Cardoso de. *Humanização, técnicas apropriadas ao parto e nascimento.* Cap. 13. P.121-132. In Enfermagem em obstetrícia e ginecologia. Barueri: Manole, 2017. Série manuais de especialização Einstein.

CÉSPEDES e ROCHA. Vade Mecum Compacto. *Obra coletiva com a colaboração de Livia Céspedes e Fabiana Dias da Rocha.* 22 ed. São Paulo: Saraiva, 2020. 2296p.

COFEN. Conselho Federal de Enfermagem. Resolução COFEN n. 0564/2017 – *Novo Código de Ética da Enfermagem.* Disponível em: http://www.cofen.gov.br/resolucao-cofen-no-5642017_59145.html

FARIAS, Cristiano Chaves de; ROSENVALD, Nelson; BRAGA NETTO, Felipe Peixoto. *Curso de Direito Civil.* 4 ed. rev e atual. Salvador: JusPodivm, 2017. 976p.

FOCHI, Maria do Carmo Silva; HIGA, Rosângela; CAMISÃO, Agnês Raquel;

TURATO, Egberto Ribeiro LOPES, Maria Helena Baena Moraes. *Vivências de gestantes em situação de prisão.* Rev. Eletr. Enf. [Internet]. 2017 Disponível em: http://doi.org/10.5216/ree.v19.46647. Acesso em 05 fev.2018.

GONÇALVES, Carlos Roberto. *Direito Civil Brasileiro: responsabilidade civil.* 7ª ed. São Paulo: Saraiva, 2012.

GRELLE, Francisco Carlos. *Manual de Obstetrícia.* Rio de Janeiro: Atheneu. 2ª. Ed. 1960. Vol. 1. 699p.

GUGGENBUHL-CRAIC, Adolf. *O Abuso do Poder na Psicoterapia e na medicina, serviço social, sacerdócio e magistério.* Rio de Janeiro: Achiamé. 1978. 154p.

JARDIM, Danúbia Mariane Barbosa; MODENA, Celina Maria. *Obstetric violence in the daily routine of care and its characteristics.* Rev. Latino-Am. Enfermagem. 2018. Disponível em: http://dx.doi.org/10.1590/1518-8345.2450.3069.

JOJOA-TOBAR, Elisa; CUCHUMBE-SÁNCHEZ, Yuler Darío; LEDESMA-RENGIFO, Jennifer Briyith; MUÑOZ-MOSQUERA, María Cristina; CAMPO, Adriana María Paja; SUAREZ-BRAVO, Juan Pablo. *Violencia obstétrica: haciendo visible lo invisible.* Rev. Univ. Ind. Santander. Salud. 2019. Disponível em: http://dx.doi.org/10.18273/revsal.v51n2-2019006.

KOPERECK, Cristine Silva; MATOS, Greice Carvalho de; SOARES, Marilu Correa; ESCOBAL, Ana Paula de Lima; QUADRO, Pricilla Porto; CECAGNO, Susana. *A Violência Obstétrica No Contexto Multinacional.* Português/Inglês Recife: Rev enferm UFPE on line. 2018. Disponível em https://doi.org/10.5205/1981-8963-v12i7a231399p2050-2060-2018. Acesso em 03 fev.2020.

MORAIS, Talita Cavalcante Arruda de; MONTEIRO Pedro Sadi. *Conceitos de vulnerabilidade humana e integridade individual para a bioética.* Revista Bioét. (Impr.).2017; 25 (2):311-9.

NÉNÉ Manuela; MARQUES, Rosália; BATISTA Margarida Amado. (coords). Enfermagem de Saúde Materna e Obstétrica. Lavaredas A, Tomas V. *Alterações Fisiológicas na Gravidez.* P. 58-67. Lisboa: Lidel – Edições Técnicas Ltda. 1ª ed. 2016.

NÉNÉ Manuela; MARQUES, Rosália; BATISTA Margarida Amado. (coords). Enfermagem de Saúde Materna e Obstétrica. Pinheiro, AA. *Promoção do Parto Normal.* P. 324-334. Lisboa: Lidel – Edições Técnicas Ltda. 1ª ed. 2016.

PENSADOR. https://www.pensador.com/aristoteles_frases_sobre_etica/. Acesso em 31.8.2021.

SÃO PAULO. Tribunal de Justiça do Estado de São Paulo. Disponível em https://esaj.tjsp.jus.br/esaj/portal.do?servico=780000. Acesso em 12.02.2020

SÃO PAULO. Defensoria Pública do Estado de São Paulo. *Conversando sobre violência obstétrica.* 2015. Disponível em: http://www.defensoria.sp.gov.br/dpesp/repositorio/34/documentos/cartilhas/Cartilha_VO.pdf. Acesso em: 29 mar.2019

SECCHI, Leonardo. *Análise de políticas públicas: diagnóstico de problemas, recomendação de soluções.* São Paulo: Cengage Learning, 2019.

SCALQUETTE, Ana Cláudia Silva; NICOLETTI-CAMILLO, Carlos Eduardo (coords). Direito e medicina: novas fronteiras da ciência jurídica. *Direito de informação e consentimento informado.* Barros, MM Correa de. São Paulo: Atlas; 2015. p.19-28. Capitulo 2.

SENS, Maristela Muller; STAMM, Ana Maria Nunes de Faria. *Percepção dos médicos sobre a violência obstétrica na sutil dimensão da relação humana e médico-paciente.* Botucatul: Interface. 2019. Disponível em: http://dx.doi.org/10.1590/interface.180487.

UNESCO. Organização das Nações Unidas para a Educação, Ciência e Cultura. *Declaração Universal sobre Bioética e Direitos Humanos.* 2005. Disponível em https://bvsms.saude.gov.br/bvs/publicacoes/declaracao_univ_bioetica_dir_hum.pdf

VENEZUELA. La Asamblea Nacional. *Ley Organica sobre el derecho de las mujeres a una vida libre de violência de 23 abri. 2007.* Disponível em: http://www.derechos.org.ve/pw/wp-content/uploads/11.-Ley-Org%C3%A1nica-sobre-el-Derecho-de-las-Mujeres-a-una-Vida-Libre-de-Violencia.pdf. Acesso em 29.set. 2018

WHO. World Health Organization. *Portal de Boas Práticas em Saúde da Mulher, da Criança e do Adolescente. Relatório Mundial sobre Violência e Saúde.* Genebra: 2002. Disponível em: https://portaldeboaspraticas.iff.fiocruz.br/biblioteca/relatorio-mundial-sobre-violencia-e-saude/. Acesso em 03 mar.2020.

WHO.World Health Organization. *The prevention and elimination of disrespect and abuse during facility-nbased chidlbirth.* Genebra: 2014 Disponível em http://apps.who.int/iris/bitstream/10665/134588/1/WHO_RHR_14.23_ por.pdf. Acesso em 30 jan 2020

6.
VIOLÊNCIA OBSTÉTRICA E DISCRIMINAÇÃO DE GÉNERO

Miriam Rocha

Introdução

A violência obstétrica é uma expressão recente, promovida por movimentos ativistas dos direitos das mulheres, para designar um fenómeno antigo, surgido com a patologização da gravidez, parto e puerpério e a sua consequente medicalização, à medida que as fronteiras da medicina se alargaram a esta fase da vida das mulheres. Com efeito, existe um conjunto de práticas realizadas por profissionais de saúde em contexto obstétrico que têm vindo a ser relatadas por mulheres e que se constituem como lesivas da sua dignidade.

Neste capítulo, procura-se num primeiro momento explorar o fenómeno da violência obstétrica, quer de um ponto de vista histórico, por forma a melhor entender o seu surgimento, quer através da sua fenomenologia, tal como relatada pelas mulheres, não só quanto à multiplicidade de práticas lesivas dos seus direitos (que apenas serão mencionadas a título ilustrativo, dada a impossibilidade de mapear de modo completo a multiplicidade de situações reconduzíveis ao conceito de violência obstétrica), mas também quanto aos danos provocados por tais práticas.

Seguidamente, tenta-se aprofundar a conceção da violência obstétrica como violência de género. Evidentemente, tratando-se de práticas que afetam, pela sua natureza, desproporcionalmente as mulheres, sempre caberia no conceito de violência de género. No entanto, não é apenas – nem fundamentalmente – tal característica que permite caracterizar a violência obstétrica como violência de género e, consequentemente, como discriminação de género. As práticas obstétricas em causa nos casos de violência obstétrica e a sua prevalência revelam que existe uma profunda estrutura patriarcal a sustentá-las. Com efeito, à assimetria que se encontra em qualquer relação entre o profissional de saúde e o utente dos serviços de saúde soma-se a assimetria inculcada pelo género, a que se somam, não raramente, outros fatores que adensam a vulnerabilidade das mulheres, como a pobreza ou a etnia.

Por fim, descreve-se, sumariamente, as recentes respostas institucionais e jurídico-legais à violência obstétrica. Foca-se, num primeiro momento, o plano internacional, salientando-se a relevância das Nações Unidas, particularmente, através da Organização Mundial de Saúde, na legitimação do discurso em torno do fenómeno da violência obstétrica (pese embora a relutância da OMS em adotar a expressar). Seguidamente, refere-se o pioneirismo da América Latina, onde se encontram as primeiras consagrações legais da definição de violência obstétrica e a sua regulação específica. Por fim, refere-se, brevemente, a relevância a que tem sido votada a violência obstétrica na Europa, enquanto região, terminando com uma menção à recente legislação portuguesa que, sem uma referência expressa à violência obstétrica, consagra um conjunto de importantes direitos e orientações para uma vivência da fase da gravidez, parto e puerpério livre de violência.

1. O fenómeno da violência obstétrica

A origem do conceito "violência obstétrica" não é consensual, no entanto, o seu uso vulgarizou-se, sobretudo desde o início do século XXI, entre os ativistas pelos direitos das mulheres na América Latina, tendo desde então sido adotado, ao nível global, como conceito agregador de um conjunto de práticas, realizadas por profissionais de saúde no decurso da gravidez, do parto e do puerpério, que atentam contra os direitos humanos (como o direito à integridade pessoal, à privacidade e à liberdade) daquelas que procuram os serviços de saúde nessa fase da sua vida.

Este fenómeno, complexo e multivariado, tem vindo a granjear uma crescente atenção, à medida que cada vez mais mulheres testemunham as suas experiências e que estas se tomam como objeto de investigação.[1] Associado à violência obstétrica está o fenómeno de medicalização do parto, que se traduz numa transferência do domínio do parto da mulher para os profissionais de saúde, que assume o lugar de principal decisor dos procedimentos a adotar.

De um ponto de vista histórico, é possível identificar uma crescente relevância da medicina em geral nos últimos séculos, tributária do sucesso da ciência e dos seus resultados para as sociedades humanas. Os avanços científicos e tecnológicos tornaram a medicina mais invasiva e mais complexa, mas também mais capaz de resolver os problemas com que defrontava.[2] Paradigmático desta mudança foi o desenvolvimento de várias vacinas que permitiram reduzir drasticamente (e até erradicar) a incidência de doenças – como a varíola, o sarampo e a poliomielite – que eram previamente causa direta de milhões de mortes em todo o mundo.

Os resultados obtidos pelo saber médico transformaram-no no saber de autoridade em caso de doença, em detrimento das demais (antigas) *artes de curar*. No entanto, tal transição não se operou sem resistência, particularmente, no que se refere à assistência à mulher grávida e ao parto. Com efeito, durante séculos, as mulheres foram assistidas por outras mulheres – as parteiras. As parteiras eram depositárias de um saber secular, radicado no conhecimento empírico sobre o funcionamento do corpo grávido e parturiente. A natureza íntima e sexual do momento do parto contribuiu também em larga medida para a resistência à entrada do saber médico neste domínio, o que se explica pelo facto de o saber médico se constituir como um saber masculino, uma vez que a profissão médica – como todos os demais saberes universitários – era reservada aos homens.[3]

Ao longo do século XX, verificou-se um crescente recurso aos meios técnicos e medicamentosos na assistência de saúde. A medicina tornou-se mais invasiva, mas também mais eficaz, verificando-se melhorias significativas na luta contra a doença e na qualidade (e quantidade) de vida.

[1] Veja-se o artigo de revisão ELMIR, Rakime, *et al.*, "Women's perceptions and experiences of a traumatic birth: A meta-ethnography." *Journal of advanced nursing*, vol. 66, nº 10, 2010, pp. 2142-2153.

[2] Rothman, David J., *Stangers at the bedside*, New York: Aldine de Gruyter, 2003, pp. 1-4.

[3] Witz, Anne, *Professions and Patriarchy*, London: Routledge, 1992, em especial, pp. 102-103.

No que, particularmente, se refere à assistência à mulher grávida, parturiente e puérpera, o acesso a cuidados de saúde materna e ao acompanhamento por profissionais de saúde qualificados ao longo desta fase da vida das mulheres também contribuiu (e continua a contribuir) para um formidável decréscimo da taxa de mortalidade materna e perinatal. Com efeito, embora não existam registos estatísticos globais desde o início do século XX, basta atentar no declínio da mortalidade materna e da mortalidade infantil desde a segunda metade do século passado para compreender o egrégio progresso alcançado no mundo ocidental. Desde o início do século XXI, foi possível diminuir a taxa de mortalidade materna no mundo em cerca de 40%.[4] No entanto, verificam-se assinaláveis desigualdades regionais. Todos os dias ainda morrem oito centenas de mulheres devido a complicações da gravidez e do parto, a grande maioria das quais num reduzido número de países, de baixo rendimento. Muitas destas mortes seriam evitadas se o acesso a cuidados de saúde de qualidade estivesse assegurado.[5]

Uma assistência adequada é fundamental para garantir a saúde materna. No entanto, é necessário que essa assistência seja de qualidade. Se é verdade que, em alguns países, com alta taxa de mortalidade materna, isso significa que é necessário promover o acesso aos cuidados de saúde materna, noutros verifica-se um excesso de intervenções que também não são benéficas para as mulheres. Em ambos os contextos, podemos encontrar práticas que se reconduzem ao conceito de "violência obstétrica". Por exemplo, um estudo sobre a experiência do parto em instalações de saúde no norte rural do Gana revela que existe da parte de muitas mulheres uma resistência em procurar os serviços de saúde disponíveis por receio de serem vítimas de violência (física e verbal) por parte dos profissionais de saúde ou pela convicção de que não verão as

[4] Mais precisamente, 38% entre 2000 e 2017, segundo dados da Organização Mundial de Saúde (doravante designada OMS), disponíveis em https://www.who.int/news-room/fact-sheets/detail/maternal-mortality

[5] *Vd.* dados e informações da OMS, disponíveis em https://www.who.int/health-topics/maternal-health#tab=tab_2 e https://www.who.int/news/item/05-10-2021-new-global-targets-to-prevent-maternal-deaths

suas tradições respeitadas.[6] Já no Brasil, por exemplo, verifica-se uma elevadíssima percentagem de realização de cesarianas (55,5% em 2016)[7], sendo pouco plausível que tal percentagem corresponda a intervenções motivadas por razões médicas[8].

De facto, a mortalidade materna é um importante indicador da (ausência de) qualidade dos cuidados de saúde prestados à mulher durante a gravidez e o parto, mas está longe de ser o único. A qualidade dos cuidados prestados não se pode bastar com a mera preservação da vida, mas mede-se também pela manutenção da qualidade de vida e pelo respeito na prestação desses cuidados.

Um dos aspetos frequentemente apontados como uma especificidade da "violência obstétrica" reside no facto de as mulheres serem frequentemente tratadas como doentes quando, na verdade, a gravidez e o parto não são, em si mesmas, situações patológicas. Acresce que as mulheres relatam, não raramente, sentirem-se tratadas como um objeto, submetidas a um conjunto de procedimentos sem qualquer informação sobre a sua finalidade, riscos e benefícios. Existe, nesses casos, uma transferência do domínio do processo de trabalho de parto para a equipa de saúde,

[6] Por exemplo, várias mulheres relataram neste estudo a importância (ancorada nas suas tradições) de enterrarem a placenta em casa, como sinal de pertença do bebé à família ou por razões supersticiosas, uma vez que o enterro da placenta em casa manteria a alma e corpo do bebé a salvo, pelo que a perceção de que tal não lhes será permitido constitui um constrangimento ao acesso aos serviços de saúde – *vd.* Moyer, C. A. *et al.*, "'They treat you like you are not a human being': Maltreatment during labour and delivery in rural northern Ghana", *Midwifery*, nº 30, 2014, p. 265.

[7] Veja-se a informação disponibilizada pelo Ministério da Saúde do Governo Federal do Brasil, em https://www.gov.br/saude/pt-br/assuntos/noticias/2017/marco/pela-primeira-vez-numero-de-cesarianas-nao-cresce-no-pais.

[8] Com efeito, a OMS estabeleceu desde 1985, com base no consenso científico, uma taxa ideal de cesarianas que se situa entre os 10% e os 15% do total de partos, correspondente à taxa de situações em que a cesariana se apresenta como uma intervenção necessária para evitar a morte da parturiente e do bebé – cf. WORLD HEALTH ORGANIZATION, *WHO statement on caesarean section rates*, 2015. Disponível em https://www.who.int/reproductivehealth/publications/maternal_perinatal_health/cs-statement/en/ [consult. 17/08/2021].

em detrimento da autonomia da mulher. Este fenómeno é apelidado, por alguns, como a "medicalização do parto".[9]

Evidentemente, um dos objetivos essenciais da vigilância na gravidez é a deteção de situações de risco. No entanto, uma gravidez de baixo risco tem grandes possibilidades de se desenrolar naturalmente, num processo que é exclusivamente fisiológico, não carecendo de intervenção médica. O que sucede, porém, é que se verifica em muitas sociedades um excesso de intervenções médicas em contexto obstétrico. Algumas dessas intervenções são simplesmente desnecessárias outras comportam riscos sem que haja qualquer benefício.[10] Acresce que as mulheres não são adequadamente informadas sobre tais procedimentos, existindo coerção[11] na sua prática e ausência de consentimento informado.

A experiência do parto, em especial, revela-se, deste modo, para algumas mulheres como uma experiência traumática. Sentimentos de falta

[9] Simões, Vânia, "A violência obstétrica: a violência institucionalizada contra o género", *Revista Anatomia do Crime*, nº 6, 2018, p. 77. A este propósito, Viana e Berlini referem-se à violência obstétrica como «a apropriação do corpo da mulher» – *vd.* VIANA, Ana Jéssica Soares, Berlini, Luciana Fernandes, "Responsabilidade civil do médico em casos de violência obstétrica no ordenamento jurídico brasileiro", *Cadernos da Lex Medicinae: Saúde, Novas Tecnologias e Responsabilidades*, nº 4, Vol. I, 2019, p. 81. Sobre o conceito de medicalização e as suas críticas, no contexto obstétrico, veja-se Johnson, Candace, "The political nature of pregnancy and childbirth", *Canadian Journal of Political Science/Revue canadienne de science politique*, Vol. 41, nº 4, 2008, p. 889-913; Garry, Ann, "Medicine and Medicalization: a response to Purdy", *Bioethics*, Vol. 15, nº 3, 2001, pp. 262-269.

[10] São exemplos de tais práticas a episiotomia que, sendo uma boa prática em alguns contextos clínicos, não deve ser realizada por rotina, ou a manobra de Kristeller, que está identificada como uma má prática, pelas graves consequências que pode acarretar para a mãe e o feto – *cf.* WORLD HEALTH ORGANIZATION, *WHO Recommendations: intrapartum care for a positive childbirth experience.* Geneva: World Health Organization, 2018.

[11] Podemos ilustrar tal coerção, tanto física quanto psicológica, e o absoluto desrespeito pela autonomia da mulher com vários casos, alguns deles judiciais. Veja-se, a título de exemplo, o caso *N. B. v. Slovakia* (caso nº 29518/10; 2012), do Tribunal Europeu dos Direitos Humanos, no qual foi analisada uma esterilização forçada durante o parto; e também o mediático caso Kimberly Turbin, ocorrido nos EUA, de uma episiotomia realizada contra a expressa recusa da parturiente e que foi filmada, tendo dado origem a um processo judicial que terminou numa transação – sobre este e outros casos de coerção, *vd.* Borges, Maria T. R., "A violent birth: reframimg coerced procedures during childbirth as obstetric violence". *Duke Law Journal*, vol. 67, nº 827, 2018, pp. 827-862.

de controlo, objetificação, humilhação e desconexão são frequentemente relatados pelas mulheres que tiveram uma vivência traumática do parto.[12] Com efeito, algumas mulheres dizem sentirem-se invisíveis, como se fossem um "pedaço de carne", descrevendo o trabalho de parto com adjetivos negativos, como "intrusivo", "horrendo" e "degradante". As diferentes experiências relatadas demonstram que são muito variadas as situações que se reconduzem ao conceito de "violência obstétrica". São exemplos destas práticas a realização de procedimentos sem respeito pela privacidade da mulher, a humilhação verbal, a restrição de movimentos, a ausência ou deturpação de informação à mulher sobre os procedimentos que nela estão a ser realizados, a administração de medicamentos sem consentimento da mulher, a recusa na administração de medicamentos anestésicos e analgésicos, a realização de procedimentos sem que haja indicação médica (ou seja, sem que se verifique uma razão de saúde que exija tais práticas), a recusa ou negligência na prestação de cuidados de saúde, a recusa em permitir o acompanhamento da mulher durante o trabalho de parto e a imposição coerciva à mulher de procedimentos médicos e, até, cirúrgicos.

As consequências da violência experienciada, sobretudo quando ocorrida no decurso do trabalho de parto, pode ter graves consequências para a mulher puérpera. Com efeito, vários são os estudos que associam as experiências negativas vivenciadas, no seu extremo mais grave, a uma síndrome de stress pós-traumático.[13] Ainda que assim não seja, são frequentemente as experiências negativas do parto que conduzem a depressões pós-parto. As mulheres que sofreram violência obstétrica relatam com frequência terem dificuldade em livrar-se dos pensamentos intrusivos que as fazem reviver constantemente os momentos mais negativos da sua experiência do parto. Também revelam dificuldades no

[12] ELMIR, Rakime, *et al.*, "Women's perceptions and experiences of a traumatic birth: A meta-ethnography." *Journal of advanced nursing*, vol. 66, nº 10, 2010, pp. 2142-2153.

[13] *Vd.*, por exemplo, BECK, Cheryl Tatano, "Post-Traumatic Stress Due to Childbirth". Nursing Research, vol. 53, nº 4, 2004; NICHOLLS, Karen; AYERS, Susan, "Childbirth-related post-traumatic stress disorder in couples: A qualitative study". British Journal of Health Psychology, nº 12, 2007, pp. 491–509; AYRES, Susan, "Thoughts and Emotions During Traumatic Birth: A Qualitative Study". BIRTH, vol. 34, nº 3, 2007, pp. 253-263.

estabelecimento do vínculo com o bebé e alterações negativas na relação com o seu companheiro que, nos casos mais graves, conduzem à rutura da relação conjugal.[14]

A violência obstétrica revela-se, assim, como um tipo específico de violência contra as mulheres, que se opera no contexto específico de uma relação com profissionais de saúde, a qual tende, pela sua própria natureza a ser assimétrica.[15] A essa assimetria soma-se a cultura patriarcal que permeia o contexto da violência obstétrica, e sobre a qual se afigura pertinente realizar uma reflexão mais aprofundada.

2. A violência obstétrica como discriminação de género

De acordo com a Convenção de Istambul, entende-se a violência de género exercida contra as mulheres como «toda a violência dirigida contra a mulher por ser mulher ou que afeta desproporcionalmente as mulheres».[16] Pela sua natureza, a violência obstétrica é dirigida exclusivamente às mulheres, pelo que seria sempre fácil a sua qualificação como violência de género. No entanto, não é apenas pela desproporção absoluta com que afeta as mulheres que se opera a sua qualificação como violência obstétrica, Na verdade, a violência obstétrica enraíza-se numa cultura de hierarquização entre homens e mulheres, que perpassa as experiências das mulheres em contexto obstétrico, desde a desvalorização da sua voz ao tipo de humilhações que muitas mulheres relatam.

Com efeito, a geração é uma realidade feminina, que não encontra paralelo no masculino. Para o homem, a geração é um ato exterior e invisível, enquanto para a mulher é uma experiência subjetiva. Experiência

[14] Elmir, Rakime, *et al.*, "Women's perceptions and experiences of a traumatic birth: A meta-ethnography", *Journal of advanced nursing*, vol. 66, nº 10, 2010; AYERS, Susan, "Childbirth-related post-traumatic stress disorder in couples: A qualitative study". British Journal of Health Psychology, nº 12, 2007, pp. 491–509.

[15] Notando precisamente a confluência de relações de poder nos casos de violência obstétrica, bem como a potencialidade de fatores interseccionais (como a classe social), veja-se Young, Iris Marion, "Pregnant Embodiment". In On Female Body Experience: "Throwing Like a Girl" and Other Essays, Oxford: Oxford University Press, 2005, p. 59

[16] Artigo 3º, al. d) da Convenção do Conselho da Europa para a Prevenção e o Combate à Violência contra as Mulheres e a Violência Doméstica, adotada em Istambul, a 11 de maio de 2011.

subjetiva que, contudo, como refere Young, é ocultada pelas vozes masculinas, uma vez que é dos homens (e das mulheres vistas pelos olhos dos homens) que rezam a história e a filosofia de que somos tributários. Por isso, esta experiência subjetiva emerge como realidade objetiva, reforçada pelos instrumentos de tecnologia médica vulgarizados no contexto obstétrico. Assim, a ecografia e a cardiotocografia, por exemplo, contribuem em larga medida para a objetificação da gravidez, na medida em que permitem ter acesso a dados objetivos que permitem aos profissionais de saúde controlar, por exemplo, os batimentos cardíacos fetais e as contrações uterinas da mulher. Young argumenta que, face a tais meios, a mulher é alienada da sua experiência, ou seja, vê a sua experiência ser apropriada e controlada por outros.[17]

A apropriação da experiência feminina pela medicina no decurso dos últimos séculos conduziu, como vimos, à sua qualificação frequente como um estado patológico. Mesmo quando se afirma que "gravidez não é doença", certo é que a mulher é sujeita a um mais apertado controlo e vigilância no estado de gravidez. As respostas do corpo à gravidez, como as náuseas, a fadiga e o *brain fog*, são percecionados como sintomas a ser tratados. Especialmente no contexto laboral, as mulheres sentem não raras vezes a necessidade de tentar neutralizar tais respostas, de modo a melhor corresponder às expectativas laborais que sobre si recaem. Na verdade, poucos serão os ambientes laborais que estão preparados para acolher com normalidade as mulheres nesta fase da sua vida.[18]

Ora, a patologização da gravidez, bem como a sua perceção social como uma situação de exceção, advêm de um fenómeno reconhecidamente patriarcal: a construção da norma em torno do homem (adulto e branco). De facto, o pensamento filosófico clássico, influenciado desde logo pelos Antigos, cotejando o corpo feminino com o masculino, via naquele um corpo deficiente. Na lapidar expressão de Aristóteles, "a

[17] YOUNG, Iris Marion, "Pregnant Embodiment". In *On Female Body Experience: "Throwing Like a Girl" and Other Essays*, Oxford: Oxford University Press, 2005, p. 57-61.

[18] *Vd.* GREENBERG, Danna, et al., "Negotiating Pregnancy at Work: Public and Private Conflicts". *Negotiation and Conflict Management Research*, vol. 2, nº 1, 2009, pp. 42-56.

fêmea é um macho mutilado"[19]. Esta conceção viria a prevalecer durante séculos no Ocidente, não tendo ainda sido completamente expurgada da cultura contemporânea, encontrando-se ainda presente na prática médica e, particularmente, obstétrica. A mulher, na sua relação com o corpo, é desvalorizada, e consequentemente inferiorizada. A sua experiência subjetiva é substituída por saber construído externamente pelo olhar dos homens e pelos dados obtidos por meios tecnológicos. Mesmo considerando que, atualmente, a profissão médica é exercida por mulheres, muitas delas tendo vivenciado a experiência da gravidez, tal facto não é garante, por si só, da desconstrução da cultura patriarcal que enforma o saber médico e que está presente, desde logo, na formação dos jovens médicos.[20]

De facto, como expõe Shabot,[21] existe uma tensão – revelada em toda a sua intensidade no trabalho de parto – entre as normas sociais que construíram o corpo feminino como um corpo incapaz, vulnerável ao ataque e à penetração e o corpo que se revela no parto: um corpo forte e criativo. Paradigmático da vivência desta contradição é a mulher que pede desculpa pela vocalização do esforço do parto. De facto, as representações culturais do parto tendem a associar as vocalizações durante o trabalho de parto apenas à dor, e não tanto – nem em primeira linha – ao esforço do parto. Ora, a ideia de uma dor *sofrida* leva implícita a passividade da mulher, que é *objeto* da dor. A dor é algo que lhe acontece.[22] Já o esforço,

[19] Aristóteles, "On the Generation of Animals". In *Complete Works*, [s.l.]: Eireann Press, 2018, e-book, localização 27129.

[20] Recorde-se que Young, referindo-se à realidade norte-americana no início dos anos 1980, notava que os médicos (e, consequentemente, os obstetras) eram na sua maioria homens, o que resultava numa ausência de partilha da experiência da gravidez e consequente falta de empatia – *cf.* Young, Iris Marion, "Pregnant Embodiment". In *On Female Body Experience: "Throwing Like a Girl" and Other Essays*, Oxford: Oxford University Press, 2005, p. 58. Tendemos, contudo, a discordar da autora neste ponto: parece-nos certo que a construção histórica do saber médico reproduziu, efetivamente, os preconceitos de género que grassavam na cultura em geral, mas temos dificuldade em admitir uma relação direta entre o sexo do facultativo e a empatia na relação entre o profissional de saúde e o utente.

[21] Shabot, Sara Cohen, "Making Loud Bodies "Feminine": A Feminist-Phenomenological Analysis of Obstetric Violence". *Human Studies*, nº 39, 2016, p. 242.

[22] A esta conceção não é alheia a tradição judaico-cristã, que associa a dor do parto ao

tal como sucede com um atleta, resulta da ação da mulher: ela é o *sujeito* que leva a cabo o esforço do parto.

Assim, Shabot[23] chama a atenção para o facto de que é aquele corpo ativo, que escapa à norma do corpo feminino, que ameaça a cultura patriarcal e que requer por isso uma domesticação. O saber médico de autoridade é o saber que domina o corpo parturiente, ao tratá-lo como corpo patológico, ao sobrepor-lhe os dados objetivos em detrimento da experiência subjetiva da mulher, ao estabelecer processos em absoluto alheamento da sua vontade.

Em suma, a relação assimétrica que se estabelece entre o profissional de saúde e a mulher em contexto obstétrico, e particularmente, no decurso do trabalho de parto, é moldada por uma cultura patriarcal que potencia a desvalorização da experiência feminina e a imposição coerciva à mulher de práticas violadoras da sua autonomia e integridade, o que terá contribuído para a invisibilidade do fenómeno até muito recentemente. Neste sentido, a violência obstétrica constitui, estruturalmente, discriminação de género.

3. Respostas institucionais e jurídicas à violência obstétrica

A tomada de consciência social do fenómeno da violência obstétrica é tributária de associações de ativistas, que pugnaram (e pugnam) por fazer chegar ao espaço público as experiências das mulheres vítimas deste tipo de violência e revelar a sua natureza institucional. Tal como sucedeu com outros movimentos de mulheres, foi a partilha das experiências das mulheres, a tomada de consciência de que a sua vivência não era um caso isolado, que conduziu à identificação do fenómeno da violência obstétrica, pelo confronto dessas práticas com a evidência científica e com a produção de um conhecimento sistematizado sobre a assistência às mulheres no parto.[24]

pecado original, relacionando assim o parto com um castigo («À mulher ele disse: "Multiplicarei as dores de tuas gravidezes, na dor darás à luz filhos"» – Gen 3, 16).

[23] SHABOT, Sara Cohen, "Making Loud Bodies "Feminine": A Feminist-Phenomenological Analysis of Obstetric Violence". *Human Studies*, nº 39, 2016, pp. 243-244.

[24] De facto, um estudo que analisa organizações ativistas dos direitos das mulheres em quatro países europeus (Reino Unido, Irlanda, Portugal e França) conclui que eles se

De facto, pese embora a violência obstétrica não esteja na primeira linha dos fenómenos mais reconhecidos de violência contra as mulheres, é crescente o seu enquadramento como uma questão de violência de género e de direitos humanos. De um ponto de vista das instituições, há que destacar, desde logo, o relevante papel que a OMS tem desempenhado. Embora evitando a utilização da expressão "violência obstétrica", certo é que foi a gradual consciência dos efeitos nefastos de muitas práticas comuns (embora erradas) em contexto obstétrico que levou a OMS a emitir, em 2014, a declaração "Prevenção e eliminação de abusos, desrespeito e maus-tratos durante o parto em instituições de saúde",[25] bem como a centrar-se na necessidade de transcender o objetivo de sobrevivência das mães e recém-nascidos e de um parto seguro para pugnar pela obtenção do máximo de saúde e bem-estar de cada mãe e recém-nascido e por uma experiência positiva do parto para as mulheres e para as suas famílias.[26] A declaração da OMS tem sido um importante ponto de apoio para as organizações ativistas dos direitos das mulheres na gravidez e no parto.

Na linha desse combate, há que salientar, ainda, o recente documento da relatora especial das Nações Unidas para a violência contra as mulheres, Dubravka Šimonović, sobre uma abordagem de direitos humanos aos maus-tratos e violência contra as mulheres nos serviços de saúde

caracterizam por atividades baseadas no conhecimento – *cf.* Akrich, Madeleine *et al.*, "Practising childbirth activism: A politics of evidence". *BioSocieties*, nº 9, 2014, pp. 129-152.

[25] WORLD HEALTH ORGANIZATION, *The prevention and elimination of disrespect and abuse during facility-based childbirth: WHO statement*, 2014. Disponível em https://apps.who.int/iris/handle/10665/134588 [consult. 07/08/2021].

[26] A OMS define uma experiência positiva de parto do seguinte modo: «[Uma experiência] que preenche ou excede as prévias crenças e expectativas pessoais e socioculturais da mulher, incluindo dar à luz um bebé saudável num ambiente clínica e psicologicamente seguro com continuidade de apoio prático e emocional de um acompanhante e pessoal clínico afável e tecnicamente competente. A maioria das mulheres deseja um trabalho de parto fisiológico e ter um sentido de realização pessoal e controlo através do envolvimento na tomada de decisão, mesmo quando as intervenções médicas são necessárias ou desejadas» [tradução nossa] – cf. WORLD HEALTH ORGANIZATION, *WHO Recommendations: intrapartum care for a positive childbirth experience*. Geneva: World Health Organization, 2018, p. 12.

reprodutivos, com um enfoque no parto e na violência obstétrica.[27] Após uma análise do problema da violência obstétrica sob uma perspetiva de género, a relatora termina com um conjunto de recomendações aos Estados, entre as quais se destaca a adoção de legislação e de políticas públicas que garantam o direito à saúde das mulheres, em especial, no que se refere aos seus direitos reprodutivos e no parto. Destacam-se a necessidade de fomentar a cooperação entre as instituições de saúde, as ordens profissionais e as organizações de mulheres e elaborar estratégias nacionais, bem como promover a adequada formação dos profissionais de saúde, assegurar a aplicação do instituto do consentimento informado, garantir o direito da mulher a ser acompanhada e monitorizar os serviços de saúde, de modo a obter dados objetivos relativos a alguns importantes indicadores, como a percentagens de cesarianas ou episiotomias realizadas.

Assim, os eventos qualificáveis como violência obstétrica são reconduzíveis, na sua essência, a uma violação de direitos humanos, pelo que, em bom rigor, os instrumentos clássicos de direitos humanos acolhem já valores e pretensões que têm relevância num contexto de violência obstétrica, como é o caso da liberdade, da integridade física e mental e da privacidade. Contudo, assumem especial relevância os instrumentos de direitos humanos que têm por objeto os direitos das mulheres, como é o caso da Convenção sobre a Eliminação de Todas as Formas de Discriminação contra as Mulheres. Embora esta Convenção não trate especificamente a questão da violência obstétrica (desde logo porque, à data da sua conclusão – 1979 – não era um fenómeno de reconhecida visibilidade), o seu enquadramento permanece válido, acolhendo as pretensões de eliminação deste tipo de violência contra as mulheres.[28] Por sua vez,

[27] Šimonovic, Dubravka, *A Human Rights-Based Approach to Mistreatment and Violence against Women in Reproductive Health Services with a Focus on Childbirth and Obstetric Violence*, 2019.

[28] Em Portugal, por exemplo, a Plataforma Portuguesa para os Direitos das Mulheres editou, em 2016, o documento "Convenção sobre a Eliminação de Todas as Formas de Discriminação Contra as Mulheres (CEDAW): O Estado da Arte em Portugal", no qual recomenda "medidas eficazes para assegurar que todas as intervenções obstétricas são apenas realizadas com o consentimento prévio, livre e informado das mulheres e assegurar uma formação obrigatória e apoio para todas/os profissionais de saúde sobre direitos das mulheres" (p. 4). Não podemos também olvidar que foi ao abrigo deste instrumento que o

também as convenções regionais são importantes para o enquadramento da questão, particularmente aquelas que têm por objeto especificamente a violência contra as mulheres, como é o caso da Convenção de Belém do Pará e da Convenção de Istambul.

O primeiro país a adotar legislação que refere, expressamente, o fenómeno da violência obstétrica foi a Venezuela, através da sua *Ley Orgánica sobre el derecho de las mujeres a una vida libre de violência*, em 2007. Nesse diploma pioneiro, a violência obstétrica foi reconhecida como uma das múltiplas formas de violência contra as mulheres, e definida da do seguinte modo:

> [...] entende-se por violência obstétrica a apropriação do corpo e processos reprodutivos das mulheres pelo Pessoal de saúde, que se manifesta num tratamento desumanizador, num abuso de medicalização e patologização dos processos naturais, comportando perda de autonomia e capacidade de decidir livremente sobre os seus corpos e sexualidade, com um impacto negativo na qualidade de vida das mulheres [tradução nossa][29]

Comité CEDAW que foi reconhecida, pela primeira vez, a responsabilidade do Estado pelo acesso das mulheres a serviços de saúde materna adequados a suprir as suas necessidades específicas e cuja ausência constitui uma violação do artigo 12, nº 2 da CEDAW, bem como discriminação contra as mulheres, ao abrigo dos artigos 2º e 12º, nº 1 da CEDAW – *cf.* caso *Alyne da Silva Pimentel Teixeira v. Brazil.*

[29] Artigo 15º, nº 13 da *Ley Orgánica sobre el derecho de las mujeres a una vida libre de violência*, na sua redação original. Em dezembro de 2021, foi aprovada uma reforma da *Ley Orgánica sobre el derecho de las mujeres a una vida libre de violencia* mantendo a definição de violência obstétrica, mas acrescentando a violência ginecológica, definida como: "[...] forma de violência manifestada em atos discriminatórios, degradantes e vexatórios da dignidade das mulheres, praticados e tolerados pelo pessoal de saúde, que atente contra a sua autonomia e sexualidade" [tradução nossa] (Artigo 19º, nº 20 da *Ley Orgánica sobre el derecho de las mujeres a una vida libre de violência*, na redação da Ley *Orgánica de regotma a la Ley Orgánica sobre el derecho de las mujeres a una vida libre de violência*). Trata-se de uma formulação aberta, mais abrangente do que a definição de violência obstétrica, mas à qual esta também se poderia subsumir. Na verdade, a opção pela definição exaustiva das formas de violência contra as mulheres tem o mérito de evidenciar os vários fenómenos, frequentemente ocultos, que se podem reconduzir à noção geral de violência contra as mulheres. Contudo, tal proliferação de definições comporta também o risco da incoerência, da ambiguidade e da confusão de conceitos. Na verdade, há quem critique esta reforma por constituir mais uma forma de *lip service* aos direitos das mulheres, uma vez que muito do previsto na

Esta primeira definição legal de violência obstétrica acolheu os desenvolvimentos conceptuais realizados nas décadas precedentes, com base na experiência das mulheres. Com efeito, integram o conceito de violência obstétrica a ideia de dominação sobre a mulher (apropriação do seu corpo), a sua redução a um objeto (tratamento desumanizador), a ofensa da sua autonomia e os danos subjetivos que daí derivam. Estes tópicos caracterizam também, de modo mais amplo, a violência contra as mulheres, sendo específico da violência obstétrica o facto de esta ter como autores o "pessoal de saúde", como objeto específico o processo reprodutivo e como meios a patologização do corpo e consequente abuso dos meios medicamentosos e tecnológicos.

À Venezuela seguiram-se o México (com legislação estadual aprovada entre 2007 e 2014) e a Argentina, com a *Ley 24.685*, de 2009. Alguns Estados brasileiros também adotaram recentemente legislação contra a violência obstétrica, como é o caso do Estado do Tocantins[30] e do Estado de Santa Catarina[31]. Evidencia-se, assim, assim o pioneirismo da América Latina na incorporação desta problemática ao nível da sua legislação, fruto dos fortes movimentos ativistas que se evidenciam naquela geografia.

No continente europeu, destacam-se a recente atenção que a questão da violência obstétrica tem obtido, embora a sua regulação autónoma ainda esteja longe de ser uma realidade. Assim, salienta-se a Resolução do Parlamento Europeu, de 11 de junho de 2015, sobre o Paraguai: aspetos legais relativos à gravidez na infância (2015/2733(RSP))[32], que utiliza a expressão "violência obstétrica", reconhecendo que o fenómeno se

formulação original da *Ley Orgánica sobre el derecho de las mujeres a una vida libre de violência* está ainda por concretizar – cf. https://accesoalajusticia.org/reforma-a-la-ley-organica-sobre-el-derecho-de-las-mujeres-a-una-vida-libre-de-violencia/

[30] Lei nº 3.385, de 27 de julho de 2018.

[31] Lei nº 18.322, de 5 de janeiro de 2022.

[32] Esta resolução surge na sequência do caso paraguaio de uma rapariga de 10 anos de idade a quem foi detetada uma gravidez de 21 semanas, de alto risco, com origem numa violação perpetrada pelo seu padrasto, e a quem foi negada a realização de uma interrupção voluntária da gravidez. Após esta resolução, foram ainda feitas breves alusões à violência obstétrica nos considerandos da Resolução do Parlamento Europeu, de 26 de novembro de 2020, sobre a situação dos direitos fundamentais na União Europeia — Relatório anual

trata de uma "[...] intersecção entre a violência institucional e a violência contra as mulheres, que constitui uma violação grave de direitos humanos [...]". Também o Conselho da Europa reconheceu já a existência da violência obstétrica, que considera ser "reflexo de uma cultura patriarcal ainda dominante"[33], condenando-a e reiterando muitas das recomendações já formuladas pela relatora especial das Nações Unidas Dubravka Šimonović.

Embora a violência obstétrica não seja regulada enquanto tal, existem institutos jurídicos e direitos consagrados em vários Estados que permitem alcançar respostas jurídicas ao fenómeno da violência obstétrica. Assim sucede com o instituto do consentimento informado, fundamental para a garantia da autonomia da mulher grávida, parturiente e puérpera. Reportando-nos ilustrativamente ao caso português, salienta-se que, embora a "violência obstétrica" não seja um conceito legal,[34] existe um conjunto de direitos consagrados em legislação autónoma que são relevantes para o combate àquele fenómeno e para uma experiência positiva do parto.

Destaca-se, entre todas, a Lei nº 110/2019, de 9 de setembro, que estabeleceu os princípios, direitos e deveres aplicáveis em matéria de proteção na preconceção, na procriação medicamente assistida, na gravidez, no parto, no nascimento e no puerpério, introduzindo assim um aditamento significativo à Lei nº 15/2014, de 21 de março, sobre os direitos e deveres do utente dos serviços de saúde. Na verdade, esta legislação explicitou um conjunto muito detalhado de direitos das mulheres na preconceção, na procriação medicamente assistida, na gravidez, no parto, no nascimento e no puerpério. Evidentemente, muitos dos direitos aí consignados já estavam legalmente (e, alguns, até constitucionalmente) consagrados,[35]

para os anos 2018-2019 (2019/2199(INI)) e na Resolução do Parlamento Europeu, de 21 de janeiro de 2021, sobre a Estratégia da UE para a Igualdade de Género (2019/2169(INI)).

[33] Resolução 2306 (2019), da Assembleia Parlamentar do Conselho da Europa.

[34] Com efeito, o único documento jurídico no qual se faz uma alusão à violência obstétrica é a Resolução da Assembleia da República nº 181/2021, que recomenda ao Governo a eliminação de práticas de violência obstétrica e a realização de um estudo nacional anónimo sobre o fenómeno.

[35] Assim, por exemplo, o direito à informação, ao consentimento (ou dissentimento) informado, à confidencialidade, à privacidade, ao tratamento digno e respeitoso, o direito

no entanto, a sua expressa reiteração pelo legislador, no contexto específico dos direitos reprodutivos é significativo na necessidade sentida pelo poder legislativo de enfatizar a sua relevância e aplicabilidade no referido contexto. Densificou-se, ainda, o direito ao acompanhamento, alargado a todos os estabelecimentos de saúde (e não apenas aos que pertencem ao serviço público) e as suas exceções (apenas permitidas por razões médicas devidamente justificadas) e estabeleceu-se o direito ao plano de nascimento, a ser garantido pelos serviços de saúde, que devem prestar apoio à mulher na elaboração desse plano. Em tudo o mais, a legislação traduz orientações sobre a prestação de cuidados na preconceção, na assistência na gravidez, nos cursos de preparação para o parto e a parentalidade, no parto e no puerpério, bem como sobre a alimentação de lactentes e de crianças pequenas.

Em suma, verificou-se nas últimas décadas um movimento de consciencialização do fenómeno da violência obstétrica, que tem suscitado diversas respostas sociais e jurídicas, através de uma evidenciação de direitos humanos e de direitos fundamentais das mulheres no contexto da gravidez, parto e puerpério.

Conclusões

A violência obstétrica é um fenómeno complexo, no qual se integram uma multiplicidade de práticas, que têm em comum o facto de serem lesivas dos direitos das mulheres no contexto da gravidez, parto ou puerpério e que vão, por exemplo, desde esterilizações forçadas às humilhações verbais. O contexto histórico da medicalização do parto é útil para a compreensão do fenómeno da violência obstétrica como violência de género. Com efeito, a construção do domínio médico do parto é indissociável da dominação patriarcal, considerando a própria história recente da medicina. Evidentemente, o saber médico assume-se, ainda hoje, como um dos mais relevantes na sociedade. O combate ao mal, na forma da doença e da morte, granjeou-lhe um merecido reconhecimento social, inclusive na área da saúde materna e infantil. No entanto, a diminuição

das mulheres a "serem bem tratadas e estarem livres de qualquer forma de violência", o direito à igualdade e não-discriminação e o direito à liberdade e à autodeterminação (artigo 15º-A, nº 1 da Lei nº 15/2014, de 21 de março).

da taxa de mortalidade materna e infantil pode conduzir, ainda que involuntariamente, a um certo ocultamento de uma menor qualidade dos serviços prestados às mulheres, particularmente, no parto, na medida em que a qualidade de uma experiência de parto não deve ser reduzida à sobrevivência da mãe e do bebé.

Com efeito, muitas associações ativistas de mulheres, em várias geografias, têm vindo a chamar a atenção para a necessidade de assegurar um tratamento digno da mulher nesta fase da sua vida, garantindo-lhe cuidados de saúde adequados, ou seja, baseados na evidência científica, e respeitando o seu direito à informação e à autonomia. Paulatinamente, as suas vozes têm encontrado eco junto de instituições internacionais, de que se destaca as Nações Unidas, que tem vindo a apoiar o enquadramento do fenómeno da violência obstétrica como uma questão de direitos humanos. É de notar que, pese embora a resistência da OMS em utilizar a expressão "violência obstétrica" (preferindo os termos "abusos", "desrespeito" e "maus-tratos"), os seus documentos têm sido fundamentais na legitimação das reivindicações das organizações ativistas, permitindo-lhes a utilização de um relevante argumento de autoridade.

Relativamente à regulação jurídica da violência obstétrica, verifica-se que a mesma é muito incipiente se se procura a sua consagração específica, sendo de destacar o pioneirismo de alguns países da América Latina nesse aspeto, ainda que entre a lei e a realidade se interponha uma grande distância. Embora a regulação específica da violência obstétrica tenha a virtualidade de contribuir para a visibilidade do fenómeno, nomeadamente, junto dos profissionais forenses, isso não significa uma total ausência de proteção jurídica, uma vez que os direitos lesados pelas práticas de violência obstétrica são direitos humanos e fundamentais há muito reconhecidos em instrumentos de direito internacional, regional e local.

Referências

AKRICH, Madeleine *et al.*, "Practising childbirth activism: A politics of evidence". *BioSocieties*, nº 9, 2014, pp. 129-152.

ARISTÓTELES, "On the Generation of Animals". In *Complete Works*, [s.l.]: Eireann Press, 2018. E-book.

AYRES, Susan, "Thoughts and Emotions During Traumatic Birth: A Qualitative Study". *BIRTH*, vol. 34, nº 3, 2007, pp. 253-263.

BECK, Cheryl Tatano, "Post-Traumatic Stress Due to Childbirth". *Nursing Research*, vol. 53, nº 4, 2004.

BORGES, Maria T. R., "A violent birth: reframimg coerced procedures during childbirth as obstetric violence". *Duke Law Journal*, vol. 67, nº 827, 2018, pp. 827-862.

ELMIR, Rakime, *et al.*, "Women's perceptions and experiences of a traumatic birth: A meta-ethnography", *Journal of advanced nursing*, vol. 66, nº 10, 2010, pp. 2142-2153.

GARRY, Ann, "Medicine and Medicalization: a response to Purdy", *Bioethics*, Vol. 15, nº 3, 2001, pp. 262-269.

GREENBERG, Danna, *et al.*, "Negotiating Pregnancy at Work: Public and Private Conflicts". *Negotiation and Conflict Management Research*, vol. 2, nº 1, 2009, pp. 42-56.

JOHNSON, Candace, "The political nature of pregnancy and childbirth", *Canadian Journal of Political Science/Revue canadienne de science politique*, Vol. 41, nº 4, 2008, pp. 889-913.

MOYER, C. A. et al., "'They treat you like you are not a human being': Maltreatment during labour and delivery in rural northern Ghana", Midwifery, nº 30, 2014, pp. 262-268.

NICHOLLS, Karen; AYERS, Susan, "Childbirth-related post-traumatic stress disorder in couples: A qualitative study". *British Journal of Health Psychology*, nº 12, 2007, pp. 491–509.

PLATAFORMA Portuguesa para os Direitos das Mulheres (ed.), *Convenção sobre a Eliminação de Todas as Formas de Discriminação Contra as Mulheres (CEDAW): O Estado da Arte em Portugal, 2016*. Disponível em https://plataformamulheres.org.pt/site/wp-content/ficheiros/2016/05/Brochura_CEDAW_Abril_2016_VFinal.pdf [consult. 16/12/2021].

ROTHMAN, David J., *Stangers at the bedside*, New York: Aldine de Gruyter, 2003.

SHABOT, Sara Cohen, "Making Loud Bodies "Feminine": A Feminist-Phenomenological Analysis of Obstetric Violence". *Human Studies*, nº 39, 2016, pp. 231-247.

SIMÕES, Vânia, "A violência obstétrica: a violência institucionalizada contra o género", *Revista Anatomia do Crime*, nº 6, 2018, pp. 73-94.

ŠIMONOVIC, Dubravka, *A Human Rights-Based Approach to Mistreatment and Violence against Women in Reproductive Health Services with a Focus on Childbirth and Obstetric Violence*, 2019.

VIANA, Ana Jéssica Soares, BERLINI, Luciana Fernandes, "Responsabilidade civil do médico em casos de violência obstétrica no ordenamento jurídico brasileiro", *Cadernos da Lex Medicinae: Saúde, Novas Tecnologias e Responsabilidades*, nº 4, Vol. I, 2019, pp. 79-90.

WITZ, Anne, *Professions and Patriarchy*, London: Routledge, 1992.

WORLD HEALTH ORGANIZATION, *WHO Recommendations: intrapartum care for a positive childbirth experience*. Geneva: World Health Organization, 2018.

WORLD HEALTH ORGANIZATION, *The prevention and elimination of disrespect and abuse during facility-based childbirth: WHO statement*, 2014. Disponível em https://apps.who.int/iris/handle/10665/134588 [consult. 07/08/2021].

WORLD HEALTH ORGANIZATION, *WHO statement on caesarean section rates*, 2015. Disponível em https://www.who.int/reproductivehealth/publications/maternal_perinatal_health/cs-statement/en/ [consult. 17/08/2021].

YOUNG, Iris Marion, "Pregnant Embodiment". In *On Female Body Experience: "Throwing Like a Girl" and Other Essays*, Oxford: Oxford University Press, 2005, pp. 46-61.

7.
A VIOLÊNCIA CONTRA AS MULHERES NO ÂMBITO DA GESTAÇÃO DE SUBSTITUIÇÃO: ENTRE AS PROBLEMÁTICAS, OS DIREITOS E A ESSENCIALIDADE DE UMA REGULAMENTAÇÃO INTERNACIONAL

DIANA SOFIA ARAÚJO COUTINHO

Introdução

O nosso estudo versa sobre algumas das principais problemáticas em torno da prática de gestação de substituição, nomeadamente identificadas à luz da temática da violência contra as mulheres. O principal objetivo é demonstrar como e em que termos a violência pode estar presente ou manifestar-se no âmbito desta prática de reprodução humana, em especial focada na pessoa da mulher que gera e dá à luz uma criança para outrem: a gestante. A natureza do tema invocará vários direitos das mulheres, como é o caso do direito à autodeterminação e ao livre desenvolvimento da personalidade, os direitos reprodutivos, os direitos sexuais, o direito à integridade física e psíquica, entre outros.

Tratando-se de um tema que ultrapassa as fronteiras do nosso país, sobretudo potenciado pelo fenómeno do turismo reprodutivo, procuraremos demonstrar como é importante, a nível internacional, que as instâncias competentes tomem medidas para travar esta violência e proteger os direitos das mulheres. A identificação dos riscos, dos perigos, das violações aos direitos da gestante é feita como a premissa de que a gestação de substituição, independentemente de argumentos a favor ou contra um modelo de admissibilidade ou de proibição, é uma realidade contemporânea que não pode ser ignorada pelos Estados. Na verdade, a gravidade das infrações e violações praticadas neste contexto são um claro grito para a importância e urgência de os Estados se pronunciarem sobre esta matéria, em prole da proteção dos direitos humanos de todos os envolvidos no negócio de gestação de substituição, e em particular para a proteção das partes tradicionalmente mais vulneráveis: a gestante e a criança que venha a nascer deste processo[1]. Veremos que esta pronúncia não poderá limitar-se a uma regulamentação a nível interno (limitado a esfera nacional de cada Estado), mas terá de passar pela cooperação e adoção de medidas ao nível de regulamentação internacional.

Note-se que a identificação destas problemáticas não é sinónimo que a prática deva ser absolutamente proibida. Não existindo modelos ideais, nem soluções perfeitas, alguns Estados têm tentado prevenir e combater estas infrações melhor do que outros. A nossa pretensão é demonstrar que há uma preocupação transversal que deve unir os Estados no combate à violência contra as mulheres.

1. A gestação de substituição

1.1. Enquadramento geral

A gestação de substituição define-se como a situação em que uma mulher (a gestante) se compromete a dar a gerar e a dar à luz uma criança para terceiros (os beneficiários), renunciando aos direitos e deveres inerentes ao estatuto jurídico de mãe[2]. Para a conceção do embrião podem ser utilizados gâmetas dos beneficiários e/ou de um dador, situação em

[1] Face às limitações de extensão do nosso artigo procuraremos identificar apenas as questões, sem uma análise aprofundada das mesmas (que só um estudo autónomo o permitiria). Uma vez que o principal foco do nosso estudo é a violência contra mulheres no contexto de gestação de substituição, não nos vamos debruçar sobre as violações que também se podem verificar em relação aos beneficiários e à criança (na maioria das situações, a criança é a mais prejudicada). O nosso estudo não almeja ser um estudo pormenorizado, tão-só uma demonstração desta realidade e da urgência de a combater.

[2] Na ordem jurídica portuguesa, a noção legal de contrato de gestação de substituição está consagrada no art. 8º, nº 1 da Lei da Procriação Medicamente Assistida (Lei nº 32/2006, de 26 de junho, com posteriores alterações). Face à decisão nº 225/2018 do Tribunal

que a gestação de substituição assume a natureza meramente gestacional, ou gâmetas do beneficiário/dador e óvulos da gestante, situação em que a gestação de substituição assume natureza genética[3]. Na contemporaneidade[4], e tendencialmente nos países que admitem a sua prática, a gestação de substituição é praticada com recurso às técnicas de procriação medicamente assistida que auxiliam no processo de conceção do embrião e da sua transferência para a gestante. As principais causas de recurso prendem-se com razões de saúde que impedem ou obstam à gravidez pela beneficiária ou devido à incapacidade biológica de gerar uma criança (no caso de casais de homens ou homens solteiros)[5].

São vários os desafios e as problemáticas desencadeadas pela prática da gestação de substituição[6]. Na gestação de substituição é colocado em causa o princípio do Direito da Filiação *mater semper certa est*, pois a maternidade pode surgir fragmentada: a mulher que dá à luz e que, tradicionalmente, é considerada a mãe por força do momento do parto pode não ter ligação genética com a criança[7], e quer renunciar ao estatuto que a lei lhe confere por força do parto. A atribuição da maternidade à beneficiária, por força da lei ou de decisão judicial[8], constitui uma exceção à regra

Constitucional, o acesso à gestação de substituição, admitido pela lei nº 25/2016, de 22 de agosto, continua suspenso.

[3] A segunda modalidade tende a intensificar os problemas desta prática porque a gestante é a mãe genética da criança.

[4] A gestação de substituição como forma de reprodução humana é anterior ao aparecimento das técnicas de procriação medicamente assistida. Pode assumir uma modalidade tradicional ou natural, isto é pressupondo uma relação sexual entre a gestante e o beneficiário/dador com o único intuito de gerar uma criança para os beneficiários.

[5] Em hipótese, o recurso também pode ser motivado por razões meramente sociais.

[6] Para um estudo aprofundado, v. Coutinho, Diana. *As problemáticas e os desafios contemporâneos em torno da gestação de substituição.* Dissertação de Doutoramento em Ciências Jurídicas Privatísticas. 2021. *Em Prelo.*

[7] Tal como acontece na doação de óvulos ou de embriões. Porém, neste caso, embora a beneficiária da técnica de procriação medicamente assistida não tenha ligação genética com a criança, é esta mulher que vai gerar e dar à luz a criança (ligação uterina ou gestacional).

[8] São dois os modelos de determinação da filiação por via da gestação de substituição: o modelo de transferência legal da parentalidade e o modelo de transferência judicial da parentalidade. No primeiro, a filiação é estabelecida por força da lei, em regra no momento

comumente adotada pelos Estados no estabelecimento da maternidade[9]. A gestação de substituição coloca em causa outros princípios, valores e regras tradicionais não só do Direito da Família, mas também do Direito Contratual[10], dos Direitos Fundamentais, entre outros.

A conciliação dos direitos de todas as partes envolvidas no acordo de gestação de substituição – beneficiários, gestante e a própria criança – é um dos principais desafios para a admitir. De outro ângulo, a tentativa de conciliação daqueles direitos demostra algumas das fragilidades e problemáticas desta prática. Para o nosso estudo, abordaremos algumas destas fragilidades e problemáticas como exemplos de violência contra a gestante.

do nascimento, tendo como base o consentimento prestado pela gestante e beneficiários, e que pode ser acompanhado de um processo prévio para autorizar a determinação da filiação em favor dos beneficiários (processo administrativo ou judicial). É o que sucede em país como a Grécia ou Ucrânia. Na transferência judicial da parentalidade, a maternidade *ab initio* é estabelecida em favor dos gestantes (e pode inclusive a paternidade ser estabelecida em favor do marido ou companheiro, se for casada ou unida de facto). Após o nascimento da criança, os beneficiários têm de intentar uma ação para pedir a transferência da parentalidade da gestante para si, e só após decisão judicial favorável à transferência são reconhecidos como pais legais. É o modelo adotado no Reino Unido. Note-se que estes são os traços gerais de cada modelo podendo variar conforme cada ordem jurídica. Esta variação atende também à prevalência de critérios para a fixação destes modelos: o critério genético, o critério biológico ou uterino e o critério volitivo ou intencional.

[9] Em Portugal, o art. 1796º do CC consagra esta regra-princípio. Atualmente, a única exceção a está prevista no art. 20º, nº 1 da Lei da Procriação Medicamente Assistida. Falamos da determinação da maternidade no contexto do acesso por casais de mulheres, designadamente quanto à forma de determinar a maternidade em favor do elemento do casal que não gerou e deu à luz a criança.

[10] Basta pensar que estamos no âmbito de um contrato eminentemente pessoal porque envolve direitos familiares e também reflete o exercício de direitos de personalidade. Entendemos que esta situação reúne condições para configurar um negócio jurídico bilateral. Nos casos em que não existe previsão ou regime legal tipificado, a doutrina maioritária configura-a como um contrato de prestação de serviços atípico, posição com a qual concordamos. Nos casos em que a lei regula a sua admissibilidade e respetivos termos, consideramos que se trata de um contrato de gestação tipificado por lei, embora com uma natureza especial.

1.2. A gestação de substituição na ordem jurídica portuguesa

Em Portugal, desde a criação da lei nº 32/2006, era expressamente proibido a prática de qualquer modalidade de maternidade de substituição[11], designação utilizada na redação daquela lei até à entrada em vigor da lei nº 25/2016. Esta última lei que veio admitir o acesso à gestação de substituição, embora a título excecional e mediante o preenchimento de pressupostos de admissibilidade restritos. A saber, o modelo de gestação de substituído admitido pelo legislador português baseava-se na excecionalidade e natureza gratuita, permitindo o acesso em "casos de ausência de útero e de lesão ou doença deste órgão que impeça de forma absoluta e definitiva a gravidez da mulher ou em situações clínicas o justifiquem" (cfr. art. 8º, nº 2 da LPMA). A lei apenas admitia a gestação gestacional e exigia a utilização de material genético de pelo menos um dos beneficiários. Era também proibida a existência de uma subordinação económica ou jurídica entre as partes do contrato. A celebração do contrato dependia de autorização do Conselho Nacional de Procriação Medicamente Assistida (CNPMA), da audição prévia da Ordem dos Médicos (não vinculativa) e da prestação do consentimento das partes (art. 8º, nº 8, 10, art. 14º da LPMA e art. 2º do Decreto Regulamentar[12]).

Segundo o Tribunal Constitucional português, o modelo de gestação de substituição português não atentava contra a dignidade humana (nem da gestante, nem da criança nascida com recurso à GS). Porém, alguns aspetos do seu regime legal violavam valores constitucionalmente protegidos, razão pela qual este Tribunal veio a declarar a inconstitucionalidade[13] de alguns preceitos do regime jurídico português da gestação de substituição[14]. As indicações do Tribunal Constitucional não foram totalmente acolhidas na tentativa de alteração legislativa[15], o que motivou nova decisão do Tribunal Constitucional – acórdão nº 465/2019. Na

[11] Em caso de violação desta regra, o contrato seria nulo e a maternidade estabelecida em favor da gestante nos termos gerais do Código Civil.

[12] Decreto Regulamentar nº 6/2017, de 31de julho

[13] No acórdão supracitado nº 225/2018.

[14] Para uma análise aprofundada desta decisão, veja-se a nossa tese de doutoramento.

[15] Decreto nº 383/XIII da Assembleia da República.

presente data, continuamos sem alteração legislativa, encontrando-se a prática de gestação de substituição proibida.

1.3. A gestação de substituição em contexto internacional

O carácter controverso e complexo da gestação de substituição reflete-se nas soluções adotadas (ou omissões) dos Estados nesta matéria. São três as principais posições dos Estados. A primeira posição é no sentido da absoluta proibição de qualquer prática de gestação de substituição[16]. A segunda posição é no sentido da absoluta (ou quase absoluta) permissibilidade a esta prática[17]. A terceira posição corresponde aos Estados semi-proibicionistas ou semi-permissivos (posição intermédia), isto é, falamos daqueles Estados que apenas permitem a prática a título altruísta e/ou gratuito, excecional e mediante a verificação de certos requisitos[18].

A diferença e a ausência de regulamentação entre os Estados são responsáveis pelo chamado turismo reprodutivo, o qual se traduz na prática internacional ou transfronteiriça de gestação de substituição. Esta prática potencia alguns comportamentos que podem configurar violência contra a gestante, conforme vermos melhor no ponto seguinte[19].

2. A violência contra a gestante de substituição

2.1. A realidade fática

A violência contra a gestante de substituição tem-se manifestado de várias formas e tipologias[20]. Pode configurar uma violência física, sexual

[16] Por exemplo, é o caso da França, Espanha, Alemanha ou Itália.

[17] Por exemplo, é o caso da Ucrânia ou de alguns Estados dos Estados Unidos da América.

[18] É o caso do Reino Unido, Grécia, Israel, entre outros.

[19] Do prisma dos beneficiários e da criança destacamos a indefinição do estatuto pessoal da criança, dificuldades de saída do país onde ocorreu o seu nascimento, não reconhecimento da filiação aos beneficiários e respetiva impossibilidade de os exercerem as responsabilidades parentais entre outros.

[20] Voltamos a salientar que a existência de casos de violência contra a gestante de substituição não significa que tal aconteça em todas as situações. Há casos bem-sucedidos, há casos em que os direitos de todos os envolvidos foram protegidos, há casos em que o recurso a está prática deve ser admitido para tutelar bens ou direitos fundamentais. Não está em causa a nossa posição sobre a sua admissibilidade ou não que aliás, diga-se, é no

ou psicológica (maus tratos, agressão, ofensas, violação); uma exploração da condição ou carência da gestante (na maioria das vezes, para servir o interesse de casais ou pessoas sozinhas oriundas de países desenvolvidos e de classe socioeconómica superior)[21]; o tráfico de mulheres; a coação moral ou indução em erro para a obtenção do seu consentimento; uma violência enquanto forma de instrumentalização da mulher e da redução da sua condição humana à categoria de uma incubadora de bebés (uma espécie de profissionalização da capacidade reprodutiva da mulher). Questionamos também se a entrega da criança aos beneficiários contra a vontade da gestante pode ser entendida como uma forma de violência, bem como qualquer limitação ou imposição de comportamento.

A história da gestação de substituição está marcada por episódios de violência contra mulheres. No início da segunda metade do século passado, nos Estados Unidos da América, casais inférteis recorriam a prostitutas para que estas gerassem uma criança para si[22]. Na generalidade dos casos, estas mulheres eram forçadas a gerar a criança, recebendo quantias insignificantes, até porque muitos dos contratos eram celebrados por intermediários. Tratava-se em simultâneo de um ato de exploração da condição da mulher (carência económica e/ou moral) e de limitação da sua vontade, pois eram forçadas a gerar (e entregar) uma criança mesmo contra sua vontade. Esta situação despoletou a criação de leis sobre a proibição de venda de crianças[23], mas ignorou os direitos destas mulheres. Aliás, diga-se que a prática de gestação de substituição a título oneroso (lícita ou ilícita) foi comparada à prática de prostituição, em par-

sentido da admissibilidade de um modelo de gestação de substituição gratuito, altruísta e mediante a observância de certos requisitos. Apenas pretendemos ilustrar os problemas que sucedem quando não se tutela os interesses das partes envolvidas, no caso da gestante.

[21] Sobretudo por intermédio de agências ou clínicas que se dedicam exclusivamente à celebração destes contratos. Embora a intermediação possa ter vantagens (por exemplo, o acompanhamento das partes em todo o processo, tratamento de questões burocráticas, etc), lucram com a celebração destes contratos e não têm interesse num mercado totalmente legalizado de gestação de substituição.

[22] Relatos semelhantes também chegaram de países europeus, como o caso da Polónia.

[23] Oliveira, Guilherme de. *Mãe há só Uma (Duas)! (O Contrato de Gestação)*. Coleção Argumentum. nº 2. Coimbra: Coimbra Editora,1992. p. 14.

ticular devido à utilização do corpo da mulher para a concretização do contrato[24].

Em vários países a gestação de substituição refletiu (ou ainda reflete) situações de exploração de mulheres carenciadas e desfavorecidas (baixo nível de escolaridade, condições económicas precárias, poucas qualificações profissionais), que são forçadas ou aceitam a prática por razões da sua própria sobrevivência ou da sua família. A Índia, o Camboja ou a Tailândia são exemplos de países onde esta prática mais espelhou a exploração, o tráfico de mulheres e as condições desumanas em que esta situação é praticada[25]. De facto, a celebração de contratos de gestação de substituição a título oneroso[26], regulados por uma espécie de leis de mercado, sem controlo por parte de autoridades, traduz-se num conjunto gritante de violações de direitos humanos que potenciam práticas exploratórias e discriminatórias. As gestantes assumem obrigações contra a sua vontade, obrigações desproporcionais e prejudiciais face à necessidade monetária ou simplesmente à tentação monetária subjacente a alguns contratos.

Mais recentemente, a pandemia provocada pelo novo coronavírus (Covid-19) teve repercussões no contexto de gestação de substituição, as quais trouxeram novamente à discussão riscos desta prática. No caso, na Ucrânia, face às medidas de combate à pandemia, centenas de bebés nascidos com recurso à gestação de substituição ficaram retidos nas clínicas ucranianas. Esta prática é permitida neste país, um dos principais

[24] Atlas, Christian. "Le contract de substitucion de mère". *in Dalloz Chron IX*. Paris, 1986, p. 80 *apud* BARBAS, Stela Marcos de Almeida Neves. *Direito ao património genético. Coimbra: Almedina, 1998*. 146.

[25] Um documentário realizado em 2011 (Made in India) acompanhou todas as etapas do processo de gestação de substituição naquele país, em especial uma gestante indiana de 27 anos e mãe de três filhos que apenas aceitou celebrar o contrato por necessidade económica, do qual só viria a receber uma quantia irrisória. Points, Kari. *Commercial Surrogacy and fertility tourism in India – The Case of Baby Manji*. [Em linha], [S.I], The Kenan Institute for Ethics at the Duke University, pp. 1-11. [Consult. 07.01.2020]. Disponível em WWW:<URL:https://kenan.ethics.duke.edu/wp-content/uploads/2018/01/Baby-Manji_Case2015.pdf >.

[26] É certo que existem problemas que existem em ambas as modalidades (gratuita ou onerosa) de gestação de substituição, nomeadamente ao risco de tráfico, de exploração, da validade do consentimento, porém tendencialmente verificam-se de forma mais intensa e frequente na modalidade onerosa.

destinos de turismo reprodutivo, sem que seja assegurada a proteção dos direitos da gestante, na generalidade dos casos. A gestante é tratada como um objeto para atingir um determinado fim. Normalmente é uma mulher de baixas condições económicas, os beneficiários podem decidir todas as questões inerentes à gravidez e impor restrições ao seu comportamento. Com a polémica desencadeada pela pandemia, várias organizações vieram apelar à proibição desta prática naquele país.

Destacamos ainda a violência que pode ocorrer no próprio parto ou fase prévia, a chamada violência obstétrica, que pode ser agravada pela realização da gestação para terceiros[27]. O parto pode representar um momento que acarreta uma elevada preocupação e responsabilidade para a parturiente, em especial pela sua saúde e do feto, o que pode potenciar a sua submissão voluntária à tecnologia e à opinião médica[28]. Ora, sempre que na prestação dos cuidados médicos prestados às parturientes não se verifique o respeito pela vontade da parturiente ou pelo seu corpo, tal prática poderá configurar uma forma de violência contra si, uma vez que se trata da ofensa ou agressão a bens jurídicos tutelados pelo Direito. O direito à saúde reprodutiva e aos direitos reprodutivos passam, entre outros, pela assistência digna durante todo o processo de gravidez e parto, sem violações de qualquer natureza, e respeitando a vontade da parturiente.

2.2. A violência e os direitos humanos da gestante, em especial os direitos reprodutivos e sexuais

Nos termos do art. 1º da Declaração sobre a Eliminação da Violência Contras as Mulheres das Nações Unidas, entende-se por violência contras as mulheres "qualquer ato de violência baseado no género do qual resulte, ou possa resultar, dano ou sofrimento físico, sexual ou psicológico para as mulheres, incluindo as ameaças de tais atos, a coação ou a privação arbitrária de liberdade, que ocorra, quer na vida pública, quer na vida privada". Esta violência pode ser física, sexual ou psicológica (crf. art. 2º

[27] Sobretudo no sentido de pressão, coação ou influência do seu comportamento e estado mental, condicionando a sua vontade de decidir.

[28] Tereso, Alexandra. *Coagir ou emancipar? Sobre o papel da enfermagem no exercício da cidadania das parturiente.* Coimbra: Formasau, 2005, p.36.

da Declaração), sendo que todas as mulheres têm direito ao gozo e à proteção dos seus direitos humanos e liberdades fundamentais (art. 3º da Declaração). Ademais, compete aos Estados adotar medidas preventivas, de proteção e de condenação de qualquer forma de violência contra as mulheres (art. 4º da Declaração)[29].

A liberdade de disposição sobre o próprio corpo, a autodeterminação pessoal e liberdade decisória como realização de projetos de vida e o respeito pela decisão individual de usar a capacidade reprodutiva podem legitimar a posição jurídica da gestante de substituição[30]. Porém, na mesma medida que esses direitos podem fundamentar a admissibilidade da gestação de substituição, o respetivo respeito e garantia passará pela ausência de atos de violência contra a gestante que configurem uma violação, direta ou indireta, daqueles direitos.

A violência contra a gestante de substituição consubstancia-se em infrações graves a direitos inalienáveis e intrínsecos a todos os seres humanos: os direitos humanos. Chamamos em especial ao nosso estudo os direitos reprodutivos e sexuais porquanto estão naturalmente ligados à igualdade de género e não discriminação, à prevenção e combate da violência psicológica e sexual, à liberdade de disposição sobre o próprio corpo, à autonomia reprodutiva, ao bem-estar sexual e reprodutivo, entre outros. Intrinsecamente ligados a estes direitos, embora com um grau de autonomia, destacamos o direito à integridade física e psíquica, o direito ao livre desenvolvimento da personalidade, entre outros. Veja-se que o direito ao livre desenvolvimento da personalidade enquanto liberdade e autonomia pessoal confere a cada indivíduo um grau de liberdade e autonomia para tomar decisões sobre a sua vida, inclusive na liberdade de disposição sobre o próprio corpo em sede reprodutiva. Como todos constituem direitos humanos[31], o seu exercício e a garantia é da respon-

[29] Destacamos ainda com relevância a Convenção sobre a Eliminação de Todas as Formas de Discriminação Contra as Mulheres (CEDAW), a Declaração Universal dos Direitos Humanos, o Pacto Internacional dos Direitos Económicos, Sociais e Culturais.

[30] Como fundamentos que legitimam alguém ser gestante de substituição, Inseridos num modelo de gestação de substituição que seja legalmente admissível. Veja-se, por exemplo, que o Tribunal Constitucional Português considera que a posição da gestante se fundamenta no direito ao livre desenvolvimento da sua personalidade.

[31] Embora alguns possam também estar presentes apenas como direitos de personalidade.

sabilidade dos Estados e das instituições europeias e internacionais, só podendo ser restringidos quando o seu exercício possa colocar em causa outros direitos, e desde que a restrição seja devidamente justificável.

Os direitos reprodutivos[32] contemplam o direito de exercer, livre e responsavelmente, a reprodução humana, sem qualquer tipo de discriminação, coação, violência ou restrição. Desta forma, constituirão atos de violência contra a gestante: todo e qualquer ato que condicione, restrinja ou vicie a vontade de a gestante gerar uma criança para terceiros; a agressão ou ofensa na prestação de cuidados de saúde; não ser assegurado um tratamento digno e respeitoso (inclusive, no acesso a tratamento de saúde reprodutiva), entre outros. Ademais, a mulher-gestante, como qualquer mulher, é titular de direitos sexuais que se traduzem no direito à saúde sexual, livre de qualquer tipo de discriminação, violência ou coação, bem como à exigência de mútuo consenso e de responsabilidade [33]. Portanto, a prática de ato sexual contra a sua vontade para assegurar a realização de uma gestação para outrem – além de ilícito penal – constitui uma violação de um direito sexual.

Por fim, a prática da gestação de substituição com respeito pela dignidade humana da gestante[34] terá de passar pelo respeito dos seus direitos. O consentimento livre e esclarecido da gestante, bem como dos beneficiários, deve ser critério essencial para legitimar a atuação dos sujeitos e aferir a dignidade humana. Nesta medida, a condição prévia passará por obter um consentimento válido que impõe a liberdade, ausência de coa-

[32] Para estudo mais pormenorizado sobre os direitos reprodutivos, v. COUTINHO, Diana. "Direitos reprodutivos e novas formas de família: o caso da gestação de substituição". *In Atas das Jornadas Internacionais 'Igualdade e Responsabilidade nas Relações Familiares'*. Cristina Dias, Rossana Martingo Cruz e Regina Beatriz Tavares da Silva (comissão cientifica). Braga: Escola de Direito da Universidade do Minho e Centro de Investigação em Justiça e Governação, fevereiro de 2020. [Consult.01.03.2020]. Disponível em WWW: <URL: https://www.jusgov.uminho.pt/pt-pt/publicacoes/atas-ji-irrf-pt/> e COUTINHO, Diana. "A Gestação de Substituição face aos direitos reprodutivos na Europa do século XXI: algumas reflexões". *in Anuário de Direitos Humanos*, Anabela Gonçalves (coord.), Centro de Investigação em Justiça e Governação. Braga. Dezembro de 2018.

[33] V. ponto 96 da Plataforma de Ação do Cairo.

[34] O princípio da dignidade humana é um dos argumentos mais utilizados para sustentar a proibição de qualquer modelo de gestação de substituição, em especial numa perspetiva de instrumentalização da gestante e da criança.

ção, a informação e a atualidade. Este consentimento, à luz da decisão nº 225/2018 do Tribunal Constitucional[35], deve manter-se ao longo de todo o processo de gestação pois só assim se manterá a validade e eficácia do contrato celebrado. Esta exigência tem influência ao nível do exercício do direito de arrependimento pela gestante, o que se poderá refletir diretamente em matéria de determinação da filiação.

3. A essencialidade de uma regulamentação internacional no combate à violência no contexto de gestação de substituição

O combate ao flagelo da violência contra a gestante de substituição assume uma dimensão internacional, sobretudo devido ao turismo reprodutivo, que impõe a adoção de medidas comuns aos Estados. No panorâmico jurídico internacional contemporâneo, os instrumentos legais existentes têm-se relevado insuficientes para resolver os problemas específicos desta prática, o que impõe a necessidade de uma regulamentação internacional própria. Esta necessidade passa pela cooperação/coordenação internacional e pela regulação interna dos Estados.

De modo geral, as instâncias europeias e internacionais têm reconhecido a importância de criação de medidas urgentes para regulamentar esta prática, porém têm discordado quanto ao âmbito e sentido das soluções a adotar[36]. No que concerne à violência contra a gestante encontramos reconhecido o receio dos contratos onerosos de gestação de substituição promoverem ou provocarem o tráfico de mulheres, a sua instrumentalização e exploração. Por exemplo, a Organização das Nações Unidas tem expressado a sua preocupação pelas práticas abusivas, inclusive manifestando uma posição contra a prática onerosa destes contratos. Porém, este órgão compreende que uma proibição total não será sinónimo de fim da prática – nem pode proibir os Estados de a admitir-, optando por os aconselhar a adotar medidas que possam proteger os direitos dos envolvidos, a prevenir práticas abusivas e violações, a investigar e discutir o tema e o

[35] O consentimento assume na gestação de substituição uma natureza complexa, especial e pessoal face às obrigações que são assumidas.

[36] Uns defendem a proibição total, outros a admissibilidade apenas a título gratuito, etc.

seu impacto nos direitos humanos das mulheres[37]. A Assembleia Parlamentar do Conselho da Europa e o Parlamento Europeu também já condenaram publicamente a prática onerosa considerando-a atentatória da dignidade da mulher, alertando para os perigos do turismo reprodutivo e apelando para a procura de ferramentas para solucionar estes problemas.

As dificuldades de criação de um instrumento internacional passam pela divergência de posicionamento dos Estados sobre esta matéria, própria da complexidade jurídica das questões a regular, pela dificuldade em proteger os direitos de todos os envolvidas e pela morosidade da sua elaboração. Sabemos que é utópico pretender uma regulamentação única de todos os aspetos da gestação de substituição. Porém, pelos motivos expostos *supra*, é imperativo que se tente e que se comece por regular alguns aspetos. As instâncias nacionais e internacionais não se podem olvidar às responsabilidades na proteção dos direitos das mulheres e ao combate à eliminação da violência. Nesta medida, saudámos o caminho percorrido pela Conferência de Haia de Direito Internacional Privado na tentativa de criação de um instrumento legal. Embora as soluções deste órgão sejam pensadas essencialmente para questões de filiação, destacamos a posição quanto ao direito ao arrependimento da gestante, à exigência do consentimento livre e à criação de autoridades centrais para controlar e fiscalizar a celebração dos contratos internacionais.

Conclusões

As problemáticas inerentes à prática de gestação de substituição, em especial no que toca à violência contra a gestante, não podem continuar

[37] Por exemplo, a determinação *ab initio* da maternidade em favor da gestante; o direito da gestante ao arrependimento; a inexequibilidade das disposições contratuais relativamente às questões da filiação; todos os pagamentos feitos à gestante de substituição devem ser feitos antes de qualquer transferência legal ou física da criança e não podem ser reembolsáveis (exceto em caso de fraude); a regulamentação de todos os intermediários envolvidos nos contratos de GS, no que diz respeito aos aspetos financeiros, cláusulas contratuais e padrões éticos. UNITED NATIONS (GENERAL ASSEMBLY), *Report of the Special Rapporteur on the sale and sexual exploitation of children, including child prostitution, child pornography and other child sexual abuse material*, [Em linha], A/HRC/37/60, Geneva, 15 janeiro de 2018. [Consult. 22.01.2020]. Disponível em WWW:<URL:https://digitallibrary.un.org/record/1473378#record-files-collapse-header>.

a ser ignoradas ou desvalorizadas pelos Estados. A história espelha as consequências negativas de uma prática totalmente desregulada ou sem controlo efetivo, bem como ilustra as várias formas de violência contra a gestante. A luta pela eliminação de todas as formas de violência contra as mulheres não pode ficar apenas no papel: é preciso a sua aplicação efetiva. Esta luta deve-se estender aos casos de violência em contexto de gestação de substituição. A gestante é uma parte débil de uma relação complexa, que pode estar envolta em inúmeros interesses, cuja prática desregulada e não controlada pode ter consequências graves e nefastas. Cabe aos Estados, individualmente e em conjunto, procurarem soluções para eliminar esta violência e protegerem a gestante ao longo de todo o processo de gestação de substituição.

A proibição absoluta não será a solução para evitar a violação dos direitos da gestante. A regulamentação desta temática não pode ignorar a realidade fática e os direitos ou interesses que possam validamente justificar a celebração destes contratos. Uma solução poderá passar pela admissibilidade da gestação de substituição com pagamento de compensações à gestante, criando condições para efetivo controlo e fiscalização desses contratos. Ademais, há que definir limites quanto ao exercício desta prática no contexto internacional, para evitar casos de tráfico e de exploração das mulheres carenciadas e mais vulneráveis.

Referências

ATLAS, Christian. "Le contract de substitucion de mère". *in Dalloz Chron, IX, Paris.* 1986, p. 80 *apud* BARBAS, Stela Marcos de Almeida Neves. *Direito ao património genético.* Coimbra: Almedina, 1998.

COUTINHO, Diana. "A Gestação de Substituição face aos direitos reprodutivos na Europa do século XXI: algumas reflexões". *in Anuário de Direitos* Humanos. Anabela Gonçalves (coord.), Centro de Investigação em Justiça e Governação. Braga. Dezembro de 2018.

COUTINHO, Diana. "Direitos reprodutivos e novas formas de família: o caso da gestação de substituição". *In Atas das Jornadas Internacionais 'Igualdade e Responsabilidade nas Relações Familiares'*. Cristina Dias, Rossana Martingo Cruz e Regina Beatriz Tavares da Silva (comissão cientifica). Braga: Escola de Direito da Universidade do Minho e Centro de Investigação em Justiça e Governação, fevereiro de 2020. [Consult.01.03.2020]. Disponível em WWW: <URL: https://www.jus-gov.uminho.pt/pt-pt/publicacoes/atas-ji-irrf-pt/>.

COUTINHO, Diana. *As problemáticas e os desafios contemporâneos em torno da gestação de substituição.* Dissertação de Doutoramento em Ciências Jurídicas Privatísticas. 2021. *Em Prelo.*

OLIVEIRA, Guilherme de. *Mãe há só Uma (Duas)! (O Contrato de Gestação).* Coleção Argumentum. nº 2. Coimbra: Coimbra Editora, 1992.

POINTS, Kari. *Commercial Surrogacy and fertility tourism in India – The Case of Baby Manji.* [Em linha], [S.I], The Kenan Institute for Ethics at the Duke University, pp. 1-11. [Consult. 07.01.2020]. Disponível em WWW:<URL:https://kenan.ethics.duke.edu/wp-content/uploads/2018/01/BabyManji_Case2015.pdf >.

TERESO, Alexandra. *Coagir ou emancipar? Sobre o papel da enfermagem no exercício da cidadania das parturiente.* Coimbra: Formasau, 2005.

8.
VIOLÊNCIA POLÍTICA CONTRA A MULHER E A INSUFICIÊNCIA DA LEI N. 14.192/2021 FRENTE AO DIREITO COMPARADO

Marina Faraco Lacerda Gama
Gabriela Shizue Soares de Araujo

Introdução

Violência política de gênero, violência política sexista, violência política contra as mulheres são os termos que vêm sendo utilizados nos últimos anos pela academia para delimitar o campo de pesquisa e a coleta de dados sobre um fenômeno que, infelizmente, malgrado sempre tenha existido, vem ganhando cada vez maior intensidade e gravidade, na mesma proporção com que as mulheres têm aumentado – ainda que timidamente e de forma insuficiente – a sua participação nos espaços públicos de poder e decisão.

Em verdade, a violência política é apenas uma das muitas facetas pelas quais se manifesta a violência contra a mulher, compreendida como qualquer forma de discriminação baseada no gênero, cuja conduta cause dano ou sofrimento físico, sexual, econômico, simbólico ou psicológico à mulher, tanto no âmbito privado como no público.

A desigualdade, a discriminação e a violência contra a mulher formam uma doença social global cujas origens remontam a séculos e séculos de negação jurídico-legal de direitos civis e políticos às mulheres, em benefício da dominação masculina e da subalternidade feminina a uma esfera doméstica e privada permeada por estereótipos abusivamente misóginos, sob os quais foram construídos uma injusta divisão sexual do trabalho e padrões artificiais dos papeis ideologizados de gênero.

Basta lembrar que, na esmagadora maioria dos países ditos democráticos do Ocidente, as mulheres apenas conquistaram seus direitos políticos na primeira metade do século XX, a exemplo do Brasil (1932) e da França (1945), ainda assim convivendo por longas décadas com legislações misóginas em outras searas, como o Código Penal Brasileiro de 1940, cujo texto, alterado somente no início deste século, tratava dos "crimes contra os costumes" e dava especial proteção apenas à "mulher honesta".

Se a própria Democracia Moderna foi fundada sob os princípios do patriarcado, não é por um acaso que, ainda nos tempos atuais, as mulheres permanecem numa luta abissalmente desigual para romper com os estereótipos de gênero que lhes foram arbitrariamente impostos ao longo de séculos, buscando ocupar espaços públicos de poder e liderança quase hegemonicamente dominados pelos homens, o que acaba colocando em maior evidência, e invariavelmente como alvos, as que se propõem a disputar cargos eletivos, e, em especial aquelas que sucedem em eleger-se.

Em outubro de 2021, de acordo com a União Interparlamentar, a média mundial de participação feminina nos parlamentos era de 25,7%, enquanto a média das Américas era de 32,8%[1]. No Brasil, em que 52,8% do eleitorado apto a votar é composto por mulheres, foi somente em 2018 que se chegou aos 15% de representação feminina na Câmara dos Deputados, e isso em razão de políticas afirmativas potencializadas por decisões advindas do Poder Judiciário. Até então, e mesmo com a promulgação da Constituição de 1988, os percentuais de mulheres na Câmara dos Deputados nunca chegavam sequer a 10% dos assentos.

Essa medida da desigualdade política de gênero é um reflexo direto da discriminação e violência política sofridas pelas mulheres brasileiras, que ganha contornos ainda maiores ao se adicionar diversas outras opressões interseccionais, como raça, classe, escolaridade, orientação sexual e identidade de gênero.

[1] Dados fornecidos pela União Interparlamentar, organização global dos parlamentos nacionais, com 179 países membros. IPU: Gender Equality. Disponível em: https://www.ipu.org/our-impact/gender-equality. Acesso em: 18. Out. 2021.

Nesse sentido, no primeiro capítulo deste artigo será apresentado o quadro atual brasileiro, com os dados e as pesquisas disponíveis sobre violência política de gênero, muito embora se saiba que se trata de um recorte que passou a ser objeto de investigação mais direcionada tardiamente no país, em comparação com outros países, especialmente impulsionado pelo processo que culminou no *impeachment* da primeira e única mulher eleita presidente no país, Dilma Rousseff (PT), em 2016, e posteriormente pelo feminicídio político cometido contra a vereadora Marielle Franco (PSOL), no Rio de Janeiro, em 2018.

No segundo capítulo, pretendemos expor a normativa internacional já existente quanto à prevenção e repressão da violência política contra a mulher, para então, no terceiro capítulo, procedermos à análise específica da Lei Federal nº 14.192, de 04 de agosto de 2021, a qual, conforme será demonstrado, se mostra insuficiente para o enfrentamento do problema da desigualdade, discriminação e violência política de gênero no Brasil frente ao Direito Internacional.

1. Violência Política contra a Mulher no Brasil

A trajetória política da ex-presidente Dilma Rousseff, única mulher da história a ocupar o maior cargo eletivo do país, pode ser utilizada como um exemplo de como se expressa a violência política contra as poucas mulheres que conseguem alçar postos de poder no Brasil.

Marlise Matos[2] lembra que, a partir do momento em que se elegeu, Dilma sofreu – inclusive com a participação de boa parte da imprensa – , diversas formas de violência política sexista, como, por exemplo, (i) sendo frequentemente diminuída como subserviente e dependente do apadrinhamento e influência política de uma figura masculina (no caso, o ex-presidente Lula, seu antecessor) ou de alguns de seus Ministros homens; (ii) ou quando os poucos elogios que lhe eram feitos se submetiam à sua estereotipagem de figura maternal, reforçando o papel doméstico e a injusta divisão sexual do trabalho que discrimina as mulheres

[2] Matos, Marlise. A violência política sexista no Brasil: o caso da presidenta Dilma Rousseff. *In*: Rosa, Renata Adriana *et al.* **Observando as desigualdades de gênero e raça nas dinâmicas sociais de Minas Gerais**. Belo Horizonte: Instituto Cultural Boa Esperança, 2019.

("Dilmãe", "mãe do PAC"); e, por fim, (iii) a extrema misoginia que a qualificou direta ou tacitamente, inclusive pelos veículos de comunicação, com adjetivos estigmatizadores em razão de seu gênero, como confusa, burra, bruxa, histérica e/ou louca, adicionados de críticas com relação à sua aparência e feminilidade, ou a padrões comportamentais dissonantes do que o patriarcado entende como autorizáveis a uma mulher.

Com efeito, em recentíssimo artigo publicado em coletânea organizada por Manuela D'Avila, que reúne relatos da violência política de gênero no Brasil, Dilma Rousseff denuncia a participação direta da mídia nos ataques misóginos por ela sofridos, apresentando um depoimento pessoal sobre as opressões e violências sofridas enquanto exercia seu mandato na Presidência da República:

> Vou enfatizar, neste texto, uma das formas empregadas pelo aparato midiático dos grandes grupos de comunicação com objetivo de influenciar, controlar, distorcer e, enfim, dominar a visão da sociedade sobre mim e o meu governo, propiciando a ruptura institucional do golpe de 2016, com o suporte específico da misoginia[3].

Ao descrever a foto oficial do Ministério nomeado pelo então vice-presidente que a substituiu, Michel Temer, Rousseff conta que viu um "retrato da ordem misógina" em "um pódio da vitória do patriarcado neoliberal":

> (...) um numeroso grupo de homens – exclusivamente homens, não por acaso, também, todos brancos e nenhum deles jovem, sucedendo o governo de uma mulher, num período em que houvera crescido a participação feminina na política, em postos de poder e em direitos[4].

O retrocesso, porém, não foi momentâneo, como bem observado por Marlise Matos: as prolongadas e multidirecionadas violências sexistas

[3] ROUSSEFF, Dilma. A misoginia e a manipulação da mídia. *In:* D'AVILA, Manuela. **Sempre foi sobre nós: relatos da violência política de gênero no Brasil.** Porto Alegre: Instituto E se Fosse Você, 2021. p. 49.

[4] Idem, p. 57.

sofridas pela ex-presidente Dilma Rousseff, além de terem colaborado para o processo de seu *impeachment* e de seu afastamento temporário do cenário político, também facilitaram "o acesso de novas candidaturas masculinas ao cargo, reforçando o estereótipo do fracasso das mulheres políticas"[5], o que, em nossa avaliação, pode contribuir para que ainda fiquemos por um bom período sem conseguir viabilizar uma nova candidatura feminina para a Presidência do Brasil.

Aliás, o efeito dominó já pode ser constatado pelo percentual de mulheres à frente do Poder Executivo no país: atualmente, somente o Estado do Rio Grande do Norte é governado por uma mulher, a governadora Fátima Bezerra (PT), dentre todas as 27 unidades federativas do Brasil, sendo que, dos 5.570 municípios espalhados pelo território nacional, apenas 12,04% são administrados por mulheres prefeitas[6].

A arraigada resistência sexista, colonialista e racista à inclusão de vozes dissonantes do homem cis heteronormativo nos espaços que secularmente vêm sendo privilégio exclusivo dessa minoria social, que contribuiu para usurpar o mandato de uma mulher legitimamente eleita pelo voto de milhões de brasileiras e brasileiros, não raro – e, na verdade, com cada vez maior intensidade –, vem eclodindo em variadas formas de violência física, como se deu no emblemático feminicídio político cometido contra a vereadora Marielle Franco (PSOL/RJ), em pleno centro da cidade do Rio de Janeiro.

O intuito final de toda forma de violência contra a mulher na política é afastá-la desse espaço, como forma de manutenção do privilégio masculino, seja pressionando-a a desistir, seja usurpando seu mandato ou posição alcançada, seja, em última instância, tirando-lhe a própria vida.

Quando se acrescentam outros fatores interseccionais, como raça, classe, orientação sexual e identidade de gênero, a violência se acirra, tal como aconteceu com Marielle: negra, nascida e criada na comunidade,

[5] MATOS, Marlise. A violência política sexista no Brasil: o caso da presidenta Dilma Rousseff. *In*: ROSA, Renata Adriana *et al.* **Observando as desigualdades de gênero e raça nas dinâmicas sociais de Minas Gerais**. Belo Horizonte: Instituto Cultural Boa Esperança, 2019. p. 208.

[6] JUSTIÇA ELEITORAL. **Participa Mulher**. Disponível em: https://www.justicaeleitoral.jus.br/participa-mulher/ Acesso em: 10 mar. 2021.

assumidamente lésbica, defensora dos direitos humanos e das pautas da diversidade e inclusão, acumulava diversas identidades que destoavam do padrão hegemônico de correlação de forças que habita a esfera pública de poder e decisão. Foi vítima da violência política de gênero, racista e LGBTfóbica.

Sob essa perspectiva, o Instituto Marielle Franco, em pesquisa intitulada "A Violência Política contra as Mulheres Negras: Eleições 2020"[7], analisou o cenário de violência política eleitoral vivido pelas candidatas negras nas Eleições Municipais de 2020, tendo constatado oito tipos de violência política de gênero e raça sofridos pelas entrevistadas: violência virtual (78%), violência moral e psicológica (62%), violência institucional (55%), violência racial (44%), violência física (42%), violência sexual (32%) e violência de gênero e/ou LGBTQIA+ (28%).

A violência política eleitoral, isto é, aquela cometida durante a campanha contra as mulheres candidatas, que foi o enfoque da pesquisa, é apenas uma das formas como a violência política contra a mulher pode se manifestar, posto que ela pode ocorrer até mesmo antes das mulheres conseguirem se validar como candidatas – com as mais diversas barreiras que são impostas pelos partidos políticos à paridade de gênero em suas estruturas –, acirrando-se especialmente contra as detentoras de mandato.

Nesse sentido, vale apresentar alguns dados da pesquisa "Perfil das Prefeitas no Brasil (2017-2020)[8]", conduzida pelo Instituto Alziras, que entrevistou 45% das 649 prefeitas eleitas em 2016:

> Ao indicarem até três principais violências e/ou assédios sofridos, a maior parte das prefeitas (43%) afirmou já ter sido vítima de ataques verbais insinuados ou diretos diante de pronunciamentos, pautas ou relações estabelecidas por elas e 42% declararam ter sido alvo de ataques que as tenham

[7] PESQUISA. Instituto Marielle Franco. Justiça Global e Terra de Direitos, 2020. **A Violência Política contra as Mulheres Negras**: Eleições 2020. Disponível em: https://www.violenciapolitica.org/. Acesso em: 18 out. 2021.

[8] INSTITUTO Alziras (org.). **Perfil das prefeitas no Brasil**: mandato 2017-2020. Rio de Janeiro: Instituto Alziras, 2018. Disponível em: http://prefeitas.institutoalziras.org.br/. Acesso em: 18 out. 2021.

> ridicularizado, menosprezado ou reduzido sua capacidade, a partir de sua identidade como mulher (misoginia). É digno de nota que 1 em cada 4 prefeitas (25%) tenha sofrido agressões físicas ou verbais, enquanto 10% possuem familiares alvos de ameaças físicas ou de morte e outros 7% afirmam ter sido elas mesmas vítimas de ameaça de silenciamento ou morte com uso de força física.

Em qualquer situação, seja antes ou depois de eleitas, as mulheres sofrem um tipo de violência que muito diz respeito aos estereótipos de gênero e da dominação masculina a elas impostos. Conforme estudo da entidade Terra de Direitos e Justiça Global, denominado "Violência Política e Eleitoral no Brasil – Panorama das violações de direitos humanos de 2016 a 2020[9]", a violência política dirigida contra as mulheres está concentrada em ataques direcionados à sua dignidade e a um não reconhecimento de seu pertencimento no ambiente político, sobressaindo-se ao domínio das relações de poder heteropatriarcais, ao serem escolhidas, ao lado das pessoas LGBTQIA+, como "vítimas preferenciais, de múltiplas maneiras, dos atos de violência envolvendo enfrentamentos na esfera política institucional e institucionalizada":

> Das situações de violência mapeadas pela pesquisa, a vitimização de mulheres apresenta características bem específicas. Vítimas preferenciais das ofensas, as mulheres políticas enfrentam formas específicas de agressões, como as violências físicas infligidas por seus pares ou por terceiros ou ameaças massivas virtuais. Nos casos em que foi possível identificar o sexo do autor da violência, os homens aparecem como autores em 100% dos casos de assassinatos, atentados e agressões e em mais de 90% dos casos de ameaças e ofensas[10].

[9] Lauris, Élida; Carvalho, Sandra; Marinho, Gláucia; Frigo, Darci Frigo (coord.). **Terra de direitos e justiça global**. Violência política e eleitoral no Brasil: panorama das violações de direitos humanos de 2016 a 2020. 129 p. Curitiba: Terra de Direitos e Justiça Global, 2020. Disponível em: https://terradedireitos.org.br/acervo/publicacoes/livros/37/violencia-politica-e-eleitoral-no-brasil/23478. Acesso em: 18 out. 2021.

[10] Lauris, Élida; Carvalho, Sandra; Marinho, Gláucia; Frigo, Darci Frigo (coord.). **Terra de direitos e justiça global**. Violência política e eleitoral no Brasil: panorama das violações de direitos humanos de 2016 a 2020. 129 p. Curitiba: Terra de Direitos e Justiça

De acordo com essa pesquisa, embora se tenha buscado analisar todos os casos de violência política, independentemente de sexo, gênero, raça ou orientação sexual, "os atos ofensivos e discriminatórios mapeados têm como fundamento principal questões envolvendo misoginia, racismo, intolerância/racismo religioso e LGBTQIA+ fobia", sendo as mulheres políticas negras as mais afetadas. Ou seja, homens brancos cis heteronormativos, em regra, podem ser colocados no lugar do agressor, mas raramente no lugar da vítima desse tipo de violência.

Entre os episódios de violência política de gênero institucional cometidos pelos próprios agentes políticos contra as mulheres que "ousam" dividir os mesmos espaços que eles, um dos mais escandalosos foi o que envolveu o atual presidente da República, Jair Bolsonaro, à época deputado federal, quando, ainda em novembro de 2003, disse à também deputada Maria do Rosário, diante das câmeras da RedeTV![11], nos corredores do Congresso Nacional, que não a estupraria porque ela "não merecia". Onze anos depois, em 09 de dezembro de 2014, o mesmo deputado foi reincidente nas ofensas, dessa vez no Plenário da Câmara dos Deputados[12].

Posteriormente, em entrevista ao Jornal Zero Hora, Jair Bolsonaro justificou suas ofensas misóginas pelos atributos físicos da deputada, e ainda reforçando a visão de que os homens disporiam sistematicamente dos corpos femininos, em óbvia incitação à violência sexual contra as mulheres: "*Ela não merece porque ela é muito ruim, porque ela é muito feia, não faz meu gênero, jamais a estupraria. Eu não sou estuprador, mas, se fosse, não iria estuprar, porque não merece.*"[13].

Global, 2020. Disponível em: https://terradedireitos.org.br/acervo/publicacoes/livros/37/violencia-politica-e-eleitoral-no-brasil/23478. Acesso em: 18 out. 2021.

[11] REDE TV NEWS. **Veja discussão entre Bolsonaro e Maria do Rosário em 2003**. Disponível em: https://www.redetv.uol.com.br/jornalismo/redetvnews/videos/outros-videos/exclusivo-veja-discussao-entre-bolsonaro-e-maria-do-rosario-em-2003. Acesso em: 18. Out. 2021.

[12] TV CÂMARA. **Bolsonaro repete ofensa à deputada Maria do Rosário**. Publicado em: 09-12-2014. Disponível em: https://www.youtube.com/watch?v=vzNva866hiw. Acesso em: 18. out. 2021.

[13] GZH POLÍTICA. **Bolsonaro diz que não teme processos e faz nova ofensa**: "Não merece ser estuprada porque é muito feia". Disponível em: https://gauchazh.clicrbs.com.

A não aplicação de qualquer punição pelo Conselho de Ética e Decoro da Câmara dos Deputados, majoritariamente masculino, bem como a lentidão para que as medidas jurisdicionais penais tramitassem, permitiu que tais atos de violência permanecessem até hoje impunes e que a carreira política do agressor permanecesse intocada, até que se tornasse Presidente da República, o que passou à coletividade a imagem de que o machismo e a misoginia são até mesmo premiados pelo *status quo*.

Episódio mais recente levou a Assembleia Legislativa do Estado de São Paulo, em 1º de abril de 2021, após intensa pressão midiática e da opinião pública, a suspender pela primeira vez em toda a sua história um deputado[14], após as câmeras do circuito interno da referida Casa de Leis flagrarem o momento em que, em meio a uma sessão do Plenário, a deputada estadual Isa Penna (PSOL) teve os seus seios tocados pelo deputado Fernando Cury (Cidadania).

Apesar da punição, vale notar que o próprio Conselho de Ética e Decoro Parlamentar da Casa, composto apenas por uma mulher como titular, havia aplicado anteriormente uma penalidade muito mais branda, reformada em sessão Plenária, e que, pela gravidade dos fatos, de acordo com a legislação internacional que trata da repreensão à violência política contra a mulher, o caso seria de perda do mandato, como será demonstrado no capítulo a seguir.

2. Diretrizes legislativas do Direito Internacional contra a violência política de gênero

Infelizmente, foi em razão de um gravíssimo episódio de feminicídio político ocorrido em março de 2012 que a Bolívia entrou para a história como o país pioneiro no mundo a adotar em sua legislação interna meca-

br/politica/noticia/2014/12/bolsonaro-diz-que-nao-teme-processos-e-faz-nova-ofensa-nao-merece-ser-estuprada-porque-e-muito-feia-cjkf8rj3x00cc01pi3kz6nu2e.html. Acesso em: 18 out. 2021.

[14] G1. **Caso Isa Penna**: em decisão inédita, Alesp suspende deputado Fernando Cury por seis meses por passar a mão na colega. Por Vivian Reis. Disponível em: https://g1.globo.com/sp/sao-paulo/noticia/2021/04/01/caso-isa-penna-em-decisao-inedita-alesp-suspende-por-6-meses-mandato-do-deputado-fernando-cury-que-passou-a-mao-em-colega.ghtml. Acesso em: 18 out. 2021.

nismos específicos de prevenção, atenção e sanção contra atos de assédio e/ou violência política contra as mulheres.

A morte violenta de Juana Quispe Apaza, primeira mulher a ocupar a posição de conselheira (o equivalente a vereadora), no município de Ancoraimes de La Paz, foi o ápice de uma série de outras manifestações de violências institucionais por ela sofridas desde que fora eleita, reiteradamente sendo impedida por seus pares, inclusive com assédio judicial, de exercer plenamente seu mandato, o que causou grande comoção social e mobilização dos movimentos feministas, viabilizando a aprovação da Lei nº 243, de 28 de maio de 2012[15], que tipificou como crime o assédio e a violência política contra as mulheres, com a previsão de penas de prisão para os autores.

Em tradução livre, vale transcrever o artigo 7º da Lei, que contém as definições legais que diferenciam o assédio político da violência política naquele país:

> Artigo 7. (DEFINIÇÕES). Para efeitos de aplicação e interpretação desta Lei, são adotadas as seguintes definições:
> a. Assédio político. Por assédio político entende-se o ato ou conjunto de atos de pressão, perseguição, assédio ou ameaças, cometidos por pessoa ou grupo de pessoas, diretamente ou por meio de terceiros, contra candidatas, eleitas, nomeadas ou em exercício de função política – pública, ou contra seus familiares, com a finalidade de encurtar, suspender, prevenir ou restringir as funções inerentes ao cargo, para induzi-las ou obrigá-las a realizar, contra sua vontade, ação ou omissão, no desempenho de suas funções ou no exercício de seus direitos.
> b. Violência política. Entende-se por violência política as ações, comportamentos e/ou agressões físicas, psicológicas, sexuais cometidas por pessoa ou grupo de pessoas, diretamente ou por meio de terceiros, contra candidatas, eleitas, nomeadas ou em exercício de função política – pública, ou contra sua família, para encurtar, suspender, impedir ou restringir o exercício de seu cargo ou para induzi-la ou forçá-la a realizar, contra sua vontade, uma

[15] BOLÍVIA. **Lei n. 243, de 28 de maio de 2012**. Bolívia, 2012. Disponível em: https://oig.cepal.org/sites/default/files/2012_bol_ley243.pdf. Acesso em: 06 jul. 2021.

ação ou incorrer em uma omissão, no cumprimento de suas funções ou no exercício dos seus direitos.

A lei boliviana serviu como inspiração para que, em fevereiro de 2015, a Organização dos Estados Americanos (OEA) adotasse a "Declaração sobre Assédio Político e Violência Contra as Mulheres"[16], primeiro acordo regional sobre a matéria que reconheceu a importância de definir o que é o assédio político e a violência contra a mulher[17] para que se possa impor aos Estados-partes a obrigatoriedade de combatê-los e aplicar sanções aos infratores:

> Que tanto o assédio político quanto a violência contra as mulheres podem incluir qualquer ação, conduta ou omissão, entre outros, com base em seu gênero, individual ou coletivamente, que tenha o propósito ou resultado de minar, anular, impedir ou restringir seus direitos políticos, violar os direitos das mulheres a uma vida livre de violência e a participar de assuntos políticos e públicos em condições de igualdade com os homens; Que a violência política e o assédio contra as mulheres as impeçam de serem reconhecidas como sujeitos políticos e, assim, desencorajam muitas mulheres a entrar para ou a continuar suas carreiras políticas. (tradução nossa) [18]

[16] OAS. **Declaration on political harassment and violence against women**. Disponível em: https://www.oas.org/es/mesecvi/docs/DeclaracionViolenciaPolitica-EN.pdf. Acesso em: 18 out. 2021.

[17] Referido documento, na prática, apenas aperfeiçoou algo que já estava previsto de uma forma mais genérica, desde 1994, pela Convenção Interamericana para Prevenir, Punir e Erradicar a Violência contra a Mulher (Convenção de Belém do Pará), onde consta que a violência contra a mulher deve ser entendida como "qualquer ato ou conduta baseada no gênero, que cause morte, dano ou sofrimento físico, sexual ou psicológico à mulher, tanto na esfera pública como na esfera privada". (CIDH. **Convenção Interamericana para prevenir, punir e erradicar a violência contra a mulher "Convenção de Belém do Pará"**. Adotada em Belém do Pará, Brasil, em 9 de junho de 1994, no Vigésimo Quarto Período Ordinário de Sessões da Assembleia Geral). Disponível em: http://www.cidh.org/basicos/portugues/m.belem.do.para.htm. Acesso em: 18 out. 2021.

[18] Do original: "That both political harassment and violence against women may include any action, conduct, or omission among others, based on their gender, individually or collectively, that has the purpose or result of undermining, annulling, impeding, or restricting their political rights, violating the rights of women to a life free of violence and to

Além de afirmar que o uso da violência simbólica como um instrumento de discussão política afeta gravemente os direitos políticos das mulheres, o acordo estatui que o assédio político e a violência política contra a mulher assumem maior gravidade quando perpetrados por autoridades ou agentes públicos, muito embora reconheça que tais violências podem ocorrer em qualquer área da vida pública e política, incluindo-se na lista de possíveis agressores instituições governamentais, partidos políticos, organizações sociais e veículos de comunicação, entre outros.

Em 2017, no âmbito da Organização dos Estados Americanos (OEA), a Comissão Interamericana de Mulheres (CIM), também inspirada na lei boliviana, e como consecução do Mecanismo de Seguimento da Convenção de Belém do Pará, adotou a "Lei Modelo Interamericana para Prevenir, Sancionar e Erradicar a Violência contra as Mulheres na Vida Política[19]", reconhecendo que a violência que se exerce contra as mulheres[20] na vida política constitui uma grave violação aos direitos huma-

participate in political and public affairs on an equal footing with men; That political violence and harassment against women prevent them from being recognized as political subjects and thus discourage many women from entering or continuing political careers".

[19] OAS. Comisión Interamericana de Mujeres. Mecanismo de Seguimiento de la Convención de Belém do Pará (MESECVI). **Ley Modelo Interamericana para Prevenir, Sancionar y Erradicar la Violencia contra las Mujeres en la Vida Política** / [Preparado por el Comité de Expertas del Mecanismo de Seguimiento de la Convención de Belém do Pará (MESECVI). Comisión Interamericana de Mujeres]. OAS. Documentos oficiales OEA/Ser.L/II.6.17). Disponível em: https://www.oas.org/es/mesecvi/docs/LeyModelo-ViolenciaPolitica-ES.pdf. Acesso em: 18 out. 2021.

[20] O artigo 6º da referida Lei Modelo descreve as inúmeras ações, condutas e omissões que podem ser consideradas como violência contra a mulher na vida política, da seguinte maneira: "Artículo 6. Manifestaciones de la violencia contra las mujeres en la vida política Son "actos de violencia contra las mujeres en la vida política", entre otras, aquellas acciones, conductas u omisiones en contra de las mujeres que, basadas en su género: a) (Femicidio/feminicidio) Causen, o puedan causar, la muerte violenta de mujeres en razón de su participación o actividad política; b) Agredan físicamente a una o varias mujeres con objeto o resultado de menoscabar o anular sus derechos políticos; c) Agredan sexualmente a una o varias mujeres o produzcan el aborto, con objeto o resultado de menoscabar o anular sus derechos políticos; d) Realicen proposiciones, tocamientos, acercamientos o invitaciones no deseadas, de naturaleza sexual, que influyan en las aspiraciones políticas de la mujer y/o en las condiciones o el ambiente donde la mujer desarrolla su actividad política y pública; e) Amenacen, asusten o intimiden en cualquier forma a una o varias

nos das mulheres e uma ameaça à própria subsistência da democracia, impondo aos Estados-partes que adotem todas as medidas necessárias à sua erradicação:

mujeres y/o a sus familias, y que tengan por objeto o resultado anular sus derechos políticos, incluyendo la renuncia al cargo o función que ejercen o postulan; f) Restrinjan o anulen el derecho al voto libre y secreto de las mujeres; g) Difamen, calumnien, injurien o realicen cualquier expresión o acción que desacredite a las mujeres en ejercicio de sus funciones políticas, con base en estereotipos de género, con el objetivo o el resultado de menoscabar su imagen pública y/o limitar o anular sus derechos políticos; h) Amenacen, asusten o intimiden en cualquier forma a una o varias mujeres y/o a sus familias, y que tengan por objeto o por resultado menoscabar sus derechos políticos; i) Amenacen, agredan o inciten a la violencia contra las defensoras de los derechos humanos por razones de género, o contra aquellas defensoras que defienden los derechos de las mujeres; j) Usen indebidamente el derecho penal sin fundamento con el objeto de criminalizar la labor de las defensoras de los derechos humanos y/o de paralizar o deslegitimar las causas que persiguen; k) Discriminen a la mujer en el ejercicio de sus derechos políticos, por encontrarse en estado de embarazo, parto, puerperio, licencia por maternidad o de cualquier otra licencia justificada, de acuerdo a la normativa aplicable; l) Dañen en cualquier forma elementos de la campaña electoral de la mujer, impidiendo que la competencia electoral se desarrolle en condiciones de igualdad; m) Proporcionen a los institutos electorales datos falsos o información incompleta de la identidad o sexo de la persona candidata y designada con objeto de impedir el ejercicio de los derechos políticos de las mujeres; n) Restrinjan los derechos políticos de las mujeres debido a la aplicación de tradiciones, costumbres o sistemas jurídicos internos violatorios de la normativa vigente de derechos humanos; o) Divulguen imágenes, mensajes o revelen información de las mujeres en ejercicio de sus derechos políticos, por cualquier medio físico o virtual, en la propaganda político-electoral o en cualquier otra que, basadas en estereotipos de género transmitan y/o reproduzcanrelaciones de dominación, desigualdad y discriminación contra las mujeres, con el objetivo de menoscabar su imagen pública y/o limitar sus derechos políticos; p) Obstaculicen o impidan el acceso a la justicia de las mujeres para proteger sus derechos políticos; q) Impongan sanciones injustificadas y/o abusivas, impidiendo o restringiendo el ejercicio de sus derechos políticos en condiciones de igualdad; r) Limiten o nieguen arbitrariamente el uso de cualquier recurso y/o atribución inherente al cargo político que ocupa la mujer, impidiendo el ejercicio del cargo en condiciones de igualdad; s) Obliguen a la mujer a conciliar o a desistir cuando se encuentre en un proceso administrativo o judicial en defensa de sus derechos políticos; t) Eviten por cualquier medio que las mujeres en ejercicio de sus derechos políticos asistan a cualquier actividad que implique la toma de decisiones, en igualdad de condiciones; u) Proporcionen a la mujer en el ejercicio de sus derechos políticos, información falsa, errada o imprecisa y/u omitan información a la mujer, que induzca al inadecuado ejercicio de sus derechos políticos en condiciones de

De acordo com as obrigações estabelecidas na Convenção Interamericana sobre prevenção, punição e erradicação da violência contra as mulheres e a Convenção sobre a Eliminação de Todas as Formas de Discriminação contra as Mulheres, tendo em conta o arcabouço jurídico internacional, interamericano e nacional sobre os direitos políticos das mulheres, a Declaração sobre Violência Política e Assédio, e os mandatos que lhe são próprios, a Comissão de Especialistas (CEVI) do Mecanismo de Acompanhamento da Aplicação da Convenção de Belém do Pará (MESECVI) adota a Lei Modelo Interamericana de Prevenção, Punição e Erradicação da Violência contra a Mulher na Vida Política, através da qual a violência contra a mulher na vida política é considerada uma forma de violência a nível internacional. O objetivo desta Lei Modelo é servir de base jurídica e fornecer aos Estados o arcabouço legal necessário para garantir o direito da mulher a uma vida política livre de violência e, assim, avançar no processo de harmonização dos sistemas jurídicos nacionais com as disposições estabelecidas na Convenção (tradução nossa) [21].

A Lei Modelo Interamericana estabelece sanções que envolvem, aos agentes políticos, desde a suspensão ou a inabilitação para futuras can-

igualdad; v) Restrinjan el uso de la palabra de las mujeres en ejercicio de sus derechos políticos, impidiendo el derecho a voz, de acuerdo a la normativa aplicable y en condiciones de igualdad; w) Impongan por estereotipos de género la realización de actividades y tareas ajenas a las funciones y atribuciones de su cargo o posición o que tengan como resultado la limitación del ejercicio de la función política".

[21] Do original: "De acuerdo a las obligaciones establecidas en la Convención Interamericana para la Prevención, Sanción y Erradicación de la Violencia contra las Mujeres y la Convención para la Eliminación de Todas las Formas de Discriminación hacia la Mujer, teniendo en cuenta el marco jurídico internacional, interamericano y nacional referente a los derechos políticos de las mujeres, la Declaración sobre la Violencia y el Acoso Políticos, y los mandatos que le son propios, el Comité de Expertas (CEVI) del Mecanismo de Seguimiento a la Aplicación de la Convención de Belém do Pará (MESECVI) adopta la Ley Modelo Interamericana para Prevenir, Sancionar y Erradicar la Violencia contra las Mujeres en la Vida Política, mediante la cual, la violencia contra las mujeres en la vida política pasa a ser considerada una forma de violencia a nivel internacional. La presente Ley Modelo tiene como finalidad servir de fundamento jurídico y proporcionar a los Estados el marco legal necesario para asegurar el derecho de las mujeres a una vida política libre de violencia, y con ello, avanzar en el proceso de armonización de los ordenamientos jurídicos nacionales con las disposiciones establecidas en la Convención".

didaturas, como a expulsão de seus partidos, até a perda de mandatos, a depender da gravidade dos fatos, recomendando aos Estados-partes que as adotem em suas legislações internas contra aqueles que cometam violência política de gênero

Penalidades semelhantes também foram previstas pela mesma Comissão Interamericana de Mulheres (CIM), em 2019, quando adotou o "Protocolo Modelo para Partidos Políticos: Prevenir, atender, punir e erradicar a violência contra mulheres na vida política[22]":

> Em função da gravidade dos atos cometidos e de acordo com as disposições do regimento interno do partido político, as sanções podem incluir: a) admoestação privada, por escrito e/ou verbalmente; b) admoestação pública, por escrito e/ou verbalmente; c) destituição do cargo nos órgãos de representação e direção do partido político; d) inabilitação para participar nos órgãos de direção e representação do partido político; e) suspensão temporária de direitos partidários; f) recusa ou cancelamento de seu registro como pré-candidato; g) cancelamento da filiação do partido político. (tradução nossa)[23].

Considerando que o Brasil é membro[24] da Comissão Interamericana de Mulheres, comprometendo-se, portanto, a observar as diretrizes legislativas aprovadas no âmbito desse organismo especializado, nos termos

[22] OAS. Inter-American Commission of Women. **Protocolo modelo para partidos políticos**: Prevenir, atender, sancionar y erradicar la violencia contra las mujeres en la vida política/Comisión Interamericana de Mujeres. OAS. Documentos oficiales; OEA/Ser.L/II.6.22). Disponível em: https://www.oas.org/en/cim/docs/ViolenciaPolitica-ProtocoloPartidos-ES.pdf. Acesso em: 18 out. 2021.

[23] Do original: "En función de la gravedad de los actos cometidos y de acuerdo a lo establecido en la normativa interna del partido político, las sanciones pueden incluir: a) Amonestación privada, por escrito y/o verbal; b) Amonestación pública, por escrito y/o verbal; c) Destitución del cargo en los órganos de representación y dirección del partido político; d) Inhabilitación para participar en los órganos de dirección y representación del partido político; e) Suspensión temporal de los derechos partidarios; f) **La negativa o cancelación de su registro como precandidato**; g) Cancelación de la membresía del partido político".

[24] Vide: http://www.oas.org/es/cim/miembros.asp. Acesso em: 20 out. 2021.

do Artigo 3º, 'i', de seu Estatuto[25], os partidos políticos devem prever em seus regimentos internos medidas sancionatórias aplicáveis aos membros que comentam violência política de gênero, de modo a coibir e punir a sua prática, na forma do Protocolo em questão.

3. A insuficiência da nova Lei Brasileira de combate à violência política contra a mulher

A primeira lei brasileira a tratar especificamente sobre a violência política contra a mulher foi publicada em 05 de agosto de 2021. Trata-se da Lei Federal nº 14.192/2021[26], que estabelece normas para prevenir, reprimir e combater a violência política contra a mulher.

Em seus primeiros artigos, a norma em questão dedica-se à delimitação do conceito de violência política contra a mulher e das garantias para prevenir, reprimir e combater esse tipo de conduta, *in verbis:*

> Art. 1º Esta Lei estabelece normas para prevenir, reprimir e combater a violência política contra a mulher, nos espaços e atividades relacionados ao exercício de seus direitos políticos e de suas funções públicas, e para assegurar a participação de mulheres em debates eleitorais e dispõe sobre os crimes de divulgação de fato ou vídeo com conteúdo inverídico no período de campanha eleitoral.
> Art. 2º Serão garantidos os direitos de participação política da mulher, vedadas a discriminação e a desigualdade de tratamento em virtude de sexo ou de raça no acesso às instâncias de representação política e no exercício de funções públicas.
> Parágrafo único. As autoridades competentes priorizarão o imediato exercício do direito violado, conferindo especial importância às declarações da vítima e aos elementos indiciários.

[25] "Artículo 3. Son funciones de la CIM: (...) i) Promover la adopción o adecuación de medidas de carácter legislativo necesarias para eliminar toda forma de discriminación contra las mujeres.". Disponível em: http://www.oas.org/es/CIM/docs/CIMStatute-2016-ES.pdf. Acesso em: 20 out. 2021.

[26] Disponível em: http://www.planalto.gov.br/ccivil_03/_ato2019-2022/2021/lei/L14192.htm. Acesso em: 20 out. 2021.

> Art. 3º Considera-se violência política contra a mulher toda ação, conduta ou omissão com a finalidade de impedir, obstaculizar ou restringir os direitos políticos da mulher.
> Parágrafo único. Constituem igualmente atos de violência política contra a mulher qualquer distinção, exclusão ou restrição no reconhecimento, gozo ou exercício de seus direitos e de suas liberdades políticas fundamentais, em virtude do sexo.

É de se notar a vaguidade com que a proteção à mulher vítima de violência política é tratada pela lei brasileira, já que, ao contrário da Lei e do Protocolo Modelos da Comissão Interamericana de Mulheres, não se exemplifica, aqui, as múltiplas formas de violência, inclusive simbólicas, psicológicas e econômicas que podem ser utilizadas para afastar uma mulher da política, e tampouco se estabelece as formas como serão garantidos os direitos políticos das mulheres.

Igualmente, as sanções previstas, em complemento às leis preexistentes, também não solucionam essa sensação de vaguidade, além de se mostrarem insuficientes, como se pode extrair dos dispositivos a seguir transcritos:

> Art.4º A Lei nº 4.737, de 15 de julho de 1965 (Código Eleitoral), passa a vigorar com as seguintes alterações:
>
> 'Art. 243. Não será tolerada propaganda:
> (...)
> **X – que deprecie a condição de mulher ou estimule sua discriminação em razão do sexo feminino, ou em relação à sua cor, raça ou etnia.**
>
> Art. 323. Divulgar, na propaganda eleitoral ou durante período de campanha eleitoral, fatos que sabe inverídicos em relação a partidos ou a candidatos e capazes de exercer influência perante o eleitorado:
> Pena – detenção de dois meses a um ano, ou pagamento de 120 a 150 dias-multa.
> § 1º Nas mesmas penas incorre quem produz, oferece ou vende vídeo com conteúdo inverídico acerca de partidos ou candidatos.
> **§ 2º Aumenta-se a pena de 1/3 (um terço) até metade se o crime:**

I – é cometido por meio da imprensa, rádio ou televisão, ou por meio da internet ou de rede social, ou é transmitido em tempo real;
II – envolve menosprezo ou discriminação à condição de mulher ou à sua cor, raça ou etnia.

Art. 326-B. **Assediar, constranger, humilhar, perseguir ou ameaçar, por qualquer meio, candidata a cargo eletivo ou detentora de mandato eletivo**, utilizando-se de menosprezo ou discriminação à condição de mulher ou à sua cor, raça ou etnia, **com a finalidade de impedir ou de dificultar a sua campanha eleitoral ou o desempenho de seu mandato eletivo**.
Pena – reclusão, de 1 (um) a 4 (quatro) anos, e multa.
Parágrafo único. Aumenta-se a pena em 1/3 (um terço), se o crime é cometido contra mulher:
I – gestante;
II – maior de 60 (sessenta) anos;
III – com deficiência."

Art. 327. As penas cominadas nos arts. 324, 325 e 326 aumentam-se de 1/3 (um terço) até metade, se qualquer dos crimes é cometido:
(...)
IV – **com menosprezo ou discriminação à condição de mulher ou à sua cor, raça ou etnia**;
V – por meio da internet ou de rede social ou com transmissão em tempo real.'

Art. 5º O **caput** do art. 15 da Lei nº 9.096, de 19 de setembro de 1995 (Lei dos Partidos Políticos), passa a vigorar acrescido do seguinte inciso X:

'Art. 15. O **Estatuto do partido deve conter, entre outras, normas sobre**:
(...)
X – **prevenção, repressão e combate à violência política contra a mulher**.'

Art. 6º. O inciso II do ***caput*** do art. 46 da Lei nº 9.504, de 30 de setembro de 1997 (Lei das Eleições), passa a vigorar com a seguinte redação:

'Art. 46. (...)
II – nas eleições proporcionais, os debates poderão desdobrar-se em mais de um dia e deverão ser organizados de modo que assegurem a presença de

número equivalente de candidatos de todos os partidos que concorrem a um mesmo cargo eletivo, **respeitada a proporção de homens e mulheres estabelecida no § 3º do art. 10 desta Lei;'**

Art. 7º. Os partidos políticos deverão adequar seus estatutos ao disposto nesta Lei no prazo de 120 (cento e vinte) dias, contado da data de sua publicação. (grifos nossos)

Inobstante seja louvável e extremamente necessária a aprovação de uma lei que tipifique a violência política de gênero como crime, impondo inclusive pena de reclusão aos seus infratores, a norma em questão não contempla os meios efetivamente possíveis e já contemplados na legislação internacional para de fato prevenir e punir qualquer forma de violência política contra as mulheres, como, por exemplo, a perda de mandato e a inelegibilidade quando os agressores sejam agentes políticos.

Ainda quando estabelece aos partidos políticos a obrigação de adequarem seus estatutos, a norma não indica as sanções a serem aplicadas aos filiados que eventualmente sejam condenados por atos criminosos contra mulheres ou por condutas éticas envolvendo a prática da misoginia, tais como a suspensão ou a expulsão do partido e a inabilitação para o registro de candidatura, mecanismos já consagrados na Lei e no Protocolo Modelos da Comissão Interamericana de Mulheres, da qual o Brasil é membro.

A lei brasileira também nada trata sobre a exigibilidade de que os órgãos públicos, incluindo Executivo, Legislativo e Judiciário, e em especial a Justiça Eleitoral, estabeleçam punições adequadas que afastem eventuais agentes políticos de seus cargos em tais hipóteses, como recomendam as diretrizes da CIM, o que fragiliza a efetiva punição e a devida repressão à violência política de gênero, necessárias para promover uma verdadeira mudança na cultura interna dos partidos, capaz de que repercutir em toda a sociedade[27].

[27] Araujo, Gabriela Shizue Soares de. Participação Feminina na Política no Brasil e os Desafios rumo à Democracia Paritária Participativa. Tese de doutorado em Direito. Pontifícia Universidade Católica de São Paulo, São Paulo: 2021, p. 196.

Tomando como base as diretrizes da Lei Modelo da Comissão Interamericana de Mulheres, que prevê o afastamento de imunidades parlamentares em caso de violência política contra a mulher, também seria possível estabelecer a obrigatoriedade das casas legislativas adequarem seus regimentos internos para acrescentar esse tipo de crime como causa específica de quebra de decoro parlamentar, complementando a exigência de que os partidos políticos estatuam sanções aos seus filiados violadores de direitos políticos das mulheres, o que a norma não previu.

Com efeito, a lei falha ao não concretizar todas as normativas internacionais com as quais o Brasil já se comprometeu, deixando de estabelecer às instituições públicas e aos atores sociais a efetiva obrigatoriedade de implementarem "(...) em seus regulamentos internos condutas de boas práticas relacionadas à inclusão e não discriminação de gênero, além da paridade em órgãos colegiados e alternância/rotatividade de poder nos cargos diretivos" [28].

Sem dúvida, somente por meio de "(...) previsões claras em seus Códigos de Ética internos" e de uma legislação ampla que efetivamente regulamente a violência política de gênero e permita uma "(...) real aplicação de sanções duras a filiados, dirigentes e representantes eleitos (parlamentares e chefes do Executivo) que comprovadamente cometerem violência política de gênero, ou qualquer tipo de discriminação em razão de gênero (...)"[29] é que será possível a mudança da dura realidade das mulheres políticas no Brasil, o que a Lei Federal nº 14.192/21, infelizmente, não contemplou.

Conclusões

O que se percebe é que o Brasil ainda carece de mecanismos de proteção capazes de promover a efetiva paridade e concretização dos direitos políticos das mulheres, diante da abissal desigualdade de gênero constatada nos espaços de representação, como demonstras as pesquisas que, embora ainda esparsas, dão conta do frequente assédio político e da violência política de gênero vivenciados pelas mulheres brasileiras que se propõem de alguma forma a participar da vida pública e política do país.

[28] Idem, p. 193.
[29] Idem, p. 196.

No *ranking* mundial de participação feminina nos parlamentos, atualizado mensalmente pela União Interparlamentar com a contribuição de 179 Estados-membros, o Brasil ocupa a 141ª posição, atrás de todos os países da América Latina e, inclusive, de países de tradições mais conservadoras, como Etiópia, Iraque e até mesmo do Afeganistão.

A grande maioria das nações que ocupam o topo do *ranking* são aquelas que implementaram cotas de gênero e políticas afirmativas mais efetivas que as previstas atualmente no Brasil, como a reserva de assentos, por exemplo, além de reformas administrativas institucionais que garantiram a participação feminina em todos os espaços de poder, no Executivo, Legislativo e Judiciário.

Nossa cultura política, tão resistente à democracia paritária, acaba retroalimentando também a violência de gênero. Sofremos com a sub-representação feminina em todas as instituições e com a resistência violenta das elites masculinas brancas hegemônicas em abdicar de seus privilégios historicamente construídos.

A solução somente virá com a instituição de cotas de gênero, de políticas afirmativas e de sanções eficazes e proporcionais à gravidade daquilo que deve ser denominado como ato criminoso: a violência política de gênero, a violência política sexista e a violência contra as mulheres na política.

Para tanto, basta simplesmente que o Brasil passe a adotar de forma universalista a incorporação e a interpretação dos direitos humanos das mulheres, seguindo o exemplo de outros países, dando eficácia à normativa internacional cuja observância se comprometeu.

Os instrumentos internacionais citados neste artigo, tais como a "Lei Modelo Interamericana para Prevenir, Sancionar e Erradicar a Violência contra as Mulheres na Política", e o "Protocolo Modelo para Partidos Políticos: Prevenir, atender, punir e erradicar a violência contra mulheres na vida política", são apenas alguns dos diversos acordos internacionais que trazem diretrizes imprescindíveis para a implementação e a universalização da democracia paritária.

Mais do que falta de vontade política, sofremos também pela ausência de um efetivo controle de convencionalidade em matéria de direitos humanos, para que avancemos em pautas tão importantes para o resto do mundo, que também deveriam ser prioritárias para o Brasil.

A igualdade de gênero é apenas uma dessas pautas, mas, por si só, já expressa o tamanho de nosso atraso, se considerarmos que a maioria da população brasileira é composta de mulheres e pessoas negras e, ainda assim, continuamos, em pleno século XXI, sendo governados e conduzidos pela minoria de homens brancos.

Referências

ARAUJO, Gabriela Shizue Soares de. Participação Feminina na Política no Brasil e os Desafios rumo à Democracia Paritária Participativa. Tese de Doutorado em Direito. Pontifícia Universidade Católica de São Paulo, São Paulo: 2021, 239 p.

BOLÍVIA. **Lei n. 243, de 28 de maio de 2012**. Bolívia, 2012. Disponível em: https://oig.cepal.org/sites/default/files/2012_bol_ley243.pdf. Acesso em: 06 jul. 2021.

INSTITUTO Marielle Franco, 2020. **A Violência Política contra as Mulheres Negras**: Eleições 2020. Disponível em: https://www.violenciapolitica.org/. Acesso em: 18 out. 2021.

INSTITUTO Alziras (org.). **Perfil das prefeitas no Brasil**: mandato 2017-2020. Rio de Janeiro: Instituto Alziras, 2018. Disponível em: http://prefeitas.institutoalziras.org.br/. Acesso em: 18 out. 2021.

IPU Parline. **Global and regional averages of women in national parliaments**. Disponível em: https://data.ipu.org/women-averages.

LAURIS, Élida; CARVALHO, Sandra; MARINHO, Gláucia; FRIGO, Darci Frigo (coord.). **Terra de direitos e justiça global**. Violência política e eleitoral no Brasil: panorama das violações de direitos humanos de 2016 a 2020. 129 p. Curitiba: Terra de Direitos e Justiça Global, 2020. Disponível em: https://terradedireitos.org.br/acervo/publicacoes/livros/37/violencia-politica-e-eleitoral-no-brasil/23478. Acesso em: 18 out. 2021.

MATOS, Marlise. A violência política sexista no Brasil: o caso da presidenta Dilma Rousseff. *In*: ROSA, Renata Adriana *et al.* **Observando as desigualdades de gênero e raça nas dinâmicas sociais de Minas Gerais**. Belo Horizonte: Instituto Cultural Boa Esperança, 2019.

ROUSSEFF, Dilma. A misoginia e a manipulação da mídia. *In:* D´AVILA, Manuela. **Sempre foi sobre nós: relatos da violência política de gênero no Brasil.** Porto Alegre: Instituto E se Fosse Você, 2021.

OAS. **Declaration on political harassment and violence against women**. Disponível em: https://www.oas.org/es/mesecvi/docs/DeclaracionViolenciaPolitica-EN.pdf. Acesso em: 18 out. 2021.

OAS. Comisión Interamericana de Mujeres. Mecanismo de Seguimiento de la Convención de Belém do Pará (MESECVI). **Ley Modelo Interamericana para Prevenir, Sancionar y Erradicar la Violencia contra las Mujeres en la Vida Política** / [Preparado por el Comité de Expertas del Mecanismo de Seguimiento de la Convención de Belém do Pará (MESECVI). Comisión Interamericana de Mujeres]. OAS. Documentos oficiales OEA/Ser.L/II.6.17). Disponível em: https://www.oas.org/es/mesecvi/docs/LeyModeloViolenciaPolitica-ES.pdf. Acesso em: 18 out. 2021.

OAS. Inter-American Commission of Women. **Protocolo modelo para partidos políticos**: Prevenir, atender, sancionar y erradicar la violencia contra las mujeres en la vida política/Comisión Interamericana de Mujeres. OAS. Documentos oficiales; OEA/Ser.L/II.6.22). Disponível em: https://www.oas.org/en/cim/docs/ViolenciaPolitica-ProtocoloPartidos-ES.pdf. Acesso em: 18 out. 2021

9. VIOLÊNCIA DOMÉSTICA E RAPTO INTERNACIONAL DE CRIANÇAS

ANABELA SUSANA DE SOUSA GONÇALVES

1. O rapto internacional de crianças

O objetivo deste breve estudo é explicar como os episódios de violência doméstica podem influenciar o desenrolar das situações de rapto internacional de crianças. Todavia, em primeiro lugar é necessário explicar muito brevemente o conceito de rapto internacional de crianças. Para o efeito, comecemos por analisar alguns casos decididos por diversos tribunais.

No caso *Ignaccolo-Zenide contra a Roménia*, decidido pelo Tribunal Europeu dos Direitos Humanos, o pai retirou as suas filhas de França e levou-as para a Roménia, sem autorização da mãe ou das autoridades francesas[1]. Após esta deslocação, o pai não mais permitiu qualquer contacto das crianças com a mãe. Apesar de a mãe ter recorrido aos meios legais existentes para conseguir que as crianças regressassem a França, país onde residiam antes de terem sido levadas para a Roménia e, apesar de um tribunal romeno ter ordenado o regresso das crianças para França para junto da mãe, esta ordem nunca foi executada. Consequentemente, a mãe apenas reencontrou as filhas sete anos após a separação, num breve

[1] TEDH, *Ignaccolo-Zenide v. Romania*, App. No. 31679/96, § 94, consultado em http://hudoc.echr.coe.int, em 20.09.2021.

encontro de dez minutos, em que estas manifestaram a vontade em não ter contacto com a mãe.

No acórdão 2220/19.5T8GDM.P1, decidido pelo Tribunal da Relação do Porto, a mãe deixou o Brasil com a sua filha sem consentimento do pai, nem suprimento judicial[2]. Ficou provado, no caso, que a 13.ª Vara de Família da Comarca de Fortaleza, no Brasil, estabeleceu uma guarda compartilhada, que fixava que as responsabilidades parentais seriam partilhadas por ambos os progenitores, tendo sido fixada a residência da criança com a mãe e um regime de convivência com o pai (aos fins-de-semana alternados e nas férias escolares). Em 6 de Agosto de 2018, quando a mãe vem para Portugal com a filha, sem a concordância e contra a vontade do pai e sem suprimento judicial, o pai fica impossibilitado de conviver com a filha e de exercer as suas atribuições parentais.

Outro dos casos paradigmáticos em matéria de rapto internacional de crianças é o caso *Inga Rinau*, decidido pelo Tribunal de Justiça da União Europeia (TJUE)[3]. Em julho de 2003, Inga Rinau, de nacionalidade lituana, casou-se com M. Rinau de nacionalidade alemã, estabelecendo a sua residência na Alemanha. Em janeiro de 2005 nasceu a filha do casal, Luísa, e em março do mesmo ano o casal passou a viver separado. Em consequência, ainda nesse ano foi intentada uma ação de divórcio na Alemanha. A criança ficou a viver com a mãe. Ora, Inga queria voltar ao seu país de nacionalidade para umas breves férias e queria levar a sua filha para que esta pudesse conhecer a família materna. Em julho de 2006, Inga, depois de ter obtido uma autorização de M. Rinau para sair da Alemanha com a filha de ambos com destino à Lituânia, para umas férias de duas semanas, resolveu ficar a residir nesse país, recusando a possibilidade da sua filha regressar à Alemanha e à convivência com o pai. Em agosto de 2006, o tribunal alemão atribuiu provisoriamente a guarda de Luísa ao pai. A mãe recorreu e o tribunal alemão de recurso confirmou a atribuição de guarda provisória ao pai, em outubro do mesmo ano. Pos-

[2] Tribunal da Relação do Porto, *Processo 2220/19.5T8GDM.P1*, de 12-10-2020, relator Mendes Coelho, consultado em http://www.dgsi.pt/jtrp.nsf/56a6e7121657f91e80257cda00381fdf/bf89672d2eb342c080258632004d73bd?OpenDocument&Highlight=0,rapto,internacional,de,crian%C3%A7as, em 20.09.2021.

[3] TJUE, *Inga Rinau contra M. Rinau*, Processo C-195/08 PPU, CJ 2008, p. I-05271.

teriormente, em julho de 2007, o tribunal alemão confiou a guarda definitiva da criança ao pai. Quando a criança foi levada da Alemanha tinha 1 ano, quando o caso chegou ao TJUE para decisão tinham decorrido dois anos e a criança tinha três anos.

Após esta breve apresentação de alguns casos reais, convém agora explicar o conceito de rapto internacional de crianças e quais os instrumentos jurídicos que se aplicam na resolução dos casos enunciados.

2. A noção e instrumentos jurídicos

O instrumento jurídico que se aplica ao rapto internacional de crianças é, no plano internacional, a *Convenção de Haia, de 25 de outubro de 1980, sobre Aspetos Civis do Rapto Internacional de Crianças* (Convenção de Haia de 1980). A Convenção de Haia aplica-se a crianças que residam habitualmente num Estado Contratante antes da violação do direito de guarda e sua aplicação cessa quando a criança atinge a idade de 16 anos (art. 4º). Atualmente, a Convenção de Haia tem mais de 100 Estados contratantes, o que a torna um dos instrumentos internacionais de maior sucesso da Conferência de Haia.

No âmbito da União Europeia, a Convenção de Haia tem ainda de ser articulada com *Regulamento nº 2201/2003 sobre a competência internacional e o reconhecimento de decisões em matéria matrimonial e de responsabilidade parental* (Bruxelas II *bis*) que contém normas que visam regular a deslocação ou retenção ilícitas de crianças[4].

O regime jurídico que encontramos no Regulamento Bruxelas II *bis* não colide com as normas da Convenção de Haia de 1980, visando antes completá-la (considerando 17 e art. 11º, nº 1) e ultrapassar as deficiências que a aplicação da Convenção de Haia revelou, nomeadamente, no plano da efetividade das decisões de regresso. Consequentemente, o art. 60º do Regulamento estabelece que este, nas matérias que disciplina, prevalece sobre a Convenção de Haia de 1980. Eventuais questões relativas à hierarquia de fontes e o respeito de compromissos assumidos internacional-

[4] Este instrumento jurídico da União, foi alterado pelo *Regulamento 2019/1111 do Conselho, de 25 de junho de 2019, relativo à competência, ao reconhecimento e à execução de decisões em matéria matrimonial e em matéria de responsabilidade parental e ao rapto internacional de crianças*, que entra em aplicação em 1 de agosto de 2022, de acordo com o seu art. 105º.

mente pelos Estados-Membros são resolvidos pelo art. 36º da Convenção de Haia de 1980, que prevê a possibilidade de os Estados contratantes da Convenção poderem celebrar entre si acordos para diminuir as restrições ao regresso da criança, existentes na Convenção.

O conceito de rapto internacional de crianças, que assume a denominação de deslocação ou retenção ilícitas de crianças, previsto no art. 2º, nº 11, do Regulamento acompanha a noção presente no art. 3º da Convenção de Haia de 1980. Assim, nos termos das referidas normas é considerada ilícita, aquela deslocação ou retenção de uma criança que «a) [v]iole o direito de guarda conferido por decisão judicial, por atribuição de pleno direito ou por acordo em vigor por força da legislação do Estado-Membro onde a criança tinha a sua residência habitual imediatamente antes da deslocação ou retenção; e b) [n]o momento da deslocação ou retenção, o direito de guarda estivesse a ser efetivamente exercido, quer conjunta, quer separadamente, ou devesse estar a sê-lo, caso não tivesse ocorrido a deslocação ou retenção». Sobre o conceito de guarda conjunta estabelece-se, no art. art. 2º, nº 11, al. b), *in fine*, que «[c]onsidera-se que a guarda é exercida conjuntamente quando um dos titulares da responsabilidade parental não pode, por força de uma decisão ou por atribuição de pleno direito, decidir sobre local de residência da criança sem o consentimento do outro titular da responsabilidade parental». Assim sendo, estaremos perante uma deslocação ou retenção ilícitas de crianças quando, através da deslocação ou retenção, é violado um direito de guarda que efetivamente estivesse a ser exercido.

A noção de direito de guarda está prevista no art. 2º, nº 9, do Regulamento [coincidindo também com a noção prevista no art. 5º, al. a) da Convenção de Haia], compreendendo os direitos referentes à assistência e cuidados da pessoa da criança, sendo um deles o direito de determinar a residência habitual da criança. Por fim, quanto à aquisição do direito de guarda, de acordo com o art. 2º, nº 11, é o direito do Estado-Membro onde a criança tinha a sua residência habitual[5] antes da deslocação ilícita que

[5] Sobre o conceito de residência habitual da criança para efeitos de aplicação do Regulamento Bruxelas II bis, v. Anabela Susana de Sousa Gonçalves, «A Residência Habitual Da Criança No Regulamento Bruxelas II Bis – Uma Visão A Partir Da Jurisprudência» *in Litígios*

determina em que condições se verifica a aquisição do direito de guarda da criança por parte do pai ou pais[6].

3. O sistema de regresso da criança ao seu país de residência habitual

As regras previstas no Regulamento Bruxelas II *bis* quanto à deslocação ou retenção ilícitas de criança têm um objetivo claro, expresso no considerando 17: em nome do superior interesse da criança[7], pretendeu-se estabelecer um procedimento célere que permita o regresso imediato da criança ao Estado da sua residência habitual. O mecanismo de regresso imediato da criança, previsto no Regulamento, baseia-se num princípio de cooperação judiciária entre os tribunais e autoridades centrais dos Estados-Membros[8], e visa desencorajar a deslocação ilícita de crianças dentro da União, de forma a respeitar os interesses e vínculos afetivos das crianças. Em caso de ocorrência destas situações pretende-se obter um regresso rápido da criança, não premiando o pai que raptou a criança com um processo longo e moroso e evitando agravar os danos ocorridos no desenvolvimento afetivo da criança.

O mesmo objetivo de promover o regresso imediato da criança ao meio familiar e social de onde foi retirada está presente na Convenção de Haia no seu art. 1º, al. a), pois há o entendimento de que a criança é a verdadeira

Civis Internacionais no espaço Ibero-Americano, Coord. Inez Lopes Renata Alvares Gaspar, Guillermo Palao Moreno Thiago PalumaTirant Lo Blanch Brasil, São Paulo, pp. 91-106.

[6] Que pode depender inclusivamente de uma decisão de um tribunal que atribua o direito de guarda: TJUE, TJUE, *J.McB. c. L.E.*, C-400/PPU, de 5 de Outubro de 2010, § 43.

[7] O princípio do superior interesse da criança está subjacente a várias das soluções do Regulamento Bruxelas II *bis*: Anabela Susana de Sousa Gonçalves, «O princípio do superior interesse da criança no Regulamento Bruxelas II bis», *Temas de Direito Internacional Privado e de Processo Civil Internacional*, Librum Editora, Porto, 2019, pp. 285-305.

[8] Tal como na Convenção de Haia, estão previstas no Regulamento Autoridades Centrais que têm como objetivo geral o reforço da cooperação entre os Estados-Membros e melhorar a aplicação do Regulamento Bruxelas II *bis* (art. 54º e 55º). Fazem parte das suas funções (art. 54º e 55º), entre outros: favorecer o intercâmbio de informações sobre a legislação e procedimentos nacionais respetivos (art. 54º); ou recolher e proceder ao intercâmbio de informações sobre a situação da criança, sobre qualquer procedimento em curso e sobre qualquer decisão proferida em relação à criança [art. 55º, al. a)]; ou facilitar as comunicações entre os tribunais dos vários Estados-Membros [art. 55º, al. c)]. Em Portugal, a Autoridade Central é a Direcção-Geral de Reinserção Social.

vítima de uma situação de rapto[9], que vê a sua vida e estabilidade perturbada; as suas relações sociais e familiares são frequentemente quebradas, é afastada da convivência com os dos pais, perdendo por regra o contacto com o mesmo; tendo de se adaptar a um meio social desconhecido; e, por vezes, até a um idioma que não domina. Também há a consciência de que a separação da criança da convivência com um dos pais cria danos irreparáveis na relação entre ambos[10]. Por isso, o sistema da Convenção de Haia, que o Regulamento Bruxelas II *bis* complementa, foi criado para o regresso rápido da criança ao seu país de residência habitual.

Quanto ao procedimento a adotar face a uma deslocação ilícita da criança para outro Estado-Membro, o art. 11º do regulamento Bruxelas II *bis* completa o previsto na Convenção de Haia de 1980. Nesta situação, de acordo com o art. 8º da Convenção de Haia de 1980, qualquer pessoa, instituição ou organismo pode reportar esse facto junto às autoridades competentes do Estado da residência habitual da criança (Autoridade Central) ou de outro Estado contratante da Convenção de Haia, pedindo assistência para garantir o regresso da criança, pedido este que deve ser acompanhado dos elementos previstos na segunda parte da norma. A Autoridade Central que foi informada daquele facto deve transmiti-lo à Autoridade Central do Estado contratante onde a criança se encontra (art. 9º da Convenção de Haia de 1980), que deve tentar promover as medidas necessárias para o regresso voluntário da criança (art. 10º da Convenção de Haia de 1980). O art. 11º da Convenção de Haia de 1980 impõe ainda às autoridades judiciais ou administrativas dos Estados contratantes a obrigação de adotar procedimentos de urgência para o regresso da criança.

O §2º do art. 11º fixa ainda um prazo indicativo de seis semanas a contar da data da participação para que seja tomada uma decisão que, no

[9] Elisa Pérez-Vera, *Explanatory Report, Convention on the Civil Aspects of International Child Abduction*, Bureau Permanent de la Conférence de la Haye, La Haye, 1982, p. 20.

[10] Como resulta da jurisprudência do TEDH sobre o rapto internacional de crianças. V. sobre, Anabela Susana de Sousa Gonçalves, «As orientações do Tribunal Europeu dos Direitos do Homem relativamente ao rapto internacional de crianças», *Temas de Direito Internacional Privado e de Processo Civil Internacional*, Librum Editora, Porto, 2019, pp. 387-410.

sistema da Convenção de Haia será preferencialmente de regresso, findo o qual o requente ou a autoridade central do Estado requerido pode solicitar uma declaração sobre as razões da demora na promoção do regresso da criança, seja por sua iniciativa ou a pedido da autoridade central do Estado requerente. Também o art. 11º do Regulamento Bruxelas II *bis* determina que o tribunal onde foi apresentado o pedido de regresso da criança deve utilizar o procedimento mais expedito possível de acordo com a sua legislação nacional[11], devendo pronunciar-se no prazo máximo de seis semanas a contar da apresentação do pedido (art. 11º, nº 3). Note-se que este prazo no Regulamento Bruxelas II *bis* é um prazo imperativo[12], que tem em conta que o tempo de maturidade e desenvolvimento das crianças é diferente em relação aos adultos.

Deste pedido deve resultar uma decisão de regresso da criança ao país da residência habitual de origem ou uma decisão de retenção. O regresso da criança pode, porém, ser recusado através de uma decisão de retenção que tenha como base um dos fundamentos previstos no art. 13º da Convenção de Haia de 1980[13], também aplicável no sistema estabelecido no Regulamento Bruxelas II *bis*[14].

[11] Note-se que para este efeito e também com um objetivo de celeridade, o art. 14º da Convenção de Haia de 1980 estabelece que para aferir a deslocação ilícita da criança, as autoridades competentes dos Estados contratantes podem tomar conhecimento direto do direito da residência habitual da criança, sem ter de recorrer a procedimentos específicos para provar o seu conteúdo. Da mesma forma, podem tomar conhecimento direto das decisões judiciais ou administrativas, reconhecidas ou não, do Estado da residência habitual da criança, sem recorrer a procedimentos específicos para o reconhecimento de sentenças estrangeiras.

[12] Exceto em circunstâncias extraordinárias que impeçam o cumprimento deste prazo, que poderão consistir, por exemplo, na dificuldade de encontrar a criança. O Regulamento não tem uma sanção para o não cumprimento do prazo em causa, todavia, poderemos ponderar nestes casos a responsabilidade civil do Estado não cumpridor. Com esta opinião, E. Pataut, «Art. 11» *in Brussels II bis Regulation*, ed. U. Magnus/P. Mankowski, Sellier European Law Publishers, Munich, 2012, p. 135.

[13] Com mais pormenores sobre o regime jurídico estabelecido na Convenção de Haia, v. Anabela Susana de Sousa Gonçalves, «Aspectos civis do rapto internacional de crianças: entre a Convenção de Haia e o Regulamento Bruxelas II bis», *Temas de Direito Internacional Privado e de Processo Civil Internacional*, Librum Editora, Porto, 2019, pp. 175-193.

[14] Sobre este sistema, v. Anabela Susana de Sousa Gonçalves, «O caso Rinau e a deslocação

A Convenção de Haia prevê exceções à decisão de regresso da criança, além da prevista no art. 12º[15], em nome do superior interesse da criança. Sendo situações excepcionais, uma vez que constituem desvios ao sistema da Convenção, que se baseiam na confiança mútua entre os Estados Contratantes e que visa o regresso imediato da criança como a melhor opção no próprio interesse desta, aquelas exceções devem ser interpretadas de forma restritiva[16].

A primeira exceção que pode constituir fundamento de uma decisão de retenção está prevista no art. 13º, al. a), da Convenção de Haia: a prova por parte de quem se opõe ao regresso da criança de que a pessoa, instituição ou organismo que tenha a seu cuidado a criança não exercia efetivamente o direito de guarda ao tempo da deslocação da criança, ou que tenha posteriormente consentido posteriormente com a deslocação. Esta al. a) prevê duas hipóteses em que se põe em causa a existência de uma situação de rapto internacional de crianças: ou a pessoa que pede o retorno da criança não exercia efetivamente o direito de guarda; ou por comportamento posterior autorizou a sua deslocação, não podendo mais tarde pedir o regresso da criança ao abrigo da Convenção. De acordo com o Relatório Explicativo e tendo em conta o conteúdo do direito de guarda e de custódia para efeitos do art. 5º da Convenção, o direito de guarda é exercido efectivamente quando «(...) the custodian is concerned with the care of the child´s person, even if, for perfect valid reasons (illness, education, etc.) in a particular case, the child and its guardian do not live

ou retenção ilícitas de crianças», *Temas de Direito Internacional Privado e de Processo Civil Internacional*, Librum Editora, Porto, 2019, pp. 75-102; *idem*, «Deslocação ou retenção ilícitas de crianças», *Direito Internacional da Família, Formação Contínua*, Centro de Estudos Judiciários, 2019, pp. 31-55; *idem*, «Aplicação prática do Regulamento nº 2201/2003 relativo à competência, ao reconhecimento e à execução de decisões em matéria matrimonial e de responsabilidade parental (Bruxelas II bis)», *Direito Internacional da Família, Formação Contínua*, Centro de Estudos Judiciários, 2019, pp. 93-108.

[15] Estabelece o art. 12º, § 2, da Convenção de Haia que se já tiver decorrido um ano entre a data do rapto e a data do início do processo perante a autoridade do país do rapto, a decisão deve ser de regresso, a não ser que seja provado que a criança já se encontra integrada no seu novo ambiente.

[16] Elisa Pérez-Vera, «Explanatory Report», Cit., P. 22.

together», o que deve ser inferido pelo julgador das circunstâncias do caso concreto[17].

Outro fundamento para uma decisão de retenção que encontramos no art. 13º (no seu 2º §) é a oposição da criança ao seu regresso, desde que a criança já tenha uma idade e um grau de maturidade que permitam tomar em consideração a sua opinião. O direito de audição da criança nos processos em que esta está envolvida é considerado um direito fundamental da criança, pois enquanto sujeito de direitos, os seus interesses, são os interesses essenciais daqueles processos e, por isso, deve-lhe ser dada oportunidade de se manifestar. Este direito de audição está previsto em várias convenções internacionais que versam sobre o direito da criança, como no art. 3º da Convenção Europeia sobre o Exercício dos Direitos da Criança[18]; no art. 12º da Convenção dos Direitos das Crianças[19] [20]. A Convenção de Haia dá como indicação que a consideração da opinião da criança deve variar em função da idade e maturidade da mesma, o que envolve um juízo de discricionariedade do julgador ou decisor face às circunstâncias do caso concreto.

O último fundamento para a decisão de retenção que resulta do art. 13º, al. b), da Convenção de Haia, consiste na prova, por parte de quem se opõe ao regresso da criança, que este regresso representa um risco grave para a saúde física ou psíquica da criança ou coloca a criança numa situação intolerável. Ora, é precisamente este art. 13º, al. b) que pode ser decisivo nas situações de violência doméstica para justificar uma decisão de retenção e que, por essa razão, passaremos a analisar

4. O art. 13º, al. b), da Convenção de Haia

O art. 13º, al. b), da Convenção de Haia permite excecionalmente uma decisão de retenção se ficar provado que regresso representa um risco

[17] Elisa Pérez-Vera, «Explanatory Report», Cit., P. 49. Esclarece ainda este Relatório Explicativo que a al. a) do art. 13º da Convenção de Haia não pode fundamentar uma decisão de retenção se o exercício do direito de guarda não tiver sido possível devido à deslocação ou retenção da criança: *idem, ibidem.*

[18] De 25 de janeiro de 1996, do Conselho da Europa.

[19] Adotada pela Assembleia Geral nas Nações Unidas em 20 de novembro de 1989 e ratificada por Portugal em 21 de setembro de 1990.

[20] Também resulta do art. 24º da Carta dos Direitos Fundamentais da União Europeia.

grave para a saúde física ou psíquica da criança ou coloca a criança numa situação intolerável. Para apurar os efeitos do regresso sobre a criança, o parágrafo final do art. 13º estabelece que as autoridades administrativas ou competentes devem ter em conta informações fornecidas pela autoridade central ou outra autoridade competente do Estado da residência habitual da criança.

Olhando para a norma o risco grave para a criança após o seu regresso pode configurar três hipóteses: um risco grave que coloque em perigo a sua saúde física; um risco grave que coloque em perigo a sua saúde psíquica; um risco grave que coloque a criança numa situação intolerável. Cada um destes riscos deve ser ponderado segundo as circunstâncias do caso concreto. Note-se que para a aplicação da norma não é necessário que a criança seja a vítima direta ou primária do perigo. Em situações excecionais, o perigo físico ou psicológico para os pais pode colocar a criança numa das situações de risco descritas no art. 13º, al. b) da Convenção de Haia[21].

A gravidade do risco deve ser avaliada de acordo com as circunstâncias do caso concreto, mas o risco deve ser real, sério e colocar a criança numa situação de perigo que esta não deve tolerar[22]. A avaliação do risco deve ser prospetiva, ainda que acontecimentos passados possam ser tidos em conta na aferição do risco após o regresso da criança. Isto mesmo resulta do Guia de Boas Práticas para a aplicação do art. 13º da Convenção de Haia, onde é referido que a análise de risco grave deve focar-se nas circunstâncias a que a criança será exposta no regresso, com uma visão para o futuro, não se limitando às circunstâncias que existiam aquando do rapto[23]. É claro que estas circunstâncias contemporâneas ao rapto devem ser ponderadas, mas não são determinantes, pois o elemento essencial é a situação que existirá aquando do regresso da criança. Neste âmbito, devem ainda ser ponderadas se, no país da residência habitual

[21] Conferência de Haia, *Guia de Boas Práticas, Parte VI, Artigo 13º, nº 1, alínea b)*, tradução para português pela Direção Geral da Política da Justiça, outubro de 2020, p. 30.

[22] *Idem, ibidem.*

[23] *Idem, ibidem*, p. 31.

da criança, estão disponíveis medidas de proteção da criança suficientes, eficazes e adequadas que possam proteger a criança em concreto[24].

O referido Guia de Boas Práticas propõe a análise da situação de risco grave em três etapas. Em primeiro lugar deve-se averiguar o pormenor e a substância das alegações de risco grave, sendo insuficientes, à partida, as alegações genéricas[25]. Em seguida, o tribunal deve considerar a situação na sua globalidade. Ou seja, além de analisar as provas da existência de risco grave por parte de quem se opõe ao regresso da criança, deve também considerar as medidas de proteção da criança existentes no Estado da sua residência habitual[26]. Por fim, na terceira etapa o tribunal, fazendo a ponderação das circunstâncias globais referidas, toma uma de duas decisões[27]. Se da análise das provas e das medidas de proteção da criança considerar que não existe um risco grave, ordena o regresso da criança. Se, pelo contrário, dessa análise global considerar que existe um risco grave para a criança no seu regresso, emite uma decisão de retenção.

As medidas de proteção a considerar podem ser de várias ordens, variando em função das circunstâncias do caso concreto. Pode estar em causa «(...) o acesso a serviços jurídicos, assistência financeira, auxílio à habitação, serviços de saúde, abrigos e outras formas de assistência ou de apoio às vítimas de violência doméstica, bem como as respostas das autoridades policiais e do sistema de justiça penal»[28]. Estas medidas serão as existentes no país da residência habitual da criança a aplicar aquando do regresso da criança a esse país. Neste âmbito, é essencial o papel das autoridades centrais, pois o art. 13º da Convenção de Haia estabelece que, para aferir os efeitos do regresso sobre a criança, as autoridades administrativas ou competentes devem ter em conta informações fornecidas pela autoridade central ou outra autoridade competente do Estado da residência habitual da criança. Todavia, de acordo com o referido Guia Prático, podem também ser aplicadas antes do regresso da criança, desde que sejam provisórias, limitadas, necessárias e visem diretamente

[24] *Idem, ibidem.*

[25] *Idem, ibidem*, p. 32.

[26] *Idem, ibidem*, p. 33.

[27] *Idem, ibidem.*

[28] *Idem, ibidem*, p. 36.

a proteção da criança do tal risco grave, devendo cessar quando o Estado da residência habitual da criança adotar as medidas definitivas[29]. Note-se, ainda, que a Convenção relativa à Competência, à Lei Aplicável, ao Reconhecimento, à Execução e à Cooperação em Matéria de Responsabilidade Parental e Medidas de Proteção das Crianças, adotada na Haia em 19 de outubro de 1996 (Convenção de Haia de 1996) permite que o Estado onde a criança se encontra adote medidas de proteção da criança (art. 11º)[30].

A existência por si só de medidas de proteção da criança no Estado da sua residência habitual pode não ser suficiente para o tribunal do Estado do rapto considerar a não existência de um risco grave, porque pode-as considerar ineficientes no caso concreto. Um exemplo dado pelo Guia Prático é o facto de o pai separado da criança ter violado repetidamente as medidas de proteção[31], não tendo o Estado da residência habitual da criança garantido eficazmente a execução das mesmas.

Também o Regulamento Bruxelas II *bis* fixa, no seu art. 11º, nº 4, o argumento de que regresso representa um risco grave para a saúde física ou psíquica da criança ou coloca a criança numa situação intolerável não pode ser o fundamento da recusa do regresso, se for provado que foram tomadas as medidas concretas adequadas para garantir a proteção da criança após esse regresso. Desta forma, o Regulamento restringe o alcance do art. 13º, al. b) da Convenção de Haia de 1980, limitando-se as situações de decisões de não retorno com base naquele fundamento. Reconhecendo a dificuldade do juiz do processo em aferir se foram adotadas medidas adequadas de proteção no Estado-Membro de origem, sublinha a Comissão Europeia, no Guia prático para a aplicação do Regulamento Bruxelas II, o papel determinante de assistência que podem desempenhar as Autoridades Centrais do Estado da residência habitual

[29] *Idem, ibidem.*

[30] Estas medidas se carecerem de execução num outro Estado Contratante, seguem os trâmites do art. 26º da referida Convenção, devendo, a pedido da parte interessada, ser declaradas executórias ou registadas com a finalidade de serem executadas nesse outro Estado, de acordo com o procedimento previsto pela lei desse último Estado.

[31] *Idem, ibidem*, p. 36.

da criança[32]. Como sucede para efeitos da Convenção de Haia, no âmbito do Regulamento «[n]ão é suficiente que existam procedimentos para a proteção da criança no Estado-Membro de origem, antes deve provar-se que as autoridades do Estado-Membro de origem tomaram medidas concretas para a proteger»[33]. De notar que, de acordo com o art. 20º do Regulamento, o Estado-Membro onde a criança se encontra pode adotar medidas cautelares provisórias de proteção da criança.

5. As situações de violência doméstica

A exposição da criança a situações de violência doméstica pode preencher a hipótese de risco grave que coloque a criança numa situação de perigo ou coloque a criança numa situação intolerável para a mesma. A exposição a situações de violência doméstica pode assumir várias modalidades. A violência doméstica pode ser dirigida diretamente contra a criança; ou contra o pai raptor, expondo a criança indiretamente a uma situação de violência, que já existia no momento do rapto ou que pode resultar de ameaças reais e concretas de violência que se traduzam «(...) em possível perigo para o progenitor raptor, após o regresso, por parte do outro progenitor, incluindo quando esse perigo prejudica significativamente a sua capacidade de cuidar da criança»[34].

Encontramos um exemplo na decisão do Tribunal da Relação do Porto, num caso em que uma criança de 4 anos foi deslocada do Reino Unido para Portugal pela mãe, sem autorização do pai. No caso, foi considerado que integrava o art. 13º, al. b) da CH, tendo em consideração a prova de episódios de violência doméstica que envolviam o pai em relação à mãe, certificados pelas autoridades inglesas e que constam num relatório da segurança social, onde também se fazia referência às ameaças de fuga do pai com a criança[35]. Considerou o Tribunal que o pai revelava traços de

[32] Comissão Europeia, *Guia prático para a aplicação do Regulamento Bruxelas II-A*, Direção-Geral da Justiça, União Europeia, 2014, p. 57.

[33] *Idem, ibidem.*

[34] Conferência de Haia, *Guia de Boas Práticas, Parte VI...*, Cit., p. 40.

[35] Processo 3484/16.1T8STS-A.P3, de 08-03-2019, Relator Manuel Domingos Fernandes, http://www.dgsi.pt/jtrp.nsf/56a6e7121657f91e80257cda00381fdf/a259d07da65a450a802583d700547747?OpenDocument&Highlight=0,rapto,internacional,de,crian%C3%A7as, em 20.09.2021.

agressividade e que o regresso da criança ao Reino Unido com a mãe iria expor a criança a uma situação de conflitualidade crescente. Não podemos deixar de concordar que a exposição da criança a situações de violência doméstica sobre a mãe necessariamente tem efeitos sobre aquela, sendo as ameaças substancialmente graves um indício de risco grave de perigo para a criança após o seu regresso. Note-se, todavia, que não foram ponderadas medidas de proteção da criança que poderiam ser adotadas no Reino Unido, as quais referiremos já em seguida.

Outro exemplo é o caso *Taylor v. Taylor*, julgado nos Estados-Unidos, no qual uma criança é deslocada pela mãe do Reino Unido para aquele país. Neste caso, o Tribunal considerou que o regresso da criança ao Reino Unido implicaria um risco grave para a criança, uma vez que existiam ameaças anónimas, do pai e de terceiros de violência física e de morte contra a mãe, que colocavam a família e a criança num risco grave de perigo[36]. Esta ideia de que a violência contra um dos pais e as ameaças graves podem colocar também a criança num risco grave de perigo está presente noutros casos, como na decisão norte-americana, *Gomez v. Fuenmayor*, onde foi decidido que ameaças suficientemente graves e violência dirigida contra um dos pais criança por parte do outro podem traduzir um grave risco de perigo para a criança[37].

Como referimos *supra*, não basta uma alegação genérica de grave risco, provocado por violência doméstica, nem basta a mera prova da situação de violência doméstica. Assim sucedeu, por exemplo, no caso *E.S. s/Reintegro de hijo*, em que a menção genérica de violência sem provas da mesma foi considerado não ser relevante para sustentar o não regresso da criança[38], ou no caso *Gsponer v. Johnson*, em que as provas apresentadas foram consideradas gerais e imprecisas[39].

[36] Taylor v. Taylor, 502 Fed.Appx. 854, 2012 WL 6631395 (C.A.11 (Fla.)) (11th Cir. 2012), consultado em https://www.incadat.com/en/case/1184, em 20.09.2021.

[37] *Gomez v. Fuenmayor*, No. 15–12075, 05 February 2016, consultado em https://www.incadat.com/en/case/1407, em 20.09.2021.

[38] *E.S. s/ Reintegro de hijo*, HC/E/AR 1305, https://www.incadat.com/en/case/1305, em 20.09.2021.

[39] *Gsponer v. Johnson* (1989) FLC 92-001; 12 Fam. LR 755, [1988] FamCA 21, https://www.incadat.com/en/case/255, em 20.09.2021.

Há decisões em que apesar de provado a situação de violência doméstica sobre o pai raptor, não fica provado a exposição da criança à mesma[40]. Para a aplicação do art. 13º, al. b) da Convenção de Haia é necessário aferir as consequências da violência doméstica sobre a criança caso ela regresse ao seu país de residência habitual, ponderando elementos como a regularidade, a intensidade, as circunstâncias em que pode ocorrer e a vulnerabilidade psicológica da própria criança[41].

Além disso, no juízo de risco grave de perigo para a criança devem ainda ser ponderadas a disponibilidade, adequação, suficiência e eficácia das medidas de proteção da criança e das vítimas de violência doméstica existentes no país da residência habitual da criança, podendo estas medidas não ser consideradas suficientes para proteger a criança[42]. Uma das situações ilustrativas desta realidade que consta do Guia Prático referente à aplicação do art. 13º da Convenção de Haia é «(...) por exemplo, quando o progenitor que ficou sem a criança violou repetidamente as ordens de proteção, o que pode colocar a criança em risco grave de sujeição a perigos de ordem física ou psíquica (...) [devendo-se] também ter em conta a extensão da vulnerabilidade psicológica da criança»[43].

Por exemplo, no caso *Miltiadous v. Tetervak*, além da violência física e emocional do pai em relação à mãe da criança, foi determinado por uma perícia psicológica que a criança sofria de transtorno pós-traumático crónico resultante de testemunho da violência contra a sua mãe, que se agravaria se a criança regressasse ao convívio do pai e fosse separada da mãe[44]. É também uma situação de stress pós-traumático de crianças em resultado de situações de violência dirigidas a elas e à mãe que, no caso

[40] Como sucedeu no caso *Tabacchi v. Harrison*, 2000 WL 190576 (N.D.Ill.), consultado em https://www.incadat.com/en/case/465, em 20.09.2021, julgado nos Estados Unidos da América.

[41] Neste sentido, v. Conferência de Haia, *Guia de Boas Práticas, Parte VI...*, Cit., p. 41.

[42] *Idem, ibidem.*

[43] *Idem, ibidem*, p. 42.

[44] *Miltiadous v. Tetervak*, 686 F. Supp. 2d 544 (E.D. Pa. 2010), https://www.incadat.com/en/case/1144, em 20.09.2021.

Ostevoll v. Ostevoll, justificou que o tribunal do Ohio tenha decidido que o regresso das crianças à Noruega as colocaria numa situação intolerável[45].

Novamente, para aferir a disponibilidade, adequação, suficiência e eficácia das medidas de proteção da criança e das vítimas de violência doméstica existentes no país da residência habitual da criança podem ser tidas em conta as informações e colaboração da autoridade central ou outra autoridade competente do Estado da residência habitual da criança, nos termos do art. 13º, *in fine*, da Convenção de Haia.

Caso o pai que foi separado da criança infrinja constantemente as medidas de proteção já decretadas, esse comportamento é um indício da pouca eficácia das medidas de proteção a decretar no país da residência habitual da criança e da presença de um risco grave de perigo para a mesma. Assim foi decidido no caso *Achakzad v. Zemaryalai*, numa situação de grave violência doméstica contra a mãe, em que o pai não demonstrava qualquer arrependimento pelos seus atos e evidenciava um certo desrespeito pelo sistema judicial da Califórnia, onde residia, ao mentir e encorajar a família a mentir relativamente às provas e ao não cumprir reiteradamente as ordens judiciais[46]. Apesar de o pai estar disposto a aceitar uma decisão de "porto seguro" a emitir na Califórnia, o tribunal do Ontário considerou que as atitudes agressivas do pai, inclusive em tribunal ameaçando de morte os advogados da mãe, e o desrespeito já demonstrado por ordens judiciais, comprovavam que o seu comportamento futuro não se alteraria ou seria controlável pelo sistema judicial californiano, tendo decidido que o regresso da criança a colocaria numa situação que para ela seria intolerável.

Na situação inversa em que o pai se mostra cooperante com as medidas de proteção da criança risco de dano físico ou psicológico, à partida, não haverá um risco grave de perigo físico ou psicológico para esta. Assim aconteceu no caso *F. v. M.*, em que o pai se comprometeu a não molestar a mãe, a não prosseguir com queixas criminais ou civis, a dar apoio financeiro, a estar em contacto semanal com os filhos e a cooperar com

[45] *Ostevoll v. Ostevoll*, 2000 WL 1611123 (S.D. Ohio 2000), https://www.incadat.com/en/case/1145, em 20.09.2021.

[46] *Achakzad v. Zemaryalai*, [2011] W.D.F.L. 2, https://www.incadat.com/en/case/1115, 20.09.2021.

qualquer procedimento no país da residência habitual das crianças, após o seu regresso[47].

Conclusões

Neste breve estudo tentou-se analisar de que forma as situações de violência doméstica podem influenciar o desenrolar das situações de rapto internacional de crianças. Nesta sede, tanto a Convenção de Haia, como o Regulamento Bruxelas II *bis*, estabelecem um procedimento célere que permita o regresso imediato da criança ao Estado da sua residência habitual, tendo em consideração que este regresso rápido se justifica em nome do superior interesse da criança. De facto, as situações de rapto internacional de crianças são traumáticas para a criança que sofre uma quebra na sua estabilidade social e familiar e causa efeitos nefasto na relação entre a criança e o pai que dela foi separado.

A Convenção de Haia prevê exceções à decisão de regresso da criança, que também se aplicam no âmbito do Regulamento Bruxelas II *bis*, e que em nome do superior interesse da criança constituem desvios ao sistema de regresso célere da criança. Uma dessas exceções está prevista no art. 13º, al. b), da Convenção de Haia que permite excecionalmente uma decisão de retenção se ficar provado que regresso representa um risco grave para a saúde física ou psíquica da criança ou coloca a criança numa situação intolerável. Ora, é nesta exceção que se integram as situações de violência doméstica, quer efetiva, quer as ameaças suficientemente graves, contra a criança ou contra o pai raptor, quer no momento do rapto, quer após o seu regresso ao país de residência habitual, desde que tal exponha a criança a um risco grave de perigo físico ou psíquico ou que a coloque numa situação que ela não pode tolerar.

O risco em causa deve ser grave, real e sério e deve ser analisado numa perspetiva prospetiva, ainda que eventos passados possam ser relevantes para aferir a gravidade do risco após o regresso da criança. Para o efeito é necessário aferir as consequências da violência doméstica para a criança, ponderando elementos como a regularidade, a intensidade, as circunstâncias e a vulnerabilidade psicológica da criança. Devem ainda ser aferi-

[47] F. v. M. (Abduction: Grave Risk of Harm) [2008] 2 FLR 1263, https://www.incadat.com/es/case/1116?summlanguage=en, 20.09.2021.

das a disponibilidade, a adequação, a suficiência e a eficácia das medidas de proteção da criança no país da residência habitual da mesma. Neste juízo, pode ser ponderado o papel colaborante, ou não, do pai que foi separado da criança.

Referências

COMISSÃO EUROPEIA, *Guia prático para a aplicação do Regulamento Bruxelas II-A, Direção-Geral da Justiça*, União Europeia, 2014

GONÇALVES, Anabela Susana de Sousa, «A Residência Habitual Da Criança No Regulamento Bruxelas II Bis – Uma Visão A Partir Da Jurisprudência» *in Litígios Civis Internacionais no espaço Ibero-Americano*, Coord. Inez Lopes Renata Alvares Gaspar, Guillermo Palao Moreno Thiago PalumaTirant Lo Blanch Brasil, São Paulo, pp. 91-106.

— «O princípio do superior interesse da criança no Regulamento Bruxelas II bis», *Temas de Direito Internacional Privado e de Processo Civil Internacional*, Librum Editora, Porto, 2019, pp. 285-305.

— «As orientações do Tribunal Europeu dos Direitos do Homem relativamente ao rapto internacional de crianças», *Temas de Direito Internacional Privado e de Processo Civil Internacional*, Librum Editora, Porto, 2019, pp. 387-410.

— «Aspectos civis do rapto internacional de crianças: entre a Convenção de Haia e o Regulamento Bruxelas II *bis*», *Temas de Direito Internacional Privado e de Processo Civil Internacional*, Librum Editora, Porto, 2019, pp. 175-193.

— «O caso Rinau e a deslocação ou retenção ilícitas de crianças», *Temas de Direito Internacional Privado e de Processo Civil Internacional*, Librum Editora, Porto, 2019, pp. 75-102.

— «Deslocação ou retenção ilícitas de crianças», *Direito Internacional da Família, Formação Contínua*, Centro de Estudos Judiciários, 2019, pp. 31-55.

— «Aplicação prática do Regulamento nº 2201/2003 relativo à competência, ao reconhecimento e à execução de decisões em matéria matrimonial e de responsabilidade parental (Bruxelas II bis)», *Direito Internacional da Família, Formação Contínua*, Centro de Estudos Judiciários, 2019, pp. 93-108.

PÉREZ-VERA, Elisa, *Explanatory Report, Convention on the Civil Aspects of International Child Abduction*, Bureau Permanent de la Conférence de la Haye, La Haye, 1982

PATAUT, E., «Art. 11» *in Brussels II bis Regulation*, ed. U. Magnus/P. Mankowski, Sellier European Law Publishers, Munich, 2012.

10.
A VIOLÊNCIA INSTITUCIONAL CONTRA A MULHER: APONTAMENTOS ESTRUTURAIS E DANO EXISTENCIAL

Flávio de Leão Bastos Pereira

1. Introdução

É sabido que o Brasil ocupa atualmente a quinta posição, em grupo pesquisado que conta com 83 países, que mais convive com o feminicídio – cerca de 13 feminicídios por dia, taxa agravada quando o recorte feito se refere às mulheres negras, conforme pesquisa realizada e divulgada pela Faculdade Latino-Americana de Ciências Sociais (FLACSO).[1] Corroborando tais resultados oriundos da pesquisa desenvolvida pela FLACSO, o relatório sobre a situação dos Direitos Humanos no Brasil realizado pela Comissão Interamericana de Direitos Humanos concluiu, com base em dados divulgados por entidades de direitos humanos (Artigo 19; IPEA, Fórum Brasileiro de Segurança Pública – FBSP), que:[2]

> [...] no tocante à vitimização de mulheres em assassinatos por razões de gênero, também tendem a incidir fatores interseccionais de discrimina-

[1] UNIVERSIDADE FEDERAL DE SÃO PAULO (UNIFESP). *Brasil é o 5º país que mais mata mulheres.* Disponível em https://www.unifesp.br/reitoria/dci/index.php?option=com_k2&view=item&id=2589:brasil-e-o-5-pais-que-mais-mata-mulheres. Acesso em 14.3.22.

[2] COMISSÃO INTERAMERICANA DE DIREITOS HUMANOS (CIDH). *Situação dos direitos humanos no Brasil.* Aprovado pela Comissão Interamericana de Direitos Humanos em 12 de fevereiro de 2021 / Comissão Interamericana de Direitos Humanos. Disponível em http://www.oas.org/pt/cidh/relatorios/pdfs/Brasil2021-pt.pdf. Acesso em 14.3.22, p.41.

> ção, que as expõem ainda mais a vulnerabilidade. Dessa forma, as mulheres afrodescendentes sofrem os efeitos cumulativos de exclusão, discriminação e violência em função do seu gênero, agravado pela discriminação racial estrutural com base na sua origem étnico-racial. Segundo dados de 2015 do programa *Disque 180*, serviço de canal telefônico de denúncia contra a violência de gênero e de atendimento a mulheres vítimas de violência, 60% dos casos noticiados envolviam mulheres afrodescendentes e, segundo dados do Ministério da Justiça relativos a 2015, 68.8% das mulheres assassinadas também eram dessa origem étnico-racial. Ainda, segundo informações obtidas pela Comissão, embora nos últimos dez anos tenha sido registrada uma redução de 8% nos homicídios de mulheres não-afrodescendentes, no mesmo período o número de mulheres afrodescendentes assassinadas aumentou em 14.5%. Com efeito, entre 2006 e 2016, a taxa de homicídios dessas mulheres foi 71% maior que a de mulheres não pertencentes a essa origem étnico-racial [...]

Já a Comissão Econômica para a América Latina (CEPAL) informa que 40% do total de assassinatos de mulheres na macrorregião (América Latina e Caribe) são exatamente cometidos no Brasil.[3]

Referidos relatórios (outros poderiam ter sido mencionados), são harmônicos e complementares quanto à inafastável conclusão de que a situação das mulheres no Brasil é muito grave. Um aspecto, entretanto, deve ser considerado e diz respeito à ineficiência das políticas públicas e, por vezes, demonstrada no momento em que a mulher vitimada busca o socorro do Estado, culminando não raras vezes em novas violações.

A consideração às causas que contribuem para a intensificação da violência contra as mulheres, à evidência, pode ser direcionada a aspectos culturais, históricos e psicanalíticos; afinal, a opressão à mulher é talvez das mais antigas da humanidade com distintas facetas a depender

[3] NACIONES UNIDAS. Comissão Econômica para a América Latina e o Caribe (CEPAL). Al menos 2.795 mujeres fueron víctimas de feminicidio en 23 países de América Latina y el Caribe em 2017. CEPAL. Observatorio de Feminicidios 2016 – 2017, s/f. Disponível em https://www.cepal.org/es/comunicados/cepal-al-menos-2795-mujeres-fueron-victimas-feminicidio-23-paises-america-latina-caribe. Acesso em 14.3.2022.

das religiões, regimes políticos ou das práticas sociais e atinge todas as dimensões das sociedades. Como explica Monica Sapucaia, ao abordar as discriminações sofridas pelas mulheres brasileiras no que se refere ao acesso à educação:[4]

> [...] As mulheres, como "sujeitos de menos direitos", foram, em um primeiro momento, impedidas legalmente de ascender à formação superior. Contudo, em comparação, a educação foi, para as mulheres ocidentais, um direito conquistado no âmbito legal antes da maioria dos demais. Todavia, essa autorização jurídica não significou para as mulheres as mesmas conquistas, prerrogativas e privilégios que para os homens. Assim, quase trinta anos após as mulheres terem passado a ser a maioria dos estudantes universitários, vislumbramos que a maioria dos altos postos de trabalho, nas estruturas de poder governamental e da educação, ainda é ocupada por homens. Até hoje nos deparamos com as mulheres guetizadas em carreiras de cuidado, mal remuneradas e pouco valorizadas [...]

O ensinamento apresentado pela jurista acima possui relevante significado para se discutir causas, consequências e soluções para o problema do combate à violência contra a mulher, uma vez que tanto as estruturas educacionais, quanto os Poderes públicos, no Brasil, foram edificados sob bases patriarcais e que, mesmo contemporaneamente, ainda podem ser claramente percebidas na forma como as mulheres vitimadas são recebidas por parcelas das autoridades, componentes das elites intelectuais do país, não raras vezes passando a ocupar a posição de acusadas, quando vítimas eram, como no conhecido – e triste – caso de Mariana Ferrer e do qual resultou a promulgação da Lei nº 14.245, de 22 de novembro de 2021 para coibir a prática de atos atentatórios à dignidade da vítima e de testemunhas e para estabelecer causa de aumento de pena no crime de coação no curso do processo (Lei Mariana Ferrer).

Contudo, no que se refere à proposição pelo presente artigo, a análise tangencia aspectos institucionais e que favorecem não apenas a manutenção de um grave quadro social mas que, também, impedem a conti-

[4] MACHADO, Monica Sapucaia. *Direito das Mulheres – Ensino Superior, Trabalho e Autonomia*, p.23. São Paulo: Almedina, 2019.

nuidade de uma vida inspirada por projetos e sonhos naturais e almejados por todo e qualquer ser-humano.

Em relação às razões pelas quais a denominada violência institucional vem se tornando tema na pauta dos direitos humanos, pesquisas recentes apontam no sentido da insuficiência da estrutura humana qualificada, dentre outros aspectos de cunho estrutural.

Tais delimitações são propostas neste artigo.

2. Visão institucional fragmentária e prestação efetiva de jurisdição

Chama a atenção que, a despeito dos inegáveis avanços da legislação brasileira protetiva dos direitos humanos das mulheres, tais como a Lei nº 11.340, de 7 de agosto de 2006 (Lei Maria da Penha); a Lei nº 13.104, de 9 de março de 2015, que tipificou o crime de "feminicídio"; a Lei nº 14.132, de 31 de março de 2021 (criminalização da perseguição ou *stalking*); além da Lei nº 14.245, de 22 de novembro de 2021 (Lei Mariana Ferrer), ao que se soma a gradativa implantação de delegacias da mulher e varas especializadas em violência doméstica, ainda assim, a maioria das vítimas de violência de gênero no Brasil são assassinadas, normalmente, por companheiros, ápice de um longo processo de violência ao qual são submetidas; por vezes buscam as autoridades policiais e, ainda, obtêm as ordens judiciais necessárias à manutenção de suas integridades física e mental.

Entretanto, não se pode afirmar que quedas relevantes nos índices de violência e mortalidade das mulheres brasileiras, são constatadas. Como afirma a Comissão Interamericana de Direitos Humanos em seu relatório sobre os Direitos Humanos no Brasil, divulgado em 2021:[5]

> [...] Não obstante tais avanços no plano legislativo e de políticas públicas, a Comissão constata que a violência contra as mulheres segue apresentando índices dramáticos, com cifras alarmantes de assassinatos de mulheres por

[5] COMISSÃO INTERAMERICANA DE DIREITOS HUMANOS (CIDH). *Situação dos direitos humanos no Brasil.* Aprovado pela Comissão Interamericana de Direitos Humanos em 12 de fevereiro de 2021 / Comissão Interamericana de Direitos Humanos. Disponível em http://www.oas.org/pt/cidh/relatorios/pdfs/Brasil2021-pt.pdf. Acesso em 14.3.22, p.42.

razões de gênero no país... Adicionalmente, a Comissão observa, com preocupação que, na maioria dos casos, as mulheres assassinadas haviam denunciado seus agressores, enfrentado graves episódios de violência doméstica ou sofrido prévios ataques ou tentativas de assassinato. Da mesma forma, identificou-se que, em muitos desses casos, os agressores eram ou haviam sido cônjuges ou parceiros das vítimas, assim como metade desses homicídios foram cometidos por armas de fogo e que, em sua maioria, ocorrem dentro de suas próprias casas [...]

Os dados acima apontados sugerem que apesar de notáveis avanços, desafios de ordem institucional merecem atenção, uma vez que mencionadas questões estruturais são causas diretas de lesões supervenientes àquelas já suportadas pelas citadas vítimas de violência de gênero (doméstica, sexual etc.).

Um dos efeitos mais nocivos para que se imprima uma adequada efetividade ao sistema de justiça brasileiro visando o enfrentamento da violência contra a mulher, refere-se à já denominada, em recentes pesquisas, visão fragmentária do sistema de justiça sobre as distintas dinâmicas e diferentes contextos que caracterizam a situação das vítimas. Recentes pesquisas demonstram que os obstáculos enfrentados pelo sistema de justiça brasileiro na mencionada compreensão do fenômeno da violência contra a mulher geram efeitos danosos, como por exemplo, o descrédito no próprio sistema de justiça por parte das vítimas.

Neste sentido:[6]

> [...] A maioria das mulheres vítimas de feminicídio no Brasil não buscou ajuda, não denunciou as violências anteriores, não registrou nenhum boletim de ocorrência, não se amparou na rede de apoio e em nenhum órgão estatal. Esta informação, proveniente de uma pesquisa realizada pelo Governo Federal, foi revelada pela alagoana Roseana Estrela, secretária adjunta nacional de Políticas para as Mulheres, do Ministério da Mulher, da Família e dos

[6] TRIBUNAL DE JUSTIÇA DE SANTA CATARINA (TJSC). *Descrença no sistema faz vítima de feminicídio não buscar ajuda antes das tragédias*. Disponível em https://www.tjsc.jus.br/web/imprensa/-/descrenca-no-sistema-faz-vitima-de-feminicidio-nao-buscar-ajuda-antes-das-tragedias. Acesso em 14.3.2022.

> Direitos Humanos...na sede do TJSC. 'Essas vítimas, infelizmente, não acreditavam no sistema', afirmou a secretária."

Referida constatação possui algumas causas importantes, como por exemplo efeitos danosos oriundos da própria burocracia, acúmulo de serviços, quantidade insuficientes de servidores, além da formação profissional deficiente ou carente de treinamentos e atualizações. Some-se a tais aspectos elementos de ordem cultural e sociológicos, como o próprio machismo que ainda caracteriza a sociedade brasileira e as instituições que refletem referida sociedade. Tal contexto implica no esvaziamento da efetividade de quaisquer das normas acima mencionadas, uma vez que as conquistas do plano normativo não se refletem em ações concretas por parte do sistema de justiça. Conforme explicam Artenira da Silva e Silva e Almudena Garcia Manso:[7]

> [...] Diante de tais avanços jurídicos, a Lei Maria da Penha necessitaria de operadores no Sistema de Justiça tecnicamente habilitados para compreenderem as bases estruturais e históricas da violência de gênero. Torna-se inócua e sem qualquer efetividade social expressiva uma lei avançada em seus propósitos se aqueles que a manejam permanecem encastelados em suas convicções históricas patriarcais especialmente por hipossuficiência técnica, em absoluto antagonismo ao compromisso assumido pelo país de qualificar os operadores do sistema de proteção perante os órgãos internacionais. Ao negligenciar a qualificação daqueles que operam a Lei em questão pode-se presumir mais atos institucionais e, com requintes jurisprudenciais de violência revitimizadores das vítimas, porque estarão reconhecidos em práticas legais consubstanciadas em todo um rol de articulação institucional e de metas no Sistema de Justiça [...]

[7] SILVA, Artenira da Silva e; MANSO, Almudema Garcia. *Quando o Machismo é Institucional: reflexões sobre a efetividade da Lei 11.340/2006*, p.28. Obra coletiva *Mulheres vivendo sem violência* [livro eletrônico]: *manual de proposituras interinstitucionais para uma maior efetividade à aplicação da Lei Maria da Penha no Brasil*. Organizadores: Almudema Garcia Manso, Amanda Silva Madureira, Artenira da Silva e Silva, Fernanda Sola, Flávio de Leão Bastos Pereira, Patrícia Tuma Bertolin. São Paulo: Escola Superior de Advocacia da OAB/SP, 2021.

De fato, a reiteração de práticas e decisões inspiradas por visões patriarcais, somadas aos problemas estruturais do próprio Estado, impõem a legitimação de condutas que cristalizam e normalizam não apenas dinâmicas procedimentais que violam a dignidade das vítimas de violência de gênero e que, não raramente, impõem a prescrição de medidas judiciais e deixando sem solução situações extremamente graves para as vítimas mulheres. Assim, por exemplo, informam Artenira da Silva e Silva e Érica Lene da Silva Santos:[8]

> [...] Conforme recente pesquisa feita no Estado do Maranhão, no que se refere ao julgamento das ações penais pela Primeira vara Especializada maranhense com competência para julgar crimes que envolvam a violência contra a mulher, entre os anos de 2014 e 2018, de 3.143 ações penais protocoladas houve a prolação de 916 sentenças, e deste total 502 foram fulminadas pela prescrição, 348 continham condenação pelos crimes e 243 continham absolvição. Ainda nesta pesquisa observou-se a grande incidência de crimes de ameaça, 485 ações, de um total de 916 ações penais examinadas, onde essa figura delitiva figurou de forma isolada ou conjugada a outros delitos. Tal constatação demonstra o verdadeiro protagonismo de violências de cunho psicológico neste Estado e a consequente necessidade de compreensão dos aspectos processuais que envolvem essas violências. Porém, o cenário nacional, não se apresenta de forma distinta. Segundo dados do Conselho Nacional de Justiça, o Brasil no ano de 2019 ultrapassou a marca de um milhão de processos de violência doméstica e 5,1 mil processos de feminicídio que ainda tramitam na Justiça. Com relação ao ano de 2018, os casos de violência doméstica em geral, houve aumento de quase 10%, com o recebimento de 563,7 mil novos processos casos de feminicídio que chegaram ao Judiciário cresceram 5% em relação ao mesmo ano. Comparando-se os números do

[8] SILVA, Artenira da Silva e; SANTOS, Érica Lene da Silva. *A Negligência Institucional e a Imperícia nos Casos de Violência Doméstica Contra a Mulher no Brasil*, p.48. Obra coletiva *Mulheres vivendo sem violência* [livro eletrônico]: *manual de proposituras interinstitucionais para uma maior efetividade à aplicação da Lei Maria da Penha no Brasil.* Organizadores: Almudema Garcia Manso, Amanda Silva Madureira, Artenira da Silva e Silva, Fernanda Sola, Flávio de Leão Bastos Pereira, Patrícia Tuma Bertolin. São Paulo: Escola Superior de Advocacia da OAB/SP, 2021.

> Conselho Nacional de Justiça, referentes aos Relatórios dos anos de 2017 e 2018, é possível verificar um salto no total de casos novos de demanda criminal que ingressaram nas Varas e Juizados Especializados em violência doméstica contra a mulher no Brasil: Em 2017 contabilizou-se 334.088 (trezentos e trinta e quatro mil e oitenta e oito) casos de violência contra a mulher, enquanto esse número, conforme o Relatório de 2018, saltou para 452.988 (quatrocentos e cinquenta e dois mil, novecentos e noventa e oito) casos, excluídos destes os casos de feminicídio. (BRASIL, CNJ, 2018, p.12-13) [...]

O alto número de processos alcançados pela prescrição demonstra como referido contexto contribui diretamente, ainda, para a imposição dos danos existenciais impostos às vítimas, inclusive a partir da violação direta da Constituição que consagra como direito fundamental a duração razoável do processo e os meios que garantam a celeridade de sua tramitação, em seu artigo 5º inciso LXXVIII da Constituição Federal de 1988, garantia de direitos humanos prevista também pelo artigo 8º, item 1, da Convenção Americana de Direitos Humanos, de 1969 e promulgada no Brasil pelo Decreto nº 678/1992.

Também o artigo 25 da Convenção Americana de Direitos Humanos determina que toda pessoa tem direito a um recurso simples e rápido ou a qualquer outro recurso efetivo, perante os juízes ou tribunais competentes, que a proteja contra atos que violem seus direitos fundamentais reconhecidos pela constituição, pela lei ou pela presente Convenção, mesmo quando tal violação seja cometida por pessoas que estejam atuando no exercício de suas funções oficiais.

A prestação efetiva da jurisdição é também reconhecida como obrigação dos Estados-membros da Organização dos Estados Americanos (OEA) pelo *Informe Anual da Comissão Interamericana de Direitos Humanos*, Nicarágua, 1993, página 484; outrossim, ressalte-se que o Sistema Interamericano de Direitos Humanos também já determinou que a ausência de efetividade dos recursos, a investigação insuficiente ou omissão do dever de investigar traduzem violação da obrigação de proteção judicial, tal como determinado pela Convenção de San Jose da Costa Rica, ratificada pelo Estado brasileiro.

A demonstração da comprovação de acesso à jurisdição deve ser efetiva, tal como reconhecido pela Corte Interamericana de Direitos Humanos no Caso *Cantos Vs. Argentina*, sentença de 28.11.2002, parágrafo 52.[9]

3. O dano existencial

O dano existencial, que não se confunde com o dano material, tampouco com o dano moral, envolve a lesão de ordem psíquica conjugada com a impossibilidade de reconstrução dos planos de vida por parte da vítima não apenas da violência de gênero mas, ainda, revitimizada pela estrutura institucional e suas limitações.

Nas palavras de Flaviana Rampazzo Soares:[10]

> [...] O dano existencial é uma lesão ao complexo de relações que auxiliam no desenvolvimento normal da personalidade do sujeito, abrangendo a ordem pessoal ou a ordem social. Dessa forma, a liberdade do sujeito constitui o núcleo duro da teoria, porquanto, é ela a parte diretamente afetada nos eventos que são timbrados com essa designação [...]

A garantia fundamental da liberdade constitui elemento essencial para a compreensão do dano existencial, uma vez que implica exatamente na imposição de interferências ou intervenções que impedem à vítima, sob o ponto de vista emocional ou psíquico, o exercício de seu livre-arbítrio em suas escolhas de vida.

Também explica José Augusto de Sá Costa Leite que:[11]

> [...] O dano existencial traduz concretamente uma situação que inviabiliza a realização de um determinado projeto de vida realístico, não pressupondo

[9] CORTE INTERAMERICANA DE DIREITOS HUMANOS. *Caso Cantos Vs. Argentina.* Disponível em https://www.corteidh.or.cr/docs/casos/articulos/seriec_97_esp.pdf. Acesso em 14.3.2022.

[10] SOARES, Flaviana Rampazzo. *A Construção de uma Teoria do Dano Existencial no Direito do Trabalho. In*: SOARES, Flaviana Rampazzo (Coord.). *Danos Extrapatrimoniais no Direito do Trabalho.* São Paulo: Editora Ltr, 2017, p. 120.

[11] LEITE, José Augusto de Sá Costa. *Responsabilização civil do agressor e o dano existencial decorrente de violência doméstica e familiar: efetividade na aplicação da Lei Maria da Penha no Brasil.* São Paulo: Escola Superior da Advocacia (ESA), 2021.

> lesão física ou alteração do patrimônio. Tem-se uma alteração permanente, de difícil ou mesmo de impossível reparação, que neutraliza uma expectativa legítima [...]

Assim, a relação entre as limitações estruturais que caracterizam as instituições brasileiras competentes para o combate à violência contra a mulher e o dano existencial é relevante para o presente estudo, uma vez que a violência institucional decorre também das mencionadas limitações. O dano existencial envolve duas perspectivas: (i) dano ao projeto de vida; e, (ii) dano à vida de relação da vítima.

Na primeira hipótese, o dano existencial atinge especialmente a realização das metas e decisões adotadas por uma pessoa no contexto de seus referenciais de vida; na segunda espécie, entende-se a realização que as pessoas almejam por meio da convivência, da interação com terceiros, a vivência dos processos dialéticos que deveriam conduzir ao crescimento pessoal.

Nestes termos, explica Hidemberg Alves da Frota:[12]

> [...] (a) O dano existencial se subdivide no dano ao projeto de vida e no dano à vida de relações. Em outras palavras, o dano existencial se alicerça em 2 (dois) eixos: (a) De um lado, na ofensa ao projeto de vida, por meio do qual o indivíduo se volta à própria autorrealização integral, ao direcionar sua liberdade de escolha para proporcionar concretude, no contexto espaço-temporal em que se insere, às metas, objetivos e ideias que dão sentido à sua existência. Por dano existencial (também chamado de dano ao projeto de vida ou *prejudice d'agrément* – perda da graça, do sentido) compreende-se toda lesão que compromete a liberdade de escolha e frustra o projeto de vida que a pessoa elaborou para sua realização como ser humano. Diz-se existencial exatamente porque o impacto gerado pelo dano provoca um vazio existencial na pessoa que perda a fonte de gratificação vital. Por projeto de vida entenda-se o destino escolhido pela pessoa, o que decidiu fazer com a

[12] Frota, Hidemberg Alves da. *Noções fundamentais sobre o Dano Existencial*, p.65/66. Disponível em https://juslaboris-hml.tst.jus.br/bitstream/handle/20.500.12178/95532/2013_frota_hidemberg_nocoes_fundamentais.pdf?sequence=1&isAllowed=y. Acesso em 15.3.2022.

> sua vida... O dano ao projeto de vida refere-se às alterações de caráter não pecuniária nas condições de existência, no curso normal da vida da vítima e de sua família. Representa o reconhecimento de que as violações de direitos humanos muitas vezes impedem a vítima de desenvolver suas aspirações e vocações, provocando uma série de frustrações dificilmente superadas com o decorrer do tempo...(b) E, de outra banda, no prejuízo à vida de relação, a qual diz respeito ao conjunto de relações interpessoais, nos mais diversos ambientes e contextos, que permite ao ser humano estabelecer a sua história vivencial e se desenvolver de forma ampla e saudável, ao comungar com seus pares a experiência humana, compartilhando pensamentos, sentimentos, emoções, hábitos, reflexões, aspirações, atividades e afinidades, e crescendo, por meio do contato contínuo (processo de diálogo e de dialética) em torno da diversidade de ideologias, opiniões, mentalidades, comportamentos, culturas e valores, ínsita à humanidade [...]

Resta evidenciada a profundidade da dor experimentada pela vítima de dano existencial, especialmente quanto às pessoas que padecem sob a violência de gênero, doméstica, sexual etc. Sem que o Estado promova a adequada qualificação de seus servidores, ao que se soma a necessária sensibilização de que cada caso de violência contra as mulheres envolve circunstâncias próprias, não se podendo estabelecer padrões ou *standards* estáticos para compreensão de cada situação concreta, não serão alcançados padrões elevados de sucesso no combate a esta espécie de violência.

Necessário é, por exemplo, a devida percepção sobre as dinâmicas próprias das discriminatórias sobrepostas (*overlapping discrimination*), como nas hipóteses das mulheres negras, indígenas, refugiadas etc.

Conclusões

Não se pode negar o avanço no plano legislativo e das políticas públicas para proteção à mulher, especialmente a partir da conclusão do caso Maria da Penha perante a Comissão Interamericana de Direitos Humanos[13] e que podem ser constatados no Brasil. A implantação de delega-

[13] COMISSÃO INTERAMERICANA DE DIREITOS HUMANOS. Organização dos Estados Americanos. *Maria da Penha Maia Fernandes vs. Brasil.* Disponível em https://www.cidh.oas.org/annualrep/2000port/12051.htm. Acesso em 15.3.2022.

cias da mulher, bem com a formulação de políticas públicas e edição de leis importantes que reforçam a percepção da gravidade do problema da violência contra a mulher que atinge o país de forma profunda, além da criação de Varas especializadas na violência de gênero, reforçam tal argumento.

Contudo, por razões distintas e estruturais não se alcançou, ainda, a esperada efetivação da prestação da justiça nos casos submetidos especialmente ao sistema judiciário e que, assim, por vezes passa a simbolizar uma nova etapa marcada pela discriminação ou pela ineficácia na prestação jurisdicional, como demonstram os dados acima elencados e baseados em larga pesquisa.

Quantidade insuficiente de servidores; falta de treinamento para aperfeiçoamento profissional; fragmentação da visão das instituições sobre as dinâmicas da violência contra a mulher etc. constituem apenas alguns aspectos de um problema mais amplo e que certamente conduzem larga parcela das vítimas a não "crer" que valha à pena procurar o Estado, quando submetidas à violência doméstica, o que certamente impõe o descrédito nas instituições, além da incompletude de dados estatísticos indispensáveis à formulação de políticas públicas eficientes.

Tal quadro impõe o chamado dano existencial às vítimas já que, por diversas vezes, veem-se obrigadas a deixar suas cidades, suas famílias, mudar seus nomes, perder o contato com filhas e filhos, além de se encontrar sem perspectivas para a realização de seus projetos de vida, fenômeno denominado *dano existencial.* O tempo excessivo de curso dos processos impede, também, a realização da justiça de modo efetivo, com violação da Constituição Federal de 1988 e das normas internacionais, como a Convenção Americana de Direitos Humanos.

Casos há nos quais a jurisdição simplesmente não é prestada, noticiados pela imprensa brasileira e com 35 magistrados tendo declarado seu impedimento de julgar os processos que envolvem divórcio, guarda de filha e violência doméstica, o que parece fugir à razoabilidade.[14]

[14] FOLHA DE SÃO PAULO. *Judiciário do Maranhão é acusado em Corte internacional de não proteger mulher – Em batalha judicial de psicóloga contra ex-marido, 35 magistrados se declaram impedidos de julgar.* Disponível em https://www1.folha.uol.com.br/poder/2020/12/judicia-

Diante do mencionado cenário, ganha relevância o sistema interamericano de Direitos Humanos, uma vez que a interpretação dos princípios da subsidiariedade e da complementaridade permitem considerar as situações nas quais a prestação jurisdicional se mostra lenta ou é simplesmente negada, apesar do curso formal dos feitos no Brasil, vale dizer, quando, em tese, houver demora injustificada na decisão sobre as medidas judiciais e recursos interpostos (artigo 46, 2, "c" da Convenção Americana de Direitos Humanos).

O elevado número de prescrições verificadas em relação às ações penais propostas em vista de casos de violência contra a mulher, no Brasil, além da necessidade de melhor treinamento e formação dos profissionais de distintas áreas do conhecimento que atuam diretamente em casos tais (magistrados/as, promotores/as de justiça, advogadas/os, assistentes sociais, psicólogos etc.), bem demonstram alguns caminhos a serem observados para que tal situação que insere o Brasil na quinta colocação no ranking mundial sobre feminicídios, seja amenizada.

Finalmente, o enfrentamento especializado da violência contra a mulher, por todas as instituições oficiais, deve considerar as especificidades próprias dos distintos e assimétricos seguimentos sociais, sob pena da manutenção das violências estruturais e de dar ensejo ao descrédito nas instituições, conforme pesquisa acima apontada.

Referências

COMISSÃO INTERAMERICANA DE DIREITOS HUMANOS (CIDH). Organização dos Estados Americanos. *Maria da Penha Maia Fernandes vs. Brasil.* Disponível em https://www.cidh.oas.org/annualrep/2000port/12051.htm. Acesso em 15.3.2022.

COMISSÃO INTERAMERICANA DE DIREITOS HUMANOS (CIDH). Organização dos Estados Americanos. *Situação dos direitos humanos no Brasil.* Aprovado pela Comissão Interamericana de Direitos Humanos em 12 de fevereiro de 2021 / Comissão Interamericana de Direitos Humanos. Disponível em http://www.oas.org/pt/cidh/relatorios/pdfs/Brasil2021-pt.pdf. Acesso em 14.3.22.

rio-do-ma-e-acusado-em-corte-internacional-de-nao-proteger-mulher-contra-violencia.shtml. Acesso em 15.3.2022.

CORTE INTERAMERICANA DE DIREITOS HUMANOS. *Caso Cantos Vs. Argentina*. Disponível em https://www.corteidh.or.cr/docs/casos/articulos/seriec_97_esp.pdf. Acesso em 14.3.2022.

FOLHA DE SÃO PAULO. *Judiciário do Maranhão é acusado em Corte internacional de não proteger mulher – Em batalha judicial de psicóloga contra ex-marido, 35 magistrados se declaram impedidos de julgar.* Disponível em https://www1.folha.uol.com.br/poder/2020/12/judiciario-do-ma-e-acusado-em-corte-internacional-de-nao-proteger-mulher-contra-violencia.shtml. Acesso em 15.3.2022.

FROTA, Hidemberg Alves da. *Noções fundamentais sobre o Dano Existencial*, p.65/66. Disponível em https://juslaboris-hml.tst.jus.br/bitstream/handle/20.500.12178/95532/2013_frota_hidemberg_nocoes_fundamentais.pdf?sequence=1&isAllowed=y. Acesso em 15.3.2022.

LEITE, José Augusto de Sá Costa. *Responsabilização civil do agressor e o dano existencial decorrente de violência doméstica e familiar: efetividade na aplicação da Lei Maria da Penha no Brasil.* São Paulo: Escola Superior da Advocacia (ESA), 2021.

MACHADO, Monica Sapucaia. *Direito das Mulheres – Ensino Superior, Trabalho e Autonomia.* São Paulo: Almedina, 2019.

NACIONES UNIDAS. Comissão Econômica para a América Latina e o Caribe (CEPAL). Al menos 2.795 mujeres fueron víctimas de feminicidio en 23 países de América Latina y el Caribe em 2017. CEPAL. Observatorio de Feminicidios 2016 – 2017, s/f. Disponível em https://www.cepal.org/es/comunicados/cepal-al-menos-2795-mujeres-fueron-victimas-feminicidio-23-paises-america-latina-caribe. Acesso em 14.3.2022.

SILVA, Artenira da Silva e; MANSO, Almudema Garcia. *Quando o Machismo é Institucional: reflexões sobre a efetividade da Lei 11.340/2006*, p.28. Obra coletiva *Mulheres vivendo sem violência* [livro eletrônico]: *manual de proposituras interinstitucionais para uma maior efetividade à aplicação da Lei Maria da Penha no Brasil.* Organizadores: Almudema Garcia Manso, Amanda Silva Madureira, Artenira da Silva e Silva, Fernanda Sola, Flávio de Leão Bastos Pereira, Patrícia Tuma Bertolin. São Paulo: Escola Superior de Advocacia da OAB/SP, 2021.

SOARES, Flaviana Rampazzo. *A Construção de uma Teoria do Dano Existencial no Direito do Trabalho. In*: SOARES, Flaviana Rampazzo (Coord.). *Danos Extrapatrimoniais no Direito do Trabalho.* São Paulo: Editora Ltr, 2017.

TRIBUNAL DE JUSTIÇA DE SANTA CATARINA (TJSC). *Descrença no sistema faz vítima de feminicídio não buscar ajuda antes das tragédias.* Disponível em https://

www.tjsc.jus.br/web/imprensa/-/descrenca-no-sistema-faz-vitima-de-feminicidio-nao-buscar-ajuda-antes-das-tragedias. Acesso em 14.3.2022.

UNIVERSIDADE FEDERAL DE SÃO PAULO (UNIFESP). *Brasil é o 5º país que mais mata mulheres.* Disponível em https://www.unifesp.br/reitoria/dci/index.php?option=com_k2&view=item&id=2589:brasil-e-o-5-pais-que-mais-mata-mulheres. Acesso em 14.3.22

PARTE III

ENFRENTAMENTO À VIOLÊNCIA CONTRA A MULHER: UMA CONSTRUÇÃO COLETIVA

11. ESTÂNDAR PROBATÓRIO EM VIOLÊNCIA DE GÊNERO: DO SISTEMA REGIONAL DE DIREITOS HUMANOS AO SISTEMA PROCESSUAL NACIONAL

PATRICIA VANZOLINI
ALEXIS COUTO DE BRITO

Introdução

O Brasil caminha a passos muito curtos em matéria cultural quando o assunto é a violência de gênero. Ainda no século XXI presenciamos violações diárias – muitas vezes fatais – da equivalência inerente ao ser humano. Não há qualquer diferença entre gêneros, e muito menos submissão de uma pessoa a outra. Mas ainda assim uma parcela de homens insiste em ignorar tal equivalência e diversas formas de violência são praticadas contra as mulheres, o que demanda uma resposta jurídica, inclusive do sistema penal.

É fato que a melhor solução é acelerar o processo educacional, investir na mudança cultural desde a infância, educando e conscientizando a criança a respeitar seu próximo, como um igual. Mas este caminho, ao que parece, ainda está longe de ser trilhado.

Surge então a necessidade de providências de contenção, reparação e reprovação, que pela natureza do comportamento e da norma inerente a ele, por vezes demandam respostas de caráter penal. Não sempre. Às vezes.

Não apenas no Brasil é fato que a violência contra a mulher configura um fenômeno de gravidade extrema não apenas pelas vítimas, mas também por constituir violação aos direitos humanos. Está diretamente relacionada com a formação cultural patriarcal na qual meninos e meninas são educados de forma diferente, como se houvesse algum tipo de hierarquia entre eles. É, portanto, um problema que impede a construção das relações no marco da família e da sociedade. Apesar de atualmente o problema ganhar mais visibilidade, durante muitas décadas foi considerado algo privado, com o desprezo e o silenciamento aos diversos modos de violência.

Neste contexto um importante marco foi a Convenção de Belém do Pará que além de iluminar o tema propõe a garantia de acesso à justiça e não-discriminação das mulheres vítimas de violência de gênero, para que no tratamento do tema se evitem afirmações, insinuações e alusões estereotipadas, desqualificação de sua credibilidade, sua conduta sexual, maneira de vestir, trabalho que ocupa e relação de parentesco. Em especial em matéria penal – e processual penal – chamamos atenção para o Artigo 7º, letra b da convenção que afirma ser dever o Estado "agir com o devido zelo para prevenir, investigar e punir a violência contra a mulher". Em uma de suas decisões a Corte Interamericana de Direitos Humanos decidiu que "diante de um ato de violência contra a mulher resulta particularmente importante que as autoridades a cargo da investigação a levem adiante com determinação e eficácia, tendo em conta o dever da sociedade de rechaçar a violência contra as mulheres e as obrigações do Estado de erradicá-la e brindar confiança às vítimas nas instituições estatais para sua proteção"[1]. Não é incomum que a vítima de violência doméstica seja novamente vitimizada ao procurar as entidades e órgão públicos, pela falta de preparo, por preconceito ou mesmo pela já citada cultura patriarcal na qual nos inserimos. Também é decisão da Corte que "os Estados devem adotar medidas integrais para cumprir com a devida diligência em casos de violência contra as mulheres. Em particular, devem contar com um adequado marco jurídico de proteção, com uma aplicação efetiva do mesmo e com políticas de prevenção e práticas que permitam atuar de uma maneira eficaz ante as denúncias. A estratégia de prevenção deve ser integral, ou seja, deve prevenir os fatores de risco e a

[1] Fraga Utges, Victoria. Algunas consideraciones sobre la valoración del testimonio de la mujer víctima de violencia de género, In: *Medios de Prueba en el proceso penal 2 – Prueba testimonial*, p. 63.

ao mesmo tempo fortalecer as instituições para que possam proporcionar uma resposta efetiva aos casos de violência contra a mulher"[2].

Mas não é apenas no momento inicial de repressão à violência que a atenção ao fenômeno deve ser redobrada. As particularidades que envolvem um caso de violência doméstica, muitas vezes praticado entre quatro paredes e sem a presença de testemunhas – como é o caso da violência sexual – exige uma tomada de postura mais contundente com relação à busca da prova durante a instrução criminal. Neste sentido a Corte também proferiu decisão chamando a atenção sobre ser a violação sexual um "tipo particular de agressão que, em geral, se caracteriza por se produzir na ausência de outras pessoas além da vítima e o agressor ou agressores. Dada a natureza desta forma de violência, não se pode esperar a existência de provas gráficas ou documentais e, por isso, a declaração da vítima constitui uma prova fundamental sobre o fato"[3].

E é justamente neste âmbito – o da obtenção da prova criminal – que nos parece haver uma má interpretação do papel dos atores processuais face à convenção e ao concreto e grave problema da violência contra a mulher. A observação da Convenção de Belém do Pará, como ela própria prevê em seu texto, não deve ser aplicada isoladamente, porquanto pertence ao sistema regional de direitos humanos, no qual outro protagonista também recebe atenção: o acusado. E há algum tempo notamos que aparentemente, para que se possa conduzir os casos de violência contra a mulher, é necessário que se descartem as garantias processuais conferidas ao acusado conquistadas também a duras penas e consagradas por sua necessidade. A nosso ver, não há qualquer contradição entre os direitos internacionalmente garantidos, que devem ser harmonizados para que o sistema não seja destruído. É o que pretendemos discorrer.

1. A relação dialética entre o estado de inocência e o devido processo penal

Conforme o art. 5º, LVII, da CF/88, "ninguém será considerado culpado até o trânsito em julgado de sentença penal condenatória".

[2] Fraga Utges, Victoria. *op. cit.*, p. 64.

[3] Fraga Utges, Victoria. Algunas consideraciones sobre la valoración del testimonio de la mujer víctima de violencia de género, In: *op. cit.*, p. 64/65.

Cabe ao Estado provar a "culpa" do indivíduo, ou seja, demonstrar a autoria de determinado delito, cumprindo à acusação coletar toda a prova dos fatos articulados com tal finalidade, visto que, constitucionalmente, o indivíduo é inocente. Ao lado do estado de inocência, temos o devido processo legal. É em virtude da inocência do acusado que a ele somente poderá ser imposta uma pena depois de um processo no qual lhe sejam garantidos todos os meios de prova e recursos legais possíveis.

Portanto, é o estado de inocência peça central e estrutural do processo penal, ao ponto de que se não partirmos dele como imperativo reitor e ápice do sistema, "não haveria necessidade lógica do processo"[4].

Lembramos que a busca pela garantia de um devido processo é longa e tormentosa. Apenas com o Iluminismo é que se começa o espinhoso caminho rumo a um processo penal acusatório (adversarial) e que até os dias de hoje ainda não foi totalmente implementado em muitos países. E esta busca tem íntima relação com a própria evolução do direito penal e da pena. O direito penal moderno se caracteriza pela publicização do conflito penal; trata-o como algo de interesse geral pela gravidade do ato e do resultado e pela severidade da sanção. Nessa evolução a finalidade da pena como mera retribuição foi questionada e praticamente abandonada e ganharam força as teorias relativas, preventivas, que justificam a sanção face ao seu caráter social. Em matéria penal, o ofendido não figura como parte das teorias sobre as finalidades da pena. A Corte Interamericana tem consolidado que "se a característica fundamental do direito penal moderno consiste em desconectar o delito da confrontação polar vítima-vitimizador, e justamente assim conferir ao conflito uma relevância social genérica, que é elaborada simbolicamente, por conseguinte, tampouco pode corresponder ao direito penal a função de ocupar-se inicialmente dos interesses concretamente lesionados do titular do bem jurídico. Isto não representa um déficit do direito penal que deveria ser reparado, senão a definição de sua função [...] a pena não é uma compensação pela vulnerabilidade individual".

É praticamente unânime o entendimento de que o processo penal na atualidade é um instrumento de garantia do cidadão. Garantia de que não

[4] Andrés Ibañez, Perfecto. Principio de presunción de inocencia y *principio* de victimización: una convivencia imposible. *Revista do Ministerio Público 160*, p. 61.

haverá uma pena sem processo. Contudo, a vítima que havia sido afastada completamente dessa relação foi aos poucos adquirindo maior relevância. Em parte, essa relevância é salutar, afinal certos conflitos sociais têm uma referência individual relevante, a ponto de, em certos casos, a resolução encontrar um desfecho satisfatório no acordo entre ofensor e ofendido. Em meados dos anos oitenta a vítima passou a adquirir maior importância no cenário processual penal, importância essa que foi cada vez mais se transformando em protagonismo, chegando ao ponto de ser considerada figura central por certa corrente teórica. No Brasil um marco importante dessa maior participação da vítima foi a edição da lei 9.099/95, que possibilitou que em casos de menor potencial a vítima fosse lembrada no momento de um possível acordo pela não persecução. A partir daí fomos inserindo outros dispositivos de satisfação patrimonial da vítima ainda em sede penal.

Mas foi no âmbito da violência doméstica, a vítima – ou especialmente sua palavra – foi adquirindo o protagonismo, uma relevância probatória que supera a própria essência do processo. É comum que as decisões sobre os casos de violência doméstica em que apenas exista a palavra da vítima redundem em condenações, e uma jurisprudência se forme para justificar a impossibilidade – ou pior – a desnecessidade de outras provas sobre o fato e a autoria. Há uma inversão de lugares e aquela passa a ser a protagonista. Se é a vítima o centro – ainda que somente com relação a certos delitos – será consequência inevitável que as garantias do acusado passem à periferia, pois ambas as coisas não podem estar no centro; como efeito desaparece também, de fato, a presunção de inocência, pois deve-se presumir que a vítima tem razão[5].

É compreensível que diante da gravidade do problema os operadores tentem fornecer uma resposta adequada, que passa pela rapidez e efetividade da reprovação, na tentativa de erradicar a violência de gênero. Passam a admitir que a palavra da vítima tenha um valor probatório superior a qualquer outra coisa, e inclusive que possa ser a única prova existente, a ponto de destruir o estado de inocência. Mas como a própria Corte Interamericana já reconheceu "são muitos os exemplos históricos

[5] Sancinetti, Marcelo. De la insuficiencia del testimonio único, con especial referencia al abuso sexual. *Revista Peruana de ciencias penales*, n. 24, 2012, p. 646.

que demonstram que um maior uso do sistema penal não redundou na diminuição do delito senão que teve como principal consequência uma maior imposição de dor em forma deliberada por parte do Estado, com a característica seletividade do poder punitivo"[6].

Para aqueles que não se atentam para a real função do processo pode parecer que as garantias em razão do acusado são excessivas e prejudicam outros interesses que possam surgir, como é o caso do amparo à vítima. Entretanto, essa mal interpretada "preferência" do sistema de justiça parece levar à conclusão de que tal amparo somente será possível as custas da diminuição dos direitos e garantias do acusado. Tal pensamento constitui uma dicotomia ou oposição artificial entre os direitos de uns e outros que termina por prejudicar os direitos de todos os envolvidos no processo penal[7]. O acusado tem direito ao seu estado de inocência; a vítima tem direito ao amparo à sua situação especial. E a sociedade tem direito a que se faça justiça, condenando-se os culpados e absolvendo-se os inocentes. Em outras palavras, "cabe cuidar para que o anseio por fazer justiça à vítima não acabe por promover decisões tomadas sem observância da presunção de inocência; assumindo mais riscos de condenar inocentes do que o sistema jurídico permite"[8].

A tendência a admitir que uma única prova – a palavra de uma das partes, da ofendida – possa redundar em uma condenação, ao parecer solucionar o problema de dar maior atenção aos casos de violência contra a mulher, acaba produzindo um efeito nefasto ao sistema processual. O relaxamento do estândar probatório faz com que a polícia e os funcionários encarregados da investigação não se exijam em sua tarefa nem adotem todas as precauções para provar os fatos, diminuindo a qualidade dos julgamentos e a proteção dos direitos e garantias. Isto faz com que

[6] Juliano, Mario Alberto; Vargas, Nicolás Omar. La valoración probatoria en los casos de violencia de género. Una mirada desde los precedentes del Tribunal Superior de la CABA y su proyección en otras jurisdicciones. In: Ordóñez, Pablo. Medios en el proceso penal. 2. Prueba testimonial, p. 56.

[7] Torres Ortega, Ilsse Carolina. Violencia hacia las mujeres y presunción de inocencia. *Eunomía. Revista en Cultura de la Legalidad*, p. 161/162.

[8] Matida, Janaína Roland. A determinação dos fatos nos crimes de gênero: entre compromissos epistêmicos e o respeito à presunção de inocência. In: *Violência de Gênero – Temas polêmicos*, p. 93.

aumentem as possibilidades de que pessoas inocentes sejam condenadas. Nos casos de imputações em que a materialidade do fato está baseada exclusivamente na palavra de uma só pessoa, sem elementos externos que a corroborem, deveria ao menos viger um princípio de igualdade. Salvo casos realmente extraordinários, não se deveria "alterar a regra de paridade entre acusador e acusado, pelo que, em princípio, deve-se rechaçar toda imputação que somente se funde nos ditos de uma única testemunha"[9]. Pensamento que remonta a Beccaria, Montesquieu e Filangieri[10].

Quanto à atividade judicial, sob o manto da livre valoração da prova, legitimam-se as condenações baseadas em uma só evidência. O equívoco procedimental está no fato de que a não dispor de outro meio de prova não é possível realizar a valoração conjunta entre elas e controlar a confiabilidade de cada uma, o que impossibilita a comprovação da acusação. É imprescindível que a hipótese acusatória seja submetida à verificação e exposta à refutação, de forma que resulte convalidada apenas e tão somente se sustentada por provas e contraprovas[11]. Como expõe Mendez, "quando um juiz decide com base em apenas um testemunho, sem nenhum outro elemento de prova, o faz equivocadamente com fundamento em uma certeza pessoal proveniente de um 'palpite' ou uma 'intuição'; pelo que nunca saberemos se condenou a um inocente". Agindo assim, não só enfraquece ou anula o estado de inocência senão que flexibiliza o estândar probatório que se exige para uma condenação[12].

O diálogo entre os direitos dos acusados e das vítimas nem sempre é harmonioso, mas encontra um árduo terreno de discussão quando apenas o depoimento da vítima é contabilizado. É relevante observar que essas situações tendem a ocorrer por falha do próprio sistema policial e judicial, por não cumprirem com sua obrigação de investigar com dili-

9 Sancinetti, Marcelo. De la insuficiencia del testimonio único, con especial referencia al abuso sexual. *Revista Peruana de ciencias penales, n. 24*, 2012, p. 656.

10 Sancinetti, Marcelo. *op. cit.*, p. 651/652.

11 Mendez, Sofía Barros. ¿Existe un desmedro de las garantías del imputado ante el robustecimiento de los derechos de las víctimas? El testigo único en la violencia de género. *Revista Jurídica de la Universidad de San Andrés*, p. 150.

12 Mendez, Sofía Barros. *op. cit.*, p. 150.

gência, o que produz o terrível cenário no qual se viola a garantia do estado de inocência do acusado ou o direito das vítimas a obter justiça. "A má gestão da justiça leva a flexibilizar o estândar probatório ou a deixar os crimes cometidos principalmente contra as mulheres sem punição; assim, o vínculo entre o direito à presunção de inocência, a exigência de atividade probatória suficiente e as dificuldades especiais de prova em crimes sexuais entram em um debate difícil de se resolver"[13].

Diante deste cenário, quando as mulheres falam de inequidade do sistema de justiça pode ser que não esperem o falso antídoto da violação de garantias do outro. É a conclusão de Torres Ortega: "talvez esperem, dentre outras coisas, um juízo justo no qual não sejam revitimizadas por estereótipos normativos, no qual não esteja normalizada a violência que sofrem, no qual não sejam culpadas ou delas se desconfie – pelo fato de serem mulheres – de seu testemunho e, em geral, no qual não se sintam tão abandonadas pelo sistema que termine sendo uma opção mais apropriada desistir e enfrentar seu dano na solidão"[14].

2. A harmonização do sistema entre a devida atenção à vítima e efetiva proteção do acusado

Uma afirmação comum consiste em que em grande parte dos casos de violência de gênero, especialmente de agressões sexuais, é necessário atribuir um valor especial ao depoimento da vítima pois, caso contrário, uma conduta extremamente grave, que geralmente ocorre na clandestinidade, ficaria impune[15]. Para Andréz Ibañez trata-se de um critério "aberrante", porque "a avaliação de uma prova não pode depender de um estado de opinião, nem da gravidade do crime, nem da demanda social de repressão de certas condutas, por mais graves que sejam". O que se entende por estado de inocência "tem validade absoluta e não é condicionado ou

[13] Mendez, Sofía Barros. ¿Existe un desmedro de las garantías del imputado ante el robustecimiento de los derechos de las víctimas? El testigo único en la violencia de género. *Revista Jurídica de la Universidad de San Andrés*, p. 148/149.

[14] Torres Ortega, Ilsse Carolina. Violencia hacia las mujeres y presunción de inocencia. *Eunomía. Revista en Cultura de la Legalidad*, p. 164.

[15] Andréz Ibáñez, Perfecto. En materia de prueba: sobre algunos cuestionables tópicos jurisprudenciales. *Questio facti*, p. 91.

condicional, e exige que a condenação se baseie no credenciamento do crime e sua autoria com certeza prática, obtida em decorrência de exame da evidência material, presidida pela racionalidade, que se expressa em decisão suficientemente justificada em todos os seus extremos relevantes". Falar de prova privilegiada degrada o estado de inocência. Para o autor, trata-se de algo inaceitável, ainda que seja evidente haver – e não deixará de haver – crimes que, pelas circunstâncias em que forem cometidos, proporcionarão inevitavelmente vantagem a seus autores rumo à impunidade. Ainda assim, seria aberrante postular um direito probatório especial para estes tipos de delitos[16].

É comum que atualmente encontremos afirmações no sentido de que as obrigações estabelecidas pela Convenção de Belém do Pará demandariam a necessidade de se estabelecer um estândar probatório diferenciado para os casos de violência doméstica nos termos do que critica Andréz Ibañez. Porém, a Convenção não sugere, em momento algum, tal flexibilização, ou a condenação com base apenas na palavra da vítima. Como bem nota Mendez, ao contrário, a Convenção reforça o dever dos Estados de investigar com a devida diligência os casos e exige que Ministério Público empreenda um maior esforço na obtenção da prova. Assim, "dado que a prova é todo elemento que permita confirmar ou rechaçar uma hipótese ou afirmação em relação aos fatos em análise, a investigação se posiciona como a melhor ferramenta para resolver estes casos, nos quais os direitos de ambos poderiam entrar em conflito". Como resulta óbvio, dita situação se distancia de um relaxamento nos estândares para se alcançar uma condenação e "o que se exige é o desenvolvimento de uma investigação oportuna, exaustiva e imparcial, a fim de salvaguardar tanto os direitos do acusado como os da vítima"[17].

Na mesma linha Juliano e Vargas entendem que "o alcance das obrigações estatais, pontualmente dentro do sistema penal, não é outro que o dever de devida diligência durante a investigação, que implica que as

[16] Andréz Ibáñez, Perfecto. En materia de prueba: sobre algunos cuestionables tópicos jurisprudenciales. *Questio facti*, p. 92

[17] Mendez, Sofía Barros. ¿Existe un desmedro de las garantías del imputado ante el robustecimiento de los derechos de las víctimas? El testigo único en la violencia de género. *Revista Jurídica de la Universidad de San Andrés*, p. 152.

autoridades estatais conduzam a investigação com determinação e eficácia, com seriedade, celeridade e imparcialidade"[18]. Uma leitura da Convenção e de seus princípios "jamais pode levar à conclusão que existe um direito humano da vítima a que sempre se imponha uma pena, por mínima que seja, raciocínio que não tem apoio sempre que os Estados tenham obrigações de meio, mas não de resultados, como é o caso da persecução dos delitos". Em suma, "um raciocínio desta natureza poderia levar a que se obtenha condenações a todo custo, colidindo com todo o sistema de proteção de direitos humanos"[19]. Alguns utilizam, para fundamentar o maior peso da palavra da vítima decisões da própria Corte que ao condenar os Estados reconheceu que o depoimento da vítima não deve ser ignorado ou desqualificado, diante do especial modo de comissão dos delitos de violência contra a mulher. Tal comportamento poderia constituir uma forma de violência institucional e contrariar os parâmetros internacionais. Contudo, os critérios de valoração probatória adotados nestes casos pela Corte Interamericana não podem ser trasladados simplesmente ao âmbito interno, pois ali se atribuem responsabilidades aos Estados, e não responsabilidade pessoal aos indivíduos"[20]. Na verdade, a jurisprudência do sistema interamericano parece muito mais restritiva no que diz respeito a admissão de condenações com base em um único testemunho.

Partindo-se então do estado e inocência, temos nele uma pauta fundamental da legislação processual penal (dimensão normativa) e parâmetro de confiança da comprovação da hipótese acusatória (dimensão epistemológica). E esta premissa deve ser compatível com o processo penal em uma perspectiva de gênero, que também exige ações afirmativas que compensem a desigualdade estrutural das mulheres quando

[18] JULIANO, Mario Alberto; VARGAS, Nicolás Omar. La valoración probatoria en los casos de violencia de género. Una mirada desde los precedentes del Tribunal Superior de la CABA y su proyección en otras jurisdicciones. In: ORDÓÑEZ, Pablo. *Medios en el proceso penal. 2. Prueba testimonial*, p. 50.
[19] JULIANO, Mario Alberto; VARGAS, Nicolás Omar. La valoración probatoria en los casos de violencia de género. Una mirada desde los precedentes del Tribunal Superior de la CABA y su proyección en otras jurisdicciones. In: ORDÓÑEZ, Pablo. *Medios en el proceso penal. 2. Prueba testimonial*, p. 51.
[20] JULIANO, Mario Alberto; VARGAS, Nicolás Omar. *op. cit.*, p. 53.

vítimas. Acompanhamos Torres Ortega quando afirma que tal compatibilidade parte do pressuposto de que não se pretenda equiparar o estado de inocência com um direito de presunção da vítima de mesmo alcance. Para a autora, a possibilidade de compatibilidade partiria da pergunta sobre quais são as demandas legítimas relacionadas ao reclamo de que o sistema de justiça violenta institucionalmente as mulheres, o que na sua visão seriam dois[21]:

1) A construção de um processo penal que busque o esclarecimento dos fatos e a determinação de uma justa sentença não implique a desqualificação daqueles que se identificam como vítimas. A existência de estereótipos normativos afeta particularmente a experiência das mulheres como vítimas, especialmente devido à longa história de questionamento da credibilidade de seus depoimentos. A inocência do acusado não suscita dúvidas sobre a vitimização. Com efeito, são as afirmações feitas por uma pessoa na qualidade de vítima que serão investigadas, pelo que o impacto da desqualificação das referidas afirmações, para além de ser revitimizante, pode afetar totalmente o objetivo de apuração da verdade do processo penal. Tomar por certo, sem qualquer tipo de investigação, o relato acusatório da vítima implica, certamente, presunção contra o acusado, o que é contrário ao estado de inocência. No entanto, há um salto infundado entre este último e a hostilidade para com a vítima, a desvalorização de sua confiabilidade e seu abandono enquanto não se concluir que, de fato, é vítima do condenado.
2) O Estado deve atuar positivamente de acordo com o grau de vulnerabilidade da pessoa que se diz vítima. Isso não significa que em todos os processos criminais devam ser tomadas medidas que impliquem o reconhecimento da condição de vítima, o que pode mesmo significar limites à liberdade de outrem. A consciência de uma estrutura social de dominação em detrimento das mulheres justifica que as autoridades devam diferenciar a situação desse grupo e traçar uma série de medidas de proteção e apoio nos casos

[21] Torres Ortega, Ilsse Carolina. Violencia hacia las mujeres y presunción de inocencia. *Eunomía. Revista en Cultura de la Legalidad*, p. 168.

> em que aparecem ao sistema penal como vítimas. É necessário sublinhar que o Estado menoscaba as mulheres quando os seus agentes não agem de acordo com as suas obrigações nos casos de violência de género, sendo omissos quanto à tomada de medidas para prevenir a violação dos seus direitos e permitir o seu acesso à Justiça.

É nessa mesma linha que Mendez pontua que da consagração dos direitos das vítimas não deriva um direito à pena. Ao contrário, sua participação apenas estimula o cumprimento das obrigações decorrentes da *due diligence* nas investigações criminais. Especificamente, a própria natureza de tais direitos não se vê em oposição – pelo menos do ponto de vista teórico – aos direitos do acusado, na medida em que não se pode argumentar que haja um direito deste à falta de investigação ou atraso no processo de investigação[22].

De outra parte, Torres Ortega evidencia que também "não é apropriado inferir uma correlação normativa entre violência e masculinidade, assim como não é apropriado ultrapassar o uso preditivo do estereótipo. Isto é, embora este uso possa ser valioso no contexto de investigações criminais, no sentido de que nos autoriza a ter em mente que é mais provável do que em certos crimes – por exemplo, crimes de violência contra mulheres – o autor seja um homem, isso não implica presumir que, se o acusado é um homem, então ele é culpado". O estado de inocência também garante em seu limite normativo que ninguém deva ser considerado culpado com base em um estereótipo de gênero por mais estatísticas que se possua, "pois isso seria um salto do nível das estatísticas ao nível da natureza ou das propriedades do indivíduo em particular", e ninguém pode ser considerado culpado porque o estereótipo, mesmo tendo bases estatísticas, ainda é uma indução baseada na probabilidade e não na certeza[23].

[22] MENDEZ, Sofía Barros. ¿Existe un desmedro de las garantías del imputado ante el robustecimiento de los derechos de las víctimas? El testigo único en la violencia de género. *Revista Jurídica de la Universidad de San Andrés*, p. 144/145.

[23] TORRES ORTEGA, Ilsse Carolina. Violencia hacia las mujeres y presunción de inocencia. *Eunomía. Revista en Cultura de la Legalidad*, p. 159.

3. Estândar probatório nos casos de violência contra a mulher

Além da ausência de testemunhas, uma das realidades no tocante aos casos de violência contra a mulher são as dificuldades probatórias pela falta de evidências físicas, as vezes pela demora entre o ato de violência e a denúncia, de modo que a passagem do tempo, muitas vezes, resulta na perda desse tipo de evidência nos casos em que ela poderia existir[24]. E no processo penal, estas são os dois meios de prova mais utilizados.

Recolhemos na literatura jurídica algumas indicações sobre a instrução criminal nos casos de violência contra a mulher, a fim de que de forma diligente, se coletem dados probatórios de diversas e distintas fontes. Os autores apontam como exemplo a (1) coleta e análise dos dados relativos ao contexto em que ocorreram os fatos e ao conhecimento de outras pessoas ligadas as partes, (2) aos antecedentes de violência, bem como ao (3) estado anímico e psicológico da vítima[25].

1) Sobre os dados relativos ao contexto, dados anteriores e posteriores aos fatos denunciados devem ser minuciosamente investigados. Há todo um histórico de comportamento de ambos, relacionamentos entre parentes, amigos e inimigos que podem fornecer indicativos que corroborem o testemunho da vítima. Falas anteriores do acusado, posicionamentos que podem ter sido presenciados por outras pessoas que antes ou depois dos fatos demonstrem a possível veracidade da notícia que traz a vítima. Neste contexto interceptações telefônicas, quebras de sigilos telefônicos, telemáticos e bancários, captações ambientais podem colaborar na valoração do testemunho da vítima inclusive com a confissão do acusado com relação à acusação. Os motivos da violência podem ser os mais variados e esses meios de prova podem denunciá-los. Sabemos que outras pessoas que não presenciaram o fato diretamente não podem ser tomadas como testemunhas, mas podem fornecer referências importantes sobre o que souberam por experiência

[24] Mendez, Sofía Barros. ¿Existe un desmedro de las garantías del imputado ante el robustecimiento de los derechos de las víctimas? El testigo único en la violencia de género. Revista Jurídica de la Universidad de San Andrés, p. 148.
[25] Mendez, Sofía Barros. *op. cit.*, p. 155.

própria, pela vítima ou outra pessoa quanto ao que se passou ou passava.

2) No que concerne aos antecedentes de violência, é possível que o acusado revele um passado de anteriores agressões. É evidente que isoladamente essa informação de nada poderia acrescentar, mas analisada em conjunto com as demais provas e indícios pode revelar um padrão que sustente o depoimento da vítima. Com relação a esta, igualmente os antecedentes de denúncias ou sua impossibilidade em contextos de controle do acusado podem colaborar na valoração. Outro fator que talvez tenha relevância no momento de valorar a declaração da vítima é se existiu entre ela e seu agressor uma relação assimétrica de poder[26].
3) Há defesa controvertida no sentido de que seria racional e científico um exame psiquiátrico para determinar a questão da credibilidade do testemunho da vítima em casos de crime sexual. Para os defensores, a falsificação de questões sexuais, reais ou imaginárias, é particularmente assunto da psiquiatria e um perito psiquiatra poderia estudar o histórico da vítima, examiná-lo minuciosamente e, em seguida, testemunhar como um especialista sobre os fatores que poderiam influenciar a credibilidade da vítima com relação à acusação. O especial valor do uso do especialista é que os fatores psicológicos que contribuem para a falsificação do testemunho da vítima poderiam não ser percebidos ou ser mal compreendidos por um leigo[27]. A maior objeção ao uso de tal testemunho especializado do perito está baseado na inexatidão da psiquiatria. Em geral uma evidência científica é aceita quando reflete matéria que ultrapassa o escopo normal de compreensão de um leigo, e principalmente se estiver fundada em reconhecida prática cientifica, o que não acontece com a psiquiatria. Mas os defensores do exame

[26] Juliano, Mario Alberto; Vargas, Nicolás Omar. La valoración probatoria en los casos de violencia de género. Una mirada desde los precedentes del Tribunal Superior de la CABA y su proyección en otras jurisdicciones. In: Ordóñez, Pablo. Medios en el proceso penal. 2. Prueba testimonial, p. 53.

[27] Complainant credibility in sexual offense cases: a survey of carácter testimony and psychiatric experts. The journal of criminal law and criminology (1973-), vol 64, p. 71

alegam que embora a psiquiatria seja uma ciência em desenvolvimento e controversa pode representar uma valiosa ferramenta para as cortes, não pela exatidão ou infalibilidade do perito, mas sim pela probabilidade de que o psiquiatra tem a dizer possa oferecer mais e melhores formas de compreensão sobre o comportamento humano[28]. De fato, a verdadeira validade deste tipo de elemento exigiria uma investigação que foge ao alcance deste artigo, dentro de um contexto médico, principalmente para responder se tal elemento de prova não poderia aumentar o padecimento da vítima[29], o que é justamente o que se pretende evitar, e quem sabe também alcançar o acusado.

Por fim, como já bem explanado, uma sentença corretamente proferida deverá respeitar o devido processo penal, com fundamento indispensável no estado de inocência do acusado. Nos casos de violência contra a mulher, esta geralmente é quem noticia o crime e é uma testemunha importante, e em alguns casos, a única. Ao mesmo tempo, sua credibilidade levanta problemas especiais, devido ao seu próprio interesse no resultado do processo. Por estas razões, a maior prioridade do ponto de vista da verdade processual deve ser dada à melhor preservação possível da credibilidade desta testemunha, neste caso, a própria vítima[30]. A colheita do seu depoimento deve ser revestida de cautelas que possam permitir que a descrição dos fatos seja a mais fiel possível. Matida nos apresenta uma pesquisa norte-americana sobre a deficiente comunicação entre os policiais e as testemunhas, o que contamina a narrativa dos fatos inclusive com a criação de *falsas memórias*, e dentre os principais erros estão a falta de preocupação com o ambiente acolhedor à testemunha, o uso de indução de respostas no momento das perguntas e a interrupção

[28] Complainant credibility in sexual offense cases: a survey of carácter testimony and psychiatric experts. The journal of criminal law and criminology (1973-), vol 64, p. 72.
[29] Montesinos García, Ana. Especificidades probatorias en los procesos por violencia de género. *Revista UNED*, p. 156.
[30] Schünemann, Bernd. La reforma del proceso penal, p. 53.

constante da depoente[31]. Como a instrução probatória não é feita apenas de testemunhos, a declaração da vítima tem natureza de prova testemunhal e, como tal, pode converter-se em prova testemunhal suficiente. O que, todavia, não acontecerá de maneira automática senão que, igualmente ao resto das provas, deve-se submeter à valoração do tribunal[32]. Quanto mais cautelosa e rigorosa for a colheita do seu testemunho, mais fidedigno à verdade dos fatos.

Essa especial valoração deve levar em conta outras provas fáticas ou indiciárias que sejam possíveis de se colacionar. A habitual ausência de outras provas exige uma especial valoração e, por tais razões, Montesinos nos traz a notícia de que jurisprudência espanhola configurou três parâmetros ou pautas orientativas a serem consideradas pelo juiz na hora de proceder a valoração da declaração da vítima como prova de condenação, sem o necessário rigor de que todos devam cumprir-se. São critérios cuja ocorrência determina a credibilidade da versão do declarante e sua suficiência incriminatória, mas que não devem ser considerados requisitos imprescindíveis, de modo que tenham que ocorrer todos juntos para que o tribunal de crédito ao testemunho da vítima como prova de condenação"[33].

São três os fatores de razoabilidade[34]:

1) ausência de incredibilidade subjetiva, que poderia resultar de suas características ou de suas circunstâncias pessoais. Neste ponto são dois os aspectos subjetivos relevantes: a) suas próprias características físicas ou psico-orgânicas, sobre as quais se deve valorar seu grau de desenvolvimento e maturidade (não é o mesmo um

[31] Matida, Janaina Roland. A determinação dos fatos nos crimes de gênero: entre compromissos epistêmicos e o respeito à presunção de inocência. In: *Violência de Gênero – Temas polémicos*, p. 94. A Autora também expões em seu texto as formas de como o ambiente e o testemunho devem ser preparados e colhidos com base na chamada *entrevista cognitiva*.

[32] Montesinos García, Ana. Especificidades probatorias en los procesos por violencia de género. *Revista UNED*, p. 130.

[33] Montesinos García, Ana. Especificidades probatorias en los procesos por violencia de género. Revista UNED, p. 132.

[34] Montesinos García, Ana. Especificidades probatorias en los procesos por violencia de género. Revista UNED, p. 132 e ss.

maior de idade que um menor ou uma criança) e a incidência na credibilidade de suas afirmações possam ter algumas vezes certos transtornos mentais ou enfermidades como o alcoolismo ou o vício em drogas; b) a inexistência de motivos espúrios que pudessem resultar de tendÊncias fantasiosas ou fabulosas da vítima como um possível motivo impulsionador de suas declarações, ou bem das prévias relações acusado-vítima, denotativas de motivos de ódio ou de ressentimento, vingança ou inimizade, que comprometam a sinceridade da declaração tornando duvidosa sua credibilidade, e criando um estado de incerteza e fundada suspeita incompatível com a formação de uma convicção de culpa sobre bases firmes; mas sem esquecer também que ainda que todo denunciante tem por regra geral interesse na condenação do denunciado, e não por isso se elimina de maneira categórica o valor de suas afirmações.

2) verossimilhança do testemunho, baseada na lógica de sua declaração e o suplementar apoio de dados objetivos. Isto supõe que a declaração da vítima deva ser logica em si mesma, ou seja, não contrarie as regras da lógica vulgar ou da comum experiência, o que exige valorar se sua versão é ou não insólita, ou objetivamente inverossímil por seu próprio conteúdo e que as declarações da vítima estejam rodeadas de corroborações periféricas de caráter objetivo presentes no processo. Os dados objetivos de corroboração podem ser muito diversos: lesões em delitos que ordinariamente as produzem; manifestações de outras pessoas sobre os fatos ou dados que sem ser propriamente o fato delitivo se relacionem com algum aspecto fático cuja comprovação contribua para a verossimilhança do testemunho da vítima; opinião de especialistas sobre extremos ou aspectos de igual valor corroborante etc.

3) persistência na incriminação, que deve ser mantida no tempo e exposta sem ambiguidades nem contradições. Este fator de ponderação supõe, tanto a persistência ou ausência de modificações nas sucessivas declarações prestadas pela vítima sem contradizer-se nem desdizer-se, como na concretude na declaração que deve ser feita sem ambiguidades, generalidades ou vaguidades e, por último, a coerência ou a ausência de contradições, mantendo o relato a necessária conexão lógica entre suas diversas parte.

Na verdade, a narrativa espanhola reflete o esforço que os tribunais de vários países têm realizado para tentar garantir à palavra exclusiva da vítima a força de prova cabal que justifique a condenação do réu, algo de certa forma em rumo à valoração da veracidade do testemunho que nossos tribunais internos sequer consideram. Basta uma observação a *vol d'oiseau* para encontrar como entendimento majoritário, sem maiores explicações, que a palavra da vítima em matéria de violência de gênero é suficiente para a condenação. Neste sentido que entendemos salutar os esforços da jurisprudência espanhola, por ser uma construção pode auxiliar na valoração do testemunho da vítima, e que deve evitar que a condenação possa ocorrer base exclusivamente na palavra da vítima. Assim, qualquer construção somente poderá ser considerada como mais um elemento a ser agregado ao conjunto probatório, a fim de auxiliar o juiz na valoração das provas de tal sorte a superar o estado de inocência.

Conclusões

A violência de gênero no Brasil ainda está distante de ser encarada com seriedade pelo poder público e suas políticas. No âmbito social, os investimentos em educação e prevenção não são prioridade de governo mesmo com os altos e alarmantes índices de lesões, mortes e demais espécies de violência. Este caminho que justamente é o mais adequado, também é o mais abandonado.

Na ausência de políticas públicas adequadas o sistema jurídico tenta – como sempre, de forma atrasada – resolver o problema. E aqui, de forma esquizofrênica, ao mesmo tempo em que não leva a sério as denúncias de crimes, sempre duvidando da versão ou veracidade do testemunho da vítima num primeiro momento, igualmente tenta dar a este mesmo testemunho a força absoluta para levar ao solo o estado de inocência.

Entendemos que assim como qualquer outro crime do qual a mulher possa ser vítima sua palavra deve ser levada a sério e todo o cuidado com a boa colheita da prova e sua manutenção face à verdade deve ser prioridade. Mas dialeticamente, sua palavra deve ser corroborada por outros meios de prova para que a força do conjunto dos argumentos possa superar a força do estado de inocência, pilar de todo sistema que se queira nomear acusatório.

Para isso o sistema de justiça criminal, desde seu ponto inicial com a atuação policial até a apreciação final jurisdicional devem estar preparado e dar a atenção ao problema social que a violência de gênero representa, e a dedicação e seriedade somadas à correta preparação teórica e prática da especificidade probatória de não contar com outros testemunhos deve impulsionar a busca por outras evidências.

Mesmo com a Convenção de Belém do Pará e toda construção doutrinária e jurisprudencial a realidade nos mostra que o caminho ainda é longo, e ora as mulheres são novamente vitimizadas pelo Estado, ora o devido processo e o réu são ignorados. Podemos fazer melhor.

12.
A PROTEÇÃO PENAL COMO INSTRUMENTO DE LUTA CONTRA A VIOLÊNCIA DE GÊNERO: O PARADIGMA FEMINISTA COMO PONTO DE PARTIDA

Artenira da Silva e Silva
Patrícia Tuma Martins Bertolin
Érica Lene da Silva Santos

Introdução

A relação entre as mulheres e os mecanismos de proteção penal, constitui-se como um fenômeno complexo, multifacetado e em soerguimento, e vem ocupando um espaço de destaque no que diz respeito à evolução legislativa, nos debates feministas e nas discussões criminológicas. Deste modo, faz-se necessário analisar o contexto social no qual tais discussões estão inseridas, permeando as críticas perpetradas pelos grupos feministas e, em conjunto, avaliar os possíveis benefícios e as falhas atribuídas ao uso do Direito Penal como instrumento de luta contra a violência de gênero.

Sendo a violência vista como um fenômeno humano, social e histórico que se traduz em atos que podem ser realizados, individual ou institucionalmente, por pessoas, famílias, grupos, classes e nações, com vistas a prejudicar, ferir, mutilar ou matar o outro, física, psicológica e até espiritualmente, pode-se inferir que o conceito de violência contempla a ideia de omissão, que aceita e naturaliza maus tratos ao outro individual ou coletivo (Minayo, 2009, p. 135).

Constituindo as mulheres, por seu histórico de subjugação, um grupo eminentemente vulnerável, pode-se observar que violência perpetrada contra esse grupo é um fenômeno gerado nos processos sociais, que atinge o âmbito das instituições, grupos e indivíduos, sendo desigualmente distribuída, culturalmente delimitada e reveladora das contradições e das formas de dominação na sociedade, o que denota o caráter epidêmico e devastador das violações de seus direitos (Souza, 1996, p. 31).

Assim, quem pratica a violência, intenta perpetuá-la com vistas à manutenção de sua superioridade, por isto a violência imposta pelo homem sobre a mulher, e sua necessidade de manutenção do poder sobre ela encontra confronto na possibilidade de insubordinação pelas mulheres aos padrões que lhe são impostos pela ordem patriarcal. A mulher é ainda reprimida pela violência simbólica e punida com violência física, sexual, psicológica e moral. Ou seja, o exercício da violência se constitui como um dos meios mais "eficazes" de controle do comportamento feminino na manutenção da ordem androcêntrica, para manutenção de privilégios (Silva e Passos, 2016, p. 141).

Diante desse cenário, é possível, por um lado, se depreender que a violência institucional[1] indica a existência de uma *cultura de violência* no Brasil, que é reafirmada e mantida pelo sistema de justiça criminal e que, muitas vezes, manifesta-se no não-dito e pela omissão, necessitando de adequação para a satisfatória proteção às mulheres vítimas de violência.

Por outro lado, a efetiva consagração legal de proteção do bem jurídico dá lugar à visibilidade social de que determinadas situações são relevantes para o sistema de proteção penal, o que atribui a esta destaque social, uma vez que se entende o Direito Penal como um importante instrumento que tutela os interesses vitais e fundamentais das pessoas e da sociedade, e que, ao mesmo tempo, definem-se como vitais e fundamentais os interesses que tradicionalmente são tomados em consideração pelo sistema penal. (BARATTA, 1994)

[1] Entende-se por Violência Institucional aquela praticada, por meio de ação ou omissão, nas instituições prestadoras de serviços públicos tais como hospitais, postos de saúde, escolas, delegacias, Judiciário, dentre outras. (AGENDE – Ações em Gênero e Cidadania e Desenvolvimento. 10 anos da adoção da Convenção Interamericana para Prevenir, Punir e Erradicar a Violência contra a Mulher / Convenção de Belém do Pará – AGENDE / Brasília, junho de 2004, p. 11).

Considerando-se um contexto de críticas e busca pela criminalização de certas condutas surgem alguns questionamento: seria o Direito Penal apto a, além de proteger as mulheres de possíveis agressões, garantir que possam ter uma vida efetivamente livre de violências? Todas as mulheres seriam beneficiadas pelo suposto uso feminista do Direito Penal?

Ao se partir da perspectiva de que esses dois fenômenos sociais – desigualdade de gênero e poder punitivo – são criados e (re)produzidos por diversos discursos, nos mais variados contextos sociais, o objetivo do trabalho é analisar se é possível se (re)pensar um uso eficaz do direito penal no combate à violência contra a mulher.

E como forma de buscar soluções para esse aparente conflito, a criminologia feminista, ao defender os interesses e proteção das mulheres, parece se aproximar do Direito Penal. Assim, a importância da efetiva tutela penal desponta como um relevante mecanismo de reafirmação de direitos e de proteção para as vítimas de violência.

1. A criminologia e o debate feminista: interseccionalidades

As autoras que tratam dos aportes feministas apontam que, sobre a ordem patriarcal na qual está inserida a mulher brasileira, é possível observar que esta reforça os processos discriminatórios e de subordinação social de um gênero sob o outro, tendo como conceito-chave o do patriarcado, como o próprio nome indica, o regime de dominação-exploração das mulheres pelos homens. (SAFFIOTI, 2004).

Nesse contexto, pode-se dizer, que as mulheres que subvertem o sistema de controle, com vistas a romper com seus papéis socialmente impostos, são submetidas ao crivo do julgamento social e serão mais duramente submetidas às discriminações impostas pelo Sistema de Justiça Criminal. Assim, o feminismo é um movimento coletivo de luta, que adota diversas formas, filosofias e ideologias, e tem como principal bandeira a busca pela melhoria da condição de vida das mulheres, de forma a incentivar a eliminar as desvantagens em relação ao *status* alcançado pelos homens ao longo da história. (BUENO, 2011, p. 35)[2].

[2] Utiliza-se aqui a expressão "Feminismo" no singular, em respeito à referência da autora, embora se considere mais acertada a utilização do plural, em face de não ser possível se

A partir da década de 1970, começaram a emergir, com vistas a reagir ao contexto social que necessitava de mudança de paradigmas, especialmente no que diz respeito às questões que envolvem as mulheres, pensadoras que passaram a enfrentar as construções sociais a partir de uma perspectiva de gênero, criando, deste modo, um novo conceito para a análise das relações sociais baseadas no sexo.

Assim, na academia, a incorporação da questão das mulheres e de gênero se desenvolvem encabeçadas por teóricas feministas que se inseriram nas universidades. E na busca por uma desnaturalização das diferenças entre homens e mulheres, limitadas às concepções meramente biológicas e marcados por contextos misóginos, desenvolve-se a chamada teoria de gênero, que objetiva pensar o masculino e o feminino como construções sociais, que se dão na cultura e na história.

No contexto social nos quais estão diluídos os conceitos clássicos de gênero, a identidade social da mulher, assim como a do homem, é considerada a partir da atribuição de distintos papéis, que a sociedade espera ver cumpridos pelas diferentes categorias de sexo, sob o olhar meramente biológico (SAFIOTTI, 1987, p. 8). Porém, não se pode afirmar que as próprias mulheres são uma categoria homogênea, pois elas são diversas e plurais e o gênero entrecruza-se com outras categorias, como raça, geração, sexualidade e capacidade, construindo deste modo, um sujeito complexo e genuinamente multifacetado (CAMPOS, 2011, p. 5).

O gênero pode ser compreendido como um modo contemporâneo de se organizar normas passadas e futuras, como um modo de se situar os seres humanos a partir de normas sociais naturalizadas, configurando um estilo ativo de viver o corpo no mundo, e não limitado a conceitos biológicos (BUTLER, 2003, p. 147). Assim, pode-se destacar que, do mesmo modo como as relações patriarcais, suas hierarquias, sua estrutura de poder contaminam toda a sociedade, o direito patriarcal perpassa não apenas a sociedade civil, mas impregna também o Estado. (SAFIOTTI, 2015, p. 57), o que, por sua vez, influencia inclusive os conceitos e papéis sociais determinados aos indivíduos.

considerar "mulheres" como um grupo monolítico. Hoje, as teorias feministas, assim como os movimentos, são os mais diversos.

Em suma, com base nesta definição de gênero, começou-se a depreender que a caracterização existente entre homens e mulheres nada mais é do que uma ideia socialmente construída. A dicotomia pontuada por meio de conceitos de forte e fraco, ríspido e sensível, racional e emocional não é biologicamente determinada, mas construída por meio de processos culturais. Assim, a suposta oposição biológica entre o homem e mulher e a seleção de comportamentos a estes atribuídos acaba por criar estereótipos femininos, que reforçam que deve haver comportamentos de submissão e subordinação da mulher em relação a homens.

A intervenção dos movimentos feministas na sociedade tem por objetivo a reversão da condição de vulnerabilidade e discriminação a que todas as mulheres estão inseridas, por conceitos sócio-culturamente construídos. As opressões sofridas pelas mulheres estão presentes em toda a sociedade, dentro do lar, no local de trabalho ou até mesmo no sistema de justiça. Assim, faz-se necessário analisar a reprodução das relações sociais dos sexos dentro do Sistema Penal.

Nesse contexto, a criminologia crítica, embora possua vital importância para os estudos relacionados ao sistema penal, ainda é considerada uma disciplina masculina: em regra, é pensada e configurada por homens, escrevendo eminentemente sobre homens e a partir da perspectiva dos homens. Ainda que haja exceções, a perspectiva das mulheres ainda não parece ser uma grande preocupação ou um foco da criminologia crítica tradicional.

Reforçando esse conceito, criminólogas feministas chegam a afirmar que a criminologia crítica latino-americana, por exemplo é antifeminista (CAMPOS, 2017, p. 14). Apesar de a produção criminológica crítica ser importante foco de resistência acadêmica, ao promover forte enfrentamento ao sistema punitivo, esbarra em limites epistemológicos, mas também paradigmáticos, ao considerar opressões de classe, invisibilizando outras formas de opressão, estruturas e relações de poder, que influenciam os processos de criminalização e vitimização.

Os aportes teóricos da criminologia desmitificaram as funções declaradas ou promessas do sistema penal e o apontaram como reprodutor de desigualdades sociais, tendo, sob esta ótica, a seletividade como função real (ANDRADE, 2012).

Afirma-se não existir no Brasil, uma criminologia feminista que não seja atrelada à criminologia crítica, daí discute-se a possibilidade de um referencial epistemológico que seja crítico do sistema penal, mas que perceba e reconheça os processos de vitimização e criminalização das mulheres a partir do ponto de vista feminista, hipótese que se torna possível por meio do giro epistemológico promovido pelos feminismos e pela categoria gênero (MENDES, 2014, p. 14).

A teoria crítica feminista produz conceitos críticos que possibilitam a visibilidade de determinados fenômenos que não se visibilizavam a partir de outras orientações, "de dentro para fora". Estes novos conceitos nos fazem ver o que antes não víamos, e aí reside a satisfação de buscarmos construir o conhecimento sob essas "luzes".

É imprescindível se beber de fontes como a criminologia feminista, que surgiu com a perspectiva de compreender a realidade compartilhada por mulheres, ao contrário das teorias criminológicas tradicionais, que, ao buscarem as causas do crime, sempre situaram o homem como sujeito central de análise, silenciando as mulheres e colocando-as em segundo plano, sendo elas vítimas ou autoras de crimes.

É fundamental, assim, entender a importância da criminologia feminista e da atuação dos movimentos feministas basearem o referido campo de saber como fundamento de sua luta, tendo em vista que os estudos criminológicos descolados da perspectiva feminista não garantem a emancipação das mulheres e não altera o sistema, por serem alheios a esta realidade.

Sobre a função latente e real do sistema penal, sob a ótica feminista, é importante ressaltar que o mesmo não visa combater, reduzir ou eliminar a criminalidade, protegendo bens jurídicos universais e gerando segurança pública e jurídica, mas, ao invés, construí-la de forma seletiva e estigmatizadora, e neste processo reproduzir, material e ideologicamente, as desigualdades e assimetrias sociais. (ANDRADE, 2012).

Em um dado contexto, o conceito de interseccionalidade, inicialmente desenvolvido a partir de estudos e pesquisas feministas, se propõe a compreender como a articulação de diferentes categorias sociais, inclusive as referentes a questões atinentes a classe social, gêneros, raça, cor, sexualidades e corpos, encontrando-se interrelacionadas, estruturam a vida dos sujeitos, produzindo desigualdades e injustiças.

Considerar o conceito de interseccionalidade tem propiciado discussões no intuito de compreender, entre outros vetores, a dinâmica da dominação social, tendo como premiss,a básica a possibilidade de explicar como as normas, valores, ideologias e discursos influenciam, tanto as estruturas sociais quanto a constituição de identidades, e são por elas influenciados.

A abordagem de determinados problemas sociais sob o ponto de vista interseccional nos remete a questões sobre como o encontro destes diferentes fatores interfere direta ou indiretamente, no contexto de cada sujeito ou grupo. Isso permite a reflexão sobre como se dá esta articulação de conceitos como o gênero, raça, classe social, idade e moradia, por exemplo, visto que as mesmas não ocorrem de modo isolado e nem excluem outras categorias, revelando assim múltiplas formas de desigualdade social, repressão e poder.

Assim, esta abordagem proporciona possibilidades de discussões e reflexões, no sentido de se compreender a dinâmica da dominação social, permitindo entender como valores, ideologias e normas influenciam tanto as estruturas sociais quanto a constituição de identidades e são por elas influenciadas. (MATTOS, 2011)

De forma semelhante, há quem defenda que o pensamento neoliberal pode apropriar-se da interseccionalidade, levando à redução e até simplificação de sua fortuna conceitual crítica (AKOTIRENE, 2018). Esse conceito ajuda a compreender a complexidade da situação de pessoas e grupos, especialmente no que diz respeito às necessidades dos sujeitos femininos, sendo assim, é importante se considerar a criminologia feminista à luz do conceito em tela.

2. A cultura da violência, seus mitos e o (não) dito nos casos penais

A violência praticada contra a mulher, em razão de sua condição subalternizada, tem sido por muito tempo invisibilizada pelo Direito, que, historicamente vem tendo como pedra angular de sua atuação pautar-se em conceitos machistas e discriminatórios, por meio de uma cultura de violência e que ainda contribui para a perpetuação desta organização de tradições preconceituosas sob o ponto de vista do gênero.

A violência, de um modo geral entendida como o uso da força física ou a utilização de constrangimento psíquico, com o objetivo de obrigar alguém a agir de modo contrário à sua natureza, seu entendimento e seu ser, tendo em vista a coação sofrida (CHAUÍ, 2000, P. 337). A violência é, portanto, uma violação, não apenas da integridade física e psíquica de um indivíduo, mas também da dignidade humana.[3]

No contexto da violência de gênero, faz-se necessário compreender o seu conceito para assim depreender sua importância dentro de um cenário em que as desigualdades se estabelecem em virtude do sexo, e trata-se de um recurso utilizado para se referir à construção social desigual baseada na existência de hierarquia entre os sexos e as consequências que daí se originam, sendo importante ressaltar que essa diferença não é só conceitual, produzindo efeitos políticos, sociais e culturais (FARAH, 2004, p. 48).

Sobre o que se compreende por violência de gênero, em seu conceito mais amplo, abrange vítimas como mulheres, crianças e adolescentes, de ambos os sexos. Quando no exercício da função patriarcal, os homens detêm o poder de determinar a conduta das categorias sociais nomeadas, recebendo autorização ou, pelo menos, tolerância da sociedade para punir o que se lhes apresenta como desvio ou insubordinações.

Mesmo que não haja tentativa, por parte das vítimas potenciais, de trilhar caminhos diversos do prescrito pelas normas sociais, a execução do projeto de dominação-exploração da categoria social dominante, os homens, exige que sua capacidade de mando seja respaldada na violência. Assim, conceitos como o da ideologia de gênero são insuficientes para garantir a obediência das vítimas potenciais aos ditames do patriarca, tendo este necessidade de fazer uso da violência como forma de impor sua autoridade (SAFFIOTTI, 2001, p. 115).

Assim, com base na hierarquia e desigualdade dos lugares sociais destinados a homens e mulheres e a outros grupos vulneráveis, foram perpetrados processos violentos com vistas a perpetuação do poder do masculino sobre o feminino, que foi historicamente considerado subalterno e vulnerável.

Neste contexto, pode-se observar que no Direito existem lacunas que legitimam as violências praticadas pelos homens, especialmente nas

[3] O princípio da dignidade da pessoa humana está previsto no artigo 1º, inciso III, da CRFB de 1988.

questões atinentes ao gênero. Foi neste contexto que houve a eclosão e a ascensão dos movimentos feministas nas décadas de 1970 e 1980 no Brasil, com o intuito de ver modificado este cenário.

O processo de ascensão do movimento feminista teve como principal bandeira de insurreição a prática de violência contra a mulher, uma vez que, em virtude das novas necessidades sociais, a pauta de enfrentamento da violência doméstica e/ou familiar tem se mantido como central, por ser a expressão mais radical de um conjunto de discriminações que, historicamente, tem incidido sobre as mulheres em todo o país. Deste modo, a pedra angular de luta desse movimento apontou a necessidade de elaboração e implementação de uma política nacional ampla, voltada para o enfrentamento de uma criminalidade específica, que recai sobre as mulheres e que limita suas vidas e direitos. (BARSTED, 2006, p.67)

São muitas as contribuições emanadas dos movimentos feministas, e certamente, a maior contribuição de certas correntes do feminismo tem sido o ataque às análises dualistas, tão marcantes na ciência dos homens. Esta contribuição epistemológica tem provocado fissuras neste edifício tão antigo, a ciência oficial, eminentemente voltado para o masculino, abrindo caminho para um novo tipo de conhecimento, cujo objeto é a sociedade em sua inteireza, com tudo que ela contém: contradições, desigualdades, iniquidades. (SAFFIOTI, 2001)

Teorias feministas do Direito criticam os pressupostos de racionalidade, neutralidade e imparcialidade, que quando aplicados ao direito, revelam-se profundamente envoltos no conceito de gênero (CAMPOS, 2013). Nesse intento, é possível destacar que os estudos feministas, em sua essência, identificam dois tipos de problemas: a) a existência de normas que discriminam a mulher (oriundas do direito 'masculino'); b) a aplicação das normas de forma que discriminam as mulheres (SABADELL, 2010).

Dessa maneira, é possível depreender que quando a mulher não é discriminada pela norma; ela é discriminada pela prática jurídica, especialmente nos processos que dizem respeito a violência familiar ou violência sexual. Assim, ainda que a lei busque de forma primária a proteção da mulher, dando destaque aos papéis de gênero, em não raras situações, condena esta mesma mulher duplamente, pelo desvio da norma e pela invisibilização do conceito de gênero.

Entre outros conceitos subjetivos, prepondera o "mito" em torno da "honestidade" da mulher vítima de violência. A conduta social e íntima da mulher ainda é considerada como alvo de críticas nos julgamentos dos crimes de estupro, como demonstram diversos estudos nesta área.[4] As mulheres continuam sendo divididas, com bases em seus comportamentos sexuais, em mulheres 'honestas' e mulheres 'desonestas'.

A retirada deste tipo de classificação das mulheres, categorizando-as em mulheres honestas, do Código Penal, transfigurou-se em um importante passo, entre vários que precisam ser dados para a efetivação de uma proteção penal sem divisões discriminatórias, que legitimam e perpetuam a visão monocromática e androcêntrica, principal característica das sociedades patriarcais.[5] Assim, a mulher honesta é somente aquela cuja conduta, sob o ponto de vista moral é inatacável, mas também aquela que ainda não rompeu com o *minimum* de decência exigido pelos bons costumes. (HUNGRIA, 1981)

Assim, ao retirar a figura da *mulher honesta* de tipos penais, objetivava-se romper a relação estabelecida entre os crimes sexuais e os comportamentos que se esperavam como frutos de códigos de honra, que categorizam mulheres de acordo com seus comportamentos, e poderiam viabilizar decisões judiciais orientadas por concepções discriminatórias.[6]

Como agravante das situações de violência, vem à tona as críticas feministas das mulheres negras, LGBTs[7] e das mulheres do chamado "terceiro mundo", que podem ser multiplamente vulneráveis, demonstrando

[4] A título de exemplo, temos a Dissertação apresentada como requisito parcial para obtenção do título de Mestre em Direito junto ao Programa de Pós-Graduação em Direito (PPGD), do Instituto de Ciências Jurídicas (ICJ) da Universidade Federal do Pará (UFPA), sob a orientação da Profa. Dra. Ana Cláudia Bastos de Pinho. Disponível em: http://repositorio.ufpa.br/jspui/bitstream/2011/10573/1/Dissertacao_ElaNaoMereceu.pdf Acesso em: 10.12.2019.

[5] Rapto violento ou mediante fraude Art. 219 – Raptar mulher honesta, mediante violência, grave ameaça ou fraude, para fim libidinoso; Pena – reclusão, de dois a quatro anos. (Código Penal)

[6] O Código Penal de 1940 retirou a expressão mulher honesta do tipo penal de estupro (art. 213, do Código Penal), mas os manteve nos delitos de posse mediante fraude (art. 215, Código Penal), atentado ao pudor mediante fraude (art. 216, do Código Penal) e o rapto violento ou mediante fraude (art. 210, do Código Penal).

[7] Lésbicas, Gays, Bissexuais, Travestis e Transexuais.

assim que os estudos de gênero, ainda que importantes por sua própria essência de busca da inclusão, são insuficientes. O cenário de diversidade de categorias de mulheres define claramente que não há um padrão de mulher universal, sendo que essas particularidades vêm sendo gradativamente incorporadas pelos estudos feministas.

Com essa expectativa de inclusão, abrem-se possibilidades para diferentes abordagens criminológicas, que trabalhem com os diversos sujeitos femininos, advindas de diferentes teorias, entre elas as teorias feministas negras (*black feminist criminology*) e a teoria *queer* (*queer criminology*), por exemplo (CAMPOS, 2014).

Pela própria essência do tipo de violência que é perpetrada contra as mulheres, é possível afirmar que a dominação é exercida por meio de um "poder simbólico", um poder ainda não perceptível, existente entre o dominante e o dominado, que consegue impor significações e desejos próprios como legítimos (BOURDIEU, 2003). Assim, a história do silenciamento é central na história das mulheres, porque a violência contra as mulheres ocorre às custas de suas vozes. (SOLNIT, 2017)

Com base nas invisibilizações das violências, surge o processo de duplicação da violência, traduzida entre outros pelo conceito de violência institucional, tal e qual a estereotipagem e seletividade inerentes ao poder punitivo, como afirmado pela criminologia crítica, particularmente visíveis no tratamento do estupro, por exemplo (SANTOS, 2010).

Outro importante conceito estabelecido a ser considerado é a "violência por poderes", que não trata de um fenômeno de fácil reconhecimento, em virtude de se iniciar no espaço privado, entretanto sua execução se dá nas instituições públicas, instituições essas que deveriam zelar pela integridade e bem-estar das vítimas. Essa violência se intitula "por poderes" em virtude de os agressores não estarem em contato direto com a vítima, porém estas sofrem as violências derivadas de suas intenções e falas diante da manipulação das mesmas (SILVA, MANSO, OLÍMPIO, 2019).

As demandas das mulheres são incompatíveis com a lógica de seletividade do sistema penal, e os custos de se recorrer a ele são por demais altos. O sistema penal é, assim, ineficaz para proteger as mulheres contra violência: não previne, não as escuta como sujeitos, não contribui para a compreensão da violência de gênero, em especial a sexual, e tampouco para a transformação das relações de gênero, razão pela qual as mulheres e os movimentos feministas devem buscar alternativas ao poder punitivo (ANDRADE, 2016).

Para além de solicitar mudanças do mundo social através das leis, deve-se lutar pela aplicação das próprias leis, tendo em vista que quanto mais as normas defendem direitos emergentes e populares, maior é a probabilidade de não serem aplicadas (SANTOS, 1999).

3. Proteção penal para mulheres: desafios

Os estudos feministas sobre o Estado em nosso país têm discutido, desde a década de 1980, as oportunidades, contradições e obstáculos na incorporação dos discursos e agendas feministas nas políticas públicas com vistas à inclusão e proteção deste grupo vulnerável (SANTOS, 2010). Desta época aos dias atuais, muitos foram os avanços, apesar do que ainda necessita ser feito.

Segundo dados da PNAD Contínua (Pesquisa Nacional por Amostra de Domicílios Contínua) do ano de 2018, o número de mulheres no Brasil é superior ao de homens. A população brasileira é composta por 48,3% de homens e 51,7% de mulheres, ou seja, a mulher representa a maioria absoluta da população do Brasil.[8] Em contrapartida, em termos de representação política, das vagas destinadas à Câmara dos Deputados do Congresso Nacional Brasileiro, apenas 10,5% são ocupados por mulheres. [9]

Segundo o Atlas da Violência 2019[10], conforme dados oficiais do Sistema de Informações sobre Mortalidade, do Ministério da Saúde (SIM/MS), em 2017 houve no Brasil, 65.602 homicídios o que equivale a uma taxa de aproximadamente 31,6 mortes para cada cem mil habitantes. Assim, foi registrado no corrente ano, maior nível histórico de letalidade violenta intencional no país.

[8] Disponível em: https://educa.ibge.gov.br/jovens/conheca-o-brasil/populacao/18320-quantidade-de-homens-e-mulheres.html. Acesso em: 03.12.2021.

[9] Disponível em: https://educa.ibge.gov.br/jovens/materias-especiais/materias-especiais/20453-estatisticas-de-genero-indicadores-sociais-das-mulheres-no-brasil.html. Acesso em: 05.12.2021.

[10] Disponível em: http://www.ipea.gov.br/portal/images/stories/PDFs/relatorio_institucional/190605_atlas_da_ violencia_2019.pdf. Acesso em: 05.12.2021.

Com relação a morte de mulheres em razão de sua condição de mulher, o Brasil ocupa a expressiva 5ª colocação, quando avaliados dados de 83 países no que diz respeito ao assassinatos de mulheres. Essa taxa só é maior em El Salvador (8,9), na Colômbia (6,3), na Guatemala (6,2) e na Rússia (5,3), seguidos pelo Brasil, que apresenta taxa de 4,8 homicídios a cada 100 mil habitantes. A Argentina encontra-se na 28º colocação, com taxa de 1,4 mortes.[11]

Assim, percebemos que a cifra de assassinatos de mulheres na América Latina, por exemplo, encontra-se em destaque (negativo) quando comparado a outros continentes. A América Latina é considerada a região do planeta mais letal para as mulheres e, segundo um relatório da ONU Mulheres, é o local mais perigoso do mundo para elas fora de uma zona de guerra.[12]

Os países têm tomado diferentes caminhos legislativos, uma vez que uns escolheram criar uma lei específica para o feminicídio, outros alteraram seu código penal ou até mesmo os dois. E apesar dos dados alarmantes, ao menos do ponto de vista legislativo, a América Latina busca avançar na defesa às mulheres, uma vez que, países como o Brasil e a Argentina apresentam leis avançadas na proteção às mulheres vítimas de violência.

Com vistas a compreender as estruturas de dominação que ofendem e subjugam as mulheres, o pensamento feminista procurou no patriarcado a ideia de uma origem, buscando saber quando teria começado a história da opressão feminina, de modo a pontuar que, se o patriarcado teve um começo, seria possível que tivesse um fim (PISCITELLI, 2009).

Assim, os referidos movimentos demandam atuação efetiva junto ao Estado, apesar de estarem cientes de que o sistema penal é violento com as mulheres, o que não significa dizer que as mulheres devam abrir mão do reconhecimento das suas existências e demandas estatais, sobretudo porque a ausência de direito penal no âmbito privado reforça a imagem

[11] Disponível em: https://www.mapadaviolencia.org.br/pdf2015/MapaViolencia_2015_mulheres.pdf. Acesso em: 09.12.2021.

[12] Disponível em: https://brasil.elpais.com/brasil/2018/11/24/actualidad/1543075049_751281.html. Acesso em: 09.12.2021.

historicamente construída de que o Estado não intervém na intimidade (ANDRADE, 2017, p. 11).

Uma vez que mulheres morrem pelo simples fato de serem mulheres, é preciso nomear e dar relevante visibilidade a este problema. Desta forma, a tipificação do feminicídio como figura específica dentro do Direito Penal, visa dar relevância à especificidade da morte de mulheres por questões de gênero, e não tão somente, endurecer as penas, que foram alterações feitas no projeto de lei original sugerido pela Comissão Parlamentar Mista de Inquérito (CPMI) da Violência Contra a Mulher (CAMPOS, 2015, p. 113-115).

Outro ponto que merece destaque no presente estudo, apontado pelas criminólogas feministas, é que o reconhecimento específico da violência contra a mulheres, sob a égide de legislação específica, ocorre como tendência internacional relativa às demandas de direitos humanos das mulheres (CAMPOS, 2015).

Assim, ao dar maior visibilidade ao problema e criar figuras específicas e rígidas de proteção penal à mulher vítima de violência se atenta a tratativas internacionais de proteção a mulher como a Convenção Interamericana para prevenir, punir e erradicar a violência contra a mulher (Convenção de Belém do Pará/1994).

Corroborando os argumentos da importância desse estudo até aqui sedimentados, a portaria Nº 133 do Conselho Nacional de Justiça[13] institui um Comitê Interinstitucional destinado a proceder estudos e apresentar proposta de integração das metas do Poder Judiciário com as metas e indicadores dos Objetivos de Desenvolvimento Sustentável (ODS), Agenda 2030; e tem, como objetivo promover a igualdade de gênero e proteger todas as mulheres e meninas.

Logo, a intervenção penal não pode ser considerada totalmente incompatível com a proteção, no que se refere à violência de gênero cometida nas esferas privadas, já que isso poderia, inclusive, significar o triunfo do poder patriarcal e a estabilidade na manutenção uníssona das relações de poder de homens sobre mulheres.

[13] Disponível em: http://www.cnj.jus.br/atos-normativos?documento=2721. Acesso em: 08.12.2021.

A não intervenção do sistema penal na esfera privada, não havendo o enfrentamento a este problema, e sua abstinência em coibir a violência masculina contra as mulheres não podem ser considerados como uma tutela da esfera privada por parte do aparelho estatal, mas como uma falta estrutural de tutela das mulheres, configurando inclusive a legitimação "pública" do poder patriarcal. (BARATTA, 1999, p. 54).

Assim, a compreensão das "vantagens" e das desvantagens da proteção do sistema de justiça criminal pelas mulheres só será plenamente possível diante de uma teoria sociológica do direito penal, como a da criminologia crítica, aliada ao uso correto do gênero, ao passo que ele se torna condição indispensável para a luta emancipatória feminina (BARATTA, 1999, p. 23).

Por todo exposto, pode-se concluir que leis como a Lei Maria da Penha e a Lei do Feminicídio, por exemplo, não apenas promoveram o reconhecimento formal da vulnerabilidade da mulher nas relações domésticas, familiares e afetivas, como também instituíram a força simbólica da pena na redefinição jurídica da violência como ato lesivo a valores e sentimentos coletivos, deslocando definitivamente o problema da esfera da vida privada para a esfera pública (MACIEL, 2011).

Assim, ao explicitar todas as formas de violência que as mulheres sofrem no contexto doméstico, rompe com o silenciamento histórico em torno dessas violações, especialmente por parte do legislador, uma vez que, a Lei nº. 11.340/2006[14], por exemplo, não possui apenas a dimensão penal, mas cria importantes mecanismos para coibir a violência doméstica, a exemplo das medidas protetivas de urgência.

O universo da violência configura-se e funda-se em pilares de dor e opressão, de um grupo tido como superior a grupos tidos como subordinados. O enfrentamento a esses mecanismos repressivos deve pautar-se

[14] Cria mecanismos para coibir a violência doméstica e familiar contra a mulher, nos termos do § 8º do art. 226 da Constituição Federal, da Convenção sobre a Eliminação de Todas as Formas de Discriminação contra as Mulheres e da Convenção Interamericana para Prevenir, Punir e Erradicar a Violência contra a Mulher; dispõe sobre a criação dos Juizados de Violência Doméstica e Familiar contra a Mulher; altera o Código de Processo Penal, o Código Penal e a Lei de Execução Penal; e dá outras providências.

em aspectos teórico, legislativo, prático e cotidiano, que, em regra, são utilizados como meios revitimizadores e perpetuadores das violências.

Infelizmente, questões como os assassinatos de mulheres por questões de gênero encontram espaço em todos os níveis da sociedade e são decorrentes de uma cultura de dominação e desigualdade nas relações de poder existente entre homens e mulheres, produzindo a inferiorização da condição feminina, resultando na forma mais extrema da violência contra as mulheres, que é ceifar-lhes a vida, de modo literal ou não (OLIVEIRA *et al.*, 2015).

É importante compreender que o direito somente será legitimado se, desde a sua elaboração até a sua aplicação, possuir o respeito inegociável à dignidade humana, pautado nos princípios constitucionais, em especial da legalidade, que garantirá a origem e a clareza das normas e o da igualdade, cuja aplicação das decisões judiciais dar-se-á de forma igualitária (GUIMARÃES, 2018).

Conclusões

Com base no exposto neste trabalho, entende-se que a violência e a subordinação das mulheres a situações de violência de gênero demonstram como as estruturas que as oprimem e subjugam, ao invés de protegê-las, as têm silenciado, inclusive na esfera de produção do conhecimento, promovendo, deste modo, a não discussão sobre as violências perpetradas, a invisibilização das necessidades das mulheres e a perpetração do ponto de vista masculino como universal, tanto nos setores de discussão do controle social formais, quanto nos informais.

Constata-se que estudos feministas sobre a violência contra a mulher e a atuação do Estado no país têm discutido, desde a década de 1980, as contradições e obstáculos da incorporação de pautas feministas nos diversos setores do Sistema de Justiça e da Administração Pública, em especial, no que compete às políticas públicas, por vezes inexistentes ou muito deficientes.

É fato que a proteção das mulheres contra a violência é uma temática complexa, sendo problematizada dentro do próprio movimento feminista. Ou seja, para que se alcance compreensão suficiente de todos os conceitos que permeiam o fenômeno da cultura de violência, é necessário beber da fonte de diversos saberes.

Deste modo, foi possível, ao longo do estudo proposto, compreender a importância do Direito Penal na proteção de grupos vulneráveis, especialmente de mulheres vítimas de violência doméstica e/ou familiar. Entretanto, ainda assim, não se deve depositar no sistema penal "todas as esperanças" contra as opressões praticadas em desfavor da mulher, pois o sistema formal de proteção penal é apenas *uma* entre diversas formas de proteção a serem prestadas pelo aparato estatal, a fim de que se possa vislumbrar uma vida livre de violência para mulheres.

Os alarmantes índices de violência indicam que tais violações, antes vistas como atos cotidianos naturalmente invisibilizados, estão saindo das esferas de anonimidade a que foram relegadas, anteriormente naturalizadas, passam a ser reconhecidas como graves violações penais e de direitos humanos de mulheres.

Sobre a crítica feminista ao Sistema Penal, evidenciou-se que se busca denunciar a invisibilidade da mulher dentro do Direito e da própria Criminologia. O Sistema Penal vigente ainda que busque, por vezes, a proteção da mulher, frequentemente reproduz conceitos violentos, tomando para si um caráter parcial e eminentemente masculino.

Assim, inserir a mulher vítima de violência em uma estrutura misógina do mundo jurídico, que deveria protegê-la, ainda revitimiza a mulher, pelo fato de que, não se pode tratar com a devida perícia aquilo que não se conhece.

Assim, conclui-se pela necessidade de se capacitar os atores do sistema penal quanto às questões de gênero aplicadas à referida área de conhecimento, uma vez que a falta de conhecimento da criminologia feminista reafirma a seletividade do sistema penal nacional e favorece que se siga transformando vítimas em rés, quando buscam intervenção estatal para que possam de fato usufruir de uma vida sem violência.

Referências

ANDRADE, Vera Regina Pereira de. **A Soberania Patriarcal: o sistema de justiça criminal no tratamento da violência sexual contra a mulher.** *Revista Seqüência,* n 50, p. 71-102, jul. 2005.

ANDRADE, Vera Regina Pereira de. **Pelas mãos da criminologia – o controle penal para além da (des)ilusão.** Rio de Janeiro, Revan: ICC, 2012. (Pensamento Criminológico; 19) 1ª reimpressão, 2014.

AKOTIRENE, Carla. **O que é interseccionalidade?** Belo Horizonte: Letramento; Justificando, 2018.

BARATTA, Alessandro. **Funções instrumentais e simbólicas do direito penal. Lineamentos de uma teoria do bem jurídico.** Revista Brasileira de Ciências Criminais, Ano 2, n. 5 – jan.1994.

BARATTA, Alessandro. **O paradigma do gênero: da questão criminal à questão humana.** In: CAMPOS, Carmen Hein de (Org.). Criminologia e feminismo. Porto Alegre: Sulina, 1999.

BARSTED, Leila Linhares. **O avanço legislativo no enfrentamento da violência contra a mulher**. In: O Desafio de Construir Redes de Atenção às mulheres em Situação de Violência. Brasília: AGENDE, 2006.

BOURDIEU, Pierre. **O poder simbólico.** 6 ed. Tradução Fernando Tomaz. Rio de Janeiro: Bertrand Brasil, 2003.

BOURDIEU, Pierre. **A dominação Masculina**. 3. ed. Rio de Janeiro: Bertrand Brasil, 2003.

BRASIL. Constituição da República Federativa do Brasil,1988.

BUENO, Mariana Guimarães Rocha da Cunha. **Feminismo e Direito Penal.** São Paulo: USP, 2011. 180 f. Dissertação (Mestrado em Direito Penal) – Programa de Mestrado em Direito Penal, Faculdade de Direito, Universidade de São Paulo, 2011.

BUTLER, J. **Problemas de gênero: feminismo e subversão da identidade.** Tradução de Renato Aguiar. Rio de Janeiro: Civilização Brasileira, 2003.

CAMPOS, Carmen Hein de. **Teoria feminista do direito e violência íntima contra mulheres.** Revista EMERJ, Rio de janeiro, v. 15, n. 57 (Edição Especial), p. 33-42, jan./mar. 2012. Disponível em: <https://goo.gl/StkNwT>. Acesso em: 08.12.2019.

CAMPOS, Carmen Hein de. **Feminicídio no Brasil: Uma análise crítico-feminista.** Sistema Penal & Violência Revista Eletrônica da Faculdade de Direito Programa de Pós-Graduação em Ciências Criminais, v. 7, n. 1, p. 103-115, 2015.

CAMPOS, Carmen Hein de. **Razão e Sensibilidade: Teoria Feminista do Direito e Lei Maria da Penha**. In: CAMPOS, Carmen Hein de (org.) Lei Maria da Penha comentada em uma perspectiva jurídico feminista. Rio de Janeiro: Lumen Juris, 2011, p. 1-12.

CHAUÍ, Marilena. **Convite à Filosofia**. 12ª ed. São Paulo: Ática, 2000.

GUIMARÃES, Claudio Alberto Gabriel. **Violência e controle social formal: Reflexões sobre o Sistema Penal no estado Democrático de Direito.** UNISC,

Revista do Direito [ISSN 1982-9957]. Santa Cruz do Sul, v. 1, n. 57, p. 138-159, jan/abr. 2019. https://online.unisc.br/seer/index.php/direito/index, 2018.

FARAH, Marta Ferreira Santos. **Gênero e Políticas Públicas.** Estudos Feministas, Florianópolis, 12 (1): 47-71, janeiro-abril/2004.

LIMA, Marcos Ferreira Lima. **Violência Contra a Mulher: o homicídio privilegiado e a violência doméstica**. São Paulo. Ed. Atlas. 2009.

MACHADO, Marta Rodriguez de Assis. **A violência doméstica fatal: O problema do feminicídio íntimo no Brasil** – Brasília: Ministério da Justiça, Secretaria da Reforma do Judiciário. Disponível em <http://www.pnud.org.br/arquivos/publicacao_feminicidio.pdf> Acesso em: 09.12.2019.

MATTOS, P. **O conceito de Interseccionalidade e suas vantagens para os estudos de gênero no Brasil.** Trabalho apresentado no XV Congresso Brasileiro de Sociologia, Universidade Federal de São Carlos, Curitiba/PR, 2011.

MINAYO, Maria Cecília de Souza. **Seis características das mortes violentas no Brasil.** Revista Brasileira de Estudos da População, Rio de Janeiro, v.26, nº 1, p. 135-140, jan/jun 2009. Disponível em: <http://www.scielo.br/pdf/rbepop/v26n1/v26n1a10.pdf>. Acesso em: 06.12. 2019.

OLIVEIRA, Ana Carolina Gondim; COSTA, Mônica Josy Sousa; SOUSA, Eduardo Sérgio Soares. **Feminicídio e violência de gênero: aspectos sociojurídicos.** Revista Tema, v. 16, n. 24/25, janeiro a dezembro de 2015.

PASSOS, Kennya Regyna Mesquita; SAUAIA, Artenira da Silva e Silva. **A violência simbólica no Poder Judiciário: desafios à efetividade da Lei Maria da Penha.** Revista da Faculdade de Direito da UFRGS, Porto Alegre, n. 35, p. 137-154, dez. 2016.

PISCITELLI, Adriana. **Gênero: a história de um conceito.** In: Diferenças, igualdade. Org. Heloisa Buarque de Almeida, José Eduardo Szwako. São Paulo, 2009.

SABADELL, Ana Lucia. **Manual de sociologia jurídica: introdução a uma leitura externa do direito.** 5 ed. rev. e atual. São Paulo: Editora Revista dos Tribunais, 2010, p. 274.

SAFFIOTI, Heleieth IB. **Contribuições feministas para o estudo da violência de gênero.** Cadernos Pagu, n. 16, p. 115-136, 2001.

SAFFIOTI, Heleith. **Gênero, patriarcado e violência.** São Paulo: Expressão Popular: Fundação Perseu Abramo, 2015.

SAFFIOTI, Heleieth. **O poder do macho.** São Paulo: Moderna, 1987.

SANTOS, Boaventura de Sousa. **Pela mão de Alice: o social e o político na pós-modernidade.** São Paulo: Cortez, 1999.

SILVA, Artenira da Silva; MANSO, Almudena García; PINHEIRO, Rossana Barros. **Violência Contra la Mujer como Mal Endemico em la Sociedad Contemporánea.** Revista Quaestio Iuris, Rio de Janeiro, 2019, v. 12, n. 1, pp 144-170, jan/jun. 2019. Disponível em: <https://www.e-publicacoes.uerj.br/index.php/quaestioiuris/article/view/30064/28024>. Acesso em: 09.12.2019.

SOLNIT, Rebecca. **Os homens explicam tudo pra mim.** Trad. de Isa Mara Lando. São Paulo: Editora Cultrix, 2017.

SOUZA, Ednilsa R. de. **Violência Social: um desafio para os serviços de saúde pública.** In: Saúde em foco, nº 13, p. 2-3, Secretaria Municipal de Saúde, Rio de Janeiro, 1996.

13.
JULGAR COM PERSPECTIVA DE GÊNERO NO CONTEXTO DA LEI MARIA DA PENHA – NEUTRALIDADE E JUSTIÇA

ALICE BIANCHINI

Introdução

A busca da solução mais acertada ao caso concreto aplicada a processos judiciais que envolvam a condição da mulher exige do/a julgador/a um conhecimento profundo das questões de gênero. Ademais disso, é necessário dominar o manejo dos instrumentos destinados a anular ou, pelo menos amenizar as injustiças, discriminações, preconceitos e estereótipos que vicejam na sociedade em relação às mulheres. Para tanto, torna-se imperioso julgar com perspectiva de gênero, que, como bem elucida a *Suprema Corte de Justicia de La Nación* do México,

implica fazer real o direito à igualdade. Responde a uma obrigação constitucional e convencional de combater a discriminação por meio da atividade jurisdicional para garantir o acesso à justiça e remediar, em caso concreto, situações assimétricas de poder. Assim, o Direito e suas instituições constituem ferramentas emancipadoras que tornam possível que as pessoas desenhem e executem um projeto de vida digna em condições de autonomia e igualdade (SUPREMA CORTE DE JUSTICIA DE LA NACIÓN, 2013).[1]

[1] DIRETRIZES NACIONAIS FEMINICÍDIO: Diretrizes para investigar, processar e julgar com perspectiva de gênero as mortes violentas de mulheres. Brasília, abril de 2016. Realização: ONU – Mulheres. Disponível em: http://www.onumulheres.org.br/wp-content/uploads/2016/04/diretrizes_feminicidio_FINAL.pdf. p. 103

Com vistas a tal preocupação, a AJUFE – Associação dos Juízes Federais do Brasil –, por meio da Comissão AJUFE Mulheres (instituída pela Portaria 05/17) elaborou no ano de 2020 o documento "Julgamento com Perspectiva de Gênero: um guia para o direito previdenciário". De acordo com o guia mencionado, "julgar com perspectiva de gênero significa adotar uma postura ativa de reconhecimento das desigualdades históricas, sociais, políticas, econômicas e culturais a que as mulheres estão e estiveram sujeitas desde a estruturação do Estado, e, a partir disso, perfilhar um caminho que combata as discriminações e as violências por elas sofridas, contribuindo para dar fim ao ciclo de reprodução dos estereótipos de gênero e da dominação das mulheres."[2]

Também atento a tais questões, o Conselho Nacional de Justiça – CNJ –, no mesmo ano de 2020, confeccionou a Recomendação 79, dirigida aos tribunais de justiça dos estados, no sentido de que realizem "capacitação em direitos fundamentais, desde uma perspectiva de gênero, de todos os juízes e juízas atualmente em exercício em Juizados ou Varas que detenham competência para aplicar a Lei nº 11.340/2006, bem como a inclusão da referida capacitação nos cursos de formação inicial da magistratura".

A preocupação do CNJ, estampada no documento antes mencionado, coroa uma importante contribuição trazida pela Lei Maria da Penha em relação ao papel atribuído ao/a magistrado/a no enfrentamento à violência doméstica e familiar contra a mulher. Não obstante as diversas discussões que o tema inspira, de uma coisa tem-se certeza: o protagonismo dos agentes do Poder Judiciário é bastante alargado, tema a ser desenvolvido na sequência.

1. Protagonismo do/a magistrado/a trazido pela LMP nas causas que envolvem violência doméstica e familiar contra a mulher

A Lei Maria da Penha traz uma atuação bem específica e destacada ao Poder Judiciário nas causas cíveis e criminais relacionadas à ocorrência de violência doméstica e familiar contra a mulher. Ademais disso, também são relevantes a suas atribuições não jurídicas, de assistência à mulher em

[2] Disponível em: http://ajufe.org.br/images/pdf/CARTILHA_-_JULGAMENTO_COM_PERSPECTIVA_DE_G%C3%8ANERO_2020.pdf

situação de violência doméstica e familiar, conforme se verifica do rol a seguir, trazido pelo **art. 9º**:

- inclusão da mulher em situação de violência doméstica e familiar no cadastro de programas assistenciais do governo federal, estadual e municipal (**§ 1º**);
- acesso prioritário à remoção quando servidora pública (**§ 2º, I**);
- manutenção do vínculo trabalhista, quando necessário o afastamento do local de trabalho, por até seis meses (**§ 2º, II**);
- encaminhamento à assistência judiciária, quando for o caso, inclusive para eventual ajuizamento da ação de separação judicial, de divórcio, de anulação de casamento ou de dissolução de união estável perante o juízo competente. (§2º, III)

As atribuições acima demonstram o quanto o/a magistrado/a encontra-se envolvido/a com as políticas de prevenção e enfrentamento à violência doméstica e familiar contra a mulher. No âmbito da sua atuação processual e extraprocessual, presta uma relevante contribuição para a efetivação das normas legais vigentes (de prevenção, de assistência, de garantia de direitos e de repressão da violência contra a mulher).

Dentro deste protagonismo, a Lei Maria da Penha concede ao/a magistrado/a, por exemplo, a possibilidade de decretar, de ofício, a prisão preventiva do agressor mesmo na fase de investigação policial (**art. 20**). Tal dispositivo é objeto de questionamento por uma parte da doutrina, em razão de lei posterior ter alterado o dispositivo do CPP que continha a mesma disposição (Lei 12.403/2011). Além disso, com o advento da Lei 13.964/2019 mais uma alteração foi trazida ao artigo 311. Sua redação atual é a seguinte:

Art. 311. Em qualquer fase da investigação policial ou do processo penal, caberá a prisão preventiva decretada pelo juiz, a requerimento do Ministério Público, do querelante ou do assistente, ou por representação da autoridade policial.

Portanto, de conformidade com a redação do artigo acima transcrito a prisão preventiva, em qualquer fase, exige que tenha havido provocação, não mais podendo ser decretada de ofício pelo/a juiz/a. Discute-se se as reformas do CPP alcançaram o dispositivo da Lei Maria da Penha ou, por ser ela lei especial, há possibilidade de o tema ser tratado de modo diverso. Para se chegar a uma melhor condução dessa e de tantas outras questões suscitadas quando da aplicação concreta da Lei Maria da Penha, exige do/a julgador/a um conhecimento profundo das questões de gênero e das características especiais da violência doméstica e familiar contra a mulher. Ademais disso, precisa dominar o conhecimento acerca dos instrumentos destinados à prevenção e ao enfrentamento dessa singular violência.

Além do protagonismo dado aos/às magistrados/as, ao chamar à responsabilidade todo o Poder Judiciário, a Lei Maria da Penha impulsionou uma série de medidas que foram, cada vez mais, concretizando-se ao ponto de serem criados organismos, campanhas, coordenadorias, resoluções do CNJ etc. que implementaram orientações e políticas públicas de enfrentamento da violência contra a mulher ou propiciaram que elas fossem criadas.

No âmbito do Poder Judiciário também importa mencionar a atuação do FONAVID – Fórum Nacional de Juízas e Juízes de Violência Doméstica e Familiar contra a Mulher[3], criado em 2009, durante a III Jornada Maria da Penha e que congrega magistrados/as de todos os Estados brasileiros e do Distrito Federal envolvidos/as com a temática de violência de gênero. Seu objetivo é "propiciar a discussão das questões relacionadas à aplicabilidade da Lei 11.340/2006, buscando o compartilhamento de posicionamentos e experiências e a compreensão, com profundidade, dos aspectos jurídicos da legislação e também dos contornos que envolvem outras disciplinas relacionadas".[4] Durante as reuniões do FONAVID são elaborados enunciados sobre a aplicação, interpretação e execução da Lei Maria da Penha e sobre políticas prevenção e de enfrentamento à violência contra a mulher e que tem servido como importante instru-

[3] Quando da sua criação não fora observada a preocupação com a identidade de gênero, sendo que se originou como Fórum Nacional de Juízes de Violência Doméstica e Familiar Contra a Mulher. Mais recentemente agregou-se o vocábulo Juízas, com a correta preocupação de inclusão de gênero, elaborando-se, inclusive uma nova identidade visual. Para maiores esclarecimentos, consultar: http://www.amb.com.br/fonavid/identidade_visual.php

[4] Disponível em: http://www.amb.com.br/fonavid/

mento para uma melhor condução das questões que envolvem a violência de gênero em nosso país.

2. A neutralidade, quando estamos diante de um quando de injustiça, de discriminação e de preconceitos, representa sua inadmissível e horrenda manutenção

As iniciativas trazidas acima, além de importantes, consagram a necessidade de se incluir as discussões acerca das questões de gênero em todos os âmbitos do Sistema de Justiça, a começar pela compreensão de que a Lei Maria da Penha é de natureza excepcional (CP, art. 3º), e que ela perdurará somente enquanto os objetivos para os quais ela foi criada não forem alcançados. No momento de sua aplicação, interpretação e execução há que se levar em conta a perspectiva de gênero, bem distante, portanto, de uma atuação neutra quanto ao tema, conforme, inclusive, apontam os documentos internacionais dos quais o Brasil é signatário e que se encontram expressamente mencionados na Lei.

É o caso da Convenção para Eliminação de todas as formas de Discriminação sobre a Mulher (CEDAW), citada no preâmbulo e no art. 1º da Lei Maria da Penha. Seu art. 4º, estabelece que:

- medidas especiais de caráter temporário destinadas a acelerar a igualdade de fato entre o homem e a mulher não se considerarão discriminação;
- de nenhuma maneira a utilização de tais medidas especiais implicará, como consequência, a manutenção de normas desiguais;
- essas medidas cessarão quando os objetivos de igualdade de oportunidade e tratamento forem alcançados.

Na atualidade, nem toda discriminação é proibida ou desvaliosa para o ordenamento jurídico. Um exemplo de descriminação positiva é a Lei objeto do presente artigo: a Lei Maria da Penha. Ela constitui-se em um critério de equiparação desigual igualitário e representa uma das medidas apresentadas pelo Estado para permitir que ocorra o aceleramento da igualdade de fato entre o homem e a mulher, circunscrita aos casos de violência doméstica, familiar ou em uma relação íntima de afeto, já que o alcance da Lei é limitado.

A máxima *tratar os iguais de modo igual, e os desiguais de modo desigual* representa um reconhecimento de que os indivíduos que se estabeleceram no mundo em condições desiguais não podem, por mera declaração de vontade, obter condição de vida igual equivalente aos que gozam de vantagem, sejam elas quais forem. Daí a necessidade de discriminações positivas ou ações positivas, consubstanciadas em políticas públicas que objetivem concretizar materialmente o discurso relevante, porém vazio, de igualdade, com o objetivo de mitigar os efeitos das discriminações que heranças de costumes passados insistem em manter no presente, sem nenhum argumento ético que as justifiquem.

As medidas especiais de caráter temporário (ou como preferem outros, as ações afirmativas) previstas na Lei Maria da Penha são destinadas ao empoderamento das mulheres, a partir da diminuição das desigualdades sociais, políticas e econômicas.

Por serem excepcionais e por preverem sérias restrições de direitos (como é o caso da maioria das medidas protetivas previstas na Lei Maria da Penha), a aplicação dos instrumentos de discriminação positiva só se justifica em situações muito relevantes (princípio da proporcionalidade). É que, ao mesmo tempo em que de um lado se alargam garantias (em relação à vítima: garantia da vida, da integridade física e psicológica etc.), de outro se limitam direitos (concernentes ao réu: liberdade de ir e vir, presunção da inocência, direito ao contraditório etc.).

É assentado o entendimento de que "direitos, liberdades, poderes e garantias são passíveis de limitação ou restrição. É preciso não perder de vista, porém, que tais restrições são limitadas. [...] Esses limites, que decorrem da própria Constituição, referem-se tanto à necessidade de proteção de um núcleo essencial do direito fundamental, quanto à clareza, determinação, generalidade e proporcionalidade das restrições impostas."[5]

A Lei Maria da Penha é, ao mesmo tempo, protetiva de direitos de mulheres e restritiva de direitos de agressores. Decorrentemente, sua aplicação somente se justifica em razão das circunstâncias muito específicas que envolvem a violência de gênero: brutalidade, instituciona-

[5] Mendes, Gilmar, Coelho, Inocêncio Mártires, Branco, Paulo Gustavo Gonet. *Curso de Direito Constitucional.* São Paulo: Saraiva, 2007.

lização da violência, ser praticada muitas vezes na frente de crianças e adolescentes, frequência, reiteração, permanência, intimidação e índices elevadíssimos.

Aplica-se, aqui, o princípio da proporcionalidade, já que o comum, dramático e de consequências gravosas é a violência do homem contra a mulher. A mulher agredida não se encontra em igualdade de condições com o agressor. Há uma vulnerabilidade, mesmo que transitória, ou seja, enquanto durar o estado de agressão, ainda que iminente.

As peculiaridades da violência doméstica e familiar contra a mulher, bem como os números absurdamente elevados, clamam pela utilização de instrumentos eficazes e enérgicos, mesmo que, para tanto, tenham-se que se sacrificar, em condições específicas, direitos, garantias e liberdades.

Nesse sentido, o tema alcança um interesse internacional e, já tem algumas décadas, que passou a ser objeto do direito internacional dos direitos humanos, consubstanciado em tratados e convenções internacionais, a exemplo da Convenção para Eliminação de Todas as Formas de Violência contra as Mulheres – CEDAW. Na Recomendação Geral n. 35 do Comitê para Eliminação de todas as formas de discriminação contra a mulher (CEDAW), consta que

a violência de gênero contra as mulheres está enraizada em fatores relacionados ao gênero, como a ideologia do direito e privilégio dos homens sobre as mulheres, as normas sociais em relação à masculinidade, a necessidade de afirmar o controle ou poder masculino, o reforço dos papéis de gênero ou a prevenção, o desencorajamento ou a punição do que é considerado comportamento inaceitável para as mulheres. Esses fatores também contribuem para a aceitação social explícita ou implícita da violência de gênero contra as mulheres, muitas vezes ainda considerada como uma questão privada, e para a impunidade generalizada quanto a ela.

E, tratando diretamente do Poder Judiciário, o documento antes mencionado estabelece expressamente as seguintes obrigações:todos os órgãos judiciais devem abster-se de praticar qualquer ação ou prática de discriminação ou violência de gênero contra as mulheres; e aplicar rigorosamente todas as disposições de Direito Penal que punam essa violência, garantindo que todos os procedimentos legais em casos envolvendo alegações de violência de gênero contra as mulheres sejam imparciais e justos e não sejam afetados por estereótipos de gênero ou interpretações discriminatórias de disposições legais, inclusive de direito internacional. A aplicação de noções preconcebidas e estereotipadas sobre o que constitui violência de gênero contra as mulheres, quais deveriam ser as respostas das mulheres a essa violência e o padrão de prova exigido para sustentar sua ocorrência pode afetar o direito das mulheres ao gozo da igualdade perante a lei, ao julgamento justo e ao direito a uma reparação efetiva.

E ainda recomenda que o Estado Parte implemente várias medidas preventivas em relação à violência contra as mulheres, incluindo a de "fornecer capacitação, educação e treinamento obrigatórios, recorrentes e efetivos para membros do Judiciário [...] para capacitá-los a adequadamente prevenir e enfrentar a violência de gênero contra as mulheres."[6]

Todas as preocupações acima mencionadas mostram que, ao se verificar a inexistência real da igualdade a nível internacional e em muitos países democráticos são estabelecidas medidas de ação positiva para corrigir as situações desequilibradas como consequência de práticas ou sistemas sociais discriminatórios[7], da qual a Lei Maria da Penha é um ilustre exemplo e, por meio da qual, o Poder Judiciário (como também todo o Sistema de Justiça) é chamado para uma atuação específica, efetiva e abrangente.

O documento *Diretrizes Nacionais Feminicídio 2016* traz um capítulo inteiro para tratar da atuação do Poder Judiciário com perspectiva de gênero nos casos de mortes violentas de mulheres (capítulo 9). De conformidade com o documento[8],

Desconstruir os estereótipos e o preconceito com base no gênero a partir de mudanças na linguagem empregada nos interrogatórios, depoimentos e na elaboração das peças processuais – evitando expressões

[6] Disponível em: https://www.cnj.jus.br/wp-content/uploads/2019/09/769f84bb4f923 0f283050b7673aeb063.pdf

[7] Escobar Cirujano, Ana; Quinteros, Andrés, Sánchez Gamonal, Sara Belén; Tandón Recio, Bárbara. In: Perez Viejo, Jesús M., Hernández, Ana Montalvo (Cood.). *Violencia de género, prevención, detección y atención*. Madrid: Grupo 5, 2011, p. 31.

[8] Disponível em: http://www.onumulheres.org.br/wp-content/uploads/2016/04/diretrizes_feminicidio_FINAL.pdf p. 104.

que reforcem estereótipos e evidenciem a desigualdade estrutural entre homens e mulheres e as razões de gênero que se manifestam nos sentimentos de posse, ciúmes, controle sobre a vítima etc. – constitui uma estratégia de mudança substantiva e que deve ser observada também pelo(a)s juíze(a)s em todas as fases da investigação e do processo nas quais venham a intervir. Nesse sentido, recomenda-se o uso de expressões como "violência por razões de gênero" e "feminicídio" como estratégia para transmitir a mensagem que a morte violenta de uma mulher por razões de gênero, ou sua tentativa, é resultado da desigualdade social de gênero e não fato individual e, muito menos, algo pelo qual se possa responsabilizar a vítima.

Faz-se necessário, assim, compreender que os crimes de feminicídio costumam ser antecedidos de um *continuum* de violência, e que quanto maior o tempo em que essas violências acontecem, mais graves elas se tornam, até, infelizmente, culminarem no extermínio da mulher por seu parceiro. De ver-se então que os fatos desencadeadores da morte passam muito longe de um sentimento de amor, de um desespero pela perda de alguém que se ama, por quem se tem carinho, por quem se cultiva admiração.

Explica Tania Teixeira Laky de Sousa que o feminicídio "apresenta-se como o culminar de um processo continuado de práticas de dominação e submissão sobre as mulheres, onde, a cada violação de direitos e de ofensa à dignidade, se sucedem outras violações. A este processo corresponde a perda de referenciais na relação entre sujeitos, onde a desigualdade de poder entre eles resulta na submissão reiterada e sistemática e na perda de direitos dos dominados ao ponto da depreciação de seu direito à vida".[9] As circunstâncias, portanto, que necessitam ser percebidas e valoradas negativamente e nessa condição explicitadas são: dominação, discriminação, menosprezo, ódio, despeito, represália, opressão, subjugação, sexismo, misoginia, violência reiterada, desumanização, hierarquização, ofensa à dignidade da pessoa humana, restrição de direitos, possessividade, controle etc.

[9] SOUSA, Tania Teixeira Laky de. *Feminicídio: uma leitura a partir da perspectiva feminista. Ex aequo* [online]. 2016, n.34, pp.13-29. ISSN 0874-5560. Disponível em: http://dx.doi.org/https://doi.org/10.22355/exaequo.2016.34.02.

As circunstâncias acima mencionadas podem ser verificadas nas estatísticas encontradas no Brasil. Pesquisa realizada pelo **MPSP** entre **2016 e 2017** conclui que **30% dos casos** de mortes de mulheres entre conhecidos ocorridos no estado de São Paulo tiveram como motivação "**ciúmes, sentimento de posse ou machismo**"; **45%** deles, por sua vez, foram motivados por "**separação do casal recente ou pedido de rompimento**". Ou seja, 75% das mortes tiveram motivações machistas.[10]

No **Distrito Federal**, entre **2016 e 2017**, **64,7%** dos casos foram categorizados como "conflitos diretamente relacionado à manutenção da relação afetiva", onde, como subcategoria, **29,4%** foram motivados por "não aceitar o término do relacionamento" e **14,7%** por "não aceitar o término do relacionamento qualificado pelo início de novo relacionamento pela vítima" e **2,9%** como "comportamento ciumento ou controlador".[11]

Em **São Paulo,** um levantamento feito pela Folha de São Paulo, com base nos dados disponibilizados pela Delegacia de Defesa da Mulher (BO's registrados de **abril a novembro de 2020**), mostra que "**sete em cada dez episódios (69,9%)** de agressão à mulher no estado ocorreram com vítimas que se separaram ou tentaram se separar de seus agressores.

Um estudo trazido pela **Defensoria Pública do Estado do Rio de Janeiro**, com dados de **2019**, mostra que de 109 crimes de feminicídio, 37 deles tiveram como motivação o fato de que o réu "não aceitou o fim do relacionamento/queria reatar o relacionamento" (corresponde a **33,94%**); 13 deles tiveram como motivação "ciúmes" (corresponde **11,92%**). A maioria deles aconteceu dentro da residência da vítima.[12]

O **Núcleo Nupegre, EMERJ, do TJRJ**, no ano de **2020**, aponta que, **dos 31 casos analisados, 29** tiveram como motivação "ciúmes, inconformismo com término do relacionamento ou não correspondência

[10] Disponível em: <http://www.mpsp.mp.br/portal/page/portal/Nucleo_de_Genero/Feminicidio/RaioXFeminicidioC.PDF>.

[11] Ávila, Thiago Pierobom de, Medeiros, Marcela Novais Medeiros, Chagas, Cátia Betânia, Vieira, Elaine Novaes, Magalhães, Thais Quezado Soares e Passeto, Andrea Simoni de Zappa. Políticas públicas de prevenção ao feminicídio e interseccionalidades, IN: *Revista Brasileira de Políticas Públicas*, v. 10, n. 2, ago 2020, p. 376.

[12] Disponível em: http://sistemas.rj.def.br/publico/sarova.ashx/Portal/sarova/imagem-dpge/public/arquivos/Relat%c3%b3rio_perfil_das_v%c3%adtimas_de_feminicidio_10.03.2020.pdf

amorosa, medo de suposta traição, ou não aceitação de que a mulher se relacione com outra pessoa.".[13]

Os levantamentos acima trazidos demonstram uma triste e brutal realidade da condição da mulher na nossa Sociedade, evidenciando que ainda é longo o caminho para que as mulheres brasileiras possam alcançar o seu constitucional direito a uma vida sem violência e que os poderes instituídos precisam lançar mão de medidas especiais para reverter tal quadro o mais breve possível. Dentro das estratégias necessárias e urgentes, julgar com perspectiva de gênero é uma delas.

Julgar com perspectiva de gênero, entretanto, não significa que o/a juiz/a não tenha a capacidade de chegar a uma decisão materialmente justa; apenas significa que se exige, quando do julgamento, (a) mais atenção às minudências e circunstâncias do fato criminoso, (b) uma escuta mais qualificada em relação aos sujeitos do processo, (c) um conhecimento amplo e profundo das características especiais que envolvem a violência doméstica e familiar contra a mulher, (d) a percepção dos efeitos deste tipo de violência em relação aos demais membros da família, principalmente aos filhos, (e) a compreensão de que o agressor também precisa de um encaminhamento especial para sair da condição em que se encontra e não perpetuar a violência em relação à mesma vítima ou outra companheira, (f) não se permitir ser ator e reprodutor (seja magistrado ou magistrada) de uma cultura que permanece enredando a mulher em papéis que as diminui, discrimina e violenta.

Conclusões

Todas as exigências acima elencadas permitem que o Poder Judiciário comprometa-se com os objetivos da Lei Maria da Penha, uma vez que as condutas dos/as magistrados/as inserem-se no âmbito das políticas públicas de enfrentamento da violência doméstica e familiar contra a mulher. Ao/a magistrado/a, portanto, no âmbito das ações que envolvam violência doméstica e familiar contra a mulher não se pode exigir

[13] Feminicídio: um estudo sobre os processos julgados pelas Câmaras Criminais do Tribunal de Justiça do Estado do Rio de Janeiro. Nupregre. Emerj. Rio de Janeiro, 2020, p. 92. Disponível em: https://www.emerj.tjrj.jus.br/publicacoes/relatorios_de_pesquisa_nupegre/edicoes/numero5/relatorios-de-pesquisa-nupegre_numero5.pdf.

uma postura neutra, equidistante das partes. Há que se lembrar que a Lei Maria da Penha é de ação afirmativa (ou, numa linguagem mais técnica – medida especial de caráter temporário).

Não é tarefa fácil, mas é mister que deve ser desempenhado com consciência, sensibilidade e com muita vigilância (no que tange aos seus próprios valores e aos valores trazidos por aqueles que participam do processo): seja em relação aos demais atores jurídicos (delegado, advogado, defensor, MP) e não jurídicos (equipe multidisciplinar, peritos etc.), bem como no tocante às partes e às testemunhas do fato. Tal não significa que o/a juiz /a será tendencioso/a, pois ademais de a Lei Maria da Penha ter trazido um comprometimento do/a magistrado/a com a causa da violência doméstica e familiar contra a mulher, seu primeiro compromisso é com os fatos, analisando minuciosa e atentamente as provas colhidas, com vistas a encontrar a verdade material.

Assim, em relação ao protagonismo do/a magistrado/a, desde que haja necessidade, adequação e proporcionalidade, as medidas instituídas pela Lei estarão legitimadas. Aliás, nesse sentido é a manifestação do STF quando, no julgamento conjunto da ADI 4424 e da ADC 19, declarou a constitucionalidade da LMP. É por conta disso, que a Lei Maria da Penha, em inúmeras ocasiões, chama à responsabilidade pela condução das políticas públicas de enfrentamento da violência doméstica e familiar contra a mulher todas as esferas do poder público (executivo, legislativo e judiciário), bem como as organizações não governamentais e toda a sociedade.

O caminho para promover uma cultura não-sexista, antidiscriminatória e de promoção da igualdade ainda é bastante longo e somente se chegará ao seu destino com esforços conjuntos do sistema de Justiça, dos poderes instituídos e de toda a Sociedade. E julgar com perspectiva de gênero representa um desses importantes e necessários esforços.

Referências

ÁVILA, Thiago Pierobom de, MEDEIROS, Marcela Novais Medeiros, CHAGAS, Cátia Betânia, VIEIRA, Elaine Novaes, MAGALHÃES, Thais Quezado Soares e PASSETO, Andrea Simoni de Zappa. Políticas públicas de prevenção ao feminicídio e interseccionalidades, IN: **Revista Brasileira de Políticas Públicas**, v. 10, n. 2, ago 2020, p. 376.

BIANCHINI, Alice. **Lei Maria da Penha**. 2. ed. São Paulo: Tirant Brasil, 2021.

BIANCHINI Alice, BAZZO Mariana, CHAKIAN Silvia. **Crimes Contra as Mulheres**. 4. ed. Salvador: JusPodivm, 2020.

DIRETRIZES NACIONAIS FEMINICÍDIO: **Diretrizes para investigar, processar e julgar com perspectiva de gênero as mortes violentas de mulheres**. Brasília, abril de 2016. Realização: ONU – Mulheres. Disponível em: http://www.onumulheres.org.br/wp-content/uploads/2016/04/diretrizes_feminicidio_FINAL.pdf. p. 103

ESCOBAR CIRUJANO, Ana; QUINTEROS, Andrés, SÁNCHEZ GAMONAL, Sara Belén; TANDÓN RECIO, Bárbara. In: PEREZ VIEJO, Jesús M., HERNÁNDEZ, Ana Montalvo (Cood.). **Violencia de género, prevención, detección y atención.** Madrid: Grupo 5, 2011, p. 31.

Feminicídio: um estudo sobre os processos julgados pelas Câmaras Criminais do Tribunal de Justiça do Estado do Rio de Janeiro. Nupregre. **Emerj**. Rio de Janeiro, 2020, p. 92. Disponível em: https://www.emerj.tjrj.jus.br/publicacoes/relatorios_de_pesquisa_nupegre/edicoes/numero5/relatorios-de-pesquisa-nupegre_numero5.pdf.

FÉRIA, Maria Teresa, **Julgar com uma perspectiva de género?** Disponível em: http://julgar.pt/wp-content/uploads/2017/11/20171109-ARTIGO-JULGAR-Julgar-com-uma-perspetiva-de-g%C3%A9nero-Teresa-F%C3%A9ria.pdf

Julgamento com Perspectiva de Gênero: um guia para o direito previdenciário". Disponível em: http://ajufe.org.br/images/pdf/CARTILHA_-_JULGAMENTO_COM_PERSPECTIVA_DE_G%C3%8ANERO_2020.pdf

MENDES, Gilmar, COELHO, Inocêncio Mártires, BRANCO, Paulo Gustavo Gonet. **Curso de Direito Constitucional**. São Paulo: Saraiva, 2007.

SOUSA, Tania Teixeira Laky de. **Feminicídio**: uma leitura a partir da perspectiva feminista. *Ex aequo* [online]. 2016, n.34, pp.13-29. ISSN 0874-5560. Disponível em: http://dx.doi.org/https://doi.org/10.22355/exaequo.2016.34.02.

14.
QUANDO OS TRIBUNAIS SÃO UMA ARMA CONTRA AS MULHERES: O *STALKING* PROCESSUAL

Maria Clara da Cunha Calheiros

1. A violência e as suas múltiplas formas

É hoje muito mais fácil que os Tribunais aceitem reconhecer que as formas de violência de género vão muito para além da simples e crua expressão da agressão física. Contudo, o caminho para a consciência plena da extensão e multiplicidade das manifestações da violência de género, em particular a que é exercida sobre as mulheres, nem foi fácil de percorrer, nem está muito menos completo. Continua a ser muito mais difícil a demonstração das formas de violência sem expressão física e permanecem muito estereótipos sobre as vítimas e os seus agressores. A violência psicológica constitui muitas vezes uma forma mais insidiosa de violência, muitas vezes invisível, dificultando a sua prova, mas sendo embora tão destrutiva quanto a violência física.

Este artigo visa debater uma forma de violência sobre as mulheres que, apesar de cada vez mais presente nas nossas sociedades ocidentais, é ainda muito pouco reconhecida e menos ainda combatida. Falo do recurso aos tribunais pelos agentes da violência sobre mulheres, com o intuito de deles fazerem uso como meio e arma poderosa de alimentar um vínculo e contacto permanente com as suas vítimas, ao mesmo tempo que as mantêm sob ameaça e em contínuo processo de destruição emocional e de exaustão de recursos económicos. O ponto que desejamos aqui expor é o de que o recurso aos Tribunais se transforma, ele próprio, em alguns casos, numa mera expressão do crime de violência doméstica, mas é um fenómeno extremamente difícil de provar e de combater.

Assim, nas linhas que se seguem vamos procurar fazer um enquadramento dos litígios que surgem nos nossos dias associados, em grande medida, aos divórcios e às situações de regulação de responsabilidades parentais, para depois discutirmos o fenómeno da utilização dos tribunais como meio de violência e de perseguição sobre as mulheres. Terminaremos com uma análise sobre as dificuldades que podem ser encontradas no combate a este fenómeno.

2. A mudança de paradigmas: o difícil caminho de reconhecimento da violência sobre as mulheres

Não vamos aqui reconstituir, até porque seria impossível fazê-lo no brevíssimo espaço de que dispomos, as vicissitudes do árduo percurso que levou ao reconhecimento da igualdade entre homens e mulheres e à efetiva eliminação de múltiplas formas de discriminação de que aquelas historicamente padeceram e, infelizmente, ainda hoje padecem. É importante, apesar disso, deixar aqui bem expresso que se tem tratado de um processo incremental com avanços a ritmos variáveis. Assim foi que a Declaração Universal dos Direitos Humanos não veio a traduzir-se, apesar da sua enorme relevância na "suave conversão"[1] do mundo à universalidade do conceito dos direitos humanos assente sobre o valor da dignidade humana, num instrumento plenamente eficaz na construção de uma verdadeira igualdade entre géneros. É sabido que o feminismo, que está longe de ser uma teoria uniforme, antes constituindo o guarda-chuva que cobre um feixe de distintas teorias, avançou por etapas ou vagas, abrindo caminho a uma progressiva consciência de que o próprio conceito de género é uma construção social, realizada a partir dos papéis que a sociedade atribui aos detentores de distintos sexos, a qual se corporiza numa certa relação de poder.

Mais ainda, houve que esperar que o debate no seio das corrrentes de pensamento feminista nos permitisse compreender, através do conceito

[1] Inspiramo-nos no uso da expressão "suave milagre", por Michel Villey, muito crítico dos direitos humanos, a propósito do surpreendente sucesso do novo conceito de direitos humanos, que fez a sua aparição com a Declaração Universal.

de interseccionalidade[2], que as mulheres não são um grupo identitário homogéneo, susceptíveis em bloco de serem de modo igual objecto de discriminação ou dos mais variados tipos de violência social. O cruzamento de distintos factores como a raça, a religião, a classe social, ou a idade com o factor género, traduz-se em distintas experiências de vida e de socialização, que levam à exposição a distintos riscos de discriminação ou de vitimização.

No contexto do direito internacional, e no que se refere ao sistema universal de protecção dos direitos humanos, foi o reconhecimento das limitações oferecidas pela Declaração Universal como instrumento jurídico eficaz no caso das mulheres, tantas vezes vítimas de discriminação na esfera privada por aquela não abrangida[3], que conduziu à adopção da CEDAW – a Convenção sobre a eliminação de todas as formas de discriminação contra as mulheres.

O valor jurídico e histórico desta Convenção emerge do seu próprio processo de elaboração, já que neste teve particular peso a consideração do estudo das reais condições de vida das mulheres em todo o mundo, tendo-se procurado encontrar soluções que combatessem eficazmente as distintas formas concretas de discriminação com que aquelas são confrontadas. De resto, a Convenção culminou a centralidade que a questão das mulheres assumiu no contexto das Nações Unidas nos anos setenta do ano passado, no âmbito da Década para as mulheres das Nações Unidas: igualdade, desenvolvimento e paz (1975-1985).

[2] Sobre a importância da interseccionalidade para compreender e, sobretudo combater eficazmente as distintas formas de discriminação, veja-se Branco, Patrícia, *Do género à interseccionalidade: considerações sobre mulheres hoje e em contexto europeu, in* JULGAR, nº 4 , 2008, pp. 103-117.

[3] Como bem explica Teresa Féria Almeida, a proteção conferida, por exemplo, pelo artº 3º da Declaração Universal ao direito à vida, à liberdade e à segurança pessoal é insuficiente para fazer face a todas as situações de perigo em que as mulheres efectivamente se encontram, já que muitas delas não resultam de actuações do Estado, mas antes têm lugar no domínio da esfera privada das relações sociais. A autora, cuja análise aqui acompanhamos, exemplifica: a impossibilidade de levar uma gravidez a termo em virtude de o feto ser de sexo feminino; a recusa de acesso à escola por parte das meninas; a mutilação genital feminina, entre outras muitas práticas de que as mulheres são vítimas. Almeida, Maria Teresa Féria, *Se as mulheres fossem seres humanos,* "julgar", nº 22, 2014, p. 103.

A persistência, desde então, de discursos sobre os direitos das mulheres, em particular nos países ocidentais, acompanhado de alterações no quadro normativo dos países em resposta ao combate assumido pela Convenção às distintas formas de discriminação, veio a criar, é certo, uma certa sensação social de que o feminismo já teria servido o seu propósito e não haveria razões para persistir, a não ser por razões historiográficas ou de cultura geral, na necessidade de combater pela igualdade de género. A entrada no século XXI fez-se, portanto, com uma certa convicção de que afinal as mulheres teriam já "demasiados direitos"[4]. Quando muito, pensava-se, a reivindicação da igualdade poderia apenas fazer sentido em relação às sociedades de países em desenvolvimento, tendo-se tornado a etiqueta "feminista" indesejável entre as mulheres ocidentais com posições profissionais de destaque no mundo da economia, da política e até do meio académico.

Tomando por exemplo a França, um país com grandes tradições feministas, considera-se a primeira década do século XXI como um ponto de viragem na retoma do activismo feminista, incentivado pela campanha misógina de que foi alvo Ségolène Royale[5], a primeira mulher a candidatar-se ao lugar de Presidente da República Francesa, nas eleições de 2007. A questão da igualdade de género voltou ao centro do debate político, para o que contribuiu também a ocorrência chocante para a opinião pública francesa e mundial do escândalo em torno de Dominique Strauss Khan. A violência contra as mulheres, que nunca tinha deixado de existir, era agora exposta em toda a sua amplitude, deixando de ser apenas um fenómeno associado às classes económicas mais desfavorecidas. É interessante registar como o activismo feminista do século XXI, a que se

[4] Valho-me aqui de uma expressão usada eloquentemente num artigo de Patrícia Branco, em que faz apelo a uma conversa pessoal com um colega, que usou essa mesma expressão. De resto, tal foi usado como mote para a escrita do artigo, que se dedica a analisar se, realmente, as mulheres já teriam realmente alcançado a igualdade. Branco, Patrícia, *op. cit.*, em especial p. 104.

[5] Não se pense que este foi apenas um fenómeno da sociedade francesa. As mesmas atitudes e ataques misóginos face a mulheres no exercício de altas funções políticas podem ser encontradas, no passado recente, em relação a Dilma Rousseff no Brasil, a Hillary Clinton nos Estados Unidos da América ou, mais recentemente ainda, em relação a Ursula Von der Leyen.

associam jovens mulheres nativas digitais, vai beneficiar largamente do acesso às novas tecnologias para divulgar a sua mensagem, fazendo com que se fale a este propósito de "feminismo digital"[6] como a nova forma que assume aquele no novo milénio.

O movimento "MeToo" haveria de levar a uma chamada de atenção da presença de distintas formas de violência sobre a mulher, à escala global. Mais uma vez, é colocado em causa os estereótipos que construímos sobre as relações sociais das mulheres e a associação das formas de violência ou das suas vítimas a certos contextos socio-económicos. O que é posto em evidência é, afinal, que a questão do género é um problema de relações sociais de poder, por isso absolutamente transversal a todas as sociedades e, em especial, algo muito presente, e não passado.

Para o efeito da análise a que nos propomos neste artigo, importa sobretudo salientar que a tomada de consciência da amplitude e manifestações das situações de violência a que as mulheres estão sujeitas tem vindo a ser progressiva e que muito há ainda por fazer, pois, afinal, as mulheres não só não "têm demasiados direitos", como na realidade continuam a defrontar-se com as violações repetidas dos mesmos.

A pergunta que nos fazemos de seguida é, então, em particular em Portugal, o que foi feito para responder ao apelo a uma mais completa realização dos direitos das mulheres, em particular no que respeita à violência de que são vítimas?

No quadro penal, a revisão legislativa de 2007 veio sinalizar esta tomada de consciência da necessidade de um mais eficaz combate às formas de violência mais extrema de que eram objecto as mulheres, em particular, procurando uma tutela penal especial reforçada da violência exercida em contexto de relações de intimidade, ou na sequência do seu rompimento[7].

No entanto, há que dizer que os números da criminalidade associados à violência doméstica, incluindo notoriamente os homicídios de mulheres por parceiros ou ex-parceiros, continua a revelar a persistência

[6] Esta expressão e a sua análise pode ser encontrada num texto de Josiane JOUET, *Digital Feminism: Questioning the Renewal of Activism*, "Journal of Research in Gender Studies", nº 8 (1), 2018, pp. 133-157.

[7] Cfr. BRANDÃO, Nuno, A tutela penal especial da violência doméstica, in Jugar, nº 12, 2010, pp. 9- 24.

do problema na sociedade portuguesa, muito embora várias estratégias tenham sido colocadas ao serviço de um combate a este fenómeno.

Ora, se é certo que a repressão das formas mais extremas de violência (em particular a física) sobre as mulheres se tem deparado com múltiplos escolhos, não deverá surpreender-nos que haja maiores dificuldades em lidar com as formas mais insidiosas de violência, em particular aquela que têm tantas vezes facilidade para permanecer invisível, como é o caso da violência psicológica.

Há ainda uma dificuldade acrescida que resulta de muitas vezes a própria arquitectura do sistema jurídico permitir que a violência não seja apreciada de forma global e com todas as suas consequências, mas antes de modo compartimentado. Estou a referir-me agora ao facto de, não raras vezes, no rompimento de uma relação de intimidade existirem filhos menores que são utilizados para exercer controlo e represálias sobre a ex-parceira. O tratamento em sedes judiciais distintas – nos juízos de família e menores e nos juízos criminais – de múltiplos aspectos, com relevância jurídica, das relações entre as partes em conflito tem vindo a traduzir uma abordagem fragmentária e distorsora de uma situação que o direito teria toda a vantagem de perceber de modo holístico. Assim, foram abundando os casos de pais condenados por violência doméstica, em que tal condenação foi considerada irrelevante do ponto de vista de regulação das responsabilidades parentais. Não só tal situação é profundamente perturbadora no que respeita à protecção das crianças que assistaram a agressões, como se revela uma forma de revitimização das mulheres.

Com efeito, uma das consequências da reforma, nos países ocidentais, do direito da família, em correspondência com as exigências sociais derivadas da igualdade de género, tem sido a reconfiguração do regime das responsabilidades parentais em caso de separação dos progenitores, para passar a acolher aí uma perspetiva mais paritária, que ao mesmo tempo onere e envolva ambos, em igual medida, na vida dos filhos.

Em Portugal, à semelhança do que sucedeu em vários outros países europeus e na maioria dos Estados ocidentais, tal veio também a suceder, sendo agora muito mais comum que, por exemplo, após uma separação, passe a existir um regime de guarda partilhada, incluindo a residência alternada. Esta mudança não tem sido pacífica, no entanto, tendo a controvérsia a seu respeito emergido com especial força a propósito de uma iniciativa legislativa que visava mesmo transformar a guarda partilhada em regime-regra.

Ora, a oposição manifestada a esta iniciativa vinha, precisamente, dar expressão ao receio de, por essa via, se estar a dar apoio, em alguns casos, a um contacto permanente com pais abusadores.

Em conclusão, o quadro normativo não só se tem revelado insuficiente, como também tem propiciado ocasiões para a perpetuação da violência.

3. A violência psicológica e os tribunais

Um dos primeiros pensamentos que nos pode ocorrer face à associação do recurso aos tribunais às formas de exercício de violência doméstica é o de tal corresponder a um absurdo, pois afinal os tribunais são, nos Estados de Direito democráticos, órgãos de soberania, que não só não devemos recear, mas que estão no coração das garantias de proteção dos direitos dos cidadãos. Nada, pois, nos deveria fazer temê-los, a não ser a eventual consciência de estarmos nós a violar o Direito e, por consequência, sujeitos à aplicação das sanções que no caso caibam. Então, por que supor que o lançar mão dos meios judiciais possa apresentar-se, em si mesmo, como um ato que continua, para parafrasear a célebre afirmação de Clausewitz (a guerra é a continuação da política por outros meios) por outros meios, as agressões e violência exercida sobre as mulheres?

Em ordem a explicar o meu ponto de vista, na resposta a esta pergunta, valho-me da obra "O Processo" de Franz KAFKA, onde se apresenta de modo eloquente o impacto e significado que pode ter para alguém ver-se envolvido num processo judicial. Refiro-me, em particular, ao momento da obra em que, logo início da obra, os guardas explicam ao protagonista Josef K. as implicações profundas que decorrerão para ele pela existência do processo em que é visado:

> "Aconselhamos-lhe, igualmente, a não dar livre curso a pensamentos inúteis mas, pelo contrário, a meditar profundamente, pois irão exigir-lhe muita coisa. O senhor não nos tratou de forma a corresponder à nossa amabilidade; esqueceu-se que nós sejamos lá o que formos, temos sobre si uma vantagem que não é pequena: somos livres."[8]

[8] KAFKA, *O Processo*, trad.portuguesa, p. 8.

De um modo muito claro, a frase permite perceber que a existência de um qualquer processo judicial, em que se é parte, ainda que estejamos convencidos de que nada fizemos de censurável à luz do direito, leva sempre, pela própria natureza do processo judicial, a que se viva dominado, como o nosso protagonista, pelo processo, perdendo a liberdade de que antes se gozava. Não pode deixar de ser assim, pois a simples existência de um processo judicial cria um espaço de incerteza (o desfecho é sempre necessariamente desconhecido, quanto ao tempo, recursos consumidos e resultado final) na vida daqueles que nele são parte. A sabedoria popular, talvez também por isso, vai dizendo que "mais vale um mau acordo do que uma boa demanda", lembrando que em juízo perde-se sempre, mesmo quando se ganha: em liberdade, é seguramente assim.

Ora, precisamente, os objetivos da utilização abusiva da litigância, no contexto de relações em que existe violência doméstica, estão diretamente relacionados com a vontade de continuar a exercer algum tipo de controlo sobre a vítima, pois a mera existência de uma ação judicial acaba por constituir um vínculo que une o agressor e a sua vítima. No contexto da ação judicial, a vítima vai ter de continuar, sem se poder a isso escusar, a ler e ouvir as narrativas do seu agressor sobre si, pois não pode dar-se ao luxo de as ignorar, ao ter que delas se defender. Mais, a existência de uma ou de uma multiplicidade de ações judiciais propicia um palco para amplificar os danos das representações sociais que os agressores querem oferecer da sua vítima, pois neles necessariamente existe a possibilidade de se indicarem testemunhas (algumas escolhidas apenas para achincalhar socialmente a vítima e tornarem público o conflito) e de ter ao dispor novos ouvintes e destinatários da mensagem nos próprios procuradores, juízes e advogados. De resto, esta é também uma forma, muitas vezes eficaz, de criar uma descredibilização da vítima, através da tentativa de consolidação de uma imagem de "guerra" ou conflito aberto em que, afinal, não há inocentes, dando tradução ao velho lugar-comum de que o ataque é a melhor defesa. O agressor, como é reconhecido amplamente a propósito da violência psicológica, transfigura-se, ele próprio, em vítima, para tentar inverter os papéis, procurando granjear empatia, ao mesmo tempo que vai minando a credibilidade da vítima, agora ela própria obrigada a defender-se.

Aliado a este efeito de pressão e violência psicológica, o recurso abusivo aos meios judiciais tem ainda outras consequências muito relevantes sobre as vítimas: por um lado, constitui um mecanismo que obriga a despender continuamente grandes recursos económicos, quer em custas judiciais, quer com os honorários dos advogados; por outro lado, os trâmites processuais obrigam a deslocações aos tribunais, a reuniões com os advogados e, em geral, portanto, a contínuos incómodos e dispêndio de tempo. Desta forma, ao espaço mental que os processos judiciais vão ocupar nas vítimas, une-se o consumo inexorável de tempo e de recursos económicos. Se a tudo isto juntarmos um sistema judicial propenso a entropias e com tendência para o arrastar no tempo – às vezes durante anos – do processo decisório, temos a tempestade perfeita.

Encontramos na bibliografia norte-americana das últimas décadas o reconhecimento e caracterização da utilização abusiva dos meios processuais como forma de violência sobre as mulheres, sendo certo que foram sendo já tomadas medidas específicas para a combater, em alguns Estados norte-americanos. Com efeito, o recurso abusivo à litigância como forma de coagir e perpetuar o contacto com a vítima, por parte de ex-parceiros é hoje já reconhecido nos Estados Unidos como uma forma específica de violência sobre a mulher, que ultrapassa os limites da tutela tradicionalmente oferecida pelo instituto da "vexatious litigation". Alguns Estados norte-americanos, como o de Washington[9] e Tennessee[10], aprovaram

[9] O direito estadual de Washington afirma expressamente: "The legislature recognizes that individuals who abuse their intimate partners often misuse court proceedings in order to control, harass, intimidate, coerce, and/or impoverish the abused partner. Court proceedings can provide a means for an abuser to exert and reestablish power and control over a domestic violence survivor long after a relationship has ended. The legal system unwittingly becomes another avenue that abusers exploit to cause psychological, emotional, and financial devastation. This misuse of the court system by abusers has been referred to as legal bullying, stalking through the courts, paper abuse, and similar terms. The legislature finds that the term "abusive litigation" is the most common term and that it accurately describes this problem. Abusive litigation against domestic violence survivors arises in a variety of contexts. Family law cases such as dissolutions, legal separations, parenting plan actions or modifications, and protection order proceedings are particularly common forums for abusive litigation. It is also not uncommon for abusers to file civil lawsuits against survivors, such as defamation, tort, or breach of contract claims. Even if a lawsuit is meritless, forcing a survivor to spend time, money, and emotional

medidas legislativas que permitem aos Tribunais actuar na defesa das vítimas deste recurso abusivo à litigância.

E em Portugal?

Em Portugal escasseiam os dados que permitam compreender a dimensão que este fenómeno possa alcançar, ainda que os advogados e

resources responding to the action provides a means for the abuser to assert power and control over the survivor.The legislature finds that courts have considerable authority to respond to abusive litigation tactics, while upholding litigants' constitutional rights to access to the courts. Because courts have inherent authority to control the conduct of litigants, they have considerable discretion to fashion creative remedies in order to curb abusive litigation. The legislature intends to provide the courts with an additional tool to curb abusive litigation and to mitigate the harms abusive litigation perpetuates." Washington statutes, Chapter 26.51.010 (Abusive Litigation – Domestic Violence – Intent) [em linha], acedido em 12.12.2021, disponível em https://www.womenslaw.org/laws/wa/statutes/2651010-findings-intent#node-74241

[10] No Tennesse acolheu-se previsão idêntica à de Washington a respeito da litigância abusiva: "(1) "Abusive civil action" means a civil action filed by a plaintiff against a defendant with whom the plaintiff shares a civil action party relationship primarily to harass or maliciously injure the defendant and at least one (1) of the following factors are applicable:
(A) Claims, allegations, and other legal contentions made in the civil action are not warranted by existing law or by a reasonable argument for the extension, modification, or reversal of existing law, or the establishment of new law;
(B) Allegations and other factual contentions made in the civil action are without the existence of evidentiary support; or
(C) Issue or issues that are the basis of the civil action have previously been filed in one (1) or more other courts or jurisdictions by the same, and the actions have been litigated and disposed of unfavorably to the plaintiff;
[...]
(5) "Civil action party relationship" means the plaintiff commencing a civil action and the civil action defendant fall within one (1) of the following categories:
(A) Adults who are current or former spouses;
(B) Adults who live together or who have lived together;
(C) Adults who are dating or who have dated or who have or had a sexual relationship. As used in this subdivision (5)(C), "dating" and "dated" do not include fraternization between two (2) individuals in a business or social context;
(D) Adults related by blood or adoption;
(E) Adults who are related or were formerly related by marriage; or
(F) Adult children of a person in a relationship that is described in subdivisions (5)(A)-(E);[...]" Tennesse Statutes, Chapter 29-41-101, [em linha] acedido em 12.12.2021, disponível em https://www.womenslaw.org/laws/tn/statutes/29-41-101-definitions

juízes relatem a existência de litígios alimentados durante anos a fio, com intuitos claramente vexatórios e persecutórios. Uma situação que nos foi especificamente relatada tem a ver com o aumento do número de ações de investigação da paternidade, com um intuito puramente vexatório das mulheres[11].

É certo, no entanto, que há muito tempo o direito português censura o abuso do direito de accionar. Basta lembrar que o mais célebre exegeta do Código de Processo Civil, José Alberto dos Reis, escrevia já em meados do século passado[12], que tal abuso consistia num facto ilícito que constituiria quem o praticava em responsabilidade cominada com multa e indemnização.

No entanto, como bem nos explica Paula COSTA E SILVA[13], o problema da responsabilidade processual agravada, ao obrigar a traçar uma fronteira entre a atuação adjetiva lícita e a ilícita, acaba por conduzir necessariamente ao estabelecimento dos limites do direito de ação, com o sentido de dedução de uma pretensão ou de uma oposição em juízo.

Com efeito, não pode simplesmente deduzir-se a existência de uma utilização abusiva do direito de accionar do simples facto de se perder o litígio, pois não é exigível ao autor que assuma o risco pela imprevisibilidade da decisão do tribunal. De facto, pode sempre reconhecer-se, pelo contrário, que "a dúvida é conatural ao processo"[14] Por outro lado, acresce

[11] Valho-me aqui de relatos que me foram feitos, a propósito de várias situações concretas de mulheres, o que pode sempre ser visto com suspeição. No entanto, neste aspecto particular sigo a posição também adoptada por Teresa Beleza, na sua dissertação de doutoramento, *Mulheres, direito, crime ou a perplexidade de Cassandra,* que recorre às suas próprias experiências pessoais, para demonstrar a realidade "da vitimização, da impotência, que caracterizam tantas vezes a vivência feminina". Lisboa: AAFDL, 1993, p. 47.

[12] Reis, José Alberto, Código Civil Anotado, 1940, p. 327.

[13] Procuramos expor aqui, nas linhas que se seguem, a análise do problema, com todas as suas profundas implicações, desde logo constitucionais, que esta autora leva a cabo no seu estudo *A litigância de má fé*, Coimbra, Coimbra Editora, 2008, p. 20 e ss.

[14] Continuamos a acompanhar aqui a opinião de Paula Costa e Silva. A autora cita a decisão do Tribunal Federal Constitucional da Alemanha que considerou que uma decisão da primeira instância, condenando em indemnização uma queixosa que não logrou fazer prova em tribunal de ter sido molestada sexualmente por um médico, era censurável por violação do Princípio do Estado de Direito. Para esse efeito, o Tribunal sustentava que, com algumas excepções, a parte não pode sofrer, no confronto da contraparte, outras sanções

ainda o reconhecimento da existência de efeitos disciplinares/deontológicos associados à litigância de má fé, que acarreta a censura disciplinar, nos termos dos Estatutos da Ordem dos Advogados, daquele causídico que viole os deveres deontológicos que lhe são impostos, nomeadamente não litigando contra o direito. Tudo boas razões para uma atuação extremamente ponderada na condenação por litigância de má fé, que a jurisprudência dos tribunais superiores portugueses tem adoptado, assumindo que aquela não pode apenas resultar do insucesso da lide, mas tem de se basear em "convencimento assente em dados irrefutáveis"[15].

Referências

BRANCO, Patrícia, "Do género à interseccionalidade: cconsiderações sobre mulheres, hoje e em contexto europeu", in Julgar nº 4 , 2008, pp. 103-117.

BRANDÃO, Nuno, A tutela penal especial da violência doméstica, in Jugar, nº 12, 2010, pp. 9- 24

LEITE, André Lamas, A violência realcional íntima: reflexões cruzadas entre o direito penal e a criminologia", in Julgar º 12, pp. 25-66

SANTOS, Cláudia Cruz, Violência doméstica e mediação penal: uma convivência possível?, idem, pp. 67-79

POZA, Maria, Violencia domestica. La experiencia española, julgar, idem pp. 81-140

ALMEIDA, Maria Teresa Féria, Se as mulheres fossem seres humanos, julgar, nº 22, 2014, pp. 97-115

além das que já processualmente decorrem de se vir a verificar que não lhe assiste razão, pois uma visão distinta levaria a uma duvidosa restrição do direito de acesso aos tribunais e do direito de ação. Vd. Ibidem, p. 21 e 22.

[15] Estas posições estão consolidadas nos acórdãos do Supremo Tribunal de Justiça Português, de 19 de setembro de 2002 e de 9 de janeiro de 2003, sendo certo que seguimos aqui a exposição que a este respeito é levada a cabo por Paula Costa e Silva, ibidem, pp. 343 e 344.

PARTE IV

POLÍTICAS PÚBLICAS NA VIOLÊNCIA CONTRA A MULHER

15.
GOVERNAÇÃO LOCAL E LEI DA PARIDADE: NOTAS EM TORNO DE UMA VIOLÊNCIA (DES) CONHECIDA E (DES) CONTINUADA

Isabel Celeste Fonseca
Eva Macedo
Bárbara Barreiros

Introdução

Durante séculos, entre nós e em outros panoramas de direito comparado, o direito de eleger e de ser eleito no feminino foi violentamente tratado[1], sendo certo que a privação do direito ao voto às mulheres vigorou na

[1] *Vide* a ordem de Telémaco à sua mãe, Penélope: "Mãe, volta para os teus aposentos e retoma o teu trabalho, o tear e a roca [...] o discurso caberá aos homens, a todos os homens, e a mim acima de todos, pois meu é o poder nesta casa" – Homero, *Odisseia* (trad. Frederico Lourenço) Queztal, 2018; a descrição da mulher de Oscar Wilde: "*Women are a decorative sex. They never have anything to say, but they say it charmingly. Women represent the triumph of matter over mind, just as men represent the triumph of mind over morals*" – Oscar Wilde, *The Picture of Dorian Gray*, 1890, Cap. IV, p. 53. Recentemente, Mary Beard, numa análise da relação "culturalmente estranha" entre a voz das mulheres e a esfera pública do discurso, concluiu que "a reprimenda de Telémaco à mãe, quando esta se atreve a abrir a boca em público, é algo que continua com demasiada frequência a ser repetido no século XXI" – Mary Beard, *Mulheres & poder: um manifesto*, Bertrand Editora, Lisboa, 2018, citado em Macedo, Eva, "O Discurso de Penélope: o direito à governação paritária como novo parâmetro da igualdade real entre mulheres e homens. O poder local português como poder para-paritário", Prémio Teresa Rosmaninho 2019, Associação Portuguesa de Mulheres Juristas (APMJ), 25 de novembro **2019**, disponível em www.apmj.pt;

generalidade dos ordenamentos jurídicos até há bem pouco tempo[2], sendo Portugal o último país da União Europeia a consagrar o sufrágio universal[3]. E o exercício de cargos públicos pelo feminino tem sido marcado por opções político-legislativas que normalmente desembocam em dois tipos de efeitos: a afetação das mulheres a funções de cuidados (efeito *glass wall*) e a existência de obstáculos no acesso ao poder ou a cargos de topo (efeito *glass ceiling*).

No que respeita à governação pública local, a escolha do cabeça de lista na Eleição para a Assembleia de Freguesia e para os demais órgãos locais, sobretudo para a Câmara Municipal, bem como a distribuição de pelouros pelos vereadores eleitos, é ainda determinada em função do sexo.

Lamentavelmente, os instrumentos jurídicos que procuram minimizar esta forma de violência contra as mulheres, procurando assegurar formas efetivas de tratamento paritário, como é a Lei da Paridade, só aparentemente tem permitido o acesso das mulheres à governação Local[4]. Vários autores defendem que a legislação sobre *affirmative actions* é reveladora da cultura de valores de um país, mas que a verificação da sua *existência* não basta para se concluir pela sua *suficiência*. A monitorização da sua *eficácia* é imprescindível[5].

Um sistema de paridade que não considere a especificidade da realidade portuguesa, por um lado, e as particularidades sobre o sistema constitucional e legal de governação local e as regras relativas à eleição autárquica, por outro, fará falhar por defeito o propósito de "efetivar a participação tanto de homens como de mulheres na vida política portu-

[2] "*Plus que manier le bulletin de vote, les mains des femmes sont faites pour être baisées*", Bernard, *Un homme, une voix...*, 1919, p. 28, em Vera Carapeto Raposo, *O Poder de Eva*, 2004, p. 84.

[3] Maria Helena Santos, "Género e Política: Factores Explicativos das Resistências à Igualdade", 2010, obtido em *https://repositorio.iscte-iul.pt/bitstream/10071/4421/1/TESE_ DOUTORAMENTO_Maria_Helena_Santos.pdf*, p. 26.

[4] Lei Orgânica nº 3/2006, de 21 de agosto, na redação que lhe foi dada pela Lei Orgânica nº 1/2019, de 29 de março.

[5] Entre os quais se destacam A. Peters, *Women, quotas, and constitutions: a comparative study of affirmative action for women under American, German, EC, and international law*, Boston, 1999, e M. M.Diaz & S. Millns, "Power and Representative Politics: The Elusive Pursuit of Gender Equality in Europe", *in Feminist Legal Studies*, 12, 2004, pp. 279-302.

guesa" imposto pelo legislador constituinte ao Estado como um dever, na alínea h) do artigo 9º e no artigo 109º da CRP – dever a que correspondem verdadeiros Direitos Fundamentais de matriz Política da mulher. Muito importa ainda fazer, uma vez que esta forma de violência sobre a mulher é repetida, é conhecida e continuada[6]. Este é um pequeno contributo.

1. A representatividade das mulheres no Poder Local

A população portuguesa é composta por 53% de mulheres[7], que constituem 57,9% dos diplomados do ensino superior[8] e 53,5% dos doutorados[9]. Importa apurar a representatividade desta faixa da população (a maioria e a mais qualificada) no poder local. Em países onde a igualdade de género se sedimentou mais e há mais tempo do que em Portugal, continua a almejar-se sucessivamente mais: na Austrália, em 1997, 24% de mulheres ocupavam cargos eleitos no poder local e a Associação Australiana de Mulheres Autarcas[10] alertava para a necessidade de quotas, caso aquela percentagem não aumentasse *significativamente* até 2010[11]. Em 2009, colocou a fasquia na paridade de 50%[12]. No Canadá, em 2012, existiam 21,4% de mulheres autarcas[13] e a preocupação de aprofundar essa

[6] Sobre o tema, vd. FONSECA, Isabel e MACEDO, Eva, "A participação das mulheres no poder local: notas sobre uma (im)paridade (des)conhecida", Revista das Freguesias, 09, 2019, pp. 15 ss.

[7] 10 291 027 pessoas (Instituto Nacional de Estatística, 2019, *Mulheres em Portugal*).

[8] 5 480 904,90 mulheres (*idem*).

[9] Segundo dados da PORDATA (2017) relativos a 2015.

[10] Australian Local Government Women's Association. A existência de uma Associação Nacional de Mulheres Autarcas é indicativa de uma consciência de grupo e de uma participação cívica crítica que não conhece paralelo em Portugal. Existem, em Portugal, associações cívicas de mulheres e sobre igualdade de género (*e.g.*, a Associação Nacional de Empresárias, a Associação Portuguesa das Mulheres Cientistas, a Associação Portuguesa das Mulheres Juristas, a Associação Portuguesa das Mulheres Migrantes, a Associação para o Desenvolvimento das Mulheres Ciganas), mas nenhuma é focada no poder local ou constituída por titulares de cargos do poder local.

[11] "*If the proportion of regional and rural women on government bodies has not increased significantly by 2010, governments should consider introducing quotas or targets for government appointments*".

[12] Cfr. Programa *50:50 VISION A National Program for Gender Equity in Local Government*, Australian Local Government Women's Association, 2009.

[13] Cfr. Federation of Canadian Municipalities, 2012,

representatividade, tal como na Nova Zelândia, com 32,2% de mulheres autarcas. Na Suécia (45,3%) e Finlândia (37,5%), apesar de uma representatividade feminina mais próxima dos 50%, a preocupação permanece. Na União Europeia, existem 13,4% de mulheres *Mayor* e nenhum país atingiu 40% de representatividade feminina[14]. Se faz sentido discutir igualdade de género onde a participação das mulheres no poder local atinge 20%, 30% e 40%, mais sentido faz na agenda académica e política portuguesa, onde, nas eleições autárquicas de 2017, acabou de se atingir o limiar histórico de 10%[15].

A sub-representação feminina revela um nível de garantia dos di-reitos políticos das mulheres inferior ao dos homens, obstaculiza a efetiva realização da igualdade entre mulheres e homens e atenta contra a sustentabilidade dos regimes democráticos. Todavia, é escassa a literatura sobre a representatividade feminina no poder local[16].

Pedro Nunes[17] verificou que, entre 1982 e 2005, a representatividade das mulheres nos órgãos locais se limitava a 8,17% e que apenas 0,85% chegaram a presidentes desses órgãos. Classificou, por isso, a representatividade das mulheres no poder local como "confrangedoramente

[14] Segundo dados recolhidos pelo EIGE, em 28 países da União Europeia e sete outros países da Europa (Cfr. Conselho da Europa, 2007, p. 8).

[15] Por referência ao número de mulheres eleitas presidente de câmara em 1 de outubro de 2017.

[16] No Direito, Teresa P. Beleza e Vera Raposo são exceção, mas não abrangem as autarquias locais. Nas Ciências Sociais, Helena Rato cingiu-se à Administração central e Albertina Jordão, Ana Paula Saraiva, Maria Helena Santos e Pedro Nunes, embora abordem o poder local, não focam o caso específico do PCM. *Vide*, dos referidos autores, Maria Helena Santos, "A Participação das Mulheres na Política – um olhar especial ao poder local", 2017; Albertina Jordão, "Estudo sobre a aplicação da Lei da Paridade no projeto Promoção da Cidadania e Igualdade de Género", 2015; Pedro Nunes, "Participação das Mulheres na Política Autárquica em Portugal nos últimos 25 anos (1982 a 2005: especial relevo para as mulheres eleitas apuradas para a presidência dos órgãos", *in Enfoques*, VI, 2008, pp. 11-34. Poderá destacar-se ainda a análise teórica de Miguel Vale de Almeida, conforme nota Teresa Pizarro Beleza, *Direito das Mulheres e da Igualdade Social. A Construção Jurídica das Relações de Género. Uma proposta de estudo e ensino*, Almedina, 2010, p. 102.

[17] P. Nunes, "Participação das mulheres na política autárquica em Portugal nos úl-timos 25 anos...", *cit.*, p. 15.

baixa"[18]. Na democracia portuguesa (1976-2017), houve 3 675 mandatos de PCM e apenas 154 foram mulheres. *Menos de 5%* dos executivos municipais foram presididos por mulheres[19].

Em 2013, 13% do total de *candidatos* a PCM foram mulheres: nos 308 municípios[20] registaram-se 1 326 candidatos[21], dos quais 1 150 homens (86,40%) e 176 mulheres (13,59%). Importa analisar quantas mulheres *foram eleitas*, mas também, a montante, traçar a carta de opções do eleitorado e apurar qual a *elegibilidade* de cada um dos sexos[22]. Em 2013, o universo de potenciais PCM foi constituído por 87% de homens e 13% de mulheres. Em 2017, elevou-se para 18,94%[23]. Em 2013, *19 forças políticas* (entre as quais as 15 coligações) não apresentaram qualquer cabeça de lista do sexo feminino. Os partidos de ambos os extremos do espectro político (CDS, PCP-PEV e BE) apresentaram maiores percentagens de mulheres candidatas a PCM (17%, 19% e 23%, respetivamente). Nos partidos de centro (PS e PSD), apenas 9% e 6%, o que se revelou decisivo porque, em conjunto, elegeram 235 PCM[24].

O desequilíbrio de género evidencia-se numa análise desagregada territorialmente: em 2013, em nove dos 20 círculos eleitorais, não foi eleita qualquer mulher como Presidente de Câmara. Em 2017, tal situação permaneceu em sete círculos, concentrados no Norte (Braga, Viana do Castelo) e Interior (Beja, Castelo Branco, Guarda, Vila Real e Viseu). A representatividade das mulheres no cargo de PCM dista mais de 20 p.p. do limiar de paridade (33,3%); (ii) a manter-se o crescimento de 2013 para 2017 (2,59 p.p.), tal paridade só aconteceria dentro de 10 atos eleitorais, ou seja, em não menos do que 40 anos. Esta constatação justifica a urgência de repensar os mecanismos eleitorais.

[18] *Idem, ibidem.*

[19] A percentagem exata é 4,19%.

[20] Em Portugal, existiam, em 1976, 304 municípios, de 1979 a 2001, 305 e de 2011 em diante, 308.

[21] Cfr. Ministério da Administração Interna, 2013.

[22] Razão entre o número de candidatos de cada género e o número total de candidatos.

[23] Cfr. Ministério da Administração Interna, 2017.

[24] O PS elegeu 149 PCM e o PSD 86.

2. Explicação das razões para os dados[25]

2.1. Um fator histórico: direito de voto tardio e proibição de acesso a cargos dirigentes

O Decreto nº 19 694, de 5 de maio de 1931, estabelecia um regime de eleição dos vogais das juntas e das câmaras em que o direito de voto estava reservado aos cidadãos portugueses *chefes de família*. Aparentando a universalidade do sufrágio, o artigo 1º densificava o conceito de *responsabilidades de chefe de família*, reservando-o: Aos *cidadãos portugueses do sexo masculino* [...] e às *mulheres portuguesas* viúvas, divorciadas ou judicialmente separadas de pessoas e bens com família própria e as casadas cujos maridos estejam ausentes [...].

O Código Administrativo aprovado pelo Decreto nº 31 095, de 31 de dezembro de 1940, regulamentou as Juntas de Freguesia e as Câmaras Municipais, mas não tocou na capacidade eleitoral, mantendo-se o disposto no Decreto nº 19 694. Em 1968, a Lei nº 2 137, de 26 de dezembro, regulamentou a capacidade eleitoral para a Assembleia Nacional e alargou-a a todos os cidadãos, maiores ou emancipados que soubessem ler e escrever. Para as juntas e câmaras, porém, nada dispôs. Subsistiu a vigência dos artigos 1º e 2º do Decreto nº 19 694 de 1931 e o direito de voto permaneceu reservado aos *chefes de família*[26].

A universalidade do direito de voto chegou com a democracia e, eliminando dúvidas, a Lei nº 621-A/74, de 14 de maio, incluiu no artigo 1º a menção expressa a *cidadãos portugueses de ambos os sexos*.

Também o acesso a certos lugares de chefia na Administração Públi-ca foi vedado às mulheres até à publicação do Decreto-Lei nº 492/74, de 27

[25] Sobre estas explicações para a baixa representatividade feminina no poder político e particularmente no poder local, v. Macedo, Eva, A Participação das Mulheres no Poder Local: Velhos e Novos Desafios, in Jerónimo, P., (Coord.) Igualdade de Género: Velhos e Novos Desafios, Direitos Humanos – Centro de Investigação Multidisciplinar (DH-CI), 2019, ISBN 978-989-54032-8-8, págs. 183-202 e Macedo, Eva, Igualdade de Género na Administração Local Portuguesa: uma questão (im)pertinente?, in Estudos de Homenagem ao Professor Doutor Cândido de Oliveira, in Figueiras, Cláudia et al. (Coord.), Almedia, 2017, págs. 243-260.

[26] Teresa Pizarro Beleza, *Direito das Mulheres e da Igualdade Social...*, *cit.*, p. 110.

de setembro[27]. Teresa Pizarro Beleza identifica esta proibição como uma explicação substancial para a atual baixa taxa de feminização no poder local. Este afastamento da vida pública local gerou um alheamento das mulheres da condução dos assuntos locais. A perceção do legislador da condução da vida pública local como competência exclusiva de homens condicionou as mulheres a tardiamente desenvolverem uma participação ativa no poder local[28].

2.2. Um fator social: família, substantivo feminino singular

Escapando ao equívoco apontado por Sinclair[29] de *just adding wo-men in*, nos países do Norte da Europa, a maior representação política das mulheres foi produto da adoção conjunta de dois tipos de medidas: (i) cria-ção de estruturas de apoio às famílias, assumindo-se o cuidado de crianças e idosos como tarefa *da sociedade* e (ii) emanação de normas de garantia do equilíbrio de participação de mulheres e de homens nos órgãos de decisão política[30]. Em Portugal, subsiste o entendimento de que a esfera privada é um mundo feminino e a esfera pública e política um mundo masculino[31]. A assunção de responsabilidades externas à família (laborais, sociais ou políticas) implica uma *conciliação*. Do maior ou menor sucesso dessa operação resulta a maior ou menor disponibilidade das mulheres para o exercício de lugares de liderança. Os cargos políticos constituem *a esfera pública por excelência* e exigem um sacrifício da esfera privada maior do que outros com menor exposição e complexi-

[27] Nos termos dos § 3º e 4º do artigo 488º do Código Administrativo: "Aos concursos de provimento dos lugares de secretários de governos civis, chefes de secretarias, agentes do Ministério Público junto das auditorias e bem assim dos que *envolvam o exercício de autoridade só podem ser admitidos candidatos do sexo masculino*".

[28] Teresa Pizarro Beleza, *Direito das Mulheres e da Igualdade Social..., cit.*, p. 118.

[29] Cfr. A. Sinclair, "Not just adding women in: Women re-making leadership", Melbourne: Melbourne Business School, obtido em *http://works.bepress.com/amanda_sinclair/6*, 2013.

[30] Fatores apontados por Tavares (*apud* P. Nunes, "Participação das mulheres na política autárquica em Portugal nos últimos 25 anos...", *cit.*,) como determinantes do impulso à participação das mulheres no poder.

[31] Esta é uma das explicações adiantadas por Lígia Santos e Helena Amâncio, "Resistências à Igualdade de Género na Política", *in ex aequo*, 25, 2012, pp. 45-58, para as resistências à participação das mulheres na política.

dade. Enquanto subsistir para as mulheres um *quid pro quo* entre família e trabalho, entre esfera pública e esfera privada, menor será o número de mulheres a optar pela primeira em sacri-fício da segunda. A alteração deste *status quo* só acontecerá mediante alteração da visão social sobre o papel das pessoas (homens ou mulheres) na parentalidade e na condução das famílias.

2.3. Um fator político: partidos políticos, substantivo masculino plural

Um olhar desagregado por partido político evidencia que é nos partidos mais votados (PS e PSD) que as mulheres estão menos representadas. Registando o Bloco de Esquerda uma representatividade aceitável (23%), este não elegeu, em 2013 e 2107, qualquer PCM. Diaz e Millns explicam que as medidas de discriminação positiva, mesmo quando situadas ao nível legal ou constitucional, dificilmente geram *outcomes* eficazes se operarem sobre estruturas político-partidárias discriminatórias[32]. Essa é a terceira explicação para a baixa representatividade das mulheres no poder local: as máquinas partidárias são adversas ao aumento da representatividade feminina. Sendo o PCM eleito diretamente a partir do cabeça de lista do partido mais votado para a câmara municipal, esta situação condiciona fortemente a possibilidade de uma mulher ser eleita PCM. As opções do eleitorado estão limitadas à partida porque o leque de escolhas que lhe é proporcionado pelos partidos políticos comporta 10% de mulheres e 90% de homens.

2.4. Um fator legal: a Lei da Paridade até à recente reforma

A anterior Lei da Paridade abrangia *todas as listas* apresentadas a eleição para *órgãos* de governo local: Assembleia Municipal, Assembleia de Freguesia e Câmara Municipal, sendo que a lista plurinominal para eleição da Câmara Municipal comporta a particularidade de o cabeça de lista do partido mais votado, ser eleito PCM. O artigo 2º, nº 1, da Lei da Paridade exigia que as listas fossem compostas assegurando a representação mínima de 33,3% para cada um dos sexos, definindo tal percentagem

[32] M. M. Diaz & S. Millns, "Parity, Power and Representative Politics...", *cit.*

como *paridade*. O nº 2 determinava que as listas plurinominais não pudessem conter mais do que dois candidatos consecutivos do mesmo sexo, criando o designado *efeito fecho éclair*, visando impedir que os candidatos do sexo menos representado (por regra, mulheres) sejam postergados para posições não elegíveis. Porém, não contém qualquer disposição quanto ao sexo do cabeça de lista. A versão anterior da Lei da Paridade[33] sancionava a não correção das listas violadoras do seguinte modo[34]: (i) quanto a *publicidade*: afixação das listas desconformes e divulgação na página da Comissão Nacional de Eleições; (ii) *redução das subvenções*: redução de 25% a 50% na subvenção pública para as campanhas, prevista na Lei nº 19/2003, de 20 de junho. Não cominava, pois, a violação de questões de género com idêntica consequência àquela que a Lei Eleitoral dos Órgãos das Autarquias Locais (LEOAL)[35] prevê para inelegibilidades ou irregularidades não supridas: *rejeição das candidaturas*. As listas desconformes e não corrigidas, após publicação, eram *qua tale* submetidas a escrutínio. Ora, em 2013, todas as forças políticas violaram a Lei da Paridade para as eleições locais e, em 2017, apenas o PCP e o BE não registaram qualquer violação.

Os resultados eleitorais de 2017 revelam, no caso da Câmara, o aumento do número de mulheres vereadoras, mas a distribuição dos pelouros é ainda marcada em função do sexo: os pelouros da ação social, juventude, família e cultura são exercidos equilibradamente equanto os pelouros do urbanismo, planeamento urbano e obras municipais (considerados os de mais prestígio e poder) são atribuídos maioritariamente a homens. Confirma-se, neste universo, a verificação do efeito *glass wall*.

3. Em particular a (fragilidade da) Lei de Paridade

Dadas as fragilidades apontadas, a alteração à Lei da Paridade foi necessária. A Proposta de Lei nº 117/XIII veio consagrar quatro medidas importantes: (i) elevação do limiar de paridade para 40%; (ii) proibição de identidade de sexo dos dois primeiros candidatos da lista; (iii) substitui-

[33] Ao abrigo da qual decorreram todos os atos eleitorais autárquicos até ao de 2021.

[34] Cfr. artigo 4º.

[35] Cfr. artigo 27º da Lei Orgânica nº 1/2001, de 14 de agosto.

ção por candidato *do mesmo sexo* em caso de vacatura do cargo; e (iv) cominação de *rejeição* para as listas violadoras.

Nessa altura discutiu-se a adequação das medidas paritárias vigentes e previstas no contexto específico do poder local, tendo sido apresentado um rol de medidas a melhorar: *a. Necessidades transversais*:

i. Sublinhar academicamente a pertinência do tema e promover a investigação que o tenham por objeto;
ii. Enfocar a igualdade de género não como um problema *de mulheres*, a resolver *por mulheres* e *em benefício das mulheres*, mas como um proble-ma da sociedade, a solucionar com recurso a todos os mecanismos sociopolíticos disponíveis;
iii. A par de mecanismos de discriminação positiva, alterar a perceção do paradigma familiar e da esfera privada como áreas femininas e do poder e da esfera pública como áreas masculinas, promovendo a família e a parentalidade como *tarefas sociais sem género*, no sentido de *independente do género*, a realizar indistintamente por homens e/ou mulheres.
iv. Reequacionar os sistemas partidários para que o caminho da paridade não seja feito exclusivamente à custa de adição de mulheres ao poder, mas resulte de uma transformação das conceções de poder e liderança.

Evidenciou-se sobretudo a necessidade de equacionar mecanismos de promoção da igualdade material, que abrangessem os *cabeças de lista candidatos à câmara municipal*, posto que os existentes nessa altura permitiam a subsistência do desequilíbrio de candidatos do sexo masculino.

O grande desafio nesta matéria residia na excessiva convicção da irreversibilidade das conquistas e na ideia de que o problema juridicamente não existe. Esta perceção resultava validada pela abolição da legislação discriminatória e pela introdução de medidas materiais de discriminação positiva. Porém, um olhar que ultrapassasse a superfície do ordenamento jurídico formal, concatenado com evidência empírica, facilmente denunciava que a implementação da igualdade material entre homens e mulheres no poder local, imposta ao Estado pela norma programática da alínea *h)* do artigo 9º da Constituição, estaria longe de se afirmar a verdadeira existência de mecanismos paritários:

i. Uma via possível (mais moderada) seria a introdução de incentivos aos partidos políticos para praticarem alternância de sexo nos cabeças de lista apresentados em cada ato eleitoral.
ii. Outra via (mais radical, mas porventura mais eficaz) seria a proibição legal de indicação de cabeças de lista do mesmo sexo num determinado período de tempo[36].

Lamentavelmente, a recente alteração à Lei de Paridade – que foi aprovada pela Lei Orgânica nº 1/2019, de 29 de março, e foi pela primeira vez aplicada às eleições autárquicas de 26 de setembro de 2021, bem como à eleição de vogais das Juntas de Freguesia e à eleição dos membros às mesas dos órgãos deliberativos das autarquias locais – não superou totalmente as vulnerabilidades apontadas. Vejamos porquê.

A alteração à Lei trouxe consigo, em síntese, as seguintes mudanças: i) elevou a representação mínima de 33,3% para 40 % de cada um dos sexos, na composição das listas de candidatos, arredondada, sempre que necessário, para a unidade mais próxima; ii) introduziu a regra da paridade aplicável a todas as listas candidatas apresentadas às Assembleias Municipais[37], Câmaras Municipais e Assembleias de Freguesia, sem exceção, revogando a que se encontrava prevista para a composição das listas para os órgãos das Freguesias com 750 ou menos eleitores e para os órgãos dos municípios com 7500 ou menos eleitores; iii) passou a prever a cominação de rejeição para as listas violadoras. Nestes termos, a lei procedeu à alteração dos efeitos previstos para o incumprimento da paridade, revogando as sanções de afixação pública das listas com a

[36] A harmonização desta medida com a lei de limitação de mandatos dos titulares de cargos políticos (Lei nº 46/2005, de 29 de agosto) apontaria para um período de três atos eleitorais consecutivos.

[37] Sobre as principais questões levantadas pela Lei da Paridade nas Assembleias Municipais, vide Macedo, Eva, "Representação das mulheres nas assembleias municipais portuguesas: (dis)paridade entre deputados eleitos e por inerência", Revista das Assembleias Municipais e dos Eleitos Locais, nº 17, Janeiro-Março 2021, AEDREL, p. 25 – 42;

indicação da sua desconformidade à paridade e a sua divulgação através do sítio na Internet da Comissão Nacional de Eleições, bem como a sanção de redução do montante de subvenções públicas para as campanhas eleitorais, passando a prever a rejeição de toda a lista violadora que não seja corrigida no prazo previsto na respetiva lei eleitoral; iv) acolher o alargamento da aplicação da paridade à eleição à mesa dos órgãos deliberativos das autarquias locais, e à eleição de vogais da Junta de Freguesia, sancionando o incumprimento quanto a esta última com a nulidade da deliberação.

Com a aplicação da Lei surgiram diversas dificuldades. Foi, aliás, possível verificar que, não obstante as boas intenções do legislador, a Lei da Paridade, com as recentes alterações, não resolveu os problemas de violação de igualdade de género nos cargos locais, há muito denunciadas. Com efeito, no decurso destas eleições autárquicas e, posteriormente, nas eleições para vogais da Junta de Freguesia e mesas dos órgãos deliberativos autárquicos[38], observou-se que a violação da paridade continuou a ocorrer com frequência, que as normas impositivas previstas na Lei acabavam por ser contornadas e que as sanções acolhidas na Lei não musculam a respetiva aplicação e cumprimento. Assim:

3.1. A rejeição de lista incumpridora da paridade: uma medida insuficiente

Quanto aos efeitos do incumprimento da paridade na composição das listas candidatas às eleições autárquicas, prevê o artigo 4º, nº 1, da referida lei alterada, que "*a não correção da lista de candidatura no prazo previsto na respetiva lei eleitoral determina a rejeição de toda a lista*".

Em face do teor do suprarreferido artigo poderia entender-se que a sanção prevista para o incumprimento da apresentação de uma lista sem paridade seria mais severa do que as que se encontravam anteriormente previstas. De facto, anteriormente as sanções previstas tinham efeitos

[38] Vide, quanto à composição da Junta e à eleição dos membros das mesas dos órgãos deliberativos, MACEDO, Eva, "Paridade na composição da junta de freguesia e das mesas dos órgãos deliberativos das autarquias locais: principais questões com impacto nas Eleições Autárquicas de 2021", Questões Atuais de Direito Local, nº 31, (Julho/Setembro), AEDREL, 2021, p. 79.

meramente patrimoniais e de publicidade[39], e eram aparentemente menos gravosas porque permitiam a manutenção de listas sem paridade.

No entanto, a sanção legalmente prevista de rejeição de listas violadoras da paridade não tem sido aplicada pelos tribunais "*tout court*", porquanto, tem sido entendido que se deve conjugar a aplicação da lei da paridade com as regras processuais de eleição dos titulares dos órgãos das autarquias locais (ETOAL) previstas pela Lei Orgânica nº 1/2001, de 14 de agosto.

Assim, o processo eleitoral desenrola-se, em síntese, nos seguintes termos: as listas são apresentadas de acordo com os requisitos gerais previstos pelo artigo 23º da ETOAL e de acordo com os requisitos da lei da paridade. Nos cinco dias subsequentes à apresentação das listas candidatas, o juiz verifica a regularidade do processo, a autenticidade dos documentos que o integram e a elegibilidade dos candidatos, podendo, no mesmo prazo, as entidades proponentes, os candidatos e os mandatários impugnar a regularidade do processo ou a elegibilidade de qualquer candidato.[40] No caso de o tribunal verificar a existência de alguma irregularidade processual ou de candidatos inelegíveis, manda notificar o mandatário da candidatura e este pode suprir irregularidades processuais ou substituir candidatos julgados inelegíveis ou sustentar que não existem quaisquer irregularidades a suprir ou candidatos a substituir, no prazo de três dias.[41] Findo este prazo são rejeitados os candidatos inelegíveis e as listas cujas irregularidades não tenham sido supridas[42].

Mas não podemos deixar de salientar que é entendimento do Tribunal Constitucional que o suprimento das irregularidades processuais na apresentação de candidaturas pode ser feito por iniciativa dos interessados, *por sua iniciativa,* independentemente de despacho do juiz[43].

[39] Nos termos dos artigos 6º e 7º, da 1ª versão da Lei da Paridade, aprovada pela Lei Orgânica nº 3/2006, de 21 de agosto, sancionava-se o incumprimento da paridade através da divulgação na internet pela Comissão Nacional de Eleições e com a redução da subvenção para a campanha eleitoral.

[40] Cfr. artigo 25º, nº 2 e nº 3, da ETOAL.

[41] Cfr. artigo 26º, nº 2, da ETOAL.

[42] Cfr. artigo 27º, da ETOAL.

[43] Acórdão Tribunal Constitucional, Processo nº 218/85.

Ou seja, conjugando-se a lei da paridade com a lei processual para a eleição dos titulares dos órgãos das autarquias locais, caso se verifique a apresentação de uma lista candidata incumpridora da paridade, o juiz deve no prazo de cinco dias notificar o mandatário da respetiva candidatura para corrigir a lista apresentada no prazo de três dias sob pena de ser rejeitada, e se não o fizer, pode o mandatário da candidatura incumpridora corrigir a lista no prazo de três dias a contar do prazo previsto para a notificação de irregularidades e inelegibilidades.

Mas, se o juiz não se aperceber da falta de paridade pode admitir a lista incumpridora, não notificando o mandatário para efetuar a necessária correção. E, o mandatário da candidatura incumpridora não tendo sido notificado para o efeito, pode não proceder à correção espontânea dentro do prazo previsto pela lei eleitoral. Após a admissão definitiva das listas, os candidatos, os seus mandatários, os partidos políticos, as coligações ou os primeiros proponentes de grupos de cidadãos eleitores concorrentes podem apresentar reclamação no prazo de 48 horas, não lhe incumbindo, contudo, o ónus de impugnação. Neste sentido, não sendo detetada imparidade alguma, se ninguém se aperceber ou existir um conluio, a falta de paridade considera-se sanada se não for reclamada no prazo previsto pela lei eleitoral[44].

Apesar do nº 1, do artigo 4º da lei da paridade estipular que a não correção da lista de candidatura no prazo previsto na respetiva lei eleitoral determina a rejeição de toda a lista, na realidade, através da leitura da jurisprudência do Tribunal Constitucional verificou-se que listas sem paridade foram admitidas e se tornaram definitivas por não ter sido deduzida reclamação no processo eleitoral no prazo de 48 horas após a respetiva admissão.

Assim, o Tribunal Constitucional rejeitou liminarmente o recurso interposto de decisão do tribunal judicial que admitiu definitivamente listas sem paridade, entendendo que findo o prazo de 48 horas previsto para a reclamação, *a decisão* de admissão da lista incumpridora "*se torna definitiva e consolida-se na ordem jurídica não podendo ser posta em causa por uma reclamação posterior. Trata-se de uma consequência da natureza especial*

[44] Cfr. artigo 29º ETOAL.

do processo eleitoral, por razões de celeridade e segurança jurídica, e do princípio da aquisição progressiva dos atos eleitorais fixado pela jurisprudência do Tribunal Constitucional (...) tal como referido no ponto 7, do Acórdão 529/2017"[45]. E conclui que "*é também a esta luz que deve ser lido o artigo 4º, nº 1, da Lei da Paridade que não estabelece uma nulidade insanável e invocável a todo o tempo*". Por último, o Tribunal Constitucional arremata dizendo que rejeitou liminarmente o recurso por motivos de ordem formal, e nesses termos fundamentou a rejeição preliminar do recurso constitucional, dizendo que "*A não impugnação, através de reclamação do despacho de admissão das listas, apresentado dentro do prazo previsto, preclude a possibilidade de vir, posteriormente, pôr em causa as mesmas listas. Note-se que não está em causa o dever de o tribunal oficiosamente controlar a legalidade das listas apresentadas. Trata-se, isso sim, de um pressuposto para o recurso para o Tribunal Constitucional. Tal como o decidido no ponto 4, do Acórdão 689/2021. Assim sendo, não tendo o recorrente reclamado em tempo da admissão das listas, não pode agora recorrer alegando a nulidade da decisão*".

Em face do exposto, foi possível apurar que o Tribunal Constitucional trata a falta de paridade como uma qualquer irregularidade sanável se não for arguida dentro do prazo previsto para a reclamação em processo eleitoral, quando de acordo com a "ratio legis" e de forma a permitir a proteção do direito fundamental de igualdade na vida política ativa, deveria ser efetivamente sancionada.

Em suma, o processo eleitoral obedece a normas e princípios que acabam por permitir a admissão de listas candidatas que não cumprem a representação mínima de 40% de cada um dos sexos, arredondada, sempre que necessário, para a unidade mais próxima, ou, são colocados mais de dois candidatos do mesmo sexo, consecutivamente, na ordenação da lista.

Em face do exposto, é de concluir que afinal a lei da paridade de 2006, sem as recentes alterações, previa sanções mais gravosas na medida em que o não cumprimento da paridade era efetivamente sancionado através da divulgação na internet pela Comissão Nacional de Eleições e era redu-

[45] Acórdão Tribunal Constitucional , Processo nº 872/2021.

zida a subvenção para a campanha eleitoral à força política incumpridora da paridade.

3.1. Paridade na eleição de vogais: necessidade de aperfeiçoamento da previsão legal

No caso da eleição de vogais das juntas de freguesia, é nula a deliberação da eleição de listas de candidatos que não cumpram os requisitos do artigo 2º da lei da paridade[46], isto é, que não cumprem a representação mínima de 40% de cada um dos sexos, arredondada, sempre que necessário, para a unidade mais próxima, ou, são colocados mais de dois candidatos do mesmo sexo, consecutivamente, na ordenação da lista. Sucede que, na ausência de disposição regimental compete à assembleia deliberar se cada uma das eleições a que se refere o número anterior é uninominal ou por meio de listas[47]. Na hipótese de a assembleia de freguesia deliberar que a eleição de vogais deve ser uninominal, contorna-se astutamente a lei da paridade, na medida em que não são elaboradas listas de vogais, mas votado nome a nome, não estando a assembleia de freguesia obrigada a aprovar o nome de um candidato apenas em razão do sexo.

E se, nestes termos por deliberação da assembleia de freguesia, a junta de freguesia for constituída apenas por homens, interrogamo-nos quanto às respetivas consequências. Em abono da verdade, da letra da lei resulta que é nula a deliberação da eleição de listas de candidatos que não cumpram os requisitos da paridade, mas, neste caso, a deliberação em causa não resultou de eleição de listas.

Por outro lado, como o presidente da junta de freguesia é o único com legitimidade para propor o nome de vogais[48], interrogamo-nos sobre como deve atuar, no caso de o agrupamento político a que pertence não possuir a percentagem necessária de sexos diferentes para elaborar uma lista paritária e se estaria obrigado a requisitar elementos do sexo em falta

[46] Cfr. artigo 4º, nº 2, da Lei da Paridade.

[47] Cfr. artigo 9º, nº 2, da Lei 169/99, de 18 de setembro, que aprovou o Regime Jurídico das Autarquias Locais.

[48] Sobre a paridade na eleição do Preisdente da Junta, vide MACEDO, Eva, Presidente da Junta de Freguesia: que género de poder?, Revista das Freguesias, nº 17 (Janeiro/Junho), AEDREL 2021, p. 7.

a outros agrupamentos políticos para cumprir a paridade. E do mesmo modo, também nos questionamos quanto a saber se, no caso de todos os membros eleitos do sexo feminino, por exemplo, decidirem apresentar renúncia ao mandato, quem deverá substituir o renunciante do sexo feminino, se pelo membro que se encontra logo a seguir na lista apresentada ou se pelo membro do mesmo sexo que se encontra a seguir. A lei é totalmente omissa quanto a estes casos.

3.3. A paridade na eleição às mesas dos órgãos deliberativos das autarquias locais: omissão quanto aos efeitos de eventual incumprimento

No que se refere às mesas dos órgãos deliberativos das autarquias locais, prevê o nº 2 do artigo 2º da lei da paridade que "as listas de candidatos às mesas dos órgãos deliberativos das autarquias locais são compostas de modo a respeitar a paridade entre homens e mulheres", mas não prevê expressamente qualquer sanção para o caso de incumprimento da paridade[49]. Neste caso em concreto, a lei não prevê expressamente qualquer sanção para o caso de incumprimento da paridade nem sequer para a eleição através de listas.

É certo que poderíamos aplicar analogicamente o efeito previsto no artigo 4º nº 1 da lei da paridade para os casos de eleição da mesa, e nesses termos, até que seja eleito o presidente da assembleia, o cidadão que tiver encabeçado a lista mais votada deverá gerir os trabalhos garantindo a rejeição de todas as listas que não cumpram a paridade sob pena de prevaricação.

Todavia, também à semelhança do referido acima quanto à eleição de vogais, na ausência de disposição regimental compete à assembleia deliberar se a eleição para a mesa dos órgãos deliberativos das autarquias locais é uninominal ou por meio de listas. No caso de ser deliberada a eleição uninominal, reproduz-se integralmente o supra explanado.

[49] Sobre este tema, nomeadamente sobre a questão da inexistência de sanção, vide Macedo, Eva, "Paridade na composição da junta de freguesia e das mesas dos órgãos deliberativos das autarquias locais: principais questões com impacto nas Eleições Autárquicas de 2021", Questões Atuais de Direio Local, nº 31 (Julho/Setembro), AEDREL, 2021, p. 79.

Mais uma vez, verificam-se omissões na lei, sendo imprescindível proceder-se ao respetivo aperfeiçoamento, e assim, contemplar as soluções necessárias para estas hipóteses.

Conclusões

A sub-representação das mulheres no poder político revela um nível de garantia dos direitos políticos das mulheres inferior ao dos homens, obstaculiza a promoção efetiva dos direitos humanos das mulheres e a rea-lização da igualdade efetiva entre mulheres e homens, atentando contra a coesão social e sustentabilidade dos regimes democráticos.

A análise dos resultados eleitorais locais desde 1976 a 2017 revelou que o número de PCM do sexo feminino eleitas desde o início da democracia portuguesa é extremamente baixo e denuncia a verificação do efeito *glass ceiling*. A distribuição de pelouros pelos vereadores, após as eleições de 2017, indicia ainda a verificação do efeito *glass wall*.

Uma conjugação de quatro fatores concorreu para este cenário: (i) direito de voto tardio e proibição de exercício de cargos dirigentes na administração local; (ii) esfera privada considerada domínio feminino e esfe-ra pública domínio masculino; (iii) número reduzido de mulheres apresentadas como cabeça de lista pelos partidos políticos; e (iv) inaplicabilidade da Lei da Paridade à eleição do PCM.

A Proposta de Lei nº 117/XIII, embora consagrasse medidas importantes como a elevação do limiar da paridade para 40%, a proibição de identidade de sexo dos dois primeiros candidatos da lista e a sanção de rejeição das listas violadoras, continuou a não prever qualquer medida quanto ao sexo dos cabeças de lista. Continuava a ser *legalmente possível* aos partidos políticos a manutenção da prática de apresentação sucessiva, exclusiva e ilimitada ao eleitorado de *candidatos a presidente da câmara do sexo masculino.*

A Lei de Paridade veio a ser promulgada e não resolveu o problema. Apesar de prever a rejeição das listas violadoras da paridade em processo eleitoral, bem como a nulidade da deliberação da eleição de listas de vogais, continuou omissa quanto a diversos aspetos essenciais para a sua efetiva aplicação, permitindo seja astutamente contornada. Esta lei parece ter sido elaborada sem o cuidado necessário de conjugar com o regime processual, as normas eleitorais e o regime jurídico das autarquias locais. Deixou de fora a candidatura a presidente da câmara municipal e a formação do respetivo executivo municipal, a candidatura a presidente da junta de freguesia, bem como a lista para a eleição dos membros da Comunidade Intermunicipal.

Enquanto não se mostre efetivada, em todos os níveis do poder, a igualdade material entre homens e mulheres, não estará cumprida a obrigação imposta ao Estado pelas disposições conjugadas dos artigos 9º, alínea *h)*, e 109º da CRP, revelando-se em continuação a violência contra o género feminino num domínio extremamente sensível ao desenvolvimento e afirmação da Mulher na Comunidade e na consolidação do Estado de Direito Democrático (que Portugal é, como afirma a CRP no seu art. 2º).

Referências

AMARAL, D. F. (2013), *Curso de Direito Administrativo*, Vol. II, Manuais Universitários, Almedina, Coimbra.

ALMEIDA, J. P. (2016). *A Evolução do Direito de Sufrágio na História Consti-tucional Portuguesa.* Observatório Político. Obtido de *http://www.observatoriopolitico. pt/wp-content/uploads/2016/11/WP_65_JPA.pdf.*

Australian Local Government Women's Association. (2009). *50 : 50 VISION A National Program for Gender Equity in Local Government.*

BELEZA, T. P., *Direito das Mulheres e da Igualdade Social. A Construção Jurídica das Relações de Género. Uma proposta de estudo e ensino.* Almedina. 2010.

DIAZ, M. M., & Millns, S. (2004). Parity, Power and Representative Politics: The Elusive Pursuit of Gender Equality in Europe. *Feminist Legal Studies*, 12, 279-302, *https://doi.org/10.1007/s10691-004-4986-1.*

European Institute for Gender Equality. (2017). *Women and Men in Decision Making.* Obtido de *http://eige.europa.eu/gender-statistics/dgs/indicator/wmi-dm_pol_parl _wmid_regall_ass.*

Federation of Canadian Municipalities. (2012). *Getting to 30% by 2026.* Ottawa. Obtido de *http://iknowpolitics.org/sites/default/files/getting_to_30_percent_by_ 2026_en.pdf.*

FONSECA, I. e Macedo, E., "A participação das mulheres no poder local: notas sobre uma (im)paridade (des)conhecida", Revista das Freguesias, nº 09, Janeiro--Março 2019, AEDREL, p. 15-30;

Instituto Nacional de Estatística. (2017). Portal do Instituto Nacional de Estatística. Obtido 18 de novembro de 2017, de *https://www.ine.pt/xportal/xmain?xpgid=ine_main&xpid=INE.*

—. (2019). Mulheres em Portugal. Obtido em 18 de março de 2019 de *https://www.ine.pt/xportal/xmain?xpgid=ine_main&xpid=INE.*

Ministério da Administração Interna. (2013). Autárquicas 2013. Obtido 18 de novembro de 2017, de *https://www.eleicoes.mai.gov.pt/autarquicas2013/candi-datos.html.*

—. (2017). Autárquicas 2017. Obtido em 18 de novembro de 2017, de *https://www.eleicoes.mai.gov.pt/candidatos.html.*

MACEDO, E., "Paridade na composição da junta de freguesia e das mesas dos órgãos deliberativos das autarquias locais: principais questões com impacto nas Eleições Autárquicas de 2021", Questões Atuais de Direto Local, nº 31, Julho-Setembro 2021, AEDREL, p. 79;

MACEDO, E., "Representação das mulheres nas assembleias municipais portuguesas: (dis)paridade entre deputados eleitos e por inerência", Revista das Assembleias Municipais e dos Eleitos Locais, nº 17, Janeiro-Março 2021, AEDREL, p. 25 - 42;

MACEDO, E., Presidente da Junta de Freguesia: que género de poder?, Revista das Freguesias, nº 17 (Janeiro/Junho), AEDREL 2021, p. 7.

MACEDO, E., "Participação das Mulheres no Poder Local: Velhos e Novos Desafios", in Jerónimo, P., (Coord.) Igualdade de Género: Velhos e Novos Desafios, Direitos Humanos - Centro de Investigação Multidisciplinar (DH-CI), 2019, ISBN 978-989-54032-8-8, págs. 183-202;

MACEDO, E., O Discurso de Penélope: o direito à governação paritária como novo parâmetro da igualdade real entre mulheres e homens. O poder local português como poder para-paritário, Prémio Teresa Rosmaninho 2019, Associação Portuguesa de Mulheres Juristas (APMJ), 25 de novembro 2019, disponível em www.apmj.pt;

MACEDO, E., Igualdade de Género na Administração Local Portuguesa: uma questão (im)pertinente?, in Estudos de Homenagem ao Professor Doutor Cândido de Oliveira, in FIGUEIRAS, Cláudia et al. (Coord.), Almedia, **2017**, págs. 243-260;

NUNES, P. (2008). Participação das mulheres na política autárquica em Por-tugal nos últimos 25 anos (1982 a 2005): especial relevo para as mulheres eleitas apuradas para a presidência dos órgãos. *Enfoques, VI* (January 2008), 11-34.

PETERS, A., *Women, quotas, and constitutions: a comparative study of affirmative action for women under American, German, EC, and international law*. Boston. 1999.

PORDATA. (2017). Base de Dados de Portugal Contemporâneo. Obtido em 18 de novembro de 2017, de *http://www.pordata.pt/Portugal.*

Presidência da República, Nota relativa à promulgação da Lei da Paridade, *http://www.presidencia.pt/?idc=10&idi=161922*, acedido em 25.03.2019.

SANTOS, M. H. (2010). Género e Política: Factores Explicativos das Resistências à Igualdade. Obtido de *https://repositorio.iscte-iul.pt/bitstream/10071/ 4421/1/TESE_DOUTORAMENTO_Maria_Helena_Santos.pdf.*

SANTOS, M. H. (2017). A Participação das mulheres na política – um olhar especial no poder local. *Divulgar (CIG)*. Obtido de *https://www.cig.gov.pt/2017/09/a-participacao-das-mulheres-na-politica-um-olhar-especial-no-poder-local/.*

SANTOS, M. H., & Amâncio, L. (2012). Resistências à Igualdade de Género na Política. *ex aequo*, (25), 45-58.

SINCLAIR, A. (2013). Not just adding women in: Women re-making leader-ship. Melbourne: Melbourne Business School. Obtido de *http://works.bepress.com/amanda_sinclair/6.*

16.
A IMPORTÂNCIA DA ARTICULAÇÃO ENTRE ESTADO E A SOCIEDADE NO COMBATE DA VIOLÊNCIA DOMÉSTICA E FAMILIAR CONTRA A MULHER

Gianpaolo Poggio Smanio
Orly Kibrit

Introdução

O presente artigo objetiva tratar do combate à violência doméstica e familiar contra a mulher sob uma perspectiva de solidariedade, ou seja, envolvendo a atuação articulada do Estado e da sociedade. Nesse sentido, pretende-se demonstrar que, essa articulação, inclusive no cenário internacional, é essencial para a efetivação da cidadania, especificamente no que se refere à proteção de gênero no Brasil.

Para tanto, no primeiro capítulo, demonstraremos que a nossa Constituição da República traz a cidadania como fundamento de nosso Estado Democrático de Direito, pautando suas relações internacionais pela prevalência dos direitos humanos, o que coloca a cidadania como elemento central de sua atuação, considerada essa tanto sob a perspectiva do direito interno, quanto do direito internacional, em uma dimensão transnacional.

Somando-se essa perspectiva com o objetivo da República Federativa do Brasil de construir uma sociedade livre, justa e solidária, verifica-se, então, que a solidariedade é um dos meios para se alcançar a efetivação da cidadania, exigindo-se, assim, a articulação do Estado com a sociedade para esse fim.

A partir dessas ideias, o segundo capítulo é destinado ao estudo de como essa solidariedade mostrou-se e mostra-se imprescindível no combate à violência doméstica e familiar contra a mulher, já que a sociedade exerce papeis fundamentais nesse cenário. Conforme se desenvolverá ao longo do capítulo, foi a partir de uma atuação da sociedade no âmbito do Sistema Interamericano de Direitos Humanos que surgiu a Lei Maria da Penha e, ainda, a sociedade tem um papel importante na prevenção e repressão à violência doméstica e familiar contra a mulher em ações específicas, como se exemplificará pela Campanha Sinal Vermelho, que consiste em mais um canal para que a vítima possa ser amparada, tendo a sociedade como ponte para tanto.

Por fim, o terceiro capítulo é voltado para a verificação de que a informação e a educação são essenciais para que a proteção à mulher tenha sua plena efetividade, pois só assim é que será possível construir uma sociedade justa e livre, com igualdade e concretização dos direitos da cidadania, com a necessária articulação da sociedade com o Estado.

1. Cidadania e solidariedade no Brasil: uma questão transnacional

1.1. A proteção transnacional da cidadania no Brasil

É importante iniciar este ponto com a observação de que a cidadania, tida como o direito a ter direitos, não pode e não deve ser considerada como um *status* meramente legal, com conteúdo estático e definitivo, como algo que seja concedido ao indivíduo e que, de forma linear, acompanhe-o; deve, sim, ser considerada como um processo social, como "o núcleo de um desenvolvimento vigoroso"[1].

Nos termos do artigo 1º, inciso II, da Constituição da República, o Brasil é um Estado Democrático de Direito que tem como fundamento, dentre outros, a cidadania. Já o artigo 4º, inciso II, também da Constituição da República traz, em seu inciso II, a prevalência dos direitos humanos como um dos princípios que regem as relações internacionais da República Federativa do Brasil.

[1] Andrade, Vera Regina Pereira de. *Cidadania*: do direito aos direitos humanos. São Paulo, SP: Acadêmica, 1993. p. 62.

A partir de tais previsões, é possível afirmar que o Estado deve ter a sua atuação limitada pela cidadania em todas as suas dimensões, a qual abrange, então, não somente os direitos fundamentais previstos em nosso ordenamento interno, como, também, os direitos humanos internacionalmente consagrados, formando-se, assim, uma cidadania transnacional, cuja proteção é de interesse de cada Estado e, ainda, das ordens global e regionais do Direito Internacional dos Direitos Humanos.

A cidadania sempre teve seu conceito ligado ao Estado e à nacionalidade, mas não se pode tomar essa afirmação histórica como impedimento à adequação do instituto às exigências do Direito Internacional dos Direitos Humanos, uma vez que a cidadania em descompasso com essa transnacionalidade não seria efetiva, pelo contrário, consistiria em um impasse à efetivação dos direitos dos cidadãos.

Esse entendimento da cidadania em sua dimensão transnacional nada mais é do que a decorrência da adoção da nova perspectiva para a soberania, de harmonização entre os ordenamentos jurídicos internos, que, a partir de valores e princípios garantidores dos direitos dos cidadãos, compatibilizam-se para tomar a cidadania também sob uma perspectiva global.

Importa ressaltar que, com essa visão transnacional da cidadania, não se pretende negar ou mesmo tirar de questão que a cidadania sempre foi concebida no âmbito nacional, ou seja, vinculada ao Estado, pois patente que "há, inegavelmente, uma tensão entre cidadania e pertença a uma comunidade particular"[2]; entretanto, se um dos efeitos da construção de um Direito Internacional dos Direitos Humanos é a alteração da concepção de Estado quanto a sua soberania externa, consequência óbvia desse fenômeno de integração mundial é a percepção de que a cidadania e sua concepção tradicional foram também atingidas[3].

[2] Vieira, Liszt. Entre a terra e o céu: a cidadania do nacional ao global. *In* Annoni, Danielle (Org.). *Os novos conceitos do novo direito internacional*: cidadania, democracia e direitos humanos. Rio de Janeiro: América Jurídica, 2002. p. 395.

[3] Pinto, Guilherme Newton do Monte. Perspectivas da cidadania em face da globalização. *In* Novos direitos e proteção da cidadania. *Revista Jurídica da Escola Superior do Ministério Público*. Ano 2 – jan/jun 2009. p. 71-72.

Em outras palavras, se as construções acerca dos direitos do homem foram inicialmente positivadas no âmbito interno, em momento em que a sua incidência era restrita ao espaço de atuação do Estado-Nação, com a internacionalização dos direitos basilares e fundantes de todos os demais, certo é que a proteção de todo e qualquer direito diz respeito à comunidade internacional.

Disso resulta que a cidadania não passa a ser completamente desvinculada do Estado-Nação, porquanto a este ainda incumbe a função precípua de efetivar os direitos da cidadania, sejam os direitos fundamentais constitucionalmente previstos ou os direitos humanos internacionalmente reconhecidos. A alteração reside no alcance de tais direitos, que passou a ser transnacional, com garantia de proteção pelo Estado e, também, contra o Estado.

1.2. A dimensão solidária da cidadania

Ainda, conforme o artigo 3º da Constituição da República, são objetivos fundamentais de nosso Estado a construção de uma sociedade livre, justa e solidária (inciso I).

Pode-se dizer que a promoção da cidadania é um dos caminhos para a concretização do mencionado objetivo, ressaltando-se, para os fins propostos no presente artigo, a necessidade de articulação entre sociedade e Estado para que aquela, de forma solidária, seja também responsável pela concretização dos direitos da cidadania.

Destaca Comparato, a esse respeito, que "a ideia mestra da nova cidadania consiste em fazer com o povo se torne parte principal do processo de seu desenvolvimento e promoção social: é a ideia de participação"[4].

Com isso, a cidadania deve ser concebida como um direito fundamental, mas, "além de participativa, deve ser ativa, na busca da construção de uma sociedade mais livre e igualitária, através da solidariedade"[5], em uma dimensão horizontal.

[4] COMPARATO, Fábio Konder. A nova cidadania. *In Revista Lua Nova*, São Paulo, n. 28-29, abr. 1993. Disponível em: <http://www.scielo.br/scielo.php?script=sci_arttext&pid=S0102-64451993000100005&lng=en&nrm=iso>. Acesso em 13 set. 2021.

[5] SMANIO, Gianpaolo Poggio. Dimensões da cidadania. *In Novos direitos e proteção da cidadania*. Revista Jurídica da Escola Superior do Ministério Público. Ano 2 – jan/jun 2009. p. 18.

Atualmente, como ressalta Marcos Perez, a atuação do Estado depende do dinamismo dos atores sociais, devendo favorecer o trabalho da sociedade sobre ela mesma, em uma posição horizontal em relação à sociedade, não mais completamente vertical e de coerção, cada vez mais influenciável pela sociedade[6].

A solidariedade significa, assim, "o caminho da participação dos cidadãos nas instituições do Estado e na ocupação dos espaços das instituições da sociedade civil, formando uma rede de articulação entre Estado e sociedade"[7]. Realmente, na atualidade, tem-se que a concretização da cidadania não pode ser alcançada por uma atuação estatal isolada, sendo imprescindível a integração do Estado com a sociedade civil, a qual participará, então, de forma solidária na proteção da cidadania.

A esse respeito, Ana Maria D'Ávila Lopes escreve que apenas a partir de uma concepção da cidadania como direito fundamental individual e universal, mas que exige uma "direta, constante e ampla participação política", é que será possível afirmar que foi traçado o caminho para a construção de uma sociedade justa, livre e solidária[8].

Destarte, o conceito atual de cidadania deve envolver as várias dimensões do instituto, agregando-se à relação entre Estado e cidadão a dimensão horizontal da solidariedade.

Considerando-se a cidadania em seu caráter transnacional, dentro do contexto do Direito Internacional dos Direitos Humanos, que a protege tanto em âmbito nacional, quanto na esfera internacional, inclusive contra ações do próprio Estado, como visto acima, é relevante destacar que a solidariedade aqui aventada não se restringe a uma atuação interna da sociedade, em articulação com o Estado, dentro de sua soberania nacional. Em verdade, a solidariedade na promoção da cidadania ganha ainda

[6] Perez, Marcos Augusto. A participação da sociedade na formulação, decisão e execução das políticas públicas. In: Bucci, Maria Paula Dallari (org.). *Políticas públicas* – reflexões sobre o conceito jurídico. São Paulo: Editora Saraiva, 2006. p. 166.

[7] Smanio, Gianpaolo Poggio. Dimensões da cidadania. *In Novos direitos e proteção da cidadania*. Revista Jurídica da Escola Superior do Ministério Público. Ano 2 – jan/jun 2009. p. 18.

[8] Lopes, Ana Maria D'Ávila. A cidadania na Constituição Federal Brasileira de 1988. *In* Bonavides, Paulo; Lima, Francisco Gerson Marques de; Bedê, Fayga Silveira. *Constituição e Democracia*: estudos em homenagem ao prof. J. J. Gomes Canotilho. São Paulo, SP: Malheiros, 2006. p. 33.

mais relevância se alargada para a esfera internacional, possibilitando que a própria sociedade provoque a atuação dos sistemas global e regional de proteção aos direitos humanos na efetivação dos direitos da cidadania.

Conforme se demonstrará nos tópicos a seguir, a solidariedade em ambas as esferas foi e é essencial no combate à violência doméstica e familiar contra a mulher, verificando-se a sua importância não só para fins de provocação da atuação do Estado diante de tal conjuntura, mas, também, para tornar efetivas as ações estatais nesse sentido.

2. A participação da sociedade na proteção às vítimas da violência doméstica e familiar contra a mulher

2.1 O advento da Lei Maria da Penha

O caso da Maria da Penha, vítima de violência doméstica, foi o que impulsionou a edição da Lei Maria da Penha (Lei 11.340/06), como parte de uma agenda estatal para a prevenção e repressão à violência doméstica e familiar contra a mulher, consistindo em um exitoso exemplo da articulação entre Estado e sociedade na promoção dos direitos da cidadania.

A partir de uma denúncia pública feita pela vítima, após sofrer, no contexto de uma violência reiterada, duas tentativas de homicídio por seu companheiro em 1983, sem que, 15 anos depois, ele tivesse sido devidamente responsabilizado, o Comitê Latino-Americano e do Caribe para a Defesa dos Direitos da Mulher (CLADEM) e o Centro pela Justiça e o Direito Internacional (CEJIL) apresentaram uma denúncia à Comissão Interamericana de Direitos Humanos, recebida em 20 de agosto de 1998.

A denúncia alegou violação aos artigos 1, 8, 24 e 25 da Convenção Americana de Direitos Humanos e aos artigos 3, 4 "a" a "g", 5 e 7 da Convenção Interamericana para Prevenir, Punir e Erradicar a Violência Contra a Mulher (Convenção de Belém do Pará).

Segundo a petição que formalizou a denúncia, o caso da Maria da Penha não representava uma situação isolada no Brasil, mas, sim, apenas um exemplo do padrão de impunidade nos casos de violência doméstica contra mulheres, pois a maioria das denúncias sequer geravam processos criminais e os poucos processos instaurados dificilmente resultando na condenação dos agressores o que representaria uma pauta sistemática do Estado de omissão diante dos casos de violência doméstica e familiar contra a mulher.

Assim, concluiu-se na petição que o Estado não tomou medidas eficazes de prevenção e punição legal da violência doméstica, em desrespeito ao compromisso internacional assumido para preveni-la e puni-la, ou seja, de agir preventivamente para reduzir o índice desse tipo de violência, bem como de agir para investigar, processar e punir os agressores em um prazo razoável.

Após analisar o caso, e diante da omissão do Estado, a Comissão Interamericana de Direitos Humanos elaborou recomendações ao Brasil, dentre as quais a de investigar o caso da Maria da Penha, providenciar a sua reparação e a elaboração de medidas para eliminar a tolerância estatal à violência doméstica contra as mulheres.

Em cumprimento às recomendações da Comissão Interamericana de Direitos Humanos, o governo do Ceará pagou indenização à Maria da Penha, em solenidade pública, com pedido de desculpas. Ainda, seu ex-marido foi condenado no ano de 2002 e preso em 2003.

A indenização foi paga pelo governo do Ceará, em solenidade pública, com pedido de desculpas. Em 2002, o ex-marido foi condenado, e preso em 2003. Como consequência, ainda, adveio a Lei Maria da Penha, mediante a atuação de um Grupo de Trabalho Interministerial e de um consórcio de Organizações Não-Governamentais feministas, que apresentou o anteprojeto de lei.

É importante mencionar, neste ponto, que a Lei Maria da Penha confere essa maior proteção às mulheres no contexto de uma ação afirmativa, consolidada justamente diante da constatação de uma desigualdade material entre homens e mulheres e uma maior vulnerabilidade dessa nas relações domésticas e familiares.

Nesse sentido, inclusive, o Supremo Tribunal Federal julgou constitucional a Lei Maria da Penha[9], entendendo que tal Lei conferiu efetividade ao artigo 226, §8º, da Constituição da República, segundo o qual "o Estado assegurará a assistência à família na pessoa de cada um dos que a

[9] Ação Declaratória de Constitucionalidade 19. Inteiro teor do acórdão disponível: <https://redir.stf.jus.br/paginadorpub/paginador.jsp?docTP=TP&docID=5719497>. Acesso em 13 set. 2021.

integram, criando mecanismos para coibir a violência no âmbito de suas relações".

2.2 O programa "Sinal Vermelho"

Se, de um lado, o isolamento social consiste em uma medida de saúde pública durante a Pandemia da COVID-19, de outro, acabou por representar um risco à integridade física, moral, psicológica, sexual e patrimonial para muitas mulheres vítimas de violência doméstica. Isso porque, com a maior proximidade de seus agressores, somada a um incremento no consumo de álcool e drogas, bem como a às tensões psicológica e econômicas decorrentes da situação causada pela Pandemia, as mulheres passaram a sofrer ainda mais violência doméstica e familiar.

Ocorre que, a despeito do aumento no número de casos de violência doméstica e familiar, o Fórum Brasileiro de Segurança Pública[10] verificou uma queda no registro de boletins de ocorrência de violência doméstica e familiar contra a mulher, verificando-se, então, o aumento da subnotificação, o que se atribui à maior dificuldade de acionamento dos canais de denúncia durante o isolamento social, seja pela restrição ao atendimento presencial, seja pela dificuldade de a vítima sair de casa tanto, seja, ainda, pela falta de acesso aos canais virtuais.

Diante dessa situação, o Conselho Nacional de Justiça editou a Portaria 70, de 22 de abril de 2020[11], por meio da qual instituiu um Grupo de Trabalho para a elaboração de estudos e para a indicação de soluções para garantir prioridade de atendimento às vítimas de violência doméstica e familiar durante esse período de Pandemia e isolamento social.

O primeiro resultado prático desse Grupo de Trabalho foi o lançamento, no mês de junho de 2020, de uma campanha chamada "Sinal Vermelho Contra a Violência Doméstica", em parceria com a Associação dos

[10] Nota técnica sobre a violência doméstica durante a pandemia de COVID-19. Disponível em: <https://forumseguranca.org.br/wp-content/uploads/2018/05/violencia-domestica--covid-19-v3.pdf>. Acesso em 13 set. 2021.

[11] Inteiro teor disponível em: <https://atos.cnj.jus.br/files/compilado224640202004295eaa03d0e0598.pdf>. Acesso em 13 set. 2021.

Magistrados Brasileiros[12], campanha essa que também segue as Diretrizes para Atendimento em Casos de Violência de Gênero Contra Meninas e Mulheres em Tempos da Pandemia da COVID-19, da Organização das Nações Unidas[13].

A partir das dessa campanha, que traz um canal silencioso para a vítima, foram estabelecidos convênios para que atendentes de farmácias, prefeituras, órgãos do Judiciário e agências do Banco do Brasil em todo o país possam atender mulheres em situação de violência doméstica que mostrem o sinal "X", feito pela mulher com batom vermelho ou qualquer outro material, na palma da sua mão ou em um pedaço de papel. Ao visualizar o sinal, a pessoa responsável pelo atendimento, previamente treinada para tanto, identifica a situação de violência e, assim, pode acionar a Polícia Militar ou coletar as informações da vítima, caso não seja adequada, para sua própria preservação, a atuação policial imediata.

A Lei 14.188, de 28 de julho de 2021, conferiu *status* legal à campanha e ampliando a sua incidência para além do período da Pandemia de COVID-19, como uma das medidas de enfrentamento da violência doméstica e familiar contra a mulher por meio da integração entre o Poder Executivo, o Poder Judiciário, o Ministério Público, a Defensoria Pública, os órgãos de segurança pública e as entidades privadas.

Tal Diploma Legal, inclusive, trouxe outras medidas voltadas ao combate à violência contra a mulher, como a tipificação do crime de violência psicológica contra a mulher (artigo 147-B do Código Penal), compondo o que se chamou de "Pacote Basta"[14].

A previsão, em lei, da Campanha Sinal Vermelho demonstra a como a implementação da uma cidadania solidária é essencial no combate à violência doméstica e familiar contra a mulher, ressaltando a imprescindibilidade de ação da sociedade nesse sentido e para tal finalidade em todo o percurso a ser traçado para a proteção de gênero no Brasil.

[12] Disponível em: <https://www.cnj.jus.br/programas-e-acoes/violencia-contra-a-mulher/campanha-sinal-vermelho/>. Acesso em 13 set. 2021.

[13] Disponível em: <https://www.onumulheres.org.br/wp-content/uploads/2020/08/Diretrizes-para-atendimento_ONUMULHERES.pdf>. Acesso em 13 set. 2021.

[14] Projeto de Lei disponível em: <https://www.camara.leg.br/proposicoesWeb/prop_mostrarintegra?codteor=1970835>. Acesso em 13 set. 2021.

Aliada a outras iniciativas estatais e particulares, essa campanha integra um movimento de alteração de paradigmas, de reforço à intolerância quanto à violência doméstica e familiar contra a mulher, tornando inaceitável a inércia diante de tal situação e exigindo a articulação entre Estado e sociedade na promoção dos direitos correlatos, de maneira a fortalecer a solidariedade na efetivação da cidadania.

3. A conscientização como um caminho para a solidariedade

Percebe-se, a partir do histórico da criação da Lei Maria da Penha, a importância da atuação da sociedade e o quanto foi e é decisiva para a efetivação da proteção às vítimas de violência doméstica e familiar contra a mulher essa articulação entre sociedade e Estado.

De fato, o caso Maria da Penha, com toda a sua repercussão, foi o que, de forma emblemática, possibilitou um rompimento com a invisibilidade que acomete esse grave padrão de violência, que vitimiza tantas mulheres, pelo que tal caso pode ser considerado como o símbolo de uma urgente "conspiração" da sociedade e do Estado contra a impunidade[15].

Nesse sentido, Flávia Piovesan destaca que

> A "Lei Maria da Penha" simboliza o fruto de uma exitosa articulação do movimento de mulheres brasileiras: ao identificar um caso emblemático de violência contra a mulher; ao decidir submetê-lo à arena internacional, por meio de uma litigância e do ativismo transnacional; ao sustenta e desenvolver o caso, por meio de estratégias legais, políticas e de comunicação; ao extrair as potencialidades do caso, pleiteando reformas legais e transformações de políticas públicas; ao monitorar, acompanhar e participar ativamente do processo de elaboração da lei relativamente à violência contra a mulher, ao defender e lutar pela efetiva implementação da nova lei.[16]

O problema, como aponta Flávia Piovesan, é que, ainda que verificados significativos avanços, tanto no ordenamento jurídico interno, quanto na esfera internacional, demonstrando-se um caminhar para o atendimento às reivindicações e anseios contemporâneos das mulheres, é inegável que

[15] Piovesan, Flávia. *Temas de direitos humanos*. 7. ed. São Paulo: Saraiva, 2014. p. 375.
[16] Piovesan, Flávia. *Temas de direitos humanos*. 7. ed. São Paulo: Saraiva, 2014. p. 383.

ainda persiste na cultura brasileira "uma ótica sexista e discriminatória com relação às mulheres, que as impede de exercer, com plena autonomia e dignidade, seus direitos mais fundamentais"[17].

Tal cenário acaba por prejudicar o combate à violência doméstica e familiar contra a mulher, que, conforme as ideias aqui traçadas, depende da atuação direta da sociedade nesse sentido.

Inclusive, a Comissão Interamericana de Direitos Humanos, em relatório apresentado sobre a situação dos direitos humanos no Brasil de 2018 a 2021, ressaltou que entre os obstáculos enfrentados no combate à violência doméstica e familiar contra a mulher estão a tolerância social quanto a esse tipo de violência, reforçada pela ideia de que as mulheres seriam "propriedade" dos homens, bem como a persistência de atitudes estereotipadas e discriminatórias por parte de agentes do Estado[18].

Diante de suas constatações, a Comissão Interamericana de Direitos Humanos recomendou ao Estado que siga implementando leis e políticas públicas voltadas à erradicação da violência de gênero, mas que, paralelamente, adote medidas voltadas à promoção da igualdade de gênero no país, "de modo que a dignidade e a autonomia das mulheres passem a ser mais amplamente reconhecidas pela população, superando-se as hierarquias sociais explícitas ou implícitas por razão de gênero"[19].

Interessante previsão a esse respeito está no artigo 8º da Lei Maria da Penha, segundo o qual "a política pública que visa coibir a violência doméstica e familiar contra a mulher far-se-á por meio de um conjunto articulado de ações da União, dos Estados, do Distrito Federal e dos Municípios" e, também, de "ações não-governamentais", tendo por diretrizes, dentre outras, "a promoção e a realização de campanhas educativas de prevenção da violência doméstica e familiar contra a mulher, voltadas ao público escolar e à sociedade em geral", bem como "a difusão desta Lei e dos instrumentos de proteção aos direitos humanos das mulheres".

[17] Piovesan, Flávia. *Temas de direitos humanos.* 7. ed. São Paulo: Saraiva, 2014. p. 371.
[18] Disponível em: <http://www.oas.org/pt/cidh/relatorios/pdfs/Brasil2021-pt.pdf>. Acesso em 13 set. 2021.
[19] Disponível em: <http://www.oas.org/pt/cidh/relatorios/pdfs/Brasil2021-pt.pdf>. Acesso em 13 set. 2021.

Nessa linha, destaca-se o Projeto "Tempo de Despertar", resultado de uma articulação entre o município de São Paulo, o Ministério Público e o Poder Judiciário, instituído pela Lei Municipal 16.732, de 1º de novembro de 2017[20], que tem como objetivo a conscientização dos autores de violência contra as mulheres, prevenindo a reincidência específica. Segundo o artigo 4º da Lei Municipal 16.732/2017, o programa tem os seguintes objetivos:

> I – promover o acompanhamento e reflexão dos autores de violência contra a mulher;
> II – conscientizar os autores de violência sobre a cultura de violência contra as mulheres;
> III – promover um ambiente reflexivo que favoreça a construção de alternativas à violência para a resolução de problemas e conflitos familiares;
> IV – evitar a reincidência em atos e crimes que caracterizem violência contra a mulher;
> V – promover a integração entre Município, Ministério Público, Poder Judiciário e sociedade civil, para discutir as questões relativas ao tema, visando sempre o enfrentamento à violência praticada contra a mulher;
> VI – promover a ressignificação de valores intrínsecos na sociedade no que diz respeito à sobreposição, dominação e poder do homem sobre a mulher;
> VII – promover a ressocialização, de modo a melhorar os relacionamentos familiares e profissionais.

São realizados 8 encontros quinzenais, em que uma equipe especialmente treinada traz reflexões, nos termos da citada legislação, sobre masculinidades, comportamentos agressivos, relações entre homens e mulheres na sociedade e a Lei Maria da Penha.

A inclusão de homens nesse projeto é realizada por Juízes e Juízas da Vara de Violência Doméstica e Familiar contra a Mulher e Promotores e Promotoras de Justiça, demonstrando-se a importância da coordenação

[20] Íntegra da Lei disponível em: <http://documentacao.saopaulo.sp.leg.br/iah/fulltext/leis/L16732.pdf>. Acesso em 13 set. 2021.

também entre os entes e órgãos estatais na consecução da finalidade de educação sobre a violência doméstica e familiar contra a mulher[21].

Ainda, para fins de cumprimento da previsão de educação para conscientização da sociedade na prevenção à violência doméstica e familiar contra a mulher, em 10 de junho de 2021, foi publicada a Lei 14.164, que alterou a Lei nº 9.394/96 (Lei de Diretrizes e Bases da Educação Nacional), para incluir a prevenção da violência contra a mulher como tema transversal nos currículos da educação básica. Além disso, instituiu a Semana Escolar de Combate à Violência contra a Mulher, a ser realizada, no mês de março, em todas as instituições públicas e privadas de ensino da educação básica, com os seguintes objetivos:

> I – contribuir para o conhecimento das disposições da Lei nº 11.340, de 7 de agosto de 2006 (Lei Maria da Penha);
> II – impulsionar a reflexão crítica entre estudantes, profissionais da educação e comunidade escolar sobre a prevenção e o combate à violência contra a mulher;
> III – integrar a comunidade escolar no desenvolvimento de estratégias para o enfrentamento das diversas formas de violência, notadamente contra a mulher;
> IV – abordar os mecanismos de assistência à mulher em situação de violência doméstica e familiar, seus instrumentos protetivos e os meios para o registro de denúncias;
> V – capacitar educadores e conscientizar a comunidade sobre violência nas relações afetivas;
> VI – promover a igualdade entre homens e mulheres, de modo a prevenir e a coibir a violência contra a mulher; e
> VII – promover a produção e a distribuição de materiais educativos relativos ao combate da violência contra a mulher nas instituições de ensino".

Assim, tem-se que está sendo traçado um caminho para a conscientização da sociedade a respeito da violência doméstica e familiar contra a

[21] Informações obtidas no *site* do Ministério Público do Estado de São Paulo. Disponível em: <http://www.mpsp.mp.br/portal/page/portal/Violencia_Domestica/promotoria_GEVID/projetos_desenvolvidos>. Acesso em 13 set. 2021.

mulher, por meio da educação e da informação, como uma das formas de prevenção de tal tipo de violência, possibilitando-se, com isso, um fortalecimento da solidariedade nessa esfera.

Conclusões

Conforme se demonstrou no presente artigo, a cidadania, no Brasil, além de ser um fundamento de nosso Estado Democrático de Direito, pautando a atuação interna do Estado, também limita a sua atuação na esfera internacional, já que a prevalência dos direitos humanos é um dos princípios que regem a sua atuação internacional. Assim, como visto, a cidadania é protegida de forma transnacional, no contexto do Direito Internacional dos Direitos Humanos.

Para a promoção dessa cidadania transnacional, não é suficiente a atuação isolada e vertical do Estado, sendo necessária uma articulação com a sociedade, pautada na solidariedade como uma dimensão da cidadania e como elemento essencial para a sua concretização. Inclusive, essa solidariedade ocorre não só na esfera interna, mas, também, na esfera internacional, com a atuação da sociedade com o Estado e contra o Estado, na exigência do cumprimento dos direitos da cidadania.

Sob essa ótica, analisou-se o contexto de criação da Lei Maria da Penha, voltada ao combate à violência doméstica e familiar contra a mulher no Brasil, como uma decorrência da atuação de associações perante a Comissão Interamericana de Direitos Humanos. Ainda, foi possível observar a importância da solidariedade e da articulação entre sociedade e Estado no âmbito interno, por meio da criação da Campanha Sinal Vermelho, que cria mais um canal de amparo às vítimas de violência doméstica e familiar, a partir da atuação de agentes particulares.

A despeito de todos os avanços verificados nessa esfera, a importância da solidariedade exige que haja uma conscientização da sociedade sobre a violência doméstica e familiar contra a mulher, educando-se e conscientizando-se a população a respeito, por ações como o Projeto "Tempo de Despertar" e a inclusão do tema no currículo da educação básica, a fim de se superar a desigualdade de gênero no Brasil, o que ainda é um objetivo a ser alcançado.

Referências

ANDRADE, Vera Regina Pereira de. *Cidadania*: do direito aos direitos humanos. São Paulo, SP: Acadêmica, 1993.

BONAVIDES, Paulo; LIMA, Francisco Gerson Marques de; BEDÊ, Fayga Silveira. *Constituição e Democracia*: estudos em homenagem ao prof. J. J. Gomes Canotilho. São Paulo, SP: Malheiros, 2006.

CÂMARA DOS DEPUTADOS. *Projeto de Lei*. Disponível em: <https://www.camara.leg.br/proposicoesWeb/prop_mostrarintegra?codteor=1970835>. Acesso em 13 set. 2021.

CÂMARA MUNICIPAL DE SÃO PAULO. *Lei 16.732, de 1º de novembro de 2017*. Disponível em: <http://documentacao.saopaulo.sp.leg.br/iah/fulltext/leis/L16732.pdf>. Acesso em 13 set. 2021.

COMISSÃO INTERAMERICANA DE DIREITOS HUMANOS. *Relatório sobre a situação dos direitos humanos no Brasil*. Disponível em: <http://www.oas.org/pt/cidh/relatorios/pdfs/Brasil2021-pt.pdf>. Acesso em 13 set. 2021.

COMPARATO, Fábio Konder. A nova cidadania. *In Revista Lua Nova*, São Paulo, n. 28-29, abr. 1993. Disponível em: <http://www.scielo.br/scielo.php?script=sci_arttext&pid=S0102-64451993000100005&lng=en&nrm=iso>. Acesso em 13 set. 2021.

CONSELHO NACIONAL DE JUSTIÇA. *Portaria 70, de 22 de abril de 2020*. Inteiro teor disponível em: <https://atos.cnj.jus.br/files/compilado224640202004295eaa03d0e0598.pdf>. Acesso em 13 set. 2021.

—. *Campanha Sinal Vermelho*. Disponível em: <https://www.cnj.jus.br/programas-e-acoes/violencia-contra-a-mulher/campanha-sinal-vermelho/>. Acesso em 13 set. 2021.

FÓRUM BRASILEIRO DE SEGURANÇA PÚBLICA. *Nota técnica sobre a violência doméstica durante a pandemia de COVID-19*. Disponível em: <https://forumseguranca.org.br/wp-content/uploads/2018/05/violencia-domestica-covid-19-v3.pdf>. Acesso em 13 set. 2021.

KIBRIT, Orly. *Atuação contenciosa da Corte Interamericana de Direitos Humanos no Contexto Brasileiro*. Rio de Janeiro: Lumen Juris, 2018.

MINISTÉRIO PÚBLICO DO ESTADO DE SÃO PAULO. *Projetos desenvolvidos pela Promotoria GEVID*. Disponível em: <http://www.mpsp.mp.br/portal/page/portal/Violencia_Domestica/promotoria_GEVID/projetos_desenvolvidos>. Acesso em 13 set. 2021.

ORGANIZAÇÃO DAS NAÇÕES UNIDAS. Diretrizes para atendimento em casos de violência de gênero contra meninas e mulheres em tempos da pandemia da COVID-19. Disponível em: <https://www.onumulheres.org.br/wp-content/uploads/2020/08/Diretrizes-para-atendimento_ONUMULHERES.pdf>. Acesso em 13 set. 2021.

PEREZ, Marcos Augusto. A participação da sociedade na formulação, decisão e execução das políticas públicas. *In* BUCCI, Maria Paula Dallari (org.). *Políticas públicas* – reflexões sobre o conceito jurídico. São Paulo: Editora Saraiva, 2006.

PINTO, Guilherme Newton do Monte. Perspectivas da cidadania em face da globalização. *In* Novos direitos e proteção da cidadania. *Revista Jurídica da Escola Superior do Ministério Público.* Ano 2 – jan/jun 2009.

PIOVESAN, Flávia. *Temas de direitos humanos.* 7. ed. São Paulo: Saraiva, 2014.

SMANIO, Gianpaolo Poggio. Dimensões da cidadania. *In* Novos direitos e proteção da cidadania. *Revista Jurídica da Escola Superior do Ministério Público.* Ano 2 – jan/jun 2009.

SUPREMO TRIBUNAL FEDERAL. *Ação Declaratória de Constitucionalidade 19.* Inteiro teor do acórdão disponível: <https://redir.stf.jus.br/paginadorpub/paginador.jsp?docTP=TP&docID=5719497>. Acesso em 13 set. 2021.

VIEIRA, Liszt. Entre a terra e o céu: a cidadania do nacional ao global. In ANNONI, Danielle (Org.). *Os novos conceitos do novo direito internacional*: cidadania, democracia e direitos humanos. Rio de Janeiro: América Jurídica, 2002.

17.
CONSTITUCIONALISMO INCLUSIVO E A VIOLÊNCIA CONTRA A MULHER

Ana Flávia Messa
Levy Emanuel Magno

1. Contexto do constitucionalismo inclusivo: pós-modernidade

Desde a última década do século XX até os dias atuais, transformações muito significativas e rápidas têm sido presenciadas em todos os setores da nossa sociedade e que afetam nosso modo de pensar, de interagir, de agir e de nos comunicar. Vivemos a pós-modernidade, que, embora seja um conceito ainda em construção, representa transformações em relação a diversos temas.

Na pós-modernidade, constatam-se mudanças qualitativas que exigem uma reformulação dos esquemas teóricos com os quais se apreendem e transmitem os fenômenos jurídicos[1] e a atuação estatal, descobrindo novos horizontes de análise.

Sob esse prisma, pode-se afirmar que a teoria política e jurídica enfrenta atualmente uma crise de legitimidade, já que as novas condições institucionais e culturais no cenário sócio-político contemporâneo tornaram obsoletos os fundamentos do direito e a eficácia do agir político-

[1] "...o Direito, entre as outras ciências sociais, tem o caráter distintivo do ser, como a língua, não só parte integrante mas também espelho integral da vida social" (Tarde, G. *Les Transformations Du Droit*. Paris: Berg, 1994).

-administrativo. Dentre o que Hespanha[2] denominou com acerto, "*... não se pode ignorar que estamos hoje perante um direito realmente diferente daquele para o qual foi construída a dogmática jurídica corrente*".

Com efeito, face ao descompasso entre a realidade contemporânea e o instrumental jurídico-político criado para os séculos XIX e XX, surge necessidade de refletir sobre como o governo[3] e a administração pública, nomeadamente na sua atividade administrativa, enfrentará os novos desafios.

Nos últimos tempos, o tema da boa administração guiado pela busca de um crescimento sustentável, como objetivo no agir estatal na união integrada do desenvolvimento econômico, proteção ambiental e inclusão social, foi desenvolvido, de forma a constituir chave reflexiva na sociedade atual do século XXI[4], em que se afigura com nitidez um ambiente de riscos, incertezas[5] e mudanças significativas, inclusive de paradigmas[6]

[2] Hespanha, Antônio Manuel. *Pluralismo Jurídico e Direito Democrático*. São Paulo: Annablume Editora, 2013.

[3] "O Governo é, do ponto de vista administrativo, o órgão principal da administração central do Estado, incumbido do Poder Executivo." (Amaral, Diogo Freitas do. *Curso de Direito Administrativo*. Vol. 1. Coimbra: Editora Almedina, 2006).

[4] "O século XXI será recordado na História da Humanidade como o século da mudança, do perigo iminente, do "choque das civilizações, da insegurança colectiva, da desconfiança do "outro", das injustiças praticadas, da Guerra do Iraque e, principalmente, dos trágicos atentados terroristas ocorridos a 11 de setembro de 2001, nos Estados Unidos, a 11 de março de 2004, em Espanha, e a 7 de julho de 2005, em Londres. (Rodrigues, José Noronha. *A Política Exterior e de Segurança Comum. Scientia Ivridica*. Revista de Direito Comparado Português e Brasileiro. Tomo LVIII. Nº 317. Janeiro/março 2009. Universidade do Minho, Portugal)

[5] "Científico é o saber que se sabe precário, que não se julga absoluto, que sabe ter de expor com plausibilidade a fundamentação de tudo que se afirma. Leis científicas, por definição, são temporárias. Serão refutadas. A refutação só prova que determinadas teses foram científicas enquanto foram críveis, plausíveis, para nós." (Carvalho Netto, Menelick de & Scotti, Guilherme. *Os direitos fundamentais e a (in) certeza do direito: a produtividade das tensões principiológicas e a superação do sistema de regras*. Belo Horizonte: Fórum, 2011).

[6] Paradigmas são instrumentos de compreensão da realidade, gerados num contexto histórico, científico e social, que possibilitam previsibilidade no sentido de funcionamento e planejamento da vida das pessoas em sociedade. Os paradigmas jurídicos são construções teóricas estruturantes que funcionam como padrão ou modelo ordenador das relações sociais. Com a evolução e as novas exigências, os paradigmas construídos transformam-se em insatisfações teóricas, pois o pensamento jurídico tem por finalidade reduzir a incer-

construídos pela modernidade ocidental[7], trazendo novos ares em sua organização e valores, com repercussão imediata no âmbito do Direito, provocando reflexões e a necessidade de posturas novas diante de opções e variações num contexto de complexidade e dinamicidade.

São tantas as mudanças ocorridas no cenário jurídico nos últimos tempos, a atuação do Estado Garantidor[8], a emergência de uma quinta[9] ou até sexta[10] geração dos direitos fundamentais, o desenvolvimento das tecnologias de informação e comunicação[11], a globalização, a constitucionalização dos ramos do direito, a valorização dos direitos fundamentais, que se põe obrigatoriamente na agenda da discussão, em face da inadequação da "dogmática jurídica clássica"[12] às novas realidades

teza do direito. A conscientização e a concretização dos paradigmas jurídicos permitem a compreensão da realidade e do sistema jurídico, gerando a possibilidade de análise crítica com debates e sugestões, características de um processo evolutivo. É caminhar de um conhecimento de regulação para um conhecimento por emancipação.

[7] Bittar, Eduardo Carlos Bianca. *O direito na pós modernidade*. Revista Sequência, nº 57, p. 131-152, dez. 2008.

[8] "...há quem fale de Estado "Pós-Social", visto que o Estado deixa de ser o Estado Providência (o Estado Social de Serviço Público) e, sem regressar ao Estado Liberal, se transforma, nas áreas econômicas e sociais num Estado de Garantia (ou "Estado Garantidor") que regula, orienta, incentiva as atividades privadas, designadamente e com especial intensidade aquelas que prosseguem interesses gerais ou colectivos." (Andrade, José Carlos Vieira de. *Lições de Direito Administrativo*. Coimbra: Coimbra Editora, 2011, p.22).

[9] Paulo Bonavides "destaca a paz como um direito de quinta geração que legitima o estabelecimento da ordem, da liberdade e do bem comum na convivência dos povos. Segundo ele, a concepção da paz no âmbito da normatividade jurídica onfigura um dos mais notáveis progressos já alcançados pela teoria dos direitos fundamentais" (Bonavides, Paulo. *O direito à paz como direito fundamental da quinta geração*. Revista Interesse Público. Belo Horizonte: Ed. Fórum, 1999-, v. 8, nº. 40, de nov./dez. 2006); Outros defendem que a biotecnologia e a informática fazem parte dos direitos de quinta geração (Melo, A. N. *Liberdade de expressão: um direito fundamental na concretização da democracia*. Fortaleza: Premius, 2009.

[10] Fachin, Zulmar, Silva, Deise Marcelino da. *Acesso à água potável: direito fundamental de sexta geração*. São Paulo. Millennium editora. 2010. p. 74.

[11] Dominguez Luis, José Antonio. *El derecho de información administrativa : información documentada y transparencia administrativa*. Civitas: Revista Española de Derecho Administrativo, Madrid, n. 88, out./dez. 1995.

[12] Não é possível defender o dogmatismo na ciência jurídica, que considera a norma jurídica como algo dado e imobilizado, pois tal situação é incompatível com a dinamicidade do conhecimento científico, e com o influxo determinante dos aspectos axiológicos e

jurídico-administrativas, a releitura de parâmetros comportamentais da administração pública em compatibilização com a temática da dignidade da pessoa humana, melhoria da *performance* administrativa e ampliação da prática democrática.

Após um período caracterizado na crença do progresso e nos ideais iluministas, vive-se a partir da segunda metade do século XX numa condição histórica pós-moderna[13] de incertezas e riscos, com a desconstrução de princípios e valores construídos na modernidade e ausência de projeto do futuro. A realidade atual é regida por uma narrativa do inconstante[14] combinada com a evolução tecnológica, a revolução digital e a globalização, no contexto de transição[15] e busca de nova estrutura social.

Diante dos novos desafios impostos por essa realidade em mudança, é importante destacar a necessidade de revalorização da sustentabilidade

críticos no estudo do direito. A adoção do termo da dogmática foi com o sentido de ramo da ciência jurídica que estuda as normas jurídicas vigentes em uma determinada comunidade. O uso das aspas é justificado, pois tal expressão reúne dois termos antagônicos. No estudo do direito as normas só possuem sentido quando conectados com os fatos e os valores (Kaufmann, Arthur. *Filosofia del derecho*. Tradução de Luis Villar Borda e Ana Maria Montoya. Bogotá: Universidad Externado de Colômbia, 2002; Marques Neto, Agostinho Ramalho. *A ciência do direito: conceito, objeto, método*. Rio de Janeiro: Renovar, 2001; Marín, Rafael Hernández. *Introducción a la teoría de la norma jurídica*. Madrid: Marcial Pons, 2002).

13 "Na noção de uma não-história é que o pensamento pós-moderno procura se estabelecer enquanto ruptura com o moderno." (Menezes, P. *A Crise do Passado*. São Paulo: Experimento, 1994); "O pós-moderno sem dúvida traz ambiguidades. É isso que ele propõe: **a prudência como método, a ironia como crítica, o fragmento como base e o descontínuo como limite** [...] (Sevcenko, Nicolau. ***O enigma pós-moderno.*** IN : Oliveira, Roberto Cardoso de (org.). Pós-modernidade. Campinas-SP : Editora da UNICAMP, 1987).

14 "O rótulo genérico abriga a mistura de estilos, a descrença no poder absoluto da razão, o desprestígio do Estado. A era da velocidade. A imagem acima do conteúdo. O efêmero e o volátil parecem derrotar o permanente e o essencial. Vive-se a angústia do que não pode ser e a perplexidade de um tempo sem verdades seguras. Uma época aparentemente pós-tudo: pós-marxista, pós-kelseniana, pós-freudiana." (Adeodato, João Maurício. *Ética & Retórica. Para uma teoria da dogmática jurídica*. São Paulo: Saraiva, 2009, p. 353).

15 "O mundo é "um" em certo sentido, mas radicalmente cindido por desigualdades de poder em outro. E um dos traços mais característicos da modernidade é a descoberta de que o desenvolvimento do conhecimento empírico não nos permite, por si mesmo, decidir entre diferentes posições de valor" (Giddens, A. *As Conseqüências da Modernidade*. São Paulo: Edunesp, 1991).

consubstanciada na construção de um equilíbrio dinâmico entre geração de riqueza, a proteção ambiental e a inclusão social, na resolução dos problemas, do qual a perspectiva social do crescimento sustentável aparece com o seu potencial de possibilitar solução técnica-instrumental e valorativa na criação da legitimidade dos comportamentos estatais, tanto os que devem ser seguidos, como os que devem ser suportados, no sentido de criação de políticas com pluralidade, abertura e tolerância.

Neste contexto, uma reflexão sobre o processo de construção de um constitucionalismo inclusivo conduz-nos à conclusão da necessidade de criação de um futuro compatível com um crescimento sustentável. A sustentabilidade, numa perspectiva social, exige a efetivação de uma regulação jurídico-constitucional que possibilite uma boa administração pública que adote políticas que visem a concretização de uma dinâmica social plural, aberta e tolerante.

A boa administração pública exige respeito à dignidade humana, com neutralização da situação de desequilíbrio de gênero, como parte da singularidade humana em respeito ao desenvolvimento de suas capacidades e potenciais. Na concepção juspositivista, a qualificação da inclusão social como direito fundamental abrange medidas, políticas ou ações que objetivam a participação igualitária de mulheres na sociedade.

2. Boa administração pública

Como paradigma jurídico abrangente de critérios mínimos de uma atuação administrativa[16] que visa resultados úteis para a coletividade[17], a boa Administração Pública, possui duas dimensões, a subjetiva e objetiva.

[16] "[...] un principio general que preside la relación jurídico administrativa y, a la vez, constituye un deber de la Administración y un derecho de los administrados, posee una potencialidad aplicativa de alto valor no sólo jurídico sino también ético en orden a la mejora de la calidad del Estado de Derecho y, por ende, de la convivencia social" (Delpiazzo, C. E. La buena administración como imperativo ético para administradores y administrados. Revista de Derecho. Facultad de Derecho de la Universidad Católica del Uruguay, 2ª época, Ano 9, n. 10, Uruguay, Dez. 2014, p. 49).

[17] Rodríguez-Arana, Jaime. El derecho fundamental a la buena administracion em el marco de la lucha contra la corrupción, p. 19. Disponível em: <http://derecho.posgrado.unam.mx/congresos/ConIbeConMexDA/ponyprog/JaimeRodriguezArana.pdf> Acesso

Na dimensão subjetiva, a boa administração é vista como um direito fundamental[18], com uma eficácia projetada na esfera individual de direitos[19]. Nesta dimensão, permite-se uma necessidade de observância pela Administração Pública dos princípios e deveres que lhe são impostos pelo ordenamento jurídico, como mecanismo de defesa da cidadania para garantir os direitos e interesses fundamentais[20].

em: 03 abr. 2015; GIUFFRIDA, A. Il "diritto" ad una buona amministrazione pubblica e profili sulla sua giustiziabilit. Torino: G. Giappichelli Editore, 2012, p. 15.

[18] "Trata-se do direito fundamental à Administração Pública eficiente e eficaz, proporcional cumpridora de seus deveres, com transparência, motivação, imparcialidade e respeito à moralidade, à participação social e à plena responsabilidade por suas condutas omissivas e comissivas. A tal direito corresponde o dever de a Administração Pública observar, nas relações administrativas, a cogência da totalidade dos princípios constitucionais que a regem" (FREITAS, J. Discricionariedade administrativa e o direito fundamental à boa Administração Pública. São Paulo, Malheiros, 2009).

[19] "O artigo 41º da CDFUE consagra o direito a uma boa administração como um direito de cidadania europeia. Pretende-se criar uma administração bem dirigida, com capacidade de prestação, funcionalmente ordenada e adequada, estruturada com base nos direitos fundamentais e nos princípios estruturantes do direito da UE, como a democracia e o Estado de direito. Em rigor, como resulta do teor literal do preceito, trata-se de um direito de todas as pessoas, físicas e colectivas, que por qualquer motivo entrem numa relação com os serviços administrativos da UE. O mesmo pretende concretizar, na relação entre a administração da UE e os particulares, os princípios da igualdade, da justiça e da eficiência e eficácia e da equidade procedimental. O direito abrange as garantias de procedimento administrativo, como o direito de audiência, o direito à consulta dos processos em que esteja envolvido – sem prejuízo do sigilo profissional e comercial – o direito à fundamentação das decisões da administração, o direito à indemnização por danos e o direito de queixa junto das autoridades administrativas. Trata-se de um elenco não taxativo, que remete para um amplo conjunto de garantias administrativas substantivas e procedimentais reconhecidas, quer pela jurisprudência constitucional dos Estados-membros, quer pela jurisprudência do TEDH." (MACHADO, J. E. M. Direito da União Europeia. Coimbra: Coimbra Editora, 2010, pp. 254-255).

[20] Como parâmetro da atividade administrativa, o imperativo da boa Administração Pública apresentada, de certo modo com uma intenção revolucionária, opera afinal uma revolução "tradicionalista", visto que foi diluída através de princípios e deveres previstos na Constituição Federal e contemplados pelo Direito Comunitário que conduzem a uma Administração Pública eficiente, eficaz, proba, imparcial, dialógica, transparente e capaz de assegurar a concretização dos direitos fundamentais (LOMBARTE, A. A. In MALLÉN, B. T. El derecho fundamental a una buena administración. Madrid: INAP, 2004; ANDRADE, J. C. V. de. O dever de fundamentação expressa de actos administrativos. Coimbra: Editora

Na dimensão subjetiva, privilegiam-se duas ideias básicas. A primeira de um conceito "guarda-chuva" que abriga um feixe de princípios e deveres cujo destinatário é a Administração Pública, que deve, por sua vez, fornecer ao cidadão (incluindo o menor) tratamento de forma imparcial, equitativa e num prazo razoável. A segunda a de um direito-garantia cuja missão é assegurar a proteção de outros direitos fundamentais[21].

Na dimensão objetiva, o enfoque é analisar como a Administração Pública no desenvolvimento da sua função administrativa deve garantir a boa administração, no sentido de adequar o seu modo de administrar ao crescimento sustentável que o ordenamento jurídico destina ao Estado[22].

O surgimento gradual da boa Administração Pública, numa trajetória de contínua conquista e densificação[23], resulta da crescente demanda maior qualidade no exercício da função administrativa para servir da melhor forma possível os interesses da coletividade[24]. A boa administração nasce, então, como um projeto racional na atuação administrativa, impondo deveres no exercício das competências administrativas, e limitando a arbitrariedade estatal. A sua criação surge, ainda, como uma forma de orientação do poder administrativo relativamente à tomada de decisões qualificada pela estratégia da garantia dos direitos fundamentais.

Almedina, 2007; Mallén, B. T. El derecho fundamental a una buena administración. Madrid: Instituto Nacional de Administración Pública, 2004, p. 42; Hachem, D. W. 2014. Tutela administrativa efetiva dos direitos fundamentais sociais. 2014. 614f. Tese (Doutorado). Universidade Federal do Paraná, 2014).

21 Mallén, B. T. El derecho fundamental a una buena administración. Madrid: Instituto Nacional de Administración Pública, 2004, p. 42; Hachem, D. W. 2014. Tutela administrativa efetiva dos direitos fundamentais sociais. 2014. 614f. Tese (Doutorado). Universidade Federal do Paraná, 2014.

22 Valle, V. R. L. do. Direito fundamental à boa administração e governança. Belo Horizonte: Fórum, 2011. p. 24.

23 Morgado, C. Direito à boa Administração Pública: recíproca dependência entre direitos fundamentais, organização e procedimento. Rev. Dir. Proc. Geral. Rio de Janeiro n. 65, 2010. p. 68-94.

24 Cassese, S. C. Il diritto alla buona amministrazione. European Review of Public Law. v. 21, n. 3, 2009, p. 1037ss; Prats, J. Derecho y management en las administraciones públicas. Ekonomiaz: Revista vasca de economía, n. 26, 1993, p. 130-143.

Na dimensão objetiva, a Administração Pública deva garantir a boa administração em homenagem a uma atuação administrativa vinculada aos princípios constitucionais consagrados, realizando, no maior grau possível, o atendimento do interesse público[25]. DEVE, pois é uma finalidade da Administração Pública representativa de maior qualidade no exercício da função administrativa para servir da melhor forma possível os interesses da coletividade[26]; PODE, porque não há obstáculos dogmáticos à concepção de uma Administração Pública provedora da boa administração baseada numa maior eficácia e efetividade das ações estatais e orientada pela principiologia dos direitos fundamentais[27].

Se ao mesmo tempo afirmamos que a Administração Pública tem o encargo de ser provedor da boa administração, dentro do contexto de análise da dimensão objetiva, só se pode reconhecer a existência desta dimensão, se se reconhecer a existência do direito das pessoas de terem garantida a referida boa administração, o que, aliás, é objeto de análise de outra dimensão, a subjetiva. O reconhecimento da boa administração como um direito fundamental autônomo a partir da Carta de Nice[28] no

[25] Giuffrida, A. Il "diritto" ad una buona amministrazione pubblica e profili sulla sua giustiziabilit. Torino: G. Giappichelli Editore, 2012, p. 15.

[26] Cassese, S. C. Il diritto alla buona amministrazione. European Review of Public Law. v. 21, n. 3, 2009, p. 1037ss; Prats, J. Derecho y management en las administraciones públicas. Ekonomiaz: Revista vasca de economía, n. 26, 1993, p. 130-143; "A Carta Europeia dos Direitos Fundamentais como reforço na protecção destes direitos no quadro da União Europeia, é um instrumento vinculativo, que ultrapassa ou ao menos precise o standard de protecção dos direitos fundamentais neste momento existente no âmbito da União" (Ramos, R. M. M. A carta dos direitos fundamentais da União Europeia e a protecção dos direitos fundamentais. Estudos em Homenagem ao Prof. Doutor Rogério Soares. Boletim da Faculdade de Direito da Universidade de Coimbra: Coimbra Editora, 2001).

[27] "Não satisfaz às aspirações da Nação a atuação do Estado de modo compatível apenas com a mera ordem legal, exige-se muito mais: necessário se torna que a administração da coisa pública obedeça a determinados princípios que conduzam à valorização da dignidade humana, ao respeito à cidadania e à construção de uma sociedade justa e solidária" (STJ REsp 579.541/SP, Rel. Ministro José Delgado, Primeira Turma, julgado em 17/02/2004, DJ 19/04/2004, p. 165).

[28] Na Carta adotada em Nice em dezembro de 2000, além da identificação de direitos dos cidadãos e residentes da União Europeia, inclui o dever de boa administração, cujo conteúdo é a articulação entre diversos princípios da Administração Pública sintetizados sob a fórmula de princípio da solicitude (Acórdão do Tribunal Geral, de 18 de Setembro

contexto europeu inaugura uma nova forma de conceber a relação da Administração Pública com o cidadão[29], de forma a considerar o cidadão como um sujeito participativo na configuração dos interesses gerais[30], e a Administração Pública uma estrutura funcionalizada na promoção do bem-estar do povo através de uma atuação responsável, eficaz e direcionada à consecução dos interesses da coletividade.

de 1995, caso T-167/94; Acórdão Technishe Universität München de 21 de Novembro de 1991 do TJCE (caso C-269/90); ALMEIDA, M. A. de. Princípio da legalidade e boa administração: dificuldades e desafios. Coimbra: Almedina, 2015; VIANA, C. Os princípios comunitários na contratação pública. Coimbra: Coimbra Editora, 2007; SILVA, P. C. e. Uma análise (também crítica) do "novo" princípio da boa administração no projeto de revisão do Código do Procedimento Administrativo. Anuário Publicista da Escola de Direito da Universidade do Minho. Departamento de Ciências Públicas, subordinado ao tema Ética e Direito", Tomo II, Braga: 2014, nov. 2015, p.125-136. Disponível em: <http://www.direito.uminho.pt/Uploads/Anu%C3%A1rio/Final_Anu%C3%A1rio_2013_Etica_e_Direito.pdf.> Acesso em: 12 jul. 2015; GOMES, C. A. A boa administração: na revisão do CPA, depressa e bem. Colóquio sobre o Projeto de Revisão do Código do Procedimento Administrativo. Instituto de Ciências Jurídico-Políticas, Faculdade de Direito da Universidade de Lisboa, 15 jul 2013. Disponível em: <http://www.icjp.pt/debate/4268/4337>. Acesso em: 7 jul. 2015; CAETANO, M. Princípios fundamentais do direito administrativo. Coimbra: Almedina, 2010).

[29] "El derecho fundamental a la buena administración, tal y como está redactado en el artículo 41 de la Carta de los Derechos Fundamentales de la Unión Europea de diciembre de 2000, trae consigo un replanteamiento del derecho administrativo en su conjunto. Ahora, desde la centralidad del ciudadano y desde su participación activa en la conformación de los intereses generales, el derecho administrativo y sus principales categorías deben ser nuevamente formulados puesto que ahora la relevancia de los derechos fundamentales de la persona sugiere nuevas formas de comprender el sistema del derecho administrativo" (RODRÍGUEZ-ARANA, J. La buena administración como principio y como derecho fundamental en Europa. Misión Jurídica-Revista de Derecho y Ciencias Sociales. n. 6, Bogotá, D.C. (Colombia), p. 23-56, jan.-dez. 2013).

[30] "En efecto, el ciudadano es ahora, no sujeto pasivo, receptor mecánico de servicios y bienes públicos, sino sujeto activo, protagonista, persona en su más cabal expresión, y, por ello, debe poner tener una participación destacada en la configuración de los intereses generales porque éstos se definen, en el Estado social y democrático de Derecho, a partir de una adecuada e integrada concertación entre los poderes públicos y la sociedad articulada" (RODRÍGUEZ-ARANA, J. El derecho fundamental a la buena administración en la constitución española y en la Unión Europea. Revista Eurolatinoamericana de Derecho Administrativo. v. I, n. 2, Santa Fé, Argentina, p. 77. jul.-dez. 2014).

Gera-se o reposicionamento da Administração Pública como uma organização conectada com o cidadão, em prol da dignidade da pessoa humana, implica no dever da Administração Pública de construção de uma estrutura e prática administrativas pautadas em decisões legítimas do gestor público. Essa legitimidade na dimensão objetiva da boa administração deve ser definida e compreendida como elemento integrante de um contexto político-jurídico de desenvolvimento do melhor exercício da função administrativa na satisfação do interesse público.

3. Dimensão objetiva da boa administração

Na dimensão objetiva, o enfoque é analisar como a administração pública no exercício da função administrativa deve garantir boa administração para servir da melhor forma possível os interesses da coletividade. Neste contexto, podemos dizer que o desenvolvimento sustentável é a concretização gradual e progressiva do ideário de um bem-estar social.

A busca de um equilíbrio dinâmico para satisfazer às necessidades da geração presente e se comprometer com as necessidades das gerações futuras, num quadro de qualidade subjetiva de vida, depende de instrumentos de gestão pública traduzidos na afirmação e concretização da responsabilidade social do Estado em respeito à condição dos seres humanos, com suas habilidades, dedicação e experiências. A ênfase é o bem estar humano, a condição humana e os meios utilizados para aumentar a qualidade de vida dessa condição.

4. Perspectiva social da sustentabilidade

A sustentabilidade, numa dimensão social, sempre em conformidade com o princípio da solidariedade intergeracional, busca equalizar diferenças sociais, para caracterizar a legitimidade dos atos do Poder Público.

Deste modo é que, para concretização efetiva da igualdade que reconheça as diferenças, num contexto de promoção de direitos e da dignidade humana, o desenvolvimento sustentável ampliou seu espaço e sua efetividade para abranger as políticas de regulação social fundamentadas na construção de uma visão plural, aberta e tolerante.

A sustentabilidade social tendo por base a defesa da dignidade nos modos de ser e existir repele um modelo de natureza excludente que legitime a inserção social condigna apenas de alguns, reduzindo os vulneráveis às situações de exclusão social.

Considerado um verdadeiro axioma, a inclusão social tornou-se não só um dos valores essenciais aos qual a administração pública é convidada a referir-se, mas também umas das preocupações gritantes na formulação e concretização das políticas públicas, tendo em vista uma administração pública nova, atentam as exigências do público, que passou a ser vista cada vez mais como uma indispensável interface entre Estado e população, e por isso, sempre a serviço do cidadão.

Na perspectiva axiológica, a inclusão social é uma diretriz que orienta a conduta de proceder da administração pública para que ela funcione como uma administração mais aberta e igualitária, comprometida com valores constitucionais fundamentais e cotidianamente atentas aos anseios da população[31].

Na perspectiva da gestão pública, a relevância atribuída à inclusão social é um aspecto do fenômeno mais amplo das políticas públicas em diversos países na busca de técnicas e mecanismos capazes de propiciar melhorias na construção permanente da tolerância, em condições de igualdade e respeito aos direitos humanos.

Neste quadro de comprometimento de fomento à cidadania, com a criação de valor social que assegure uma convivência humana sem exclusivismos nem exclusões, o Estado enfrenta atualmente uma série de desafios para concretizar as políticas públicas de inclusão que precisam ser superados para viabilizar o pleno desenvolvimento econômico e social.

5. Fundamentos do constitucionalismo inclusivo

A fórmula original do constitucionalismo sofre nos dias atuais uma remodelação na sua forma e conteúdo em razão das mudanças nas circuns-

[31] A política do reconhecimento e as várias concepções de multiculturalismo nos ensinam, enfim, que é necessário que seja admitida a diferença na relação com o outro. Isto quer dizer tolerar e conviver com aquele que não é como eu sou e não vive como eu vivo, e o seu modo de ser não pode significar que o outro deva ter menos oportunidades, menos atenção e recursos (Praxedes, W. *A diversidade humana na escola: reconhecimento, multiculturalismo e tolerância*. Disponível em: www.espacoacademico.com. br/042/42wlap.htm. Acesso em: 02 jul. 2019)

tâncias históricas, sociais, teóricas e filosóficas, desde o final da segunda guerra mundial.

Em razão deste novo universo subjacente, a fórmula original do constitucionalismo não mais se poderá conter nos limites estreitos de uma obrigação formal de impor limitações à atuação estatal, mas promover políticas de inclusão social. As transformações que provocaram a remodelação podem ser agrupadas por diversos indicadores: social, jurídico, político e institucional.

O indicador jurídico: as transformações do Estado Constitucional com a doutrina da efetividade[32], a normatização dos princípios[33] e a ordem objetiva de valores, repercutindo em todos os ramos do Direito e nas relações sociais. Neste contexto de concretização constitucional, a constituição deve ser concebida como uma *ordem aberta*, ou seja, como uma ordenação de permanente dinamicidade[34] tendo em conta a necessidade de diálogo com evolução social da comunidade[35]. No constitucionalismo

[32] O Estado de Direito Material pressupõe o Formal, contudo avança para alcançar preceitos substantivos estabelecidos por normas constitucionais expressados como princípios jurídicos. Este fenômeno, de abertura constitucional, que surge desde o Segundo Pós-Guerra, muito mais do que uma conquista da juridicidade administrativa, representa a superação do modelo positivista do Estado de Direito para, sob o influxo da justiça na ordem jurídico-positiva, reconhecer a insuficiência ao critério formalista no agir do poder público, para o surgimento de referenciais que prestigiam os direitos fundamentais, postos, assim, como fundamentos numa qualidade de agir estatal.

[33] Na trajetória histórico-evolutiva, partindo do conceito de princípio jurídico no jusnaturalismo, que reinou no pensamento jusfilosófico até o advento da Escolha Histórica do Direito, fundada por Savigny, e passando pelo positivismo dominante até a primeira metade do século XX, os princípios chegam no período pós-positivista com o status de norma jurídica, seja pela inserção nos textos constitucionais, seja pelo trabalho da jurisprudência.

[34] Vega, Pedro de. *La reforma constitucional y la problemática del poder constituyente*. Editora Tecnos, 2011, p. 180-181.

[35] "La dicotomía Constitución-realidad constitucional supone una provechosa renovación del estudio del derecho constitucional, en la medida que corrige las excesivas formalizaciones de la doctrina positivista, de suerte que capta la realidad y proceso políticos normativizados e institucionalizados por el derecho fundamental" (Verdú, Pablo Lucas. *Curso de Derecho Político*, vol. IV, p. 74).

contemporâneo[36] desenvolvido sob as bases de uma teoria material da constituição que, em função do contexto pós-positivista, alçaram os princípios jurídicos desde o século XX à posição não apenas de normas jurídicas, mas de hegemonia axiológico-normativa na estrutura dos ordenamentos jurídicos.

O indicador político: a evolução no conceito da democracia participativa contribui para construção da administração pública democrática compatível com a ideia da sustentabilidade social no poder administrativo. Neste contexto, a inclusão social pode ser vista como uma ferramenta ou instrumento para melhoria da qualidade democrática[37], quando fomenta a participação dos administrados nas decisões administrativas. Na perspectiva política, a mudança de significado decorre, outrossim, no contexto de uma sociedade de informação, da democracia comunicativa e da publicidade crítica, pois com a disseminação de informações públicas relevantes e compreensíveis, cria-se uma autodeterminação informativa, em que os indivíduos tornam-se mais conscientes de seus direitos e deveres, ganhando preparação cívica para debate público, com reivindicação de maior participação no funcionamento estatal e eficiência no atendimento de suas necessidades.

O indicador institucional: as profundas transformações pelas quais passam o modelo de estado, e na mesma esteira, a função administrativa, com a introdução da ideia da governança pública[38] e da necessidade

[36] "Como fruto da constante e renovada relação dialética entre os Poderes Legislativo, Executivo e Judiciário, o 'direito por regras' cedeu lugar, no constitucionalismo contemporâneo, ao 'direito por princípios'" (Moraes, Germana. *Controle Jurisdicional da Administração Pública*. São Paulo: Dialética, 1999, p. 19).

[37] Pratas, Sérgio. *Transparência do Estado, Administração Aberta e Internet*. Coimbra: INA Editora, 2011;

[38] The path towards good governance requires a long-term vision centred on a genuine consideration of the needs of citizens and business. Building trust should be a priority. Consensus building and a strategic approach are the pre-conditions for successful reform. The active engagement of all stakeholders is needed. The European Commission is a partner in this process, providing funding and guidance, as well as facilitating the exchange of know-how and experience. Together, we will build high-quality public services that meet the needs of citizens and foster business and job creation (In Promoting good governance – European Social Fund thematic paper. European Commission: Directorate-General for Employment, Social Affairs and Inclusion Unit E1 Manuscript completed in January 2014).

da modernização administrativa[39], que provoca desafios estimulantes na redefinição do papel gestacional dos negócios públicos no discurso administrativo buscando dinâmica conjunta e compartilhada entre o Estado e outros atores sociais na gestão da coisa pública. A concepção de que a "governança" surge como resposta à crise de governabilidade diante das demandas sociais e escassez de recursos econômicos, através de estruturas, mecanismos e processos, incluindo valores para a prática de gestão pública vinculada a um desenvolvimento.

Esse sentido denota dois aspectos: *a) instrumental* referente às estruturas e processos pelos quais as organizações são dirigidas, controladas e cobradas; b) *substancial* relacionado com os parâmetros valorativos de realização das ações públicas[40].

O aspecto instrumental abrange a autoridade, gestão, relações/interações, políticas e instituições[41], enfim técnicas de um desenvolvimento futuro. Tal aspecto é inserido no contexto da "governança" como nova geração de reformas. Já o aspecto substancial esta assentado na implementação de valores democráticos no exercício do poder resultando em ações públicas transparentes e responsáveis, a fim de que possam melhorar a eficiência e a credibilidade da organização[42]. Trata-se de vetores de legitimidade[43] e idoneidade para gerar e manter a crença de uma boa governança[44].

[39] Forjaz, Maria Cecília Spina. *Globalização e Crise do Estado Nacional.* In Revista de Administração de Empresas, FGV, São Paulo, Brasil, v.40 n.2, abril/junho de 2000.

[40] Matias-Pereira, José. *A Governança Corporativa Aplicada no Setor Público Brasileiro. Administração Pública e Gestão Social,* Viçosa, v.2, n.1, p.110-135, jan./mar. 2010.

[41] Barret, Pat. Better Practice Public Sector Governance. Australian National Audit Office (ANAO). 2003. Disponível em: <http://www.anao.gov.au/uploads/documents/>. Acesso em: 14/03/2016; Kaufmann, Daniel; Kraay, Aart Kraay. Governance Indicators: Where Are We, Where Should We Be Going? The World Bank, 2008.

[42] Neto, Jayme Weingartner. *Ministério Público, boa governança e gestão estratégica.* In: Revista do Ministério Público, 137, janeiro/março 2014, p.106/107.

[43] A legitimidade corresponde à ordem ético-política que representa uma ordem legitimada pela estabilização do poder em torno de valores consensualmente aceitos. (Moreira Neto, Diogo de Figueiredo. *Legitimidade e Discricionariedade: novas reflexões sobre os limites e controle da discricionariedade.* Rio de Janeiro: Forense, 1998, p.5).

[44] Canotilho, José Joaquim Gomes. *Brancosos e Interconstitucionalidades: itinerário dos discursos sobre a historicidade constitucional.* Coimbra: Almedina, 2006, p. 327.

6. Finalidades do constitucionalismo inclusivo

Na esteira da resolução dos problemas jurídicos com uma visão plural, aberta e tolerante, pode-se afirmar que o constitucionalismo inclusivo possui duas finalidades:

a) **Alteridade**: significa oferecer à humanidade um homem solidário preocupado com a livre manifestação da vida em todas as suas formas, de forma a evitar a dialética de extremos, com intolerância a pensamentos distintos; o convívio humano é um espaço de encontro e confronto de relações sociais estabelecidos pelos indivíduos, cujo funcionamento envolve singularidades e complexidades constitutivas das significações e articulações das pautas interativas estabelecidas pela realidade. Neste espaço comum, o mundo humano é estruturado pelo cultivo de um cotidiano de interações sociais envolvidas num processo permanente de diálogo[45] e convivência, de um horizonte de reflexão da essência humana em suas dimensões, desde os processos de reprodução aos de conservação[46].
b) **Abertura:** significa fomentar padrões de conduta política e jurídica eivados da ética do cuidado, afeto e fraternidade; é importante destacar a necessidade de revalorização dos princípios éticos, como alicerces do ordenamento jurídico, na resolução dos problemas, do qual os valores partilhados pela sociedade com respaldo constitucional aparecem com o seu potencial de possibilitar solução técnica-instrumental e valorativa na criação da legitimidade dos comportamentos.

7. Violência contra a mulher

Na linha de reflexões construtivas sobre a violência contra mulher no contexto do constitucionalismo inclusivo, pode-se dizer que a partir da

[45] "Um diálogo é antes de tudo um problema de interculturalidade. A distância física que separa os interlocutores e as voltas retóricas para entenderem-se, fazem referência a um problema cultural (KUSCH, Rodolfo. *Esbozo de una Antropologia Filosófica Americana*. Buenos Aires: Ediciones Castañeda, 1978, p. 13).

[46] CHARDIN, P. Teilhard. *O fenômeno humano*. São Paulo: Cultrix, 1986, p. 25; RABUSKE, E. A. *Antropologia filosófica*. Petrópolis: Vozes, 1999, p. 123.

Constituição Federal de 1988, passou-se a focar de forma mais direcionada sobre o tema, sinalizando-se expressamente no texto constitucional que "O Estado assegurará a assistência à família na pessoa de cada um dos que a integram, criando mecanismos para coibir a violência no âmbito de suas relações"[47], além de estabelecer nos seus princípios fundamentais a imperiosa necessidade de se observar a "dignidade da pessoa humana."[48]

Até então, inexistia legislação tratando especificamente do nicho violência doméstica contra mulher, tratando-a no âmbito das relações humanas de forma tradicional e em igualdade de condições do ponto de vista de gênero.

Sobreveio o decreto presidencial nº 1.973, de 1º de agosto de 1996, promulgando a "Convenção Interamericana para Prevenir, Punir e Erradicar a Violência contra a Mulher, concluída em Belém do Pará, em 9 de junho de 1994", após o Congresso Nacional ter chancelado o texto por meio do Decreto Legislativo nº 107, de 31 de agosto de 1995, especialmente em razão das relações de poder historicamente desiguais entre mulheres e homens.

Fixou-se, nos termos do convencionado, o âmbito de incidência do diploma referendado legalmente pelo direito interno, entendendo-se "por violência contra a mulher qualquer ato ou conduta baseada no gênero, que cause morte, dano ou sofrimento físico, sexual ou psicológico à mulher, tanto na esfera pública como na esfera privada"[49], "ocorrida no âmbito da família ou unidade doméstica ou em qualquer relação interpessoal, quer o agressor compartilhe, tenha compartilhado ou não a sua residência, incluindo-se, entre outras turmas, o estupro, maus-tratos e abuso sexual."[50]

O entendimento do C. Supremo Tribunal Federal acerca do *status* legislativo das Convenções Internacionais, até o ano de 2008, era de texto normativo com força de lei ordinária. Entretanto, após o julgamento do

[47] Art. 226, §8º, CF

[48] Art. 1º, III, CF

[49] Art. 1º do decreto presidencial nº 1.973, de 1º de agosto de 1996

[50] Art. 2º do decreto presidencial nº 1.973, de 1º de agosto de 1996

HC 87585[51], passou o Excelso Pretório a classificar referidos diplomas como normas supralegais, restando hospedadas acima das leis ordinárias, mas abaixo da Constituição, impedindo assim que lei ordinária pudesse revogar dispositivo de instrumento internacional de Direitos Humanos.

Avaliando o texto até então aprovado, viu-se estampado princípios e normas de caráter geral, sem normatividade reguladora dos instrumentos penais e processuais aplicáveis à espécie.

Para o fim de dar cumprimento à Convenção para Prevenir, Punir, e Erradicar a Violência contra a Mulher, a Convenção de Belém do Pará, da Organização dos Estados Americanos (OEA), ratificada pelo Brasil em 1994, e à Convenção para Eliminação de Todas as Formas de Discriminação contra a Mulher (Cedaw), da Organização das Nações Unidas (ONU), foi aprovada a Lei sob nº 11.340/2006[52], em vigor desde o dia 22 de setembro de 2006. O texto aprovado "a partir de proposta elaborada por um conjunto de ONGs (Advocacy, Agende, Cepia, Cfemea, Claden/IPÊ e Themis), discutida e reformulada por um grupo de trabalho interministerial, coordenado pela Secretaria Especial de Políticas para as Mulheres (SPM), e enviada pelo Governo Federal ao Congresso Nacional."[53]

No texto aprovado, restaram estabelecidas normas quanto aos limites de aplicação da *novatio legis*, do direito penal e processual penal.

Procedendo-se a uma investigação sobre quem poderia responder por violência praticada no âmbito de violência doméstica, familiar, ou afetiva contra mulher, chegar-se-ia, com facilidade, à conclusão de que qualquer pessoa possa ocupar esse espaço, e figurar como legitimado ativo.

[51] DEPOSITÁRIO INFIEL – PRISÃO. A subscrição pelo Brasil do Pacto de São José da Costa Rica, limitando a prisão civil por dívida ao descumprimento inescusável de prestação alimentícia, implicou a derrogação das normas estritamente legais referentes à prisão do depositário infiel. Rel. Marco Aurélio, Tribunal Pleno, julgado em 03/12/2008

[52] Cria mecanismos para coibir a violência doméstica e familiar contra a mulher, nos termos do § 8º do art. 226 da Constituição Federal, da Convenção sobre a Eliminação de Todas as Formas de Discriminação contra as Mulheres e da Convenção Interamericana para Prevenir, Punir e Erradicar a Violência contra a Mulher; dispõe sobre a criação dos Juizados de Violência Doméstica e Familiar contra a Mulher; altera o Código de Processo Penal, o Código Penal e a Lei de Execução Penal; e dá outras providências.

[53] https://www.cnj.jus.br/lei-maria-da-penha/

Quando se avalia a destinatária da proteção da Lei sob nº 11.340/2006, tem-se como identificada literalmente a **mulher**[54].

Entretanto, a legislação em comento foi passando pelo crivo da jurisprudência, e em lapidar acórdão, entendeu-se que a "aplicação da Lei Maria da Penha não reclama considerações sobre a motivação da conduta do agressor, mas tão somente que a vítima seja mulher e que a violência seja cometida em ambiente doméstico, familiar ou em relação de intimidade ou afeto entre agressor e agredida. É descabida a preponderância, tal qual se deu no acórdão impugnado, de um fator meramente biológico sobre o que realmente importa para a incidência da Lei Maria da Penha, cujo arcabouço protetivo se volta a julgar autores de crimes perpetrados em situação de violência doméstica, familiar ou afetiva contra mulheres. Efetivamente, conquanto o acórdão recorrido reconheça diversos direitos relativos à própria existência de pessoas trans, limita à condição de mulher biológica o direito à proteção conferida pela Lei Maria da Penha"[55], reconhecendo a possibilidade de incidência de todos o texto normativo a uma pessoa transexual.

Ademais, para configuração de transgressões no ambiente de violência doméstica contra mulher, é prescindível a coabitação[56], a agressão pode ser dar por ex-marido[57], ainda que o término da relação tenha se dado há tempo relativamente expressivo[58]. Destaca-se, em complemento, a inaplicabilidade do princípio da insignificância nos crimes e contravenções penais praticados contra a mulher no âmbito das relações domésticas[59].

Estabeleceu-se, dentro do campo dos limites de aplicação da lei, a título conceitual, a configuração de violência contra mulher quando identificada "ação ou omissão baseada no gênero que lhe cause morte, lesão, sofrimento físico, sexual ou psicológico e dano moral ou patrimo-

[54] Arts. 1º, 2º, e 5º, da Lei sob nº 11.340/2006.

[55] REsp n. 1.977.124/SP, Rel. Ministro Rogerio Schietti Cruz, 6ª T., j. em 5/4/2022

[56] Súmula 600, STJPara a configuração da violência doméstica e familiar prevista no artigo 5º da Lei n. 11.340/2006 (Lei Maria da Penha) não se exige a coabitação entre autor e vítima.

[57] STJ, CC nº 102.832, rel. Min. Napoleão Nunes Maia Filho

[58] STJ, HC 477723

[59] Súmula 589, STJ

nial" nos âmbitos doméstico, familiar ou afetivo, independentemente de sua orientação sexual.

Avaliada a *novatio legis* por nossa Corte Constitucional, sob o prisma de possível violação ao princípio da igualdade, por conferir tratamento diferenciado à mulher em relação ao homem, entendeu o Excelso Pretório que o "(...) artigo 1º da Lei nº 11.340/06 surge, sob o ângulo do tratamento diferenciado entre os gêneros – mulher e homem –, harmônica com a Constituição Federal, no que necessária a proteção ante as peculiaridades física e moral da mulher e a cultura brasileira (...)"[60]

Sob o aspecto penal, alterou o preceito secundário do crime de lesão corporal de natureza leve estabelecendo a pena de 3 (três) meses a três (três) anos[61], alterada no teto máximo se comparado ao crime de lesão corporal previsto no *caput* do art. 129. É bem verdade que o legislador poderia ter elevado a pena mínima do tipo penal em estudo levando em conta a especialidade do tema e a proporcionalidade exigida no caso (princípio da proteção deficiente). De qualquer forma, sensibilizou-se o legislador ordinário na majoração da reprimenda na sua referência máxima.

Inseriu-se, pela novel legislação, circunstância agravante quando praticada a infração penal "com abuso de autoridade ou prevalecendo-se de relações domésticas, de coabitação ou de hospitalidade, ou com violência contra a mulher na forma da lei específica."[62], inclusive com majoração na terceira fase da dosimetria de pena, na hipótese de da mulher ser portadora de deficiência[63].

O C. Supremo Tribunal Federal, julgando a ADI 4.424/DF, na hipótese de crime de lesão corporal, fixou orientação de que, independentemente da extensão dos ferimentos, deve ser processado mediante ação penal pública incondicionada, sendo irrelevante a falta de representação da vítima, afastando-se o contido no art. 88 da Lei sob nº 9.099/95. O entendimento, do ponto de vista prático, impede que a vítima, por qualquer motivação, normalmente por pressão do agressor, possa impedir a

[60] ADC nº 19, Rel. Marco Aurélio, Tribunal Pleno, julgado em 09/02/2012

[61] Art. 129, §9º, CP – redação dada pela Lei sob nº 11.340/06

[62] Art. 61, II, "f", CP

[63] Art. 129, §11, CP

persecução penal investigatória ou processual, especialmente em razão da incondicionalidade do procedimento e processamento.

Ainda, inseriu-se o §13[64], do art. 129, do Código Penal, estabelecendo-se que se o crime de lesão for praticado contra a mulher, por razões da condição do sexo feminino[65], a pena será de reclusão de 1 (um) a 4 (quatro) anos. Criou-se a infração penal de violência psicológica contra mulher, inserida no sistema normativo pela Lei sob nº 14.188/2021.

Após a aprovação da Lei sob nº 11.340/2006, surgiu a necessidade de criação de tipo penal específico na hipótese de descumprimento de medida protetiva por parte do agressor. O descumprimento passou a ser considerada figura penal típica, impondo-se a título de preceito secundário a pena de detenção de 3 (três) meses a 2 (dois) anos[66].

E para facilitar o conhecimento e acesso das medidas protetivas, uma vez deferidas serão imediatamente registradas no banco de dados do Conselho Nacional de Justiça, garantindo-se o acesso instantâneo do Ministério Público, da Defensoria Pública, dos órgãos de segurança pública e de assistência social, com vistas à fiscalização e à efetividade das medidas protetivas[67].

No âmbito procedimental e processual, foram criados mecanismos importantes desde a fase policial, passando-se pelo juízo natural, até execução da pena imposta.

Do ponto de vista do juízo natural, com vistas ao previsto no art. 5º, LII, da Constituição Federal, a Lei sob nº 11.340/2006, estabeleceu que os Juizados de Violência Doméstica e Familiar contra Mulher, com competência cumulativa (cível e criminal), "poderão ser criados pela União, no Distrito Federal e nos Territórios, e pelos Estados, para o processo, o julgamento e a execução das causas decorrentes da prática de violência doméstica e familiar contra a mulher"[68], sendo certo que enquanto

[64] Incluído pela Lei sob nº 14.188/2021

[65] Art. 121, §2º-A, CP: "§ 2o-A Considera-se que há razões de condição de sexo feminino quando o crime envolve: I – violência doméstica e familiar; II – menosprezo ou discriminação à condição de mulher. (Incluído pela Lei nº 13.104, de 2015)"

[66] Art. 24-A, da Lei sob nº 11.340/2006.

[67] Art. 38-A, p. único, da lei sob nº 11.340/2006 – Redação dada pela Lei nº 14.310/2022

[68] Art. 14, da Lei sob nº 11.340/2006.

não estruturados os Juizados de Violência Doméstica e Familiar contra a Mulher, as varas criminais acumularão as competências cível (divórcio e dissolução de união – exceto partilha de bens), e criminal para conhecer e julgar as causas decorrentes da prática de violência doméstica e familiar contra a mulher[69].

Relevante destacar que no momento da comunicação do fato, a autoridade policial, ou mesmo o policial, em condições específicas[70], verificando a "existência de risco atual ou iminente à vida ou à integridade física ou psicológica da mulher em situação de violência doméstica e familiar, ou de seus dependentes, poderão determinar que o agressor seja imediatamente afastado do lar, domicílio ou local de convivência com a ofendida", sendo que em ambas as hipóteses o juiz deverá ser comunicado em 24 (vinte e quatro) horas para deliberação sobre a manutenção ou revogação das medida aplicada[71]. A permissão de imposição de medida cautelar pelo corpo policial, primeiro a enfrentar o drama do fato violento, deu mais efetividade, e com maior rapidez, a proteção da mulher vítima dos atos agressivos.

Além disso, a legislação destinou capítulo inteiro[72] com as orientações e possibilidades procedimentais durante o atendimento pela autoridade policial, inclusive com vistas a possível representação de medidas protetivas de urgência ao juízo competente.

Qualquer que tenha sido a infração penal praticada nesse universo, não haverá possibilidade de a autoridade policial determinar a confecção de termo circunstanciado de ocorrência, especialmente porque vedada expressamente a aplicação da Lei sob nº 9.099/95[73].

E não sendo aplicável a Lei sob nº 9.099/95, no universo de violência doméstica contra mulher, ainda que a infração penal seja de menor potencial ofensivo, a única alternativa diante de situação flagrancial[74], será a de

[69] Art. 33, da Lei sob nº 11.340/2006.

[70] Art. 12-C, II e III, da Lei sob nº 11.340/2006.

[71] Art. 12-C, §1º, da Lei sob nº 11.340/2006.

[72] Capítulo III.

[73] Art. 41 da Lei sob nº 11340/2006.

[74] Art. 302. Considera-se em flagrante delito quem: I – está cometendo a infração penal; II – acaba de cometê-la; III – é perseguido, logo após, pela autoridade, pelo ofendido ou por qualquer pessoa, em situação que faça presumir ser autor da infração; IV – é encon-

se determinar a lavratura do auto de prisão em flagrante, seguindo-se a ritualística prevista no art. 310, do Código de Processo Penal (audiência de custódia).

Ainda, em 48 (quarenta) horas, o juiz poderá aplicar uma ou mais das diversas medidas protetivas de urgência.

Entre outras providências, pelo destaque da relevância, deverá a autoridade policial "verificar se o agressor possui registro de porte ou posse de arma de fogo e, na hipótese de existência, juntar aos autos essa informação, bem como notificar a ocorrência à instituição responsável pela concessão do registro ou da emissão do porte"[75], podendo o juiz, a pedido da ofendida, "determinar a apreensão imediata de arma de fogo sob a posse do agressor."[76]

Na hipótese de crime que dependa de representação da ofendida, tendo sido ela ofertada inicialmente, somente será admitida a renúncia "perante o juiz, em audiência especialmente designada com tal finalidade, antes do recebimento da denúncia e ouvido o Ministério Público."[77]

Sob a ótica da prática forense, nos crimes que dependiam de representação, parte dos juízes, de ofício, designavam audiência para que a vítima ratificasse ou não o seu desejo de levar adiante a persecução penal. O C. Superior Tribunal de Justiça, sob o rito dos recursos repetitivos (Tema 1.167), e por sua Terceira Seção, definiu que "a audiência prevista no artigo 16 da Lei 11.340/2006 tem por objetivo confirmar a retratação, não a representação, e não pode ser designada de ofício pelo juiz. Sua realização somente é necessária caso haja manifestação do desejo da vítima de se retratar, trazida aos autos antes do recebimento da denúncia".

Do ponto de vista do rito processual, diante da inaplicabilidade da Lei sob nº 9.099/95[78], serão observados os procedimentos sumário ou ordinário, conforme a pena máxima abstrata cominada ao tipo penal violado, não sendo aplicável aos casos o rito comum sumaríssimo. Com essa orien-

trado, logo depois, com instrumentos, armas, objetos ou papéis que façam presumir ser ele autor da infração.

[75] Art. 12, VI-A, da Lei sob nº 11340/2006 – Incluído pela Lei sob nº 13.880, de 2019.

[76] Art. 18, IV, da Lei sob nº 11340/2006 – Incluído pela Lei sob nº 13.880, de 2019.

[77] Art. 16 da Lei sob nº 11.340/2006.

[78] Art. 41 da Lei sob nº 11.340/2006

tação, retira do Juizado Especial Criminal (JECRIM), a possibilidade de julgamento de fatos circunscritos ao ambiente de violência doméstica contra mulher. E não sendo aplicável a Lei sob nº 9.099/95, fica excluída a possibilidade de pagamento de penas pecuniárias, multas, cestas básicas, entre outras similares.

Diga-se, por oportuno, o não cabimento de transação penal, suspensão condicional do processo[79], nem tão pouco a substituição da pena privativa de liberdade em restritiva de direitos[80].

Com relação a eventual indenização, quer por danos materiais, quer morais, desde que haja pedido expresso quando da formulação da acusação, é perfeitamente possível o juiz deliberar a respeito, procedendo-se as fixações conforme o caso concreto e a extensão dos danos causados. A propósito, com relação ao dano moral, entendeu o C. Superior Tribunal de Justiça a desnecessidade de "(...) prova específica para arbitragem do valor, conforme estabelecido no repetitivo 983: nos casos de violência contra a mulher praticados no âmbito doméstico e familiar, é possível a fixação de valor mínimo indenizatório a título de dano moral, desde que haja pedido expresso da acusação ou da parte ofendida, ainda que não especificada a quantia, e independentemente de instrução probatória[81] (...).

Além da possibilidade de fixação de indenização acima referida, havendo custos de eventuais serviços prestados à vítima pelo SUS (Sistema único de Saúde), fica o agressor obrigado ao ressarcimento relativo aos serviços prestados[82], sendo que os custos de eventuais dispositivos de monitoramento destinados à vítima deverão ser suportados pelo agressor[83].

No âmbito das medidas cautelares pessoais privativas da liberdade, verifica-se a possibilidade de decretação de prisão preventiva de ofício, sem que haja representação da autoridade policial, ou requerimento do

[79] Súmula 536, STJ

[80] Súmula 588, STJ

[81] AgRg no HC n. 791.033/SP, rel. Min. Reynaldo Soares da Fonseca, 5ª T., j. em 21/3/2023.

[82] Art. 9º, §4º, da Lei sob nº 11340/2006

[83] Art. 9º, §5º, da Lei sob nº 11340/2006

Ministério Público, divorciando-se da sistemática hoje implementada no sentido de depender de provocação ao juízo para eventual decretação.

Lembra-se que na esfera da Lei de Execução Penal, na hipótese de condenação o juiz poderá determinar, no âmbito da execução, o comparecimento do agressor a programas de recuperação e reeducação[84].

Tem-se que a legislação aplicável ao tema foi a mais alterada no decorrer dos anos, desde o início de sua vigência, com implementação de inúmeros instrumentos não só punitivos, mas voltados para a proteção da mulher, com destaque às redes de acolhimento e atendimento na forma multidisciplinar.

Nessa ordem de coisas, observa-se não só a implementação concreta de política pública e legislativa voltadas à proteção da mulher, com vistas ao atendimento do previsto no art. 226, §8º, da Constituição Federal, prestigiando-se também, de igual forma, o princípio da dignidade da pessoa humana[85].

Referências

ADEODATO, João Maurício. *Ética & Retórica. Para uma teoria da dogmática jurídica.* São Paulo: Saraiva, 2009.

ALMEIDA, M. A. de. Princípio da legalidade e boa administração: dificuldades e desafios. Coimbra: Almedina, 2015.

AMARAL, Diogo Freitas do. *Curso de Direito Administrativo.* Vol. 1. Coimbra: Editora Almedina, 2006.

ANDRADE, J. C. V. de. O dever de fundamentação expressa de actos administrativos. Coimbra: Editora Almedina, 2007.

ANDRADE, José Carlos Vieira de. *Lições de Direito Administrativo.* Coimbra: Coimbra Editora, 2011.

BARRET, Pat. Better Practice Public Sector Governance. Australian National Audit Office (ANAO). 2003. Disponível em: <http://www.anao.gov.au/uploads/documents/>. Acesso em: 14/03/2016.

BITTAR, Eduardo Carlos Bianca. *O direito na pós modernidade.* Revista Sequência, nº 57, p. 131-152, dez. 2008.

[84] Art. 152 da Lei sob nº 7210/84

[85] Art. 1º, III, CF

BONAVIDES, Paulo. *O direito à paz como direito fundamental da quinta geração.* Revista Interesse Público. Belo Horizonte: Ed. Fórum, 1999-, v. 8, nº. 40, de nov./dez. 2006.

CAETANO, M. Princípios fundamentais do direito administrativo. Coimbra: Almedina, 2010.

CAETANO, M. Princípios fundamentais do direito administrativo. Coimbra: Almedina, 2010.

CANOTILHO, José Joaquim Gomes. *Brancosos e Interconstitucionalidades: itinerário dos discursos sobre a historicidade constitucional.* Coimbra: Almedina, 2006.

CARVALHO NETTO, Menelick de & SCOTTI, Guilherme. *Os direitos fundamentais e a (in) certeza do direito: a produtividade das tensões principiológicas e a superação do sistema de regras.* Belo Horizonte: Fórum, 2011.

CASSESE, S. C. Il diritto alla buona amministrazione. European Review of Public Law. v. 21, n. 3, 2009, p. 1037ss.

CHARDIN, P. Teilhard. *O fenômeno humano.* São Paulo: Cultrix, 1986, p. 25; RABUSKE, E. A. *Antropologia filosófica.* Petrópolis: Vozes, 1999.

DELPIAZZO, C. E. La buena administración como imperativo ético para administradores y administrados. Revista de Derecho. Facultad de Derecho de la Universidad Católica del Uruguay, 2ª época, Ano 9, n. 10, Uruguay, Dez. 2014.

DOMINGUEZ LUIS, José Antonio. *El derecho de información administrativa : información documentada y transparencia administrativa.* Civitas: Revista Española de Derecho Administrativo, Madrid, n. 88, out./dez. 1995.

FACHIN, Zulmar, SILVA, Deise Marcelino da. *Acesso à água potável: direito fundamental de sexta geração.* São Paulo. Millennium editora. 2010.

FORJAZ, Maria Cecília Spina. *Globalização e Crise do Estado Nacional.* In Revista de Administração de Empresas, FGV, São Paulo, Brasil, v.40 n.2, abril/junho de 2000.

FREITAS, J. Discricionariedade administrativa e o direito fundamental à boa Administração Pública. São Paulo, Malheiros, 2009.

GIDDENS, A. *As Conseqüências da Modernidade.* São Paulo: Edunesp, 1991.

GIUFFRIDA, A. Il "diritto" ad una buona amministrazione pubblica e profili sulla sua giustiziabilit. Torino: G. Giappichelli Editore, 2012, p. 15.

GOMES, C. A. A boa administração: na revisão do CPA, depressa e bem. Colóquio sobre o Projeto de Revisão do Código do Procedimento Administrativo. Instituto de Ciências Jurídico-Políticas, Faculdade de Direito da Universidade de

Lisboa, 15 jul 2013. Disponível em: <http://www.icjp.pt/debate/4268/4337>. Acesso em: 7 jul. 2015.

HACHEM, D. W. 2014. Tutela administrativa efetiva dos direitos fundamentais sociais. 2014. 614f. Tese (Doutorado). Universidade Federal do Paraná, 2014.

HESPANHA, Antônio Manuel. *Pluralismo Jurídico e Direito Democrático*. São Paulo: Annablume Editora, 2013.

KAUFMANN, Arthur. *Filosofia del derecho*. Tradução de Luis Villar Borda e Ana Maria Montoya. Bogotá: Universidad Externado de Colômbia, 2002.

KAUFMANN, Daniel; KRAAY, Aart Kraay. Governance Indicators : Where Are We, Where Should We Be Going? The World Bank, 2008.

LOMBARTE, A. A. In MALLÉN, B. T. El derecho fundamental a una buena administración. Madrid: INAP, 2004.

MACHADO, J. E. M. Direito da União Europeia. Coimbra: Coimbra Editora, 2010.

MALLÉN, B. T. El derecho fundamental a una buena administración. Madrid: Instituto Nacional de Administración Pública, 2004.

MARÍN, Rafael Hernández. *Introducción a la teoría de la norma jurídica*. Madrid: Marcial Pons, 2002.

MARQUES NETO, Agostinho Ramalho. *A ciência do direito: conceito, objeto, método*. Rio de Janeiro: Renovar, 2001.

MATIAS-PEREIRA, José. *A Governança Corporativa Aplicada no Setor Público Brasileiro. Administração Pública e Gestão Social*, Viçosa, v.2, n.1, p.110-135, jan./mar. 2010.

MELO, A. N. *Liberdade de expressão: um direito fundamental na concretização da democracia*. Fortaleza: Premius, 2009.

MENEZES, P. *A Crise do Passado*. São Paulo: Experimento, 1994

MORAES, Germana. *Controle Jurisdicional da Administração Pública*. São Paulo: Dialética, 1999.

MOREIRA NETO, Diogo de Figueiredo. *Legitimidade e Discricionariedade: novas reflexões sobre os limites e controle da discricionariedade*. Rio de Janeiro: Forense, 1998.

MORGADO, C. Direito à boa Administração Pública: recíproca dependência entre direitos fundamentais, organização e procedimento. Rev. Dir. Proc. Geral. Rio de Janeiro n. 65, 2010. p. 68-94.

NETO, Jayme Weingartner. *Ministério Público, boa governança e gestão estratégica*. In: Revista do Ministério Público, 137, janeiro/março 2014, p.106/107.

PRATAS, Sérgio. *Transparência do Estado, Administração Aberta e Internet*. Coimbra: INA Editora, 2011.

PRATS, J. Derecho y management en las administraciones públicas. Ekonomiaz: Revista vasca de economía, n. 26, 1993, p. 130-143.

PRAXEDES, W. *A diversidade humana na escola: reconhecimento, multiculturalismo e tolerância*. Disponível em: www.espacoacademico.com. br/042/42wlap.htm. Acesso em: 02 jul. 2019.

RAMOS, R. M. M. A carta dos direitos fundamentais da União Europeia e a protecção dos direitos fundamentais. Estudos em Homenagem ao Prof. Doutor Rogério Soares. Boletim da Faculdade de Direito da Universidade de Coimbra: Coimbra Editora, 2001.

RODRÍGUEZ-ARANA, J. La buena administración como principio y como derecho fundamental en Europa. Misión Jurídica-Revista de Derecho y Ciencias Sociales. n. 6, Bogotá, D.C. (Colombia), p. 23-56, jan.-dez. 2013.

RODRÍGUEZ-ARANA, J. El derecho fundamental a la buena administración en la constitución española y en la Unión Europea. Revista Eurolatinoamericana de Derecho Administrativo. v. I, n. 2, Santa Fé, Argentina, p. 77. jul.-dez. 2014.

RODRIGUES, José Noronha. *A Política Exterior e de Segurança Comum. Scientia Ivridica*. Revista de Direito Comparado Português e Brasileiro. Tomo LVIII. Nº 317. Janeiro/março 2009. Universidade do Minho, Portugal.

SEVCENKO, Nicolau. *O enigma pós-moderno*. **IN**: Oliveira, Roberto Cardoso de (org.). Pós-modernidade. Campinas-SP: Editora da UNICAMP, 1987.

SILVA, P. C. e. Uma análise (também crítica) do "novo" princípio da boa administração no projeto de revisão do Código do Procedimento Administrativo. Anuário Publicista da Escola de Direito da Universidade do Minho. Departamento de Ciências Públicas, subordinado ao tema Ética e Direito", Tomo II, Braga: 2014, nov. 2015, p.125-136. Disponível em: <http://www.direito.uminho.pt/Uploads/Anu%C3%A1rio/Final_Anu%C3%A1rio_2013_Etica_e_Direito.pdf.> Acesso em: 12 jul. 2015.

TARDE, G. *Les Transformations Du Droit*. Paris: Berg, 1994.

VALLE, V. R. L. do. Direito fundamental à boa administração e governança. Belo Horizonte: Fórum, 2011.

VEGA, Pedro de. *La reforma constitucional y la problemática del poder constituyente*. Editora Tecnos, 2011.

VERDÚ, Pablo Lucas. *Curso de Derecho Político*, vol. IV.

VIANA, C. Os princípios comunitários na contratação pública. Coimbra: Coimbra Editora, 2007.

18.
A TUTELA DAS VÍTIMAS DO CRIME DE VIOLÊNCIA DOMÉSTICA – EM ESPECIAL À LUZ DAS RECENTES ALTERAÇÕES LEGISLATIVAS DO CÓDIGO PENAL

Margarida Santos

Introdução

O *nomen iuris* "violência doméstica" previsto no artº 152º do Código Penal Português (CP) não é tecnicamente correto[1]. Com efeito, na violência doméstica inserem-se *grosso modo* todas as manifestações que tenham o domicílio como cenário, mas não se exige em todas as situações a coabitação para que o tipo legal de crime se preencha, estando subjacente uma relação de intimidade/proximidade afetiva ou de solidariedade, tendo o legislador "acrescentado" na última revisão do Código Penal, o "menor descendente". Abrange, assim, como sujeitos passivos, os (ex-)cônjuges, (ex)namorados ou quem vive em condições análogas ainda que sem coabitação; o progenitor de descendente comum em 1º grau; o menor

[1] V. Leite, André Lamas, "A violência relacional íntima: reflexões cruzadas entre o Direito Penal e a Criminologia", *Julgar*, nº 12: *nº Especial: Crimes no Seio da Família e Sobre Menores*, 2010 e Âgra, Cândido da (Coord.) *et al.*, *Homicídios conjugais: estudo avaliativo das decisões judiciais*, Comissão para a Cidadania e igualdade de Género, Lisboa. 2015. Ver, a propósito, Ferreira, Maria Elisabete, *Violência parental e intervenção do Estado: a questão à luz do Direito Português*, Universidade Católica Editora, Porto, 2016, pp. 180/181, nota de rodapé 512, sugerindo para "uma formulação mais rigorosa e abrangente" a de "*violência doméstica, familiar e parafamiliar*".

descendente (ou das pessoas referidas) e a pessoa particularmente indefesa, nomeadamente em razão da idade, deficiência, doença, gravidez ou dependência económica, desde que haja coabitação. O legislador português abarca um rol amplo de sujeitos passivos, protegendo tanto o homem como a mulher, no contexto de relações íntimas, bem como o(s) bem(ns) jurídico(s) dos sujeitos de determinadas relações familiares ou análogas, assim como daqueles que coabitam e são considerados particularmente indefesos.

No âmbito deste trabalho pretendemos dar conta da recente evolução legislativa do tipo legal de violência doméstica, a partir da tutela da(s) vítima(s) de violência doméstica, enquadrando, logo num primeiro momento, a questão da proteção abrangente, que inclui quer o homem, quer a mulher. Num segundo momento, pretende-se sublinhar as recentes inovações (e soluções?) legislativas, enquadrando-as no reforço da intervenção penal que o legislador tem promovido ao longo dos anos, no contexto mais global e articulado de outras iniciativas estaduais, que permita que o direito penal seja efetivamente um direito de *ultima ratio*.

1. Questão prévia: "violência de género" *versus* "violência doméstica": considerações a partir do ordenamento jurídico-penal português[2]

No ordenamento jurídico-penal[3] português, não consta, ao contrário do que sucede com outros ordenamentos jurídicos[4], a perspetiva de género,

[2] Este ponto assenta numa pequena parte do nosso artigo "El delito de violencia doméstica y el ordenamiento jurídico-penal portugués. En especial, el régimen jurídico aplicable a la prevención de la violencia doméstica, a la protección y a la asistencia de sus víctimas", in Raquel Castillejo Manzanares (dir.), Almudena Valiño Ces, Cristina Alonso Salgado, Ana Rodriguez Álvarez (coord.), *El Género y el Sistema de (in)justicia*, Tirant lo Blanch, 2020. Foram, no entanto, introduzidas algumas reflexões e apontamentos doutrinários.

[3] Seguem-se aqui os ensinamentos de Dias, Jorge de Figueiredo, Direito Penal, Parte Geral, Tomo I, 2.ª Edição, Questões Fundamentais, A doutrina geral do crime, Coimbra Editora, Coimbra, 2007, pp. 6 e ss, a propósito dos conceitos de "ordenamento jurídico-penal" ou "direito penal em sentido amplo" enquanto expressão que abarca, para além do direito penal substantivo, o direito processual penal e o direito de execução das penas e medidas de segurança ou direito penal executivo.

[4] Com efeito, tem-se sobretudo verificado nos ordenamentos jurídicos política e socialmente semelhantes ao português duas grandes linhas político-criminais: quer uma com-

protegendo-se tanto o homem como a mulher no contexto do crime de violência doméstica (artº 152º do CP)[5].

Neste sentido, apesar da utilização em diferentes contextos da expressão "violência de género"[6], da mesma não resultam *tout court* repercussões penais[7].

prometida com o sexo da vítima, quer outra gender-neutral – cf. ÂGRA, Cândido da (Coord.) et al, *Homicídios conjugais: estudo avaliativo das decisões judiciais,* Comissão para a Cidadania e igualdade de Género, Lisboa, 2015, p. 20. Apenas a título de exemplo, o ordenamento jurídico espanhol optou, nomeadamente, por, em cada tipo legal – para os delitos de lesiones (artículo 36), malos tratos (artículo 37), amenazas (artículo 38), coacciones (artículo 39) e vejaciones leves (artículo 41) – prever uma qualificação quando o crime for cometido contra mulher em contexto de violência relacional; do mesmo modo que existem regras específicas para a substituição da pena de prisão (artículo 35) e para o incumprimento da "condena, medida de seguridad, prisión, medida cautelar, conducción o custodia" (artículo 40); entre outras especificidades, refira-se, ainda, a criação de tribunais de competência especializada, designados por Juzgados de Violencia sobre la Mujer (artículo 43 e ss.) – ver a Ley Orgánica nº 1/2004, de 28 de dezembro – "Medidas de Protección Integral contra la Violencia de Género". O regime espanhol tem sido alvo de críticas. Para uma análise desta problemática, ver, entre outros, ALONSO SALGADO, Cristina et al, "'Actas del seminário de especialistas, 'La violência de género sobre las mujeres: la mediación, una solución': problemas y soluciones a la política legislativa sobre violencia de género, in CASTILLEJO MANZANARES, Raquel (dir.), ALONSO SALGADO, Cristina (Coord.), Violencia de género y Justicia, Universidade de Santiago de Compostela, Santiago de Compostela, 2013, pp. 791 e ss.

[5] Na verdade, inexiste no Código Penal português a expressão "violência de género", apenas constando a expressão "identidade de género da vítima" em duas disposições: na al. f), do nº 2, do artº 132º (Homicídio qualificado) e nas als. a), b) e c), do nº 2 do artº 240º (Discriminação racial, religiosa ou sexual). Refletindo sobre as vantagens/desvantagens de uma introdução do género no direito penal português, ver o nosso "A Convenção de Istambul e a 'violência de género'": breves apontamentos à luz do ordenamento jurídico-penal português", *Fides,* v. 8, nº 2, 16ª edição, jul/dez., 2017, disponível em https://drive.google.com/file/d/1tHk0RwUFgz6iUrjRh8d_27hxJjnWH3ZR/view. Concordando com a solução adotada pelo legislador português quando não converteu a violência doméstica conjugal num crime de género, ver já, entre outros, SANTOS, Cláudia, Cruz, "A violência doméstica conjugal: os bens jurídicos protegidos, a desnecessidade de reiteração ou de especial intensidade e a «relação» com crimes «próximos»", in Moutinho, José Lobo et al (coord.), *Homenagem ao Professor Doutor Germano Marques da Silva,* Vol. I, Lisboa, Universidade católica Editora, 2020, em especial pp. 535 e 536.

[6] Acentue-se, na senda de ÁLVAREZ GARCÍA, Francisco Javier, "Indicadores de violência de género", in CASTILLEJO MANZANARES, Raquel (dir.), ALONSO SALGADO, Cristina (Coord.),

Desde logo, não se opta por uma conceção de género na formulação do tipo legal de crime, assumindo-se, ao invés, uma conceção neutra face ao género. Refira-se, no entanto, que, acompanhando o cenário internacional[8], também em Portugal as mulheres são as principais vítimas de determinados crimes, nomeadamente do crime de violência doméstica[9]. E, nessa medida, importa sublinhar que, na vertente político-criminal, o legislador tem dado destaque à violência de género, alertando a comunidade para a gravidade da violência contra as mulheres. Assim vai, por exemplo, o V Plano Nacional de Prevenção e Combate à Violência Doméstica e de Género 2014 -2017 (V PNPCVDG)[10] e a Resolução do Conselho de Ministros nº 61/2018 de 21 maio de 2018 que aprovou

Violencia de género y Justicia, Universidade de Santiago de Compostela, Santiago de Compostela, 2013, p. 90, que a violência de género é uma "figura criminológica más que delictiva".

[7] Ver Grangeia, Helena / Santos, Margarida, "Stalking by women: another side of gender violence", in Sílvia Gomes e Vera Duarte (Org.), Female Crime and Delinquency in Portugal: In and Out of the Criminal Justice System, London, Plagrave Macmillan, 2018, pp. 43-44 e Santos, Margarida, "A Convenção de Istambul e a 'violência de género'": breves apontamentos à luz do ordenamento jurídico-penal português", Fides, v. 8, nº 2, 16ª edição, jul/dez., 2017, disponível em https://drive.google.com/file/d/1tHk0RwUFgz6iUrjRh8d_27hxJjnWH3ZR/view.

[8] Pela sua relevância, ver, entre outros, o estudo conduzido pela Agência dos Direitos Fundamentais da União Europeia sobre Violência contra as Mulheres. Este estudo recolheu dados comparáveis entre os 28 países da União Europeia sobre a dimensão, natureza e consequências de várias formas de violência de género. Destaca-se ainda por adotar uma definição alargada de violência contra as mulheres (entendida neste âmbito como sinónimo de violência de género) – cfr. European Union Agency For Fundamental Rights (FRA), *Violence against women: an EU-wide survey. Main results report,* Publications Office of the European Union, Luxemburgo, Disponível em http://fra.europa.eu/en/publication/2014/violence-against-women-eu-wide-survey-main-results-report.

[9] A título de exemplo, vejam-se os Relatórios Anuais de Segurança Interna (RASI), onde, nomeadamente, no último relatório relativo ao ano de 2020 (publicado em 2021) se dá conta que 75% das vítimas de violência doméstica são mulheres e 81,4% dos denunciados/as são homens (o Relatório pode ser consultado em https://www.portugal.gov.pt/pt/gc22/comunicacao/documento?i=relatorio-anual-de-seguranca-interna-2021).

[10] Publicado no Diário da República, 1.ª Série – nº 253, de 31 de dezembro de 2013, onde se lê, por exemplo, que: "O V PNPCVDG assenta precisamente nos pressupostos da Convenção de Istambul, alargando o seu âmbito de aplicação, até aqui circunscrito à violência doméstica, a outros tipos de violência de género. Esta mudança de paradigma faz com que

a Estratégia Nacional para a Igualdade e a Não Discriminação (2018-2030) — Portugal + Igual (ENIND) e os três Planos de Ação que definem objetivos estratégicos e específicos em matéria de não discriminação em razão do sexo e igualdade entre mulheres e homens (IMH), de prevenção e combate a todas as formas de violência contra as mulheres, violência de género e violência doméstica (VMVD), e de combate à discriminação em razão da orientação sexual, identidade e expressão de género, e características sexuais (OIEC)[11]. De resto, importa valorizar que Portugal tem envidado esforços sérios, como de resto foi sublinhado no Relatório do Grupo de Peritos sobre o Combate à Violência contra as Mulheres e a Violência Doméstica (GREVIO) do Conselho da Europa publicado no dia 21 de janeiro de 2019[12], no sentido da prevenção e repressão da violência doméstica e da promoção da igualdade entre homens e mulheres.

o V PNPCVDG abranja outras formas de violência de género, como a mutilação genital feminina e as agressões sexuais".

[11] O documento está disponível em https://dre.pt/home/-/dre/115360036/details/maximized. Como aí se refere: "Esta Agenda visa eliminar todos os obstáculos estruturais que se colocam à igualdade entre mulheres e homens, ao empoderamento e ao gozo pleno dos direitos de mulheres e raparigas, tanto no plano interno, como no plano da cooperação para o desenvolvimento".

[12] No resumo executivo do relatório pode ler-se: "O relatório sublinha o forte empenhamento demonstrado pelas autoridades portuguesas ao longo dos anos em combater a violência contra as mulheres, promovendo simultaneamente a igualdade entre mulheres e homens". Este relatório apresenta uma avaliação das medidas de implementação adotadas pelas autoridades portuguesas relativamente a todos os aspetos da Convenção do Conselho da Europa para a Prevenção e o Combate à Violência contra as Mulheres e a Violência Doméstica. O relatório, bem como um resumo executivo podem ser consultados em https://www.coe.int/en/web/istanbul-convention/newsroom/-/asset_publisher/anlInZ5mw6yX/content/grevio-publishes-its-reports-on-portugal-and-swed-1?inheritRedirect=false&redirect=https%3A%2F%2Fwww.coe.int%2Fen%2Fweb%2Fistanbul-convention%2Fnewsroom%3Fp_p_id%3D101_INSTANCE_anlInZ5mw6yX%26p_p_lifecycle%3D0%26p_p_state%3Dnormal%26p_p_mode%3Dview%26p_p_col_id%3Dcolumn-1%26p_p_col_count%3D2. Não obstante, com muito interesse, adiante-se já que neste relatório (cfr o sumário executivo, p. 4), se salienta que seria necessário, nomeadamente, "assegurar que o tratamento dos casos de violência contra as mulheres pelos serviços responsáveis pela aplicação da lei e pelos tribunais seja solidamente ancorado numa compreensão da violência contra as mulheres baseada no género e seja centrado na segurança e nos direitos humanos das mulheres e dos seus filhos, assim como evitar a

Importa também acentuar que a Convenção de Istambul[13] impulsionou relevantes alterações na legislação portuguesa, visando a adequação do ordenamento jurídico português àquela Convenção. Entre outras relevantes alterações, a Lei nº 83/2015, de 5 de agosto, autonomizou o crime de *Mutilação genital feminina* (artº 144º – A do CP), criou os crimes de *Perseguição* (artº 154-A do CP) e *Casamento forçado* (154º – B do CP), e alterou os crimes de *Violação* (artº 164º do CP), *Coacção sexual* (artº 163º do CP) e *Importunação sexual* (artº 170º do CP). De referir, igualmente, que esta lei aditou o artº 154º-C, referente aos atos preparatórios do crime de casamento forçado. Entre outras alterações legislativas, cumpre referir igualmente, mais recentemente, a Lei nº 101/2019, de 6 de setembro, que altera o CP, adequando (?), nomeadamente os crimes de coação sexual, violação e abuso sexual de pessoa internada ao disposto na Convenção de Istambul[14].

Como temos vindo a evidenciar, estamos com aqueles Autores que entendem que, subjacente a este reforço jurídico-penal, nomeadamente através das incriminações autónomas de condutas que, de certa forma, já eram punidas, estão aqui em causa, desde logo, razões de prevenção geral e especial que justificam a opção do legislador[15]. Concordamos, por

utilização, no âmbito dos processos judiciais, de elementos sem valor de prova relativos aos antecedentes e comportamento sexuais da vítima".

[13] Cf. Convenção do Conselho da Europa para a Prevenção e o Combate à Violência Contra as Mulheres e a Violência Doméstica, designada por Convenção de Istambul, foi aprovada a 11 de maio de 2011, tendo sido ratificada por Portugal pelo Decreto do Presidente da República nº 13/2013, de 21 de janeiro, e entrado em vigor a 1 de agosto de 2014.

[14] Sobre as dúvidas em torno desta alteração legislativa que entende "como constrangimento qualquer meio, não previsto no número anterior, empregue para a prática dos atos referidos nas respetivas alíneas a) e b) *contra a vontade cognoscível da vítima*" (cfr. art 163º e artº 164º, nº 3, do CP), ver, entre outros, CUNHA, Conceição, "A tutela da liberdade sexual e o problema da configuração dos crimes de coação sexual e de violação – reflexão à luz da Convenção de Istambul", in CEJ, *Crimes Sexuais*, 2021, ebook, disponível em. http://www.cej.mj.pt/cej/recursos/ebooks/penal/eb_CrimesSexuais.pdf e CAEIRO, Pedro, "Observações sobre a projectada reforma do regime dos crimes sexuais e do crime de violência doméstica", *Revista Portuguesa de Ciência Criminal*, 29(3), 2019.

[15] SANTOS, Margarida, "A Convenção de Istambul e a proteção das mulheres contra a violência: uma visão panorâmica", in ROCHA, Maria Elizabeth, COSTA, Marli M. Moraes da e HERMANY, Ricardo (org.), *O alcance dos Direitos Humanos nos Estados Lusófonos, 4º Congresso*

exemplo, com Mário Monte quando sintetiza que, no que se diz respeito especificamente ao ordenamento jurídico português, "... as novas incriminações típicas têm um significado e um simbolismo claramente assumido na direção da proteção da vítima, em especial, da mulher", "... como sujeito igual, por um lado, mas necessitado de um olhar diferente, por outro lado, a merecer uma maior discriminação positiva, no sentido da sua efetiva proteção jurídico-penal" [16].

Assim, vislumbra-se uma alteração de paradigma, que, como salienta Mário Monte, "embora começando por certo tipo de criminalidade (...) significa, para além de outras implicações, a assunção de que a vítima nem sempre tem sido devidamente protegida pelo direito penal. Nisto consiste o resgate jurídico-penal da vítima, em particular da mulher" [17].

De referir, ainda, que, à luz da Diretiva 2012/29/UE do Parlamento Europeu e do Conselho, de 25 de outubro de 2012 que estabelece normas mínimas relativas aos direitos, ao apoio e à proteção das vítimas da criminalidade e que substitui a Decisão-Quadro 2001/220/JAI do Conselho, e da Convenção de Istambul, a violência de género é entendida de forma ampla.

Na verdade, como se acentua no Preâmbulo da Convenção de Istambul, que vale a pena aqui lembrar, as "... mulheres e raparigas estão muitas

Internacional de Direito na Lusofonia, EDUNISC – Editora da Universidade de Santa Cruz do Sul / RS, 2017, disponível em https://issuu.com/comunicadireito/docs/e-book_lusofonia; Santos, Margarida, "Implicações da Convenção de Istambul para o ordenamento jurídico-penal português: algumas reflexões a propósito dos novos tipos legais de crime de mutilação genital feminina, casamento forçado e perseguição", in Patrícia Jerónimo (coord.) *Igualdade de Género: Velhos e Novos Desafios*, Braga, Direitos Humanos – Centro de Investigação Interdisciplinar/JusGov/ Escola de Direito, 2020, disponível em https://drive.google.com/file/d/1O7cFzHuPTxE4J81r3LwsiWmHzWeeMzGv/view, pp. 63 a 80.

[16] Monte, Mário Ferreira, "O resgate político-penal da vítima (mulher) em matéria de direitos humanos – considerações em torno da Convenção do Conselho da Europa para a prevenção e o combate à violência contra as mulheres e a violência doméstica, adotada em Istambul, a 11 de maio de 2011, e da Lei nº 83/2015, de 5 de agosto", in JERÓNIMO, Patrícia (org.), *Temas de investigação em direitos humanos para o século XXI – edição comemorativa do 10º Aniversário do Mestrado em Direitos Humanos da Universidade do Minho*, Direitos Humanos – Centro de Investigação Interdisciplinar/Escola de Direito da Universidade do Minho, 2016, pp. 283 e 284.

[17] *Idem*, pp. 277 e 278.

vezes expostas a formas graves de violência, tais como a violência doméstica, o assédio sexual, a violação, o casamento forçado, os chamados 'crimes de honra' e a mutilação genital, os quais constituem uma violação grave dos direitos humanos das mulheres e das raparigas e um obstáculo importante à realização da igualdade entre mulheres homens e homens". Salienta-se igualmente que "...a realização de jure e de facto da igualdade entre mulheres e homens é um elemento-chave na prevenção da violência contra as mulheres".

Neste contexto, o âmbito de aplicação da Convenção abrange todas as formas de violência contra as mulheres, incluindo a violência doméstica (artº 2º da Convenção). No artº 3º da Convenção definem-se os conceitos de "violência contra as mulheres"; "violência doméstica"; "Género"; "Violência de género exercida contra as mulheres"; "Vítima" e "Mulheres".

Desde logo, a "violência contra as mulheres" é entendida como "uma violação dos direitos humanos e (...) [como] uma forma de discriminação contra as mulheres, abrangendo todos os atos de violência que resultem, ou possam resultar, em danos ou sofrimentos físicos, sexuais, psicológicos ou económicos para as mulheres, incluindo a ameaça de tais atos, a coação ou a privação arbitrária da liberdade, tanto na vida pública como na vida privada" (artº 3º da Convenção), sendo que a "violência doméstica" inclui "todos os atos de violência física, sexual, psicológica ou económica que ocorrem na família ou na unidade doméstica, ou entre cônjuges ou ex-cônjuges, ou entre companheiros ou ex-companheiros, quer o agressor coabite ou tenha coabitado, ou não, com a vítima"; o "género" atende " aos papéis, aos comportamentos, às atividades e aos atributos socialmente construídos que uma determinada sociedade considera serem adequados para mulheres e homens"; a "violência de género exercida contra as mulheres" designa "toda a violência dirigida contra a mulher por ser mulher ou que afeta desproporcionalmente as mulheres".

Do exposto resulta que a violência de género é compreendida enquanto violência contra as mulheres, pelo facto de as mulheres serem as principais vítimas. Ainda assim, embora o âmbito de aplicação da Convenção diga respeito aos atos de violência contra as mulheres (artº 2 da Convenção), referindo-se ainda expressamente que "... as partes deverão dar particular atenção às mulheres vítimas de violência de género" (nº2, do artº 2º da Convenção), o certo é que a Convenção não obriga, nesta sede, à elaboração de tipos legais que adotem a perspetiva de género[18].

[18] O Relatório Explicativo da Convenção de Istambul refere especificamente a propósito do artº 2º (*Âmbito de aplicação da Convenção*) que as Partes são encorajadas a aplicarem a Convenção também à violência doméstica cometida contra homens e crianças, cabendo aos legisladores nacionais a opção, ainda que devam dar particular enfoque à violência de género praticada sobre a mulher: "36. Paragraph 1 states that the focus of this Convention is on all forms of violence against women which includes domestic violence committed against women. The drafters considered it important to emphasise that the majority of victims of domestic violence are women. 37. The provision contained in paragraph 2 on the scope of the Convention encourages Parties to apply this Convention also to domestic violence committed against men and children. It is therefore up to the Parties to decide whether to extend the applicability of the Convention to these victims. They may do so in the manner they consider the most appropriate, taking notably account of the specific national situation and of the developments in their society. However, with a view to keeping the focus on the various forms of gender based violence committed against women, paragraph 2 requires Parties to pay particular attention to victims of this form of violence when implementing the Convention. This means that gender-based violence against women, in its various manifestations, one of which is domestic violence, must lie at the heart of all measures taken in implementation of the Convention".
Para uma breve reflexão sobre a inexistência da perspetiva de género no ordenamento jurídico-penal português, ver Margarida Santos, "A Convenção de Istambul e a 'violência de género'": breves apontamentos à luz do ordenamento jurídico-penal português", *Fides*, v. 8, nº 2, 16ª edição, jul/dez., 2017, disponível em https://drive.google.com/file/d/1tHk0RwUFgz6iUrjRh8d_27hxJjnWH3ZR/view. Sobre a necessidade de "conceptualizar a violência de género como um problema global, com uma base comum, que resulta da e na fusão de uma diversidade de formas de violência – muitas delas parte do quotidiano das mulheres – que se associam, sobrepõem e confundem", ver Helena Grangeia/Margarida Santos, "Stalking by women: another side of gender violence", in Sílvia Gomes e Vera Duarte (Org.), *Female Crime and Delinquency in Portugal: In and Out of the Criminal Justice System*, London, Plagrave Macmillan, 2018. Aliás, como aí salientamos, "[e]sta perspetiva está na base, desde logo, de iniciativas da União Europeia que procuram apoiar e desenvolver respostas integradas para fazer frente à violência de género, como por exemplo, o estudo conduzido pela Agência dos Direitos Fundamentais da União Europeia (FRA, 2014) sobre Violência contra as Mulheres. Este estudo recolheu dados comparáveis entre os 28 países da União Europeia sobre a dimensão, natureza e consequências de várias formas de violência de género. Destaca-se ainda por adotar uma definição alargada de violência contra as mulheres (entendida neste âmbito como sinónimo de violência de género), o que permite recolher dados sobre formas de violência que tradicionalmente não são alvo de atenção, como o stalking e o assédio sexual, na linha do que é preconizado na Convenção de Istambul".

Também, por exemplo, de acordo com a Diretiva (considerando 17)," [a] violência dirigida contra uma pessoa devido ao seu género, à sua identidade de género ou à sua expressão de género, ou que afete de forma desproporcionada pessoas de um género particular, é considerada violência baseada no género".

Neste âmbito, um último apontamento é devido para sublinhar a ideia de que, não obstante aderirmos a esta visão da problemática com consequências ao nível do tratamento da vítima, entendemos, no entanto, que uma eventual adoção da perspetiva de género no âmbito do ordenamento jurídico-penal teria de assentar numa profunda reflexão criminológica em torno das causas que lhe estão subjacente e dos factos da realidade social que merecem esta tutela jurídico-penal acrescida, de forma a compreender as implicações em sede de política criminal e de dogmática penal[19]. Não podemos, pois, deixar de concordar, por exemplo, com Claúdia Cruz Santos, quando sublinha que "tratando-se o direito penal de uma ordem normativa orientada para a formulação de um juízo individual de responsabilidade (...), *não se crê que o género seja critério bastante para se afirmar, por si só, como fundante de um maior desvalor objetivo, de uma maior culpa e de uma maior necessidade de pena*"[20]. Na verdade, como aponta a Autora, "[o] abandono da compreensão formal do princípio da igualdade (...) que admite tratamentos diversificados daqueles que estão numa situação diferente, não pode prescindir, porém, de uma avaliação do critério escolhido para a diferenciação nem da adequação da solução específica admitida para os considerados diferentes, sob pena de, caso não se faça essa ponderação, transformarmos o princípio da igualdade num «princípio vazio»"[21]. Numa palavra, sem colocarmos de lado uma

[19] Para uma reflexão acerca das vantagens e desvantagens desta opção, ver Santos, Margarida, "A Convenção de Istambul e a 'violência de género'": breves apontamentos à luz do ordenamento jurídico-penal português", *Fides*, v. 8, nº 2, 16ª edição, jul/dez., 2017, disponível em https://drive.google.com/file/d/1tHk0RwUFgz6iUrjRh8d_27hxJjnWH3ZR/view.

[20] Santos, Cláudia, Cruz, "A violência doméstica conjugal: os bens jurídicos protegidos, a desnecessidade de reiteração ou de especial intensidade e a «relação» com crimes «próximos»", in Moutinho, José Lobo et al (coord.), *Homenagem ao Professor Doutor Germano Marques da Silva*, Vol. I, Lisboa, Universidade católica Editora, 2020, p. 535.

[21] *Idem*, p. 536.

eventual adesão à perspetiva de género, desde que justificada um profundo estudo criminológico e ponderada em termos de política criminal, concordamos que esta perspetiva neutra pode ser a que melhor tutela as vítimas do crime de violência doméstica, independentemente de serem homens ou mulheres.

2. O tipo legal de violência doméstica: brevíssimo excurso pelas recentes alterações legislativas

No ordenamento jurídico português, verificaram-se importantes alterações legislativas no tipo legal de violência doméstica, nomeadamente refiram-se as Leis nº 7/2000, de 27 de maio[22], nº 59/2007, de 4 de setembro[23], e agora, mais recentemente, as Leis nº 19/2013 de 21 de fevereiro,

[22] Com esta lei (i) o tipo legal passou a assumir natureza pública; (ii) alarga-se também o âmbito de punibilidade a "progenitor de descendente comum em 1º grau"; (iii) estabeleceu-se uma pena acessória de proibição de contacto com a vítima, incluindo a de afastamento da residência desta, pelo período máximo de dois anos e (iv) consagrou-se um regime especial para o instituto processual de suspensão provisória do processo, onde "a livre requerimento da vítima, tendo em especial consideração a sua situação e desde que ao arguido não haja sido aplicada medida similar por infracção da mesma natureza" era possível a decisão de suspensão provisória do processo.

[23] Esta lei promoveu uma série de alterações. Desde logo, (i) procede-se à autonomização do crime de violência doméstica face ao crime de maus tratos e ao crime de infração de regras de segurança, atendendo, nomeadamente, ao reconhecimento das diferenças entre os bens jurídicos tutelados nos agora art.os 152º (crime de violência doméstica), 152º-A (crime de maus tratos) e 152º-B (violação das regras de segurança); (ii) manteve-se a referência a "maus tratos físicos ou psíquicos", tendo, no entanto, sido introduzido um elenco complementar, referindo-se que tais atos incluem "castigos corporais, privações da liberdade e ofensas sexuais"; (iii), passou o artº 152º a incluir a expressão "Quem, *de modo reiterado ou não,* infligir maus tratos" (itálico nosso), afastando-se de forma clara a necessidade de reiteração dos maus tratos, de acordo com o que já vinha sendo a posição jurisprudencial e doutrinária dominante; (iv) alargaram-se os sujeitos passivos, passando a incluir-se, para além do cônjuge ou quem conviver com o agente em condições análogas às dos cônjuges, também o ex-cônjuge, a pessoa do mesmo ou de outro sexo com quem o agente mantenha ou tenha mantido relação análoga à dos cônjuges, ainda que sem coabitação e pessoa particularmente indefesa em razão de dependência económica que habite com o agente do crime; (v) além da agravação da moldura abstrata quando dos factos praticados resultar ofensa à integridade física grave ou morte, passou a punir-se mais severamente a conduta típica quando o facto for praticado contra menor, na presença de menor, no domicílio comum ou no domicílio da vítima (casos em que a moldura abstrata

nº 44/2018, de 9 de agosto e a última com a Lei nº 57/2021, de 16 de agosto, sobre as quais importa focar o nosso olhar.

Com a Lei nº 19/2013 de 21 de fevereiro, (i) incluiu-se no leque das vítimas aquelas com quem o agente "mantenha ou tenha mantido uma relação de namoro"[24]; (ii) o legislador transformou em exemplificativo o elenco constante da al. d), do artº 152º, aditando a expressão "nomeadamente"[25]; (iii) no âmbito da pena acessória de proibição de contacto com a vítima, procedeu-se à substituição da locução "pode" por "deve"[26].

A Lei nº 44/2018, de 9 de agosto contemplou uma outra situação (atual alínea b)), em que o limite mínimo da moldura abstrata de 1 anos é agravado para 2 anos, além da situação prevista anteriormente (quando o agente praticar o facto contra menor, na presença de menor, no domicílio comum ou no domicílio da vítima – atual alínea a)): quando o agente

de 1 a 5 anos é elevada para 2 a 5 anos); (vi) alargou-se o número de penas acessórias, que, para além da proibição de contacto com a vítima (que passou a incluir, para além do afastamento da residência, o afastamento do local de trabalho e a possibilidade do seu cumprimento ser fiscalizado por meios técnicos de controlo à distância), passou a prever-se ainda a proibição de uso e porte de armas e a obrigação de frequência de programas específicos de prevenção de violência doméstica, consagrando-se pela primeira vez a possibilidade de vir a ser aplicada a inibição do poder paternal ao agente, por um período de 1 a 10 anos; (vii) foi alterado o regime de suspensão provisória do processo em casos de violência doméstica.

[24] Relação que pode adensar as dificuldades de delimitação. Concordamos, por exemplo, com LEITE, André Lamas, "A violência relacional íntima: reflexões cruzadas entre o Direito Penal e a Criminologia", *Julgar*, nº 12: *nº Especial: Crimes no Seio da Família e Sobre Menores*, 2010, p. 52, quando entende que é necessário "... uma certa estabilidade em tal relação interpessoal (...) [e a] existência de uma *proximidade existencial efetiva*", Neste sentido, como aponta o Autor, "... meros namoros passageiros, ocasionais, fortuitos, *flirts*, relações de amizade, não estão cobertas pelo âmbito incriminador do art. 152º, nº 1, al. *b)*" (destacado do Ator).

[25] Artº 152º, nº1, al d), do CP: "A pessoa particularmente indefesa, *nomeadamente* em razão da idade, deficiência, doença, gravidez ou dependência económica, que com ele coabite" (itálico nosso).

[26] Referindo o legislador no Artº 152º, nº 5, do CP, que "A pena acessória de proibição de contacto com a vítima *deve* incluir o afastamento da residência ou do local de trabalho desta e o seu cumprimento *deve* ser fiscalizado por meios técnicos de controlo à distância" (itálico nosso).

difundir através da Internet ou de outros meios de difusão pública generalizada, dados pessoais, designadamente imagem ou som, relativos à intimidade da vida privada de uma das vítimas sem o seu consentimento.

Por fim, mais recentemente a Lei nº 57/2021, de 16 de agosto (que igualmente procedeu a alterações na Lei nº 112/2009, de 16 de setembro e no Código de Processo Penal) procedeu a relevantes alterações no 152º, do CP. Desde logo, acrescentou-se (expressamente) ao elenco exemplificativo dos maus tratos a *violência económica*, agora se incluindo neste rol as condutas de quem "impedir o acesso ou fruição aos recursos económicos e patrimoniais próprios ou comum"[27].

Além disso, foi aditada a alínea e), ao nº1, do artº 152º, do CP, aqui se incluindo nos sujeitos passivos expressamente o menor que seja descendente ou de uma das pessoas referidas nas alíneas a), b) e c), ainda que não exista coabitação. Cumpre já sublinhar que, na versão da lei anterior, a inclusão do "menor" na categoria das vítimas podia decorrer da

[27] Na linha do sublinhado no Relatório já referido do GREVIO publicado no dia 21 de janeiro de 2019, disponível em https://www.coe.int/en/web/istanbul-convention/newsroom/-/asset_publisher/anlInZ5mw6yX/content/grevio-publishes-its-reports-on-portugal-and-swed-1?inheritRedirect=false&redirect=https%3A%2F%2Fwww.coe.int%2Fen%2Fweb%2Fistanbul-convention%2Fnewsroom%3Fp_p_id%3D101_INSTANCE_anlInZ5mw6yX%26p_p_lifecycle%3D0%26p_p_state%3Dnormal%26p_p_mode%3Dview%26p_p_col_id%3Dcolumn-1%26p_p_col_count%3D2. Aí se refere, por exemplo (pp. 11/12) que o "8. GREVIO further notes that the definition of domestic violence given in Article 152 of the PCC falls short of capturing the full range of manifestations of such violence by failing to mention economic violence. Although economic violence as such is not included in the acts of violence parties are required to criminalise under Chapter V of the convention, it is included in the definition of domestic violence set out in Article 3b of the convention. It is often accompanied by psychological violence. Acts of control and monitoring of the behaviour of a woman in terms of the use and distribution of money, and the constant threat of denying economic resources can constitute economic violence. The relevance of economic violence for the purposes of assessing the harm caused to the victim has been amply illustrated in previous GREVIO evaluations. Law enforcement agencies in Portugal are aware of the relevance of economic violence which they can identify as such when compiling domestic violence reports". Nessa medida (p. 12), " 9. GREVIO strongly encourages the Portuguese authorities to take all necessary measures to: a. adopt a definition of domestic violence which includes economic violence, in line with Article 3b of the Istanbul Convention...".

sua consideração como *pessoa particularmente indefesa*, desde que existisse *coabitação*[28].

Outra importante alteração diz respeito ao nº 4 do artigo 152º, do CP, que vem esclarecer (solucionar parte do problema?) que as penas acessórias de proibição de contato com a vítima, de proibição de uso e porte de armas e de obrigação de frequência de programas específicos de prevenção da violência doméstica *podem ser aplicadas mesmo nos casos em que couber ao arguido pena mais grave por força de outra disposição legal*[29].

Por fim, no nº 6, do artº 152º, do CP procedeu-se a uma atualização da terminologia utilizada (há muito desejável), passando agora a utilizar-se a expressão relativa à inibição "do exercício de *responsabilidades parentais*", bem como "do *exercício de medidas relativas a maior acompanhado*", atendendo à mudança de regime operada pela Lei nº 49/2018, de 14 de agosto que cria o regime jurídico do maior acompanhado.

Em síntese, na versão atual do artº 152º do CP, o agente que infligir maus tratos físicos ou psíquicos, incluindo castigos corporais, privações da liberdade, ofensas sexuais ou impedir o acesso ou fruição aos recursos

[28] Como acima se referiu, a Lei nº 57/2021, de 16 de agosto, alterou, entre outros, o artigo 2º, alínea a) da Lei 112/2009 que considera vítima "a pessoa singular que sofreu um dano, nomeadamente, um atentado à sua integridade física ou psíquica, um dano emocional ou moral, ou uma perda material, diretamente causada por ação ou omissão, no âmbito do crime de violência doméstica previsto no artº 152º do Código Penal, *incluindo as crianças ou os jovens até aos 18 anos que sofreram maus tratos relacionados com exposição a contextos de violência doméstica*" e o artº 67º – A do Código de Processo Penal, onde se acrescentou um ponto iii, à alínea a) do nº1 ("A criança ou jovem até aos 18 anos que sofreu um dano causado por ação ou omissão no âmbito da prática de um crime, incluindo os que sofreram maus tratos relacionados com a exposição a contextos de violência doméstica"). Sobre a criança exposta à viol~encia interparental, ver o nosso "A criança vítima (autónoma) do crime de violência doméstica – dúvidas e perspetivas à luz da norma penal e da prática judiciária", in Clara Calheiros *et al* (org.), *7º Congresso de Direito na Lusofonia – Dizer o Direito: o papel dos Tribunais no séc. XXI*, Braga, Escola de Direito da Universidade do Minho/Centro de Investigação em Justiça e Governação, 2021.

[29] Para uma análise em torno dos dilemas da cláusula da subsidiariedade, que agora o legislador, em parte (numa primeira leitura que pretenderemos retomar), quis enfrentar, ver o nosso "Subsídios para a compreensão do crime de violência doméstica – em especial alguns afloramentos em torno dos problemas de concurso", in José Lobo Moutinho, Henrique Salinas, Elsa Vaz de Sequeira, Pedro Garcia Marques (coord.), *Estudos em Homenagem ao Professor Doutor Germano Marques da Silva, Vol. III*, Lisboa, Universidade Católica, 2020.

económicos e patrimoniais próprios ou comuns, de modo reiterado ou não: a) ao cônjuge ou ex-cônjuge; b) a pessoa de outro ou do mesmo sexo com quem o agente mantenha ou tenha mantido uma relação de namoro ou uma relação análoga à dos cônjuges, ainda que sem coabitação; c) a progenitor de descendente comum em 1º grau; d) a pessoa particularmente indefesa, nomeadamente em razão da idade, deficiência, doença, gravidez ou dependência económica, que com ele coabite; ou e) a menor que seja seu descendente ou de uma das pessoas referidas nas alíneas a), b) e c), ainda que com ele não coabite, é punido com pena de prisão de um a cinco anos, se pena mais grave lhe não couber por força de outra disposição legal.

O nº 2 do artº 152º do CP prevê cinco situações qualificadoras do crime de violência doméstica, que implicam uma elevação do limite mínimo da moldura abstrata, que passa a ser de pena de prisão de dois anos, permanecendo em cinco anos o limite máximo[30].

O nº 3 do artº 152º do CP prevê duas espécies de agravação da pena em função do resultado estabelecida para o crime de violência doméstica[31].

Os n.os 4, 5 e 6, do artº 152º, do CP, contemplam a possibilidade de serem aplicadas ao agente determinadas penas acessórias, incluindo nas situações em que couber pena mais grave por força de outra disposição legal[32].

[30] Nas situações em que o agente praticar o facto contra menor, na presença de menor, no domicílio comum ou no domicílio da vítima (al. a)); ou difunda através da Internet ou de outros meios de difusão pública generalizada, dados pessoais, designadamente imagem ou som, relativos à intimidade da vida privada de uma das vítimas sem o seu consentimento (al. b)).

[31] Está contemplada a agravação pelo resultado ofensa à integridade física grave (em que o agente é punido com pena de prisão de dois a oito anos), e agravação pelo resultado morte (em que o agente é punido com pena de prisão de três a dez anos).

[32] Os n.os 4 e 5, do artº 152º, do CP, contemplam a possibilidade de serem aplicadas ao agente as penas acessórias proibição de contacto com a vítima (que deve incluir o afastamento da residência ou do local de trabalho desta e o seu cumprimento deve ser fiscalizado por meios técnicos de controlo à distância) e de proibição de uso e porte de armas, pelo período de seis meses a cinco anos, e de obrigação de frequência de programas específicos de prevenção da violência doméstica. O nº 6 do artº 152º do CP prevê a possibilidade de aplicação da pena acessória de inibição do exercício de responsabilidades parentais, da tutela ou do exercício de medidas relativas a maior acompanhado por um período de

Podemos, pois, encarar que o legislador tem promovido uma "tutela penal especial reforçada"[33] para enfrentar este fenómeno criminal, o que é visível pelo quadro evolutivo traçado pelas alterações legislativas, como temos já evidenciado.

Além disso, importa destacar que a recente alteração legislativa ocorrida em 2021 vem enfrentar (e solucionar?) algumas das problemáticas há muito enunciadas, nomeadamente relacionadas com a cláusula de subsidiariedade e com os paradoxos que esta técnica legislativa encerra. Cremos que este *dilema* provocado pela utilização da cláusula de subsidiariedade neste contexto não foi totalmente abarcado. Foi, pelo menos, corrigido um "descuido, político-criminalmente desaconselhável (....) [e] ainda mais inaceitável"[34], relacionado com o esquecimento das penas acessórias.

Outra temática problemática que foi objeto do labor legislativo – o que é igualmente de saudar – tem que ver com os "menores descendentes"[35]. Também aqui temos dúvidas de que a questão tenha sido abarcada na sua plenitude, de forma a desfazer dúvidas e a não permitir colher interpretações legislativas que desconsiderem determinadas crianças vítimas, como já noutro escrito sublinhámos[36]. Almejamos, no entanto, que a alteração legislativa que (i) autonomiza a categoria da vítima menor

um a dez anos, atendendo à concreta gravidade do facto e à sua conexão com a função exercida pelo agente.

[33] Assim Brandão, Nuno, "A Tutela Penal Especial Reforçada da Violência Doméstica", *Julgar*, nº 12: *nº Especial: Crimes no Seio da Família e Sobre Menores*, 2010.

[34] A expressão é de Carvalho, Américo Taipa de Carvalho, "Comentário ao Artº 152º", in Dias, Jorge de Figueiredo (dir.), *Comentário Conimbricense do Código Penal, Parte Especial, Tomo I, Artigos 131º a 201º*, 2.ªed., Coimbra Editora, Coimbra, 2012, p. 529.

[35] Não podemos deixar de evidenciar já, numa primeira leitura que esperemos retomar, que esta terminologia nos sugere algumas dúvidas. A que menores descendentes nos referimos?

[36] Ver o nosso "A criança vítima (autónoma) do crime de violência doméstica – dúvidas e perspetivas à luz da norma penal e da prática judiciária", in Clara Calheiros *et al* (org.), *7º Congresso de Direito na Lusofonia – Dizer o Direito: o papel dos Tribunais no séc. XXI*, Braga, Escola de Direito da Universidade do Minho/Centro de Investigação em Justiça e Governação, 2021.

("descendente" ou equiparado)[37], associada (ii) à inexigibilidade de coabitação, acompanhada da revisão da noção de vítima nos termos do artº 67-A, do CPP e do artº 2º da Lei nº 112/2009, permita colher apenas a interpretação que abarque todas as crianças vítimas de maus tratos praticados pelos "progenitores", incluindo aqueles que advém das situações em que a criança é exposta à violência interparental, como já noutro escrito evidenciámos[38].

Conclusões

A evolução do tipo legal de violência doméstica permite transparecer a preocupação acrescida na proteção da(s) vítima(s) de violência doméstica.

Olhando para o tipo legal de violência doméstica, por cotejo com outros ordenamentos jurídicos, sobressai a sua abrangência quanto à categoria de vítimas.

Com efeito, no ordenamento jurídico-penal português, não consta, ao contrário do que sucede com outros ordenamentos jurídicos, a perspetiva de género, protegendo-se tanto o homem como a mulher no contexto do crime de violência doméstica.

Apesar de não podermos desconsiderar a perspetiva traçada em vários instrumentos jurídicos internacionais, como a Convenção de Istambul e a Diretiva 2012/29/UE, onde resulta claro que a violência de género é compreendida enquanto violência contra as mulheres, também pelo facto de as mulheres serem as principais vítimas, o que igualmente sucede em Portugal, cremos, no entanto, que este entendimento pode ser acolhido de diferentes formas, que podem não passar pela adoção do género no tipo legal. Acima de tudo, apesar de aderirmos a esta visão da problemática com consequências ao nível do tratamento da vítima, entendemos que

[37] Eventualmente anteriormente enquadrada na categoria de vítima especialmente vulnerável desde que houvesse coabitação.

[38] Ver o nosso "A criança vítima (autónoma) do crime de violência doméstica – dúvidas e perspetivas à luz da norma penal e da prática judiciária", in Clara Calheiros *et al* (org.), *7º Congresso de Direito na Lusofonia – Dizer o Direito: o papel dos Tribunais no séc. XXI*, Braga, Escola de Direito da Universidade do Minho/Centro de Investigação em Justiça e Governação, 2021.

uma eventual adoção da perspetiva de género no âmbito da norma penal teria de assentar numa profunda reflexão criminológica em torno das causas que lhe estão subjacente e dos factos da realidade social que merecem esta tutela jurídico-penal acrescida. Ou seja, o critério do género não parece ser suficiente por si só, desde logo, para um maior desvalor objetivo e uma maior culpa. Numa palavra, sem colocarmos de lado uma eventual adesão ao género, desde que justificada criminologicamente e ponderada em termos de política criminal, concordamos que esta perspetiva neutra parece ser a que melhor tutela as vítimas do crime de violência doméstica, independentemente de serem homens ou mulheres.

Além disso, focando nas recentes inovações (e soluções?) legislativas, o legislador colmatou algumas das imperfeições apontadas neste contexto.

Com efeito, tem havido uma preocupação de solidificar o leque de vítimas carentes desta tutela penal reforçada, bem como das consequências jurídico-criminais aplicáveis.

Neste sentido, também as recentes alterações legislativas operadas no artº 152º, do CP (bem como as introduções inseridas na noção de vítima no artº 67-A, do CPP, e no artº 2º, da Lei nº 112/2009) ocorridas em 2021 vêm enfrentar (mas não solucionar) algumas das problemáticas há muito enunciadas, nomeadamente relacionadas com a criança vítima e com os paradoxos que a cláusula de subsidiariedade expressa encerra.

Desde logo, cremos que este *dilema* provocado pela utilização da cláusula de subsidiariedade neste contexto não foi totalmente abarcado. Foi, pelo menos, corrigido um "descuido, político-criminalmente desaconselhável (....) [e] ainda mais inaceitável"[39], relacionado com o esquecimento das penas acessórias.

Outra temática tem que ver com os menores descendentes (aqui em sentido amplo), onde esperemos que a agora inexigibilidade de coabitação associada à autonomização da categoria da vítima especialmente vulnerável que coabite, acompanhada das alterações promovidas nos termos do artº 67-A, do CPP e do artº 2º da Lei nº 112/2009, nos permita

[39] A expressão é de Carvalho, Américo Taipa de Carvalho, "Comentário ao Artº 152º", in Dias, Jorge de Figueiredo (dir.), *Comentário Conimbricense do Código Penal, Parte Especial, Tomo I, Artigos 131º a 201º*, 2.ªed., Coimbra Editora, Coimbra, 2012, p. 529.

abarcar de forma clara todas as crianças vítimas de maus tratos praticados pelos "progenitores", incluindo aqueles que advém das situações em que a criança é exposta à violência interparental, como já noutro escrito evidenciámos[40]. Não deixa de merecer reparo, no entanto, a terminologia adotada, que antevemos que crie um manto de dúvidas relacionadas com a determinação em concreto destes sujeitos ativos e passivos.

Vemos, por isso, com bons olhos as alterações legislativas recentemente operadas, mas cremos que há (haverá) ainda nós problemáticos por dissolver.

[40] Ver o nosso "A criança vítima (autónoma) do crime de violência doméstica – dúvidas e perspetivas à luz da norma penal e da prática judiciária", in Clara Calheiros *et al* (org.), *7º Congresso de Direito na Lusofonia – Dizer o Direito: o papel dos Tribunais no séc. XXI*, Braga, Escola de Direito da Universidade do Minho/Centro de Investigação em Justiça e Governação, 2021.

19.
VIOLÊNCIA PATRIMONIAL CONTRA A MULHER E AS ESCUSAS ABSOLUTÓRIAS: QUAL CAMINHO PERCORRER?

André Boiani e Azevedo
Eduardo Manhoso

Introdução

A violência de gênero, lamentavelmente, não é um fenômeno recente. Na verdade, ela está presente há séculos na sociedade brasileira. O reconhecimento de tal fato como um problema fez com que fossem implementadas novas técnicas tanto para buscar punir possíveis agressores quanto para assegurar que as mulheres fossem ouvidas e, principalmente, protegidas.

A avaliação mais detida do tema trouxe como resultado a constatação de que, ao contrário do que pode parecer aos leigos, além da violência física e moral, existem inúmeros outros tipos de violência que podem ser praticadas contra a mulher, como a violência psicológica, sexual e patrimonial. Aliás, a Lei 11.340/06, conhecida como Lei Maria da Penha, grande marco no Brasil no que diz respeito à criação de mecanismos voltados a coibir a violência doméstica e familiar contra a mulher, em seu artigo 7º deixa claro que o rol ali indicado é exemplificativo.

No presente estudo pretende-se a análise do contexto que circunscreve a violência patrimonial, expressamente prevista na Lei Maria da Penha, especificamente no que atine à possibilidade de incidência das escusas absolutórias, em favor do então agressor, previstas nos artigos 181 e 182 do Código Penal.

Para tanto, importante, o que será feito no primeiro capítulo, a análise das balizas da Lei Maria da Penha e os meios que ela empregou para punir as pessoas que praticarem violência patrimonial, assim como para resguardar o patrimônio da vítima. De igual forma, é imprescindível o escrutínio das escusas absolutórias previstas no Código Penal, buscando entender o contexto no qual elas foram inseridas e seus efeitos aplicáveis aos processos penais.

Com os elementos dos institutos devidamente delineados, devem ser cruzadas as informações, o que será feito no terceiro capítulo, de forma a verificar, a partir do aparato judicial existente, a possibilidade de o sujeito que pratica violência patrimonial contra sua esposa, desde que sem coação física ou moral – o que encontra óbice no artigo 183, inciso I, do Código Penal –, tenha em seu favor a incidência das chamadas escusas absolutórias.

O tema não é simples e, de certa forma, é recente. Perpassa garantias constitucionais da legalidade e igualdade, de um lado, e, de outro, a possibilidade de que haja certa isenção de pena àquele que praticou, sem coação física ou moral, violência patrimonial. Por isso a temática ganha relevo, existindo inclusive acórdãos oriundos do Superior Tribunal de Justiça e Tribunal de Justiça de São Paulo enfrentando a matéria.

1. Contexto brasileiro de violência doméstica: a Lei Maria da Penha

A busca por igualdade de gênero vem se intensificando, mais do que nunca, nos últimos anos. Felizmente, foi-se o tempo em que a mulher não tinha direito ao sufrágio ou a candidatar-se. Embora tenhamos evoluído de forma acentuada, principalmente após a promulgação da Constituição Federal de 1988[1], ainda permanecem muitos resquícios do passado. Prova disso é que, a cada um minuto, vinte e cinco brasileiras são vítimas de violência doméstica[2]. Desde 2006 de maneira positivada[3], a busca pela

[1] Artigo 5º, inciso I, da Constituição Federal: "homens e mulheres são iguais em direitos e obrigações, nos termos desta Constituição;"

[2] Bueno, Samira; Reinauch, Sofia. A cada minuto, 25 brasileiras sofrem violência doméstica. *Revista Piauí*. 12 de março de 2021. Disponível em: https://piaui.folha.uol.com.br/cada-minuto-25-brasileiras-sofrem-violencia-domestica/. Acesso em: 25 de setembro de 2021

[3] É de se lamentar a demora para regulamentação positivada da lei, posto que, embora a Constituição Federal de 1988, em seu artigo 226, § 8º, seja clara ao dizer que "O Estado assegurará a assistência à família na pessoa de cada um dos que a integram, criando meca-

punição daqueles que praticam a violência doméstica se dá pela Lei nº 11.340, conhecida como "Lei Maria da Penha".

A lei, no contexto brasileiro, foi realmente um avanço no combate à violência doméstica e familiar contra a mulher[4], malgrado – e isto é de se entristecer – ainda permaneçam altíssimos índices de violência doméstica, como indicado alhures. Sobre isso, é algo a se pensar. Talvez seja interessante, para fins de diminuição dos números indicados, a alteração das políticas públicas implementadas e facilitar a comunicação de crimes praticados pelos autores. De todo modo, e sobre isso não se tem qualquer dúvida, a violência doméstica e familiar existe e deve ser uma política de Estado o seu combate.

E ela não se limita, como pode soar, simplesmente à violência física, contudo. A Lei nº 11.340/2006 indicou rol de violências que podem ser praticadas no contexto doméstico e familiar, como a física, psicológica, sexual, patrimonial ou moral, nos termos do artigo 7º:

> Art. 7º São formas de violência doméstica e familiar contra a mulher, entre outras:
> I – a violência física, entendida como qualquer conduta que ofenda sua integridade ou saúde corporal;
> II – a violência psicológica, entendida como qualquer conduta que lhe cause dano emocional e diminuição da autoestima ou que lhe prejudique e perturbe o pleno desenvolvimento ou que vise degradar ou controlar suas ações, comportamentos, crenças e decisões, mediante ameaça, constrangimento, humilhação, manipulação, isolamento, vigilância constante, perseguição contumaz, insulto, chantagem, violação de sua intimidade, ridicularização, exploração e limitação do direito de ir e vir ou qualquer outro meio que lhe cause prejuízo à saúde psicológica e à autodeterminação;

nismos para coibir a violência no âmbito de suas relações.", foi apenas em 2006 – período, de certa forma, recente – que houve a criação da Lei Maria da Penha.

[4] Art. 2º Toda mulher, independentemente de classe, raça, etnia, orientação sexual, renda, cultura, nível educacional, idade e religião, goza dos direitos fundamentais inerentes à pessoa humana, sendo-lhe asseguradas as oportunidades e facilidades para viver sem violência, preservar sua saúde física e mental e seu aperfeiçoamento moral, intelectual e social.

> III – a violência sexual, entendida como qualquer conduta que a constranja a presenciar, a manter ou a participar de relação sexual não desejada, mediante intimidação, ameaça, coação ou uso da força; que a induza a comercializar ou a utilizar, de qualquer modo, a sua sexualidade, que a impeça de usar qualquer método contraceptivo ou que a force ao matrimônio, à gravidez, ao aborto ou à prostituição, mediante coação, chantagem, suborno ou manipulação; ou que limite ou anule o exercício de seus direitos sexuais e reprodutivos;
> IV – a violência patrimonial, entendida como qualquer conduta que configure retenção, subtração, destruição parcial ou total de seus objetos, instrumentos de trabalho, documentos pessoais, bens, valores e direitos ou recursos econômicos, incluindo os destinados a satisfazer suas necessidades;
> V – a violência moral, entendida como qualquer conduta que configure calúnia, difamação ou injúria.

Na presente pesquisa focaremos na violência patrimonial, que será o objeto de estudo. Será considerada violência patrimonial, no contexto doméstico e familiar contra mulher, qualquer conduta por parte do agressor em que haja "retenção, subtração, destruição parcial ou total de seus objetos, instrumentos de trabalho, documentos pessoais, bens, valores e direitos ou recursos econômicos, incluindo os destinados a satisfazer suas necessidades". Estas condutas serão aquelas tipificadas como crimes contra o patrimônio, previstos no Código Penal.

Para a Lei nº 11.340/06, portanto, o patrimônio não é composto apenas por aqueles bens dotados de relevância econômico-financeira, "mas também aqueles que apresentam importância pessoal (objetos de valor efetivo ou de uso pessoal) e profissional, os necessários ao pleno exercício da vida civil e que sejam indispensáveis à digna satisfação das necessidades vitais."[5]. A mencionada violência patrimonial, embora positivada e presente na vida das mulheres, é, como aponta pesquisa realizada, muitas vezes, desconhecida por elas[6].

[5] Pereira, Rita de Cássia Bhering Ramos; Loreto, Maria das Dores Saraiva de; Teixeira, Karla Maria Damiano; Sousa, Junia Marise de. O fenômeno da violência patrimonial contra a mulher: percepções das vítimas. *Oikos: Revista Brasileira de Economia Doméstica*. Viçosa, n. 24, nº 1, p. 207-236, 2013, p. 6.
[6] *Ibidem*.

A Lei Maria da Penha, ainda, trouxe mecanismos para que o Juiz Criminal implemente a proteção patrimonial da vítima:

> Art. 24. Para a proteção patrimonial dos bens da sociedade conjugal ou daqueles de propriedade particular da mulher, o juiz poderá determinar, liminarmente, as seguintes medidas, entre outras:
> I – restituição de bens indevidamente subtraídos pelo agressor à ofendida;
> II – proibição temporária para a celebração de atos e contratos de compra, venda e locação de propriedade em comum, salvo expressa autorização judicial;
> III – suspensão das procurações conferidas pela ofendida ao agressor;
> IV – prestação de caução provisória, mediante depósito judicial, por perdas e danos materiais decorrentes da prática de violência doméstica e familiar contra a ofendida.

Essas são medidas protetivas de urgência, as quais, como aponta a doutrina, deverão ser imediatamente decretadas, desde que constatado *periculum in mora* (perigo na demora) e *fumus boni iuris* (aparência do bom direito)[7]:

> Deter o agressor e garantir a segurança pessoal e patrimonial da vítima está a a cargo tanto da polícia coimo do juiz e do próprio Ministério Público. Todos precisam agir de modo imediato e eficiente. A Lei traz providências que não se limitam às medidas protetivas de urgência previstas nos artigos 22 a 24.

[7] "Sem que haja pelo menos um começo de prova e uma situação de incontornável urgência, em tese amparada pelo direito positivo, o magistrado não tem como deferir nenhuma das medidas previstas, por isso traduziria algo temerário." (Cunha, Rogério Sanches; Pinto, Ronaldo Batista. *Violência doméstica:* Lei Maria da Penha (lei 11340/2006): comentada artigo por artigo. São Paulo: Ed. Revista dos Tribunais, 2007, p. 87). Exemplo clássico, e merecedor de aplicação de medidas protetivas em desfavor do agressor, é aquele da mulher que está praticamente jurada de morte e, se não for afastada do agressor, irá morrer. Portanto, há a palavra firme da vítima (por ora, única prova dos autos, merecedora de credibilidade) e, de outro lado, o *periculum in mora,* consistente no risco à vida e integridade física da vítima, em manter ela próxima do agressor.

Encontram-se espraiadas em toda a Lei diversas medidas também voltadas à proteção da vítima que cabem ser chamadas de protetivas.[8]

Logo, tem-se que a Lei nº 11.340/06 tem firme aparato positivo no sentido de combater a violência doméstica e familiar. Especificamente no que interessa à presente pesquisa, é evidente a criação de vários mecanismos voltados ao combate à violência patrimonial, não raramente desconhecida pelas vítimas e pela própria sociedade.

2. Escusas absolutórias e seus efeitos práticos

O Código Penal, em seu artigo 181, isenta de pena aqueles que praticarem "crimes contra o patrimônio" (Título II), em desfavor do cônjuge, na constância da sociedade conjugal (inciso I), ou em desfavor de ascendente ou descendente (inciso II). No que atine ao cônjuge desquitado ou judicialmente separado, do irmão e do tio ou sobrinho, a ação será condicionada à representação, como dispõe o artigo 182. Entretanto, o artigo 183 traz as exceções à chamada "escusa absolutória"[9]:

> I – se o crime é de roubo ou de extorsão, ou, em geral, quando haja emprego de grave ameaça ou violência à pessoa;
> II – ao estranho que participa do crime.
> III – se o crime é praticado contra pessoa com idade igual ou superior a 60 (sessenta) anos.

A análise histórica do instituto nos remete ao direito romano, em que "se fundamentava essa orientação na concepção da copropriedade-familiar, que não admite *actio furti* quando o autor fosse filho ou cônjuge do lesado"[10]. O mesmo cenário foi repetido pelo Código Napoleônico de

[8] Dias, Maria Berenice. *A lei Maria da Penha na justiça*: a efetividade da lei 11.340/2006 de combate à violência doméstica e familiar contra a mulher. São Paulo: Revista dos Tribunais, 2007, p. 78.

[9] Bitencourt, Cezar Roberto. *Tratado de direito penal 3 – parte especial: crimes contra o patrimônio até crimes contra o sentimento religioso e contra o respeito aos mortos.* São Paulo: Editora Saraiva, 2021, 9786555593273. Disponível em: https://app.minhabiblioteca.com.br/#/books/9786555593273/. Acesso em: 26 set. 2021, p. 214.

[10] *Ibidem.*

1810, que mantinha impune os crimes de furto praticados contra cônjuge, ascendente ou descendente. No contexto brasileiro, os Códigos Penais Brasileiros de 1830 e 1890 admitiam a isenção da pena em crimes de furtos praticados entre parentes[11]. Daí, pela evolução histórica e relevância social, a manutenção do dispositivo, guiado pelo direito romano, no atual Código Penal.

Na realidade, o intuito do legislador é, por razões de caráter político-criminal, manter a harmonia e solidariedade da família, em atenção ao artigo 226, da Constituição Federal, que coloca a família como base da sociedade, a qual terá especial atenção do Estado. Prefere-se, a despeito da efetiva prática criminosa, manter a paz social no campo social, já que, invariavelmente, o início de uma investigação ou processo por tal conduta acabará por desmantelar a família, contrariando a função do Estado, trazida pela Constituição Federal. Nesse sentido: "Assim, por razões de política criminal, levando em conta motivos de ordem utilitária e baseando-se na circunstância de existirem laços familiares ou afetivos entre os envolvidos, o legislador houve por bem afastar a punibilidade de determinadas pessoas."[12].

A conduta, possivelmente praticada, entretanto, não perde sua ilicitude[13]. A incidência da escusa absolutória não exclui o crime, portanto. O dispositivo apenas deixa claro que não haverá punição em relação à tais pessoas, ressalvando que, no que toca ao artigo 182 do Código Penal, dependerá de representação pela vítima; enquanto na figura do artigo 181 do Código Penal, pouco importa que a vítima queira que o sujeito seja punido, ele não será, por força de imunidade absoluta[14]. Ilustrativamente, o filho que furta o pai, embora possa ser processado na área cível, para fins de ressarcimento, no penal não o será, por incidência do artigo

[11] *Ibidem.*

[12] NUCCI, Guilherme de Souza. *Manual de Direito Penal.* São Paulo: Grupo GEN, 2021. 9788530993566. Disponível em: https://app.minhabiblioteca.com.br/#/books/9788530993566/. Acesso em: 26 set. 2021, p. 736.

[13] DELMANTO, Celso. *Et. al. Código Penal Comentado.* 9.ed. São Paulo: Editora Saraiva, 2016, p. 666.

[14] *Ibidem.*

181, inciso II, do Código Penal – desde que o pai não seja pessoa com idade igual ou superior a sessenta anos, evidentemente.

Em suma, os dispositivos, de caráter absolutamente pessoal (art. 183, inciso II, do Código Penal)[15], são causas de exclusão de pena[16], que, segundo Heleno Fragoso, funcionam como condição negativa de punibilidade do crime[17].

Daí, pelas razões expostas, surge a problemática relativa à aplicabilidade das escusas absolutórias nos casos de violência patrimonial contra a mulher, prevista no artigo 7º, inciso IV, da Lei 11.340/06.

3. Aplicabilidade no caso de violência patrimonial

A violência patrimonial, expressamente prevista na Lei nº 11.340/03, é, como já exposto, uma realidade que deve ser combatida. Porém, evidentemente o combate à criminalidade deve se dar dentro dos parâmetros legais, exigindo-se coerência do ordenamento em suas previsões.

E é justamente daí que surge a questão aqui trazida: a prática de um delito patrimonial, sem violência física ou grave ameaça, dentro do contexto doméstico e familiar contra a mulher, será isenta de pena por força do artigo 181 do Código Penal?

A temática não é de fácil solução. Todavia, alguns pontos demonstram que a melhor interpretação das previsões do ordenamento jurídico brasileiro impõe a conclusão de que é plenamente viável a incidência das escusas absolutórias.

Nesse sentido, inicialmente é importante destacar que, diferentemente do Estatuto do Idoso (Lei nº 10.741/2003), a Lei Maria da Penha

[15] Portanto, possíveis coautores, nos termos do artigo 29, do Código Penal, não estarão isentos de pena. Logo, o homem que, em conluio com um colega, furta sua namorada, estará isento de pena (art. 181, inciso I, do Código Penal), mas seu colega não estará, porquanto a causa é de incidência pessoal (art. 183, inciso II, do Código Penal).

[16] Nucci, Guilherme de Souza. *Op. Cit.*, p. 736. Também nesse sentido: Bitencourt, Cezar Roberto. *Op. Cit.*, p. 214.

[17] Fragoso, Heleno Fragoso. *Lições de Direito Penal.* v. 1, Parte Especial, Rio de Janeiro, Forense, 1988, p. 562 *apud* Bitencourt, Cezar Roberto. *Tratado de direito penal 3 – parte especial: crimes contra o patrimônio até crimes contra o sentimento religioso e contra o respeito aos mortos.* São Paulo: Editora Saraiva, 2021, 9786555593273. Disponível em: https://app.minhabiblioteca.com.br/#/books/9786555593273/. Acesso em: 26 set. 2021, p. 214.

não trouxe dispositivo expresso vedando a incidência das escusas absolutórias. Aliás, sequer há discussão no que atine aos idosos, ante a clareza do artigo 95 do Estatuto ("Os crimes definidos nesta Lei são de ação penal pública incondicionada, não se lhes aplicando os arts. 181 e 182 do Código Penal.") e à inclusão, pela mesma Lei, do inciso III ao artigo 183 do Código Penal.

Recusar a aplicação da escusa absolutória ao caso de violência patrimonial contra a mulher com o argumento de que no que o legislador previu no Estatuto do Idoso equivaleria a prejudicar o réu com base em analogia, o que é absolutamente vedado em direito penal.

Se há uma lacuna na Lei Maria da Penha – ela nada diz sobre a não incidência da escusa absolutória –, não pode o réu ser prejudicado por isso, por mais que se entenda necessário – e, acima de tudo, um objetivo da legislação – um maior rigor no tratamento de quem pratica violência doméstica ou familiar contra a mulher. Estar-se-ia diante de *analogia in malam partem*, inadmissível em sede de direito penal material[18] por violar o princípio da legalidade[19]. É o que explica Renato Brasileiro de Lima:

> [...] diante do silêncio da Lei Maria da Penha, que não contém qualquer dispositivo expresso vedando a aplicação dos arts. 181 e 182 do CP, o ideal é concluir que as imunidades absolutas e relativas continuam sendo aplicáveis às infrações penas praticadas no contexto de violência doméstica e familiar contra a mulher. Quando a lei quis afastar a possibilidade de aplicação de tais imunidades a determinada espécie de crime, o fez de maneira expressa, a exemplo do que se dá na hipótese de crime praticado contra o patrimônio de idoso. De fato, consoante disposto no art. 183, inciso III, do Código Penal, acrescentado pelo Estatuto do Idoso (Lei nº 10.741/03), não se aplicam as imunidades dos arts. 181 e 182 quando o crime é praticado contra pessoa com idade igual ou superior a 60 (sessenta) anos. Ora, se o Estatuto do Idoso

[18] BITENCOURT, Cezar Roberto. *Op. Cit.*, p. 79.

[19] Este princípio, tamanha é relevância, foi alçado à condição de garantia constitucional (art. 5º, inciso XXXIX, da Constituição Federal) e encontra expressa menção no artigo 1º do Código Penal: "Não há crime sem lei anterior que o defina. Não há pena sem prévia cominação legal."

> trouxe vedação expressa quanto à incidência das imunidades a tais crimes, é evidente que a Lei Maria da Penha devia ter contemplado semelhante restrição. Se não o fez, não é dado ao operador estender semelhante restrição aos crimes patrimoniais praticados com violência doméstica e familiar contra a mulher, sob pena de verdadeira analogia in malam partem, colocando-se em rota de colisão com o princípio da legalidade[20].

Além de não ter havido revogação expressa da escusa absolutória pela Lei Maria da Penha, também não há que se falar em revogação tácita do artigo 181, I, do Código Penal, malgrado tenha a Lei Maria da Penha previsto expressamente a chamada "violência patrimonial".Isso porque, nos termos do artigo 2º, § 2º, da Lei de Introdução às Normas do Direito Brasileiro, "a lei nova, que estabeleça disposições gerais ou especiais a par das já existentes, não revoga e nem modifica a lei anterior".

Admitir tal possibilidade também viola o princípio da igualdade (art. 5º, inciso I, da Constituição Federal), porquanto a mulher poderia realizar tais atos sem ser punida, ante o artigo 181, I, do Código Penal, enquanto o homem seria penalizado, como explica Guilherme de Souza Nucci: "Difícil é sustentar que o furto cometido pelo namorado contra a namorada, calcado no art. 5º, III, desta Lei, seria agravado e o contrário não se daria. A lesão ao princípio da igualdade seria evidente, pois não há razão plausível para o estabelecimento da diferença de tratamento[21]".

[20] Lima, Renato Brasileiro de. *Legislação Criminal Especial Anotada.* 2.ed. Impentra: Salvador, JusPODIVM, 2014, p. 897. Também nesse sentido, Moretzsohn e Burin, em artigo recente: "Interpretar extensivamente o conceito de violência patrimonial trazido pela lei Maria da Penha a fim de subtrair direitos fundamentais do autor dos fatos fere o princípio da legalidade, na medida em que configuraria uma interpretação *in malam partem*, que não se pode admitir no Direito Penal pátrio." (Moretzsohn, Fernanda; Burin, Patrícia. Violência patrimonial contra as mulheres e escusas absolutórias. *Conjur.* 24 de setembro de 2021. Disponível em: https://www.conjur.com.br/2021-set-24/questao-genero-violencia-patrimonial-mulheres-escusas-absolutorias. Acesso em: 26 set. 2021). Ainda, vale conferir o posicionamento de Bianchini: Bianchini, Alice. *Coleção Saberes Monográficos – Lei Maria da Penha.* 4.ed. Editora Saraiva, 2018. 9788553600236. Disponível em: https://app.minhabiblioteca.com.br/#/books/9788553600236/. Acesso em: 26 set. 2021, p. 265.

[21] Nucci, Guilherme de Souza. *Leis penais e processuais penais comentadas – Vol. 1.* São Paulo, Grupo GEN, 2020. 9788530991296. Disponível em: https://app.minhabiblioteca.com.br/#/books/9788530991296/. Acesso em: 26 set. 2021, p. 918.

Ainda, não se poderia dizer que a incidência das escusas absolutórias tornaria sem efetividade[22] a Lei Maria da Penha no que atine à violência patrimonial. Primeiro porque delitos com violência física ou grave ameaça (art. 183, inciso I, do Código Penal) não estariam abrangidos pelo dispositivo, de forma que o agressor, evidentemente, seria punido por eles. Segundo porque, nos termos do artigo 24, da Lei 11.340/06, o Juiz pode decretar medidas protetivas para resguardar o patrimônio da mulher, tal como a restituição de bens subtraídos, além de outras hipóteses[23], de forma que, embora o agressor não possa ser criminalmente punido quando não praticar violência física, o patrimônio da mulher poderá – e deverá – ser protegido por intervenção judicial.

Uma solução trazida pela corrente que defende a não incidência das escusas absolutórias seria a adoção de entendimento de que seriam inaplicáveis porquanto se trata de "violência" patrimonial contra a pessoa, o que encontraria óbice no artigo 183, inciso I, do Código Penal[24].

Todavia, não nos parece a solução correta. Embora reprovável a conduta relativa à violência patrimonial, não se pode negar que o intuito do legislador, ao prever o artigo 183, inciso I, do Código Penal, era inibir a incidência nos casos de efetiva violência física ou grave ameaça contra a pessoa[25]. Não se pode dar interpretação extensiva em desfavor do réu, ante, mais uma vez, o princípio da legalidade, como explica Bianchini:

> Como já se viu no item 3 da parte I, a ampliação do sentido da palavra violência trazida pela Lei Maria da Penha tem seu campo de aplicabilidade res-

[22] Fernandes explica que, pela incidência do artigo 181, do Código Penal, "não há efetividade da Lei Maria da Penha no enfrentamento da violência patrimonial entre cônjuges e conviventes, em relacionamento atual ou passado, em razão das imunidades absoluta e relativa dos arts. 181 e 182 do Código Penal." (FERNANDES, Valéria Diez Scarance. *Lei Maria da Penha:* O Processo Penal no Caminho da efetividade. São Paulo: Grupo GEN, 2015. 9788597000429. Disponível em: https://app.minhabiblioteca.com.br/#/books/9788597000429/. Acesso em: 26 set. 2021, p. 240)

[23] MORETZSOHN, Fernanda; BURIN, Patrícia. *Op. Cit.*

[24] FERNANDES, Valéria Diez Scarance. *Op. Cit.*, p. 240.

[25] Veja, a esse respeito, que Bitencourt faz referência, para não incidência do instituto, aos delitos de roubo e extorsão, os quais, como sabemos carregam consigo a violência e grave ameaça contra à pessoa (BITENCOURT, Cezar Roberto. *Op. Cit.*, p. 215)

> trito às medidas protetivas e outras ações de caráter não estritamente penal, pois a interpretação extensiva, quando prejudicial ao réu, não é permitida no campo do direito penal (HC 164.467-AC: princípio da reserva legal – art. 5o, XXXIX, da CF), já que "é a vontade da lei que manda (não a vontade do legislador e muito menos a do intérprete). Nenhum intérprete pode ampliar o sentido do texto legal (para além do limite da vontade da lei)" (GOMES; GARCÍA-PABLOS DE MOLINA, 2010: 53). Concluir no sentido de que a Lei Maria da Penha rechaçou a possibilidade de aplicação das imunidades na hipótese em questão revela a existência de indevida interpretação extensiva, realizada em total arrepio ao princípio da legalidade.[26]

Daí porque, sem a coação física ou moral (violência ou grave ameaça), incidem as escusas absolutórias. Portanto, delitos de furto, apropriação indébita, estelionato, praticados no contexto da Lei Maria da Penha, não terão aplicação de pena, por força do artigo 181 do Código Penal [27]. Pela via interpretativa ou jurisprudencial, nos parece, não é possível mudar tal cenário. Apenas por meio de uma reforma legislativa, tal como promoveu o Estatuto do Idoso, seria possível afastar as escusas absolutórias da violência patrimonial.

Por fim, é de se consignar que o panorama jurisprudencial concorda que, nos casos de violência patrimonial, sem violência ou grave ameaça, incidem as escusas absolutórias previstas no artigo 181 do Código Penal. No âmbito do Superior Tribunal de Justiça, no julgamento do recurso em *habeas corpus* nº 42.918 RS, a Quinta Turma, sob relatoria do Ministro Jorge Mussi, assim entendeu:

> O advento da Lei 11.340/2006 não é capaz de alterar tal entendimento, pois embora tenha previsto a violência patrimonial como uma das que pode ser cometida no âmbito doméstico e familiar contra a mulher, não revogou quer expressa, quer tacitamente, o artigo 181 do Código Penal. 4. A se admitir que a Lei Maria da Penha derrogou a referida imunidade, se estaria diante de flagrante hipótese de violação ao princípio da isonomia, já que os crimes patrimoniais praticados pelo marido contra a mulher no âmbito doméstico

[26] Bianchini, Alice. *Op. Cit.*, p. 265.
[27] Nucci, Guilherme de Souza. *Leis penais e processuais penais comentadas – Vol. 1.*, p. 918.

e familiar poderiam ser processados e julgados, ao passo que a mulher que venha cometer o mesmo tipo de delito contra o marido estaria isenta de pena. 5. Não há falar em ineficácia ou inutilidade da Lei 11.340/2006 ante a persistência da imunidade prevista no artigo 181, inciso I, do Código Penal quando se tratar de violência praticada contra a mulher no âmbito doméstico e familiar, uma vez que na própria legislação vigente existe a previsão de medidas cautelares específicas para a proteção do patrimônio da ofendida. 6. No direito penal não se admite a analogia em prejuízo do réu, razão pela qual a separação de corpos ou mesmo a separação de fato, que não extinguem a sociedade conjugal, não podem ser equiparadas à separação judicial ou o divórcio, que põem fim ao vínculo matrimonial, para fins de afastamento da imunidade disposta no inciso I do artigo 181 do Estatuto Repressivo.[28]

Por mais que seja desejável o aumento da proteção à mulher relativamente a todas as espécies de violência doméstica e familiar, inegavelmente correto o entendimento prolatado pela Quinta Turma do Superior Tribunal de Justiça, a qual se amparou na doutrina majoritária. De igual forma, existem julgados do Tribunal de Justiça de São Paulo[29] aplicando a compreensão de que as causas de escusa absolutória incidem na violência patrimonial[30].

Conclusões

A violência doméstica e familiar contra a mulher possui enorme gravidade e deve ser combatida pela legislação de um Estado que se preocupa com a igualdade de gênero.

[28] BRASIL. Superior Tribunal de Justiça. *RHC nº 42.918 RS*. Relator: Ministro Jorge Mussi. Quinta Turma. Recorrente: Luis Adriano Vargas Buchor. Recorrido: Ministério Público do Estado do Rio Grande do Sul. Disponível em: https://processo.stj.jus.br/processo/revista/documento/mediado/?componente=ITA&sequencial=1334799&num_registro=201303917571&data=20140814&peticao_numero=-1&formato=PDF. Acesso em: 26 set. 2021

[29] BRASIL. Tribunal de Justiça de São Paulo. *Apelação Criminal nº 0001163-27.2018.8.26.0279*. Relator: João Morengui. 12ª Câmara Criminal. Apelante: Carlos Rafael Jorge. Apelado: Ministério Público do Estado de São Paulo. Julgado em: 22 de abril de 2021.

[30] BRASIL. Tribunal de Justiça de São Paulo. *Apelação Criminal nº 0001032-62.2011.8.26.0646*. Relator: Laerte Marrone. 2ª Câmara Criminal Extraordinária. Apelante: André Ferreira dos Santos. Apelado: Ministério Público do Estado de São Paulo.

E esse combate deve levar em conta todas as formas de violência, em especial aquelas exemplificadas pelo artigo 7º, inciso IV, da Lei 11.340/03. Por exemplo, a violência moral é extremamente prejudicial à mulher e deve ser fortemente enfrentada pelo Estado.

Entretanto, o combate à criminalidade, seja lá de qual natureza de crimes se estiver tratando, não pode se sobrepor à legalidade e às garantias constitucionais. Fazê-lo é admitir que o Estado se valha de meios inidôneos para punir, algo que não se coaduna com o Estado Democrático de Direito.

A violência patrimonial, expressamente prevista no artigo 7º, inciso IV, da Lei 11.343/06 – e, muitas vezes, desconhecida pelas próprias mulheres –, ganhou corpo pela Lei Maria da Penha, inclusive com medidas protetivas para serem implementadas pelo Juiz para proteção do patrimônio da vítima (art. 24 da Lei Maria da Penha).

Entretanto, a pesquisa realizada nos fez concluir que, mesmo nos casos de violência patrimonial, o agressor, desde que não use violência real ou grave ameaça (art. 183, inciso I, do Código Penal), pode ser beneficiado pelas chamadas escusas absolutórias (art. 181 do Código Penal). Portanto, por nossa interpretação, o marido que, no momento de raiva, subtrai um objeto da esposa, pratica conduta típica, ilícita e culpável; mas não lhe será imposta pena por conta das escusas absolutórias, que funcionam como causas negativas de punibilidade.

E assim o compreendemos porque, como exposto, ao contrário do Estatuto do Idoso, a Lei Maria da Penha não tem qualquer dispositivo expresso vedando a incidência das escusas absolutórias, de forma que qualquer raciocínio nesse sentido estará fadado à violação ao princípio da legalidade, constituindo-se em analogia *in malam partem*, inviável em direito penal. Também, nesse sentido é de se pensar que a vedação às escusas absolutórias acabaria por violar o princípio da igualdade, já que a mulher poderia praticar a mesmíssima conduta (subtração de objeto, por exemplo) e não seria punida, por força justamente do artigo 181 do Código Penal.

Igualmente, é de se ressaltar que "o emprego de grave ameaça ou violência à pessoa", previstos no artigo 183, inciso I, do Código Penal – óbices à incidência das escusas absolutórias –, dizem respeito à violência real ou grave ameaça praticada contra a pessoa (coação moral ou física). A violência patrimonial, embora reprovável, não carrega, por si só, coação moral ou física. Daí porque inviável a interpretação extensiva do dispositivo em desfavor do réu.

Por cautela, tal como realizado no estudo, é de se dizer que a aplicação das escusas absolutórias não tornará sem efetividade a violência patrimonial, porquanto os delitos praticados com violência ou grave ameaça serão punidos e, além disso, o Juiz poderá implementar medidas para proteger o patrimônio da vítima. Daí interpretamos que, ao contrário do que alguns sustentem, a aplicação das escusas não tornará inócua a punição da violência patrimonial. A única solução para alteração desse cenário é a mudança legislativa, de forma a prever, expressamente, a vedação de incidência às escusas absolutórias. Não seria lícita tal vedação por meio de interpretação, ante o princípio da legalidade.

Em suma, a incidência das escusas absolutórias permanece hígida em favor daqueles que praticam a violência patrimonial, desde que sem violência real ou grave ameaça, em atenção, principalmente, ao princípio da legalidade, de estatura constitucional (art. 5º, inciso XXXIX, da Constituição Federal).

Referências

BIANCHINI, Alice. *Coleção Saberes Monográficos – Lei Maria da Penha.* 4.ed. Editora Saraiva, 2018. 9788553600236. Disponível em: https://app.minhabiblioteca.com.br/#/books/9788553600236/. Acesso em: 26 set. 2021

BITENCOURT, Cezar Roberto. *Tratado de direito penal 3 – parte especial: crimes contra o patrimônio até crimes contra o sentimento religioso e contra o respeito aos mortos.* São Paulo: Editora Saraiva, 2021, 9786555593273. Disponível em: https://app.minhabiblioteca.com.br/#/books/9786555593273/. Acesso em: 26 set. 2021

BRASIL. Superior Tribunal de Justiça. *RHC nº 42.918 RS.* Relator: Ministro Jorge Mussi. Quinta Turma. Recorrente: Luis Adriano Vargas Buchor. Recorrido: Ministério Público do Estado do Rio Grande do Sul. Disponível em: https://processo.stj.jus.br/processo/revista/documento/mediado/?componente=ITA&sequencial=1334799&num_registro=201303917571&data=20140814&peticao_numero=-1&formato=PDF. Acesso em: 26 set. 2021

BRASIL. Tribunal de Justiça de São Paulo. *Apelação Criminal nº 0001032-62.2011.8.26.0646.* Relator: Laerte Marrone. 2ª Câmara Criminal Extraordinária. Apelante: André Ferreira dos Santos. Apelado: Ministério Público do Estado de São Paulo. Julgado em: 30 de janeiro de 2015.

BRASIL. Tribunal de Justiça de São Paulo. *Apelação Criminal nº 0001163-27.2018.8.26.0279*. Relator: João Morengui. 12ª Câmara Criminal. Apelante: Carlos Rafael Jorge. Apelado: Ministério Público do Estado de São Paulo. Julgado em: 22 de abril de 2021.

BUENO, Samira; REINAUCH, Sofia. A cada minuto, 25 brasileiras sofrem violência doméstica. *Revista Piauí*. 12 de março de 2021. Disponível em: https://piaui.folha.uol.com.br/cada-minuto-25-brasileiras-sofrem-violencia-domestica/. Acesso em: 25 de setembro de 2021.

CUNHA, Rogério Sanches; PINTO, Ronaldo Batista. *Violência doméstica:* Lei Maria da Penha (lei 11340/2006): comentada artigo por artigo. São Paulo: Ed. Revista dos Tribunais, 2007.

DELMANTO, Celso. *Et. al. Código Penal Comentado*. 9.ed. São Paulo: Editora Saraiva, 2016.

DIAS, Maria Berenice. *A lei Maria da Penha na justiça*: a efetividade da lei 11.340/2006 de combate à violência doméstica e familiar contra a mulher. São Paulo: Revista dos Tribunais, 2007

FERNANDES, Valéria Diez Scarance. *Lei Maria da Penha:* O Processo Penal no Caminho da efetividade. São Paulo: Grupo GEN, 2015. 9788597000429. Disponível em: https://app.minhabiblioteca.com.br/#/books/9788597000429/. Acesso em: 26 set. 2021

FRAGOSO, Heleno Fragoso. *Lições de Direito Penal*. v. 1, Parte Especial, Rio de Janeiro, Forense, 1988, p. 562 *apud* BITENCOURT, Cezar Roberto. *Tratado de direito penal 3 – parte especial: crimes contra o patrimônio até crimes contra o sentimento religioso e contra o respeito aos mortos*. São Paulo: Editora Saraiva, 2021, 9786555593273. Disponível em: https://app.minhabiblioteca.com.br/#/books/9786555593273/. Acesso em: 26 set. 2021, p. 214.

LIMA, Renato Brasileiro de. *Legislação Criminal Especial Anotada*. 2.ed. Impentra: Salvador, JusPODIVM, 2014.

MORETZSOHN, Fernanda; BURIN, Patrícia. Violência patrimonial contra as mulheres e escusas absolutórias. *Conjur*. 24 de setembro de 2021. Disponível em: https://www.conjur.com.br/2021-set-24/questao-genero-violencia-patrimonial-mulheres-escusas-absolutorias. Acesso em: 26 set. 2021

NUCCI, Guilherme de Souza. *Leis penais e processuais penais comentadas – Vol. 1.* São Paulo, Grupo GEN, 2020. 9788530991296. Disponível em: https://app.minhabiblioteca.com.br/#/books/9788530991296/. Acesso em: 26 set. 2021

NUCCI, Guilherme de Souza. *Manual de Direito Penal.* São Paulo: Grupo GEN, 2021. 9788530993566. Disponível em: https://app.minhabiblioteca.com.br/#/books/9788530993566/. Acesso em: 26 set. 2021.

PEREIRA, Rita de Cássia Bhering Ramos; LORETO, Maria das Dores Saraiva de; TEIXEIRA, Karla Maria Damiano; SOUSA, Junia Marise de. O fenômeno da violência patrimonial contra a mulher: percepções das vítimas. *Oikos: Revista Brasileira de Economia Doméstica.* Viçosa, n. 24, nº 1, p. 207-236, 2013.

20.
FEMINICÍDIO: CONSIDERAÇÕES GERAIS, EVOLUÇÃO LEGAL E JURISPRUDENCIAL

Everton Luiz Zanella
Márcio Augusto Friggi de Carvalho

Introdução

A Lei nº 13.104, de 09 de março de 2015, introduziu no ordenamento jurídico-penal brasileiro o feminicídio, formatado como uma qualificadora do homicídio doloso (art. 121, § 2º, inciso VI, do Código Penal), nos seguintes termos:

> **Feminicídio**
> VI – contra a mulher por razões da condição de sexo feminino:
> (...)
> § 2º-A Considera-se que há razões de condição de sexo feminino quando o crime envolve:
> I – violência doméstica e familiar;
> II – menosprezo ou discriminação à condição de mulher.

O projeto convertido na lei em comento contou com amplo apoio do Ministério Público do Estado de São Paulo[1] e dos setores da sociedade

[1] O Ministério Público de São Paulo lançou no dia 08 de agosto de 2014, data em que a Lei Maria da Penha completou 08 anos de vigência, a campanha **"Senado: Inclua o Feminicídio no Código Penal"**. Tratou-se de iniciativa do Grupo de Atuação Especial de Enfrentamento à Violência Doméstica (GEVID) e Promotorias de Justiça do Júri da

civil engajados na luta contra a violência de gênero. Tratou-se de um avanço muito importante no enfrentamento desse problema, nos termos estabelecidos na Convenção das Nações Unidas sobre a Eliminação de todas as Formas de Discriminação contra a Mulher e na Convenção de Belém do Pará (Convenção Interamericana para Prevenir, Sancionar e Erradicar a Violência contra a Mulher), ambas ratificadas pelo Brasil.

De lado as críticas quanto à necessidade de tipificação própria de um comportamento que, no mais das vezes, sinaliza a prática de um homicídio doloso qualificado pela torpe motivação, não há dúvidas, como bem anota Jill-Russel[2], que a existência de uma figura penal singular, com *nomen juris* específico[3], estabelece uma voz própria para designar a matança de mulheres de modo a se constituir em um passo importante rumo ao conhecimento dessa forma de violência. Com efeito, nomear uma injustiça – e assim proporcionar o meio de se pensar sobre ela – precede à criação de um movimento em contrário ou, quando menos, robustece as armas já empregadas nessa luta. Foi nesse sentido que a mencionada autora foi a primeira a utilizar a expressão "feminicídio".

No mesmo trilhar, Jane Caputi[4] delimita a violência contra a mulher de forma ampla ao afirmar que esta extrapola os contornos do homicídio em razão do gênero, mas também no:

Capital, com o apoio do Centro de Apoio Operacional das Promotorias de Justiça Criminais, cujo evento ocorreu nas dependências do Fórum da Barra Funda, São Paulo/SP, contando com a presença de dezenas de pessoas.

[2] Radford, Jill-Russel, Diana E. H. (eds.). **Femicide. The politics of woman killing**. New York, Canada: Tawayne Publishers-Maxwell Macmillan, 1992.

[3] Discordamos, nesse aspecto, respeitosamente, da posição de **Guilherme de Souza Nucci**: "Outro aspecto interessante é a *criação* do termo – feminicídio – como se o tipo penal, com seu título jurídico (homicídio), fosse insuficiente. A interpretação feita, de longa data, pela doutrina penal, acerca do homicídio, sempre se cingiu à morte de um ser humano – e não de um homem, pessoa do sexo masculino, até porque o tipo é descrito como *matar alguém*. Este *alguém* é homem ou mulher". *Notas sobre o feminicídio.* http://www.guilhermenucci.com.br/artigos/guilherme-nucci/penal/notas-sobre-feminicidio. Acesso em 29.5.2015.

[4] Apud, Mello, Adriana Ramos de, Feminicídio; uma análise sociojurídica da violência contra a mulher no Brasil, 2ª edição, 2018, pág. 17.

> (...) extremo de continuum do terror antifeminino, que inclui uma grande variedade de abusos verbais e físicos, tais como estupro, tortura, escravidão sexual (particularmente na prostituição), relações incestuosas e extrafamiliar de abuso de crianças; agressões físicas e emocional, o assédio sexual (no telefone, na rua, no escritório e na sala de aula), a mutilação genital (clitoridectemia, a excisão, a infibulação), operações ginecológicas desnecessárias, heterossexualidade forçada, a esterilização forçada, a maternidade forçada (ao criminalizar a contracepção e o aborto), psicocirurgia, a negação de alimentos para mulheres em algumas culturas, a cirurgia estética, e outras mutilações, em nome do embelezamento".

Efetivamente, a experiência no meio jurídico indica a necessidade de se compreender adequadamente o fenômeno do feminicídio, não poucas vezes tratado como simples homicídio passional, quando não privilegiado. Alguns discursos em plenário refletem postura comum ao se esquadrinhar tese defensiva que busca mascarar, algumas vezes com êxito, o verdadeiro conteúdo da conduta feminicida. Vale citar, nesse diapasão, a peroração lembrada por Carlos Araújo de Lima[5]:

> "Senhores jurados, neste momento eu vos faço uma pergunta porque sei que pertenceis a famílias honradas, que sois as reservas morais de nossa sociedade, chamados aqui para fazer justiça e fazer justiça procurando defender a sociedade, defender a dignidade da própria família, defender os recessos dos lares contra os homens da expressão moral do acusado. Eu vos faria apenas uma pergunta para jogar por terra todo esse castelo de dialética arquitetado em plenário. Bastaria eu perguntar, não só a qualquer um de vós, mas a qualquer homem de bem, qual a atitude que tomaria se surpreendesse a mulher num caso de flagrante adultério como esse. Iríeis porventura procurar a polícia ou buscar soluções previstas no Código Civil? Ou agiríeis como homem de bem, como homem de sangue nas veias, como homem que tem moral, vergonha e um nome a zelar?".

[5] Lima, Carlos Araújo de. **Os Grandes Processos do Júri.** Manaus: Calderaro, 1992.

É consabido que a violência de gênero tem, como uma de suas particularidades, o tempo prolongado de vitimização: a mulher sofre uma escalada diária de sevícias que, não raro, agrava-se com o transcurso do tempo até a execução do feminicídio. Nessa quadra, é inconcebível a alegação de que o término da relação, qualquer que seja o contexto, possa ser tratado como provocação injusta da vítima. É preciso analisar o entorno de violência em que vivia a ofendida.

1. A questão social do gênero

Sem dúvidas, como ensina Maqueda Abreu[6], a violência contra as mulheres não é apenas uma forma de violência individual que se exerce no âmbito familiar ou conjugal por quem ostenta superioridade física sobre o suposto sexo frágil, mas é consequência de uma situação atemporal de discriminação que tem origem em uma estrutura social patriarcal. O gênero se constitui como o resultado de um processo de construção social pelo qual se conjugam simbolicamente as expectativas e valores que cada cultura atribui aos seus homens e mulheres. A partir dessa aprendizagem cultural machista desenvolvem-se os papéis desenhados sob a etiqueta do gênero, sobressaindo-se a prepotência do masculino e a subalternidade do feminino. A violência de gênero, nesse passo, não decorre simplesmente de fatores biológicos, mas de processos socioculturais.

Pode-se atribuir tal fenômeno ao lugar histórico e cultural ocupado pela mulher na sociedade, restrito ao universo doméstico ou ao que Simone de Beauvoir se refere como estado de imanência: atuação do feminino em afazeres domésticos de caráter repetitivo no decorrer dos séculos, sempre atrelados aos cuidados do lar e dos filhos não produzem algo que possa ser monetarizado no mundo; os homens, ao contrário, produzem, inventam, criam e modificam o mundo exterior, fazendo dele um novo lugar, transcendendo a condição animalesca original[7]. Essa estruturação sociocultural advém da naturalização da divisão sexual dos corpos, na qual a mulher ocupa um lugar inferior, de submissão histó-

[6] Maqueda Abreu, María Luisa. *La violencia de género: entre el concepto jurídico y la realidad social*, Revista Electrónica de Ciencia Penal y Criminología, nº 8, 2006.

[7] Beauvoir, Simone de, O segundo sexo: fatos e mitos, Editora Nova Fronteira, Rio de Janeiro, 2009, pág. 102.

rica na sociedade, divisão esta criada a partir do paradigma da ordem masculina, ou seja, da construção do mundo através de um olhar puramente masculino. Trata-se de uma reprodução mecânica e automatizada, enraizada de forma cultural e histórica nos sujeitos a que Pierre Bourdier chama de "dominação masculina'[8]. Referido autor desenvolve o ponto de vista da dominação masculina a partir da constatação de que socialmente o mundo foi desenvolvido a partir de uma visão androcêntrica, supostamente neutra, que se impõe sem qualquer tipo de contrariedade, já que ancorada no inconsciente social[9].

Nessa esteira, sobreveio a Lei nº 13.104/15, para, acertadamente, dar luzes à problemática do homicídio perpetrado em contexto de violência de gênero, o qual, nesse quadro, carece de análise conectada às suas particularidades e solução jurídica específica.

2. A Lei 13.104/2015 como ação afirmativa de proteção ao indivíduo vulnerável e seu escopo de aplicação

No que tange à nota de interpretação dos dispositivos relacionados ao feminicídio, a primeira observação de destaque está atrelada à norma explicativa registrada no § 2º-A do artigo 121 do Código Penal. Na forma consignada, a lei considera feminicídio o homicídio doloso praticado em razão da condição de sexo feminino, entendendo-se como tal quando o crime envolve: I – violência doméstica e familiar; e II – menosprezo ou discriminação à condição de mulher.

Quanto ao primeiro parâmetro interpretativo trazido pela norma em referência, afigura-se prudente a conclusão no sentido de que violência doméstica e familiar é conceito extraído da Lei nº 11.340/06 (Lei Maria da Penha), especificamente do seu art. 5º. Transcreve-se:

> Art. 5º Para os efeitos desta Lei, configura violência doméstica e familiar contra a mulher qualquer ação ou omissão baseada no gênero que lhe

[8] Bourdier, Pierre, A dominação masculina, Editora Bertrand, Rio de Janeiro, 2015, pág. 34.

[9] Bourdier, Pierre, A dominação masculina, Editora Bertrand, Rio de Janeiro, 2015, pág. 17/18.

> cause morte, lesão, sofrimento físico, sexual ou psicológico e dano moral ou patrimonial:
> I – no âmbito da unidade doméstica, compreendida como o espaço de convívio permanente de pessoas, com ou sem vínculo familiar, inclusive as esporadicamente agregadas;
> II – no âmbito da família, compreendida como a comunidade formada por indivíduos que são ou se consideram aparentados, unidos por laços naturais, por afinidade ou por vontade expressa;
> III – em qualquer relação íntima de afeto, na qual o agressor conviva ou tenha convivido com a ofendida, independentemente de coabitação.
> Parágrafo único. As relações pessoais enunciadas neste artigo independem de orientação sexual.

Preleciona Stela Valéria Soares de Farias Cavalcanti[10] que a violência contra a mulher que não se enquadrada no modelo do artigo 5º, ou seja, que está fora do âmbito doméstico, familiar ou da relação íntima do agente do fato, não está sujeita à Lei nº 11.340/06, aplicando-se, nesse caso, as disposições das leis gerais. A opção política pela conceituação jurídica de violência doméstica e familiar contra a mulher – antes da Lei Maria da Penha as definições tinham referência apenas de cunho sociológico, antropológico ou psicológico – faz justificar a exegese do inciso em questão com suporte nas balizas normativas encampadas pelo regime nacional de combate à violência de gênero.

A primeira ilação obtida da análise do conceito jurídico de violência doméstica e familiar é que, nessa vertente, a qualificadora tem natureza objetiva. Com efeito, embora a disposição remeta à noção de motivação ("*em razão* da condição de sexo feminino"), as definições incorporadas pela Lei Maria da Penha sinalizam contexto de violência de gênero, ou seja, quadro fático-objetivo não atrelado, aprioristicamente, aos motivos determinantes da execução do ilícito.

[10] Cavalcanti, Stela Valéria Soares de Farias. **Violência doméstica: análise da Lei "Maria da Penha", nº 11.340/06**. 4ª ed. Salvador: JusPODIVM, 2012.

Com efeito, em compasso com Amom Albernaz Pires[11], é correto dizer que a qualificadora do feminicídio não constitui o móvel imediato da conduta, isto é, o agente pode ter agido por causa de uma discussão banal com a vítima (motivo fútil) ou por força de sentimento de posse em relação à ofendida, reforçado pelo seu inconformismo com o término do relacionamento afetivo (motivo torpe). No mesmo sentido, ao comentar a redação do art. 121, § 1º, inciso I, do Projeto de Lei nº 236/12 (Novo Código Penal), que traz como qualificadora do homicídio o contexto de violência doméstica ou familiar, Paulo Busato[12] se posiciona no sentido de se tratar de dado absolutamente objetivo, equivocadamente inserido em disposição que cuida de circunstâncias de natureza subjetiva.

A partir dessas premissas, lança-se observação acerca do motivo imediato, que pode qualificar o crime se aderente às hipóteses do art. 121, § 2º, incisos I, II e V do Código Penal (fora do escopo deste texto, discute-se também a natureza jurídica da qualificadora descrita no inciso VII), quadro que não se confunde com a condição de fato, ou seja, com o contexto objetivo, caracterizador do cenário legal de violência de gênero, palco em que se desenvolveram os ataques contra a mulher tragicamente encerrados com a sua morte[13].

O Egrégio Superior Tribunal de Justiça, debruçando-se sobre a questão, posicionou-se exatamente nesses termos no julgamento do HC n. 430.222/MG (j. em 15/03/2018), quando negou a ordem sob o argumento – dentre outros – de que as qualificadoras do motivo torpe e do

[11] Pires, Amom Albernaz. *A natureza objetiva da qualificadora do feminicídio e sua quesitação pelo Tribunal do Júri.* http://www.compromissoeatitude.org.br/a-natureza-objetiva-da-qualificadora-do-feminicidio-e-sua-quesitacao-no-tribunal-do-juri-por-amom-albernaz-pires. Acesso em 12.10.21.

[12] Busato, Paulo César. *Homicídio mercenário e causas especiais de diminuição de pena. Um paradoxo dogmático.* Cadernos do Júri, nº 3, 2015.

[13] Acolhidos esses argumentos, nesse caso específico, conclui-se, igualmente, pela possibilidade de **feminicídio** *privilegiado,* diante da compatibilidade das qualificadoras objetivas com o benefício previsto no art. 121, § 1º, do Código Penal. Neste aspecto, portanto, ainda que o Conselho de Sentença reconheça a incidência de uma das causas de diminuição de pena do § 1º, do art. 121, do Código Penal, deverá o Magistrado confeccionar quesito relativo à qualificadora do artigo 121, § 2º, inciso VI, na forma do § 2º-A, inciso I, do Estatuto Repressivo.

feminicídio não são incompatíveis porque não têm a mesma natureza: enquanto a primeira é subjetiva, esta última é dotada de índole objetiva. No Informativo 625, de 2018, o STJ destacou que:

> "Não caracteriza *bis in idem* o reconhecimento das qualificadoras de motivo torpe e de feminicídio no crime de homicídio praticado contra mulher em situação de violência doméstica e familiar".

No aludido informativo, traz-se à baila entendimento do referido tribunal superior, no seguinte diapasão:

> "Observe-se, inicialmente, que, conforme determina o art. 121, § 2º-A, I, do CP, a qualificadora do feminicídio deve ser reconhecida nos casos em que o delito é cometido em face de mulher em violência doméstica e familiar. Assim, "considerando as circunstâncias subjetivas e objetivas, temos a possibilidade de coexistência entre as qualificadoras do motivo torpe e do feminicídio. Isso porque a natureza do motivo torpe é subjetiva, porquanto de caráter pessoal, enquanto o feminicídio possui natureza objetiva, pois incide nos crimes praticados contra a mulher por razão do seu gênero feminino e/ou sempre que o crime estiver atrelado à violência doméstica e familiar propriamente dita, assim o animus do agente não é objeto de análise"[14].

No mesmo sentido, o Tribunal de Justiça do Distrito Federal:

> *"A inclusão da qualificadora agora prevista no art. 121, § 2º, inciso VI, do* CP, não poderá servir apenas como substitutivo das qualificadoras de motivo torpe ou fútil, que são de natureza subjetiva, sob pena de menosprezar o esforço do legislador. A Lei 13.104/2015 veio a lume na esteira da doutrina inspiradora da Lei Maria da Penha, buscando conferir maior proteção à mulher brasileira, vítima de condições culturais atávicas que lhe impuseram a subserviência ao homem. Resgatar a dignidade perdida ao longo da história da dominação masculina foi a *ratio essendi* da nova lei, e o seu sentido teleológico estaria perdido se fosse simplesmente substituída a torpeza pelo femi-

[14] Informativo 625 de 2018. Disponível em https://www.stj.jus.br/publicacaoinstitucional/index.php/informjurisdata/article/view/3902/4128, p. 12. Acesso em 12.10.21.

nicídio. Ambas as qualificadoras podem coexistir perfeitamente, porque é diversa a natureza de cada uma: a torpeza continua ligada umbilicalmente à motivação da ação homicida, e o feminicídio ocorrerá toda vez que, objetivamente, haja uma agressão à mulher proveniente de convivência doméstica familiar. 3 Recurso provido. (Acórdão n.904781, 20150310069727RSE, Relator: GEORGE LOPES LEITE, 1ª Turma Criminal, Data de Julgamento: 29/10/2015, Publicado no DJE: 11/11/2015. Pág.: 105).

3. A natureza da violência contra a mulher

De outro lado – e ainda sem aprofundamento na discussão jurisprudencial –, a norma estampada no referido § 2º-A, inciso II, do Código Penal não conta com referência normativa no nosso ordenamento jurídico. Nessa linha, caberá ao aplicador delimitar a extensão do conteúdo da expressão menosprezo ou discriminação à condição de mulher.

De início, ressalte-se que a figura em comento não se confunde com o conceito legal de violência doméstica ou familiar, raciocínio evidente sem o qual se concluiria no sentido da inutilidade do inciso citado. Trata-se de indicação que amplia o cenário abarcado pela Lei Maria da Penha e que com ele não se confunde. Nesse compasso, qualquer situação de fato não correspondente ao palco que encerre âmbito doméstico, familiar ou de relação íntima do agente com a vítima pode se reportar ao inciso II. No entanto, o argumento só terá validade lógica se a compreensão do inciso telado, ao contrário da indicação do inciso I, sinalizar tratar-se o menosprezo ou a discriminação à condição de mulher de motivo imediato do crime, independentemente do cenário fático-objetivo no qual o evento macabro se desenvolveu.

Efetivamente, o contexto objetivo de violência de gênero é aquele reportado pelo art. 5º da Lei Maria da Penha e que caracteriza o feminicídio executado nas condições do § 2º-A, inciso I. Em qualquer outro contexto, haverá feminicídio se o móvel do delito foi simplesmente intolerância de gênero a que se refere o inciso II.

Adotada essa premissa, infere-se que a qualificadora atinente ao feminicídio, identificada a hipótese do § 2º-A, inciso II, tem natureza subjetiva e, portanto, nesse caso, incompatível com o privilégio. De outra banda, a torpeza é inerente à própria conduta movida pelas razões em debate e, de outro lado, repele a ideia de futilidade. O feminicídio, nesse âmbito de discussão, poderia se conjugar com as qualificadoras objetivas de meio e de modo de execução (CP, art. 121, § 2º, incisos III, IV e VIII[15]), mas não com aquelas indicativas de outros motivos diretos do delito (CP, art. 121, § 2º, incisos I, II e V).

Na medida em que as causas de diminuição de pena são votadas antes das qualificadoras pelo Conselho de Sentença, por força do art. 483 do Código de Processo Penal, o acolhimento de tese de homicídio privilegiado será evento prejudicial à votação do quesito corresponde à ocorrência de feminicídio se se cuidar de crime formatado à luz do art. 121, § 2º-A, inciso II, do Código Penal. A solução é diferente na hipótese de feminicídio decorrente de violência doméstica ou familiar, como já apontamos acima.

A natureza da qualificadora em testilha, na forma há pouca defendida, implica em desdobramentos nas hipóteses de concurso de pessoas diante da regra inserta no artigo 30 do Código Penal.

Nesse trilho, o coautor ou partícipe de feminicídio responderá pela figura qualificada se o delito for cometido em contexto de violência doméstica ou familiar, por certo, desde que o predito cenário tenha ingressado na sua esfera de conhecimento. De outro lado, a conduta movida pelo menosprezo ou simples discriminação à condição de mulher – circunstância de caráter pessoal – não se comunica ao coautor ou partícipe. Este, impelido pela mesma razão, concorre no feminicídio por motivo próprio e não por conta das regras de comunicabilidade previstas no artigo 30 do Código Penal. Por outro turno, se o concorrente, motivado pela sede de vingança derivada de altercação anterior com a ofendida, instigou terceiro a matá-la e este, movido apenas pelo sentimento de desprezo à condição de mulher, efetivamente executou o homicídio, o partícipe responderá como incurso no art. 121, § 2º, inciso I, do Código Penal (torpeza da motivação), enquanto a conduta do autor violará a norma do art. 121, § 2º, inciso VI (na forma prevista no § 2º-A, inciso II, do Estatuto Repressivo).

Evidentemente, a argumentação acima entabulada perde terreno se se considerarem as qualificadoras do homicídio como verdadeiras ele-

[15] Este inserido pela Lei 13.964/2019 ("pacote anticrime"), com vigência a partir de 29.04.2021, após derrubada do veto presidencial pelo Congresso Nacional.

mentares e não simples circunstâncias, na esteira das lições de parte da doutrina, quadro que, como sabido, implica em comunicabilidade independentemente da espécie da elementar.

4. Causas de aumento de pena

Superada a questão atinente à natureza da qualificadora do feminicídio, de rigor alguns apontamentos com relação às causas de aumento de pena previstas no artigo 121, § 7º do Estatuto Repressivo.

Dispõe a regra em comento com as modificações inseridas pela Lei nº 13.771/18:

> § 7º A pena do feminicídio é aumentada de 1/3 (um terço) até a metade se o crime for praticado:
> I – durante a gestação ou nos 3 (três) meses posteriores ao parto;
> II – contra pessoa menor de 14 (catorze) anos, maior de 60 (sessenta) anos, com deficiência ou portadora de doenças degenerativas que acarretem condição limitante ou de vulnerabilidade física ou mental;
> III – na presença física ou virtual de descendente ou de ascendente da vítima;
> IV – em descumprimento das medidas protetivas de urgência previstas nos incisos I, II e III do caput do art. 22 da Lei nº 11.340, de 7 de agosto de 2006.

No que tange ao primeiro inciso, é certo afirmar que o Código Penal se vale da expressão gestante, além das disposições relacionadas ao aborto, nos artigos 203, § 2º e 207, § 2º. Em ambos os tipos penais, que encerram normas incriminadoras que protegem a organização do trabalho, o legislador atribui resposta penal mais incisiva se a vítima for gestante.

A interpretação da causa de aumento de pena no caso de feminicídio cometido contra gestante não pode ser diferente. Basta o estado gestacional identificado para se concluir no sentido da incidência da majorante, independentemente de qualquer outro resultado. Se da tentativa de feminicídio perpetrado contra a gestante não sobrevém, por exemplo, morte do feto, persiste o *conatus* agravado pela condição pessoal da vítima. No caso de aborto, há dois crimes: feminicídio agravado pelo estado gestacional da ofendida e aborto, imputáveis ao agente a título de concurso formal impróprio[16]. Evidentemente, as circunstâncias de fato devem ser de conhecimento do agente, sob pena de se traduzirem em responsabilidade objetiva.

Não há *bis in idem* ao se atribuir ao autor de feminicídio a causa de aumento de pena em apreço e também o delito de aborto. Isto porque a morte do feto é evento com reflexo jurídico-penal não exigido pela lei para agravamento do feminicídio. Entretanto, a causa de exasperação em apreço afasta a agravante prevista no artigo 61, inciso II, alínea *h*, do Código Penal (mulher grávida).

Em termos de direito probatório, o avançado estado gestacional significa, por certo, circunstância fática indicativa, no mínimo, de dolo eventual quanto ao possível aborto.

No que tange à cláusula "três meses após o parto", concordamos com o entendimento de Luiz Regis Prado[17], o qual aponta que o início do parto é marcado pelo período de dilatação do colo do útero e seu término pela completa separação da criança do organismo materno, com a expulsão da placenta e o corte do cordão umbilical. Prazo de direito material, que deve ser contado nos termos do artigo 10 do Código Penal.

Acerca da idade do sujeito passivo, cenário identificador de maior vulnerabilidade e, portanto, revelador de desvalor superior da conduta do agente, formatada a causa de aumento de pena especial, também não deve incidir no mesmo contexto de fato as agravantes previstas no artigo 61, inciso II, alínea *h* (criança e maior de sessenta anos), notadamente porque a expressão *criança*, nos termos do Estatuto da Criança e do Adolescente, alberga indivíduos com 12 (dozes) anos incompletos, portanto, protegidos pela causa de aumento em comento. O mesmo se diga quanto à majorante prevista na 2ª parte do artigo 121, § 4º, do Código Penal, aplicável a qualquer forma de homicídio doloso. Por certo a referência específica das mesmas balizas no § 7º, inciso II, implica em especialidade e maior campo para exasperação da sanção, critério adotado pelo legisla-

[16] Uma conduta dolosa, com dois resultados (morte da gestante e morte do feto) causados a partir de desígnios autônomos. A consequência é o somatório das penas (art. 70, parte final).

[17] PRADO, Luiz Regis, CARVALHO, Érika Mendes de, CARVALHO, Gisele Mendes de. **Curso de Direito Penal Brasileiro**. 13ª ed., São Paulo: RT, 2014.

dor para melhor prevenção e repressão dos delitos de gênero, afastando-se a previsão geral de aumento estabelecida no referido § 4º.

No que concerne à deficiência da vítima, a majorante correlata abarca tanto a deficiência física como a mental. O conceito de deficiência tem referência normativa no artigo 2º, *"caput"*, da Lei nº 13.146/15 (Estatuto da Pessoa com Deficiência) e no artigo 1 da Convenção Internacional sobre os Direitos das Pessoas com Deficiência (Convenção de Nova Iorque), promulgada pelo Decreto nº 6.949/09, diploma com posição de norma constitucional, atendido o comando previsto no artigo 5º, § 3º, da Carta Magna.

A cláusula referente à vítima "portadora de doenças degenerativas que acarretem condição limitante ou de vulnerabilidade física ou mental", em primeira análise, encerra conteúdo semelhante à noção de deficiência. No entanto, ressalva-se prova técnica no caso concreto apta a sinalizar cenário revelador de moléstia não subsumível à ideia trazida pelo Estatuto da Pessoa com Deficiência, de modo a ensejar aplicabilidade alargada da causa de aumento de pena em testilha.

A prática do feminicídio na presença de ascendente ou descendente da vítima também acarreta exasperação da resposta penal. Em face dos aparatos de tecnologia próprios de nosso tempo, não era descabida a interpretação do termo presença, traduzindo-o como telepresença, com áudio e vídeo ou apenas som, em ambiente virtual ou teleconferência. Com a reforma trazida pela Lei nº 13.771/18, optou o legislador por prever expressamente a incidência da majorante se o feminicídio for praticado na presença física ou virtual de descendente ou ascendente da vítima, fechando qualquer possibilidade de restrição do alcance do dispositivo em comento.

Por fim, na mesma medida, por força de inovação trazida pela Lei nº 13.771/18, indicou o legislador aumento especial da pena corporal a ser aplicada à hipótese de descumprimento das medidas protetivas de urgência previstas nos incisos I, II e III do artigo 22 da Lei nº 11.340.06 (Lei Maria da Penha). As citadas medidas são:

> I – suspensão da posse ou restrição do porte de armas, com comunicação ao órgão competente, nos termos da Lei nº 10.826, de 22 de dezembro de 2003 ;
> II – afastamento do lar, domicílio ou local de convivência com a ofendida;

> III – proibição de determinadas condutas, entre as quais:
> a) aproximação da ofendida, de seus familiares e das testemunhas, fixando o limite mínimo de distância entre estes e o agressor;
> b) contato com a ofendida, seus familiares e testemunhas por qualquer meio de comunicação;
> c) frequentação de determinados lugares a fim de preservar a integridade física e psicológica da ofendida.

Objetivamente, para que incida a mencionada causa de aumento de pena é essencial que exista medida de proteção à mulher em vigor, ou seja, decretada por juiz e cientificado o ofensor por meio de notificação específica, devidamente certificada nos autos da medida, seja procedimento investigatório ou ação penal.

5. O indivíduo protegido pelo arcabouço legal

Por fim, de rigor destacar alguns apontamentos sobre tema ainda controverso, qual seja, a amplitude do espectro de proteção da norma no que se refere ao titular do bem jurídico tutelado. Efetivamente, quanto à vítima do delito em testilha, tem-se em primeira vista que a mulher é o sujeito passivo. Como visto, não é a mulher em qualquer cenário, mas contextualizada em palco de violência de gênero ou motivado o autor por menosprezo ou discriminação à condição da ofendida.

Contudo, é importante ressaltar que a interpretação filológica não abarca, como clama parte da doutrina, a verdadeira extensão do comando normativo em referência. Nesse sentido, como explicam Everton Luiz Zanella e Nathalia Gomes Monteiro[18], com apoio em Adriana Ramos Mello, que há pelo menos três posições na doutrina para esclarecer o conteúdo da expressão mulher no texto do Código Penal para fins de feminicídio:

> "Assim, tem-se que o sujeito passivo do feminicídio é a mulher, existindo três correntes que indicam qual a definição de mulher para aplicação da Lei. A

[18] ZANELLA, Everton Luiz, MONTEIRO, Nathalia Gomes. *O sujeito passivo do feminicídio.* Revista Jurídica da Escola Superior do Ministério Público de São Paulo, v. 12, nº 2, 2017, p. 60.

primeira delas é o critério biológico, que verifica tão apenas a questão genética e cromossômica, ou seja, a vítima do crime seria tão apenas aquelas pessoas que nasceram mulher. A segunda corrente é aquela que adota o critério jurídico cível, que considera mulher não apenas as que satisfazem o critério biológico, mas também atingem pessoas transexuais que tenham realizado a alteração formal do registro civil, constando, documentalmente, como do sexo feminino; noutras palavras, aplica-se o conceito jurídico de sexo. Por fim, o terceiro posicionamento é o daqueles que adotam o critério psicológico, incluindo como vítima do feminicídio todas as pessoas que, independentemente dos critérios biológico ou jurídico, psicologicamente sentem-se mulher e comportam-se como tal.

A discussão, com tantas tintas ideológicas, certamente é insuperável. Como cediço, há forte resistência de ala conservadora do Parlamento quanto a aceitar indivíduos homossexuais, travestis e transexuais como titulares do sistema jurídico de proteção da mulher. Sabe-se, inclusive, que o texto original do projeto que gerou a Lei nº 13.104/15 previa a expressão gênero feminino e não sexo feminino. As diferenças são evidentes na medida em que *gênero* abarca a dimensão social do conceito ao passo que *sexo* se atrela apenas ao aspecto biológico. Nessa ordem de ideias, a identidade de gênero, ou seja, como o indivíduo se enxerga e se apresenta no corpo social, é definição que não se contenta com os limites traçados pela biologia.

A dúvida, portanto, se refere à amplitude do conceito em tela. A vontade do legislador, por certo, foi de restringir o alcance da norma, mas seria essa a verdadeira finalidade da norma? No que diz respeito aos conteúdos biológico e jurídico, nos termos acima indicados, não existe, a nosso sentir, qualquer espaço para dúvidas: se o indivíduo é mulher em termos legais, seja por registro originário de nascimento ou por força de decisão judicial posterior, certamente poderá ser identificado como sujeito passivo do crime em testilha. Seria esquizofrênico um sistema jurídico que reconhecesse ao ser humano a condição de mulher para efeitos jurídicos genéricos e o excluísse da definição para fins de proteção penal. Interpretação desconexa e contaminada ideologicamente.

Remanesce sem adequado encaminhamento o conceito **psicológico**, o qual talvez tenha de esperar os novos rumos da revolução cultural em que vivemos para, quem sabe, ganhar espaço específico em sistema próprio de proteção.

Referências

BUSATO, Paulo César. **Homicídio mercenário e causas especiais de diminuição de pena. Um paradoxo dogmático.** Cadernos do Júri, nº 3, 2015.

CAVALCANTI, Stela Valéria Soares de Farias. **Violência doméstica: análise da Lei "Maria da Penha", nº 11.340/06**. 4ª ed. Salvador: JusPODIVM, 2012.

LIMA, Carlos Araújo de. **Os Grandes Processos do Júri.** Manaus: Calderaro, 1992.

MAQUEDA ABREU, María Luisa. **La violencia de género: entre el concepto jurídico y la realidad social.** Revista Electrónica de Ciencia Penal y Criminología, nº 8, 2006.

MELLO, Adriana Ramos. **Feminicídio: breves comentários à lei 13.104/15**. JOTA UOL. 04 de agosto de 2015. Disponível em: <http://jota.uol.com.br/feminicidio-breves-comentarios-a-lei-13-10415>. Acesso em 31 de março de 2016.

NUCCI, Guilherme de Souza. **Notas sobre o feminicídio.** http://www.guilhermenucci.com.br/artigos/guilherme-nucci/penal/notas-sobre-feminicidio. Acesso em 29.5.2015.

PIRES, Amom Albernaz. **A natureza objetiva da qualificadora do feminicídio e sua quesitação pelo Tribunal do Júri.** http://www.compromissoeatitude.org.br/a-natureza-objetiva-da-qualificadora-do-feminicidio-e-sua-quesitacao-no-tribunal-do-juri-por-amom-albernaz-pires. Acesso em 12.10.21.

PRADO, Luiz Regis; CARVALHO, Érika Mendes de, CARVALHO; Gisele Mendes de. **Curso de Direito Penal Brasileiro**. 13ª ed., São Paulo: RT, 2014.

RADFORD, Jill-Russel; Diana E. H. (eds.). **Femicide. The politics of woman killing**. New York, Canada: Tawayne Publishers-Maxwell Macmillan, 1992.

ZANELLA, Everton Luiz, MONTEIRO, Nathalia Gomes. **O sujeito passivo do feminicídio.** Revista Jurídica da Escola Superior do Ministério Público de São Paulo, v. 12, nº 2, 2017.

21.
O CASO MÁRCIA BARBOSA *VS* BRASIL DA CORTE INTERAMERICANA DE DIREITOS HUMANOS E A TUTELA JURÍDICA INTERNACIONAL DA VIOLÊNCIA CONTRA A MULHER

HELISANE MAHLKE

Introdução

O presente artigo destina-se a analisar a contribuição da jurisprudência da Corte Interamericana de Direitos Humanos no caso Márcia Barbosa e outros vs. Brasil, para a tutela jurídica internacional da violência contra a mulher. Para tanto, será abordada a gênese e funcionamento do Sistema Interamericano de Direitos Humanos, bem como suas características. Também serão analisados casos anteriores, que também contribuiíram para o desenvolvimento da proteção regional da mulher, como o Caso do Presídio Miguel Castro vs. Peru, o Caso Gonzáles e outras vs. México e o caso Maria da Penha vs. Brasil. Além disso, serão apontadas as principais normas que guiam a construção da jurisprudência interamericana no que se refere à proteção da mulher contra a violência de gênero.

Em sequência, a análise irá se dedicar ao caso em tela, caso Márcia Barbosa vs. Brasil, o mais recente sobre a temática no Sistema Interamericano, verificando quais pontos são levantados pela Corte Interamericana de Direitos Humanos ao pronunciar-se na sentença, quais conceitos e normas são nele discutidas. Por fim, faz-se uma reflexão crítica sobre o combate à violência de gênero e se tais instrumentos jurídicos e normativos podem contribuir para a proteção dos direitos da mulher.

A principal justificativa desse estudo é contribuir para o aprimoramento dos mecanismos disponíveis para a proteção dos direitos humanos das mulheres na região, considerando os altos índices de violência de gênero que assola a maior parte dos países americanos, conforme será eventualmente apontado. Para tanto, parte-se, metodologicamente, do estudo do caso apontado acima, usando como fontes basilares a jurisprudência e as normas interamericanas, bem como a doutrina sobre o tema.

1. O Sistema Interamericano de Direitos Humanos

O Sistema Interamericano de Direitos Humanos tem sua gênese com a criação da Comissão Interamericana de Direitos Humanos (CIDH)[1], no âmbito da Organização dos Estados Americanos (OEA)[2]. A Comissão, em um primeiro momento, segundo a competência a ela atribuída pela Carta de Bogotá (artigo 106), tem como escopo receber denúncias de eventuais violações de direitos humanos por parte dos cidadãos dos Estados-membros, ou mesmo de outros Estados. Importante mencionar, também, o papel das relatorias especiais. A Comissão é um organismo político institucional que, nesse aspecto, teria a competência de oferecer recomendações aos Estados violadores, ou eventualmente, levar o Estado que não cumprisse suas decisões à Assembleia Geral da OEA.

É importante mencionar, também, que relacionada à Competência conferida à CIDH, está a de constituir relatorias especiais. Sobre o tema, a Comissão possui a Relatoria Especial sobre os Direitos das Mulheres, a qual, além de ser um instrumento para observar eventuais violações contra os direitos das mulheres cometidas nos Estados membros, assessora na promoção dos mecanismos do sistema interamericano, no trâmite das medidas cautelares designadas pela Comissão, na recepção das petições

[1] A Comissão Interamericana de Direitos Humanos foi criada pela V Resolução do Conselho de Ministros da Organização dos Estados Americanos, em 1959, sendo instalada em 1960 após a aprovação do seu Estatuto pelo mesmo Conselho. Além disso, sua criação estava prevista no artigo 106 da Carta de Bogotá, que cria a Organização dos Estados Americanos (Carta da OEA).

[2] A Organização dos Estados Americanos, organização de cooperação regional, foi criada pela Carta de Bogotá de 1948, a qual entrou em vigor em 1951. Hoje, a OEA conta com 35 Estados membros que ratificaram a Carta de Bogotá.

individuais, na produção dos informes sobre os casos envolvendo questões de gênero e informes especiais sobre os direitos das mulheres[3].

Com o advento da Convenção Americana de Direitos Humanos, também chamado de Pacto de San José da Costa Rica[4], a Comissão adquire outro papel. Além de receber as petições individuais das vítimas, ela passa, também a, caso julgue necessário, ser responsável pela judicialização de tais petições, ou seja, ela tem a competência para decidir quais casos serão encaminhados à Corte para julgamento. Nesse caso, a Comissão atua como uma espécie de "filtro" analisando a admissibilidade das denúncias e quais serão submetidas à instância judicial caso o Estado não cumpra o primeiro informe emitido pela Comissão.

Nesse sentido, importante referenciar que a Comissão utiliza como parâmetro a perspectiva dos chamados "casos paradigmáticos" ou "casos exemplares", ou seja, não são todas as petições individuais aceitas, cujo primeiro informe não é acatado pelo Estado, que serão encaminhadas para o julgamento da Corte. Essa atividade controversa, faz com que a Comissão selecione aqueles casos que ela julga ser essencial provocar a jurisprudência da Corte Interamericana de Direitos Humanos sobre determinado tema. É importante destacar, de forma crítica que, os critérios utilizados pela CIDH para decidir quais casos serão encaminhados à Corte são bastante subjetivos, e estão conectados a quem são os comissionados[5] e quais são as questões políticas e sociais que eles julgam mais prementes no momento da decisão[6].

[3] Maiores informações sobre a Relatoria Especial dos Direitos das Mulheres e seu trabalho, consultar: https://www.oas.org/es/cidh/jsForm/?File=/es/CIDH/r/DMujeres/Default.asp. Acesso em 21/06/2022.

[4] A Convenção Americana de Direitos Humanos, celebrada em San José, na Costa Rica, em 1969, entrou em vigor em 17 de julho de 1978.

[5] A Comissão Interamericana é formada por 7 comissionados, provenientes dos Estados partes da OEA, escolhidos pela Assembleia geral para cumprir um mandato de 3 anos.

[6] A título comparativo, o mesmo não ocorre com a Corte Europeia de Direitos Humanos na qual, após a extinção da Comissão Europeia de Direitos Humanos em 1998, pelo Protocolo n. 11 adicional à Convenção Europeia de Direitos Humanos.

A Corte Interamericana de Direitos Humanos (CorteIDH), por sua vez, é criada pela Convenção Americana de Direitos Humanos[7], convertendo-se em sua legítima intérprete. O órgão judicial possui 7 juízes provenientes dos Estados membros da OEA, que se dedicam a tornar efetiva a competência consultiva[8] e contenciosa da Corte. No que se refere à competência consultiva da CorteIDH, esta atribui ao tribunal a ação de interpretar as normas regionais, em especial a Convenção Americana de Direitos Humanos, seja a pedido dos Estados Membros, seja a pedido da Comissão Interamericana de Direitos Humanos.

Quanto ao aspecto contencioso[9], a CorteIDH possui competência *ratione personae* de julgar Estados (que figuram no polo passivo da relação jurídica), que tenham por ventura ratificado a Convenção Americana e que tenham reconhecido formalmente a jurisdição deste tribunal. Por outro lado, as vítimas figuram no polo ativo processo, porém exercem essa posição de maneira indireta, uma vez que quem é responsável por levar o caso à Corte, é a CIDH, conforme já apontado anteriormente.

O processo perante a Corte[10], com o encaminhamento do chamado "Primeiro Informe" à Corte, no caso de o Estado não ter acatado a recomendação feita pela CIDH e, também, se esta entender pela necessidade de judicialização do caso, conforme apontado acima. A Comissão, por sua vez, também atua como *custos legis* (fiscal da lei) no processo perante a CorteIDH. Há também a figura do Defensor Interamericano, que tem a atribuição de representar as vítimas desprovidas de recursos. As vítimas são intimadas a postular sua petição inicial, que deve conter a descrição dos fatos e os fundamentos jurídicos do caso. O Estado réu, então, é notificado para que apresente sua contestação do caso, ou o reconhecimento

[7] A Convenção Americana de Direitos Humanos, também chamada de Pacto de San José da Costa Rica, foi elaborada em 1969, entrando em vigor em 1978.

[8] Vide artigo 2 do Estatuto da Corte Interamericana de Direitos Humanos e artigo 64 da Convenção Americana de Direitos Humanos.

[9] Artigos 61 e 62 da Convenção Americana de Direitos Humanos.

[10] Esse *itinere* segue o disposto no novo Regulamento da Corte instituído a partir de 2009. Disponível em: https://www.corteidh.or.cr/sitios/reglamento/nov_2009_por.pdf. Acesso em 21/06/2022.

de sua responsabilidade, o que abreviaria o processo[11]. Porém, caso conteste, o Estado pode não apenas impugnar os fatos, como apresentar exceções preliminares, questionando a competência da CorteIDH para julgar a causa. Em sequência, tem-se a fase probatória, na qual as partes apresentam suas alegações e provas, geralmente em audiências públicas conduzidas pelos juízes da Corte. Por fim, a decisão da Corte, a qual é obrigatória e vinculante para as partes, além de ser executória (gerando *res judicata* entre as partes) e inapelável[12], pode conter a necessidade de reparação às vítimas e a imposição de medidas aos Estados que visem garantir o gozo do direito de violado.

O Sistema Interamericano é um mecanismo de apuração da responsabilidade internacional do Estado por violações de direitos humanos. É importante ressaltar que, como qualquer instrumento de supervisão e controle internacional, sua atuação e jurisdição é complementar à jurisdição dos Estados, ou seja, ele só pode atuar na medida em que o Estado não cumpre com as obrigações internacionais com as quais se comprometeu. Pressupõe-se, assim, a necessidade primordial do esgotamento dos recursos internos dos Estados, por parte daqueles que buscam a jurisdição internacional.

Outra questão importante a se mencionar, no que se refere aos mecanismos internacionais de proteção de direitos humanos, como é o caso do Sistema Interamericano, e sua relação com a responsabilidade internacional do Estado, é o controle de convencionalidade. A convencionalidade[13] representa a análise da compatibilidade entre as normas e leis nacionais, com as Convenções Internacionais com as quais o país se comprometeu.

Conforme ensina Ferrer MacGregor (2015, pp. 98-99) os três principais objetivos da doutrina do controle de convencionalidade são: prevenir a implementação de leis nacionais que são incompatíveis com a Convenção Americana; o segundo é servir como um mecanismo para que

[11] Outras causas possíveis de abreviação do processo seriam a solução amistosa entre as partes, ou a desistência de uma delas (vide artigo 61 do Regulamento da CorteIDH).

[12] O único recurso cabível às partes é aquele que possibilita um pedido de interpretação da sentença junto da Corte (vide artigo 67 da Convencão Americana de Direitos Humanos.

[13] O precedente importante da doutrina do controle de convencionalidade pode ser encontrado no Caso Barrios Altos vs. Peru (2001).

as autoridades nacionais cumpram suas obrigações para a garantia dos direitos previstos na Convenção Americana, afirmando assim a complementaridade entre os sistemas nacionais e internacionais na integração entre os sistemas de proteção de direitos humanos; e, por fim, favorece o diálogo entre as cortes nacionais e a CorteIDH. Dessa forma, pode-se dizer que ela representa a forma do Estado verdadeiramente demonstrar seu comprometimento com as normas internacionais que vinculam o Estado.

2. A violência de gênero

A violência de gênero[14] traz em si condutas que, segundo Balestero e Gomes (2015, p.45) reproduzem-se culturalmente em "comportamentos irrefletidos, reforçados e perpetuados por instituições como a igreja, a escola, a família e o Estado, que contribuem diretamente para impor a opressão masculina sobre a feminina". Segundo as autoras, historicamente essas instituições contribuem para disseminar a ideia da inferioridade feminina, em relação ao gênero masculino, ideia que não é apenas imposta, mas é aprendida pelo gênero feminino, que reverbera esse comportamento. Nesse sentido, a cultura e a construção histórica, conforme pontuam as autoras, exercem uma contribuição fundamental na disseminação de valores e comportamentos que reforçam essa ideia.

Essa construção de dominação a partir de uma ideologia, que passa a ser incorporada à identidade feminina, é uma das formas mais perversas de opressão, pois não permite o pensamento e a emancipação. A perpetuação desses valores e comportamentos estão tão enraizados em sociedades variadas, que torna a discriminação de gênero um fato estrutural, ou seja, ela acaba por fazer parte da própria construção dessas sociedades e, por consequência, dos Estados.

14 Ao usar o termo gênero nesse artigo, compreende-se a complexidade e muldimensionalidade da construção do termo. Portanto, é importante mencionar que, para fins desse estudo, utiliza-se a concepção que transcende as distinções de sexo ou meramente biológicas, e reconhece que sua concepção também possui elementos sociológicos e culturais que contribuem para a construção das identidades, que incluem a forma como se percebe as relações sociais e de poder. Para mais reflexões a respeito: SCOTT, Joan Wallach. Gênero: uma categoria útil para análise histórica. *Educação & realidade*, v. 20, pp. 71-99.

Os dados reforçam a importância de se refletir e estudar o tema, suas causas e consequências. A violência contra a mulher é uma realidade no mundo todo e apresenta índices alarmantes[15], apesar do aumento das denúncias, da visibilidade do tema e do avanço normativo[16]. O fato é que a discriminação de gênero é um elemento estrutural nas sociedades latino-americanas, o que perpetua a situação de violência, a despeito dos esforços de governos e da sociedade civil na conscientização para a mudança dessa realidade e no combate de crimes correlatos. As causas da violência de gênero segundo Maria de Fátima Araújo (2008, p.20).

A violência de gênero produz-se e reproduz-se nas relações de poder onde se entrelaçam as categorias de gênero, classe e raça/etnia. Expressa uma forma particular de violência global mediatizada pela ordem patriarcal, que delega aos homens o direito de dominar e controlar suas mulheres, podendo para isso usar a violência. Dentro dessa ótica, a ordem patriarcal é vista como um fator preponderante na produção da violência de gênero, uma vez que está na base das representações de gênero que legitimam a desigualdade e dominação masculina internalizadas por homens e mulheres.

A violência de gênero está enraizada na cultura patriarcal presente na maioria dos Estados, que a expressam mediante ações ou omissões no que se refere ao reconhecimento e na proteção dos direitos das mulheres. Como os Estados se estruturam em cima de relações de poder e, como dito acima, a violência de gênero e as construções sociais e culturais das quais ela se origina, refletem um tipo de relação de poder presente nessas sociedades, infere-se que, tal como eventualmente se pretende demonstrar, mais que uma questão de determinado grupo social, a violência de gênero é uma questão de Estado. Essa situação demonstra que ainda é

[15] Os dados apresentados pela Organização Mundial de Saúde, em 2021, corroboram essa afirmação. Segundo a OMS, 1 em cada 3 mulheres (em torno de 736 milhões) já sofreu ou irá sofrer algum tipo de violência física ou sexual o longo da vida. A organização também revela que a maior parte da violência ocorre dentro de casa e é perpetrada pelos parceiros ou familiares das vítimas. Para maiores informações, consultar o inteiro teor do relatório publicado em: https://who.canto.global/s/KDE1H?viewIndex=0. Acesso em 22/06/2022.

[16] Para maiores informações sobre tais índices, consultar o relatório elaborado pela CEPAL (Comissão das Nações Unidas para América Latina) – Observatório de Gênero. Disponível em: https://oig.cepal.org/es/indicadores/feminicidio. Acesso em 21/06/2022.

necessário empreender esforços para a construção de uma sociedade mais justa, igualitária e segura para as mulheres e meninas.

3. Antecedentes jurisprudenciais e elementos normativos

Antes de mais nada é importante mencionar que a construção da proteção normativa e institucional dos direitos da mulher e de normas que visam coibir a violência de gênero, são fruto da longa luta dos movimentos feministas, nas suas mais diferentes fases[17], para a consolidação desses direitos. As instâncias internacionais refletem os avanços dessa luta, que nem sempre ocorre de maneira linear ou progressiva, mas que vem conquistando importantes mudanças na consolidação desses direitos.

Sendo assim, após verificar a criação e o funcionamento do Sistema Interamericano de Direitos Humanos e refletir sobre as causas e o conceito da violência de gênero, passa-se a analisar como ela é tratada pelo Sistema, apontando as principais normas e jurisprudência sobre o tema.

Quanto ao aspecto normativo e, seguindo o mesmo recorte regional,[18] deve ser apontada a previsão da Convenção Americana de Direitos

[17] Conforme ensina Flávia Piovesan (2012, p. 70): "A arquitetura protetiva internacional de proteção dos direitos humanos é capaz de refletir, ao longo de seu desenvolvimento, as diversas feições e vertentes do movimento feminista. Reivindicações feministas, como o direito à igualdade formal (como pretendia o movimento feminis- ta liberal), a liberdade sexual e reprodutiva (como pleiteava o movimento feminista libertário radical), o fomento da igualdade econômica (bandeira do movimento feminista socialista), a redefinição de papéis sociais (lema do movimento feminista existencialista) e o direito à diversidade sob as perspectivas de raça, etnia, dentre outras (como pretende o movimento feminista crítico e multicultural) foram, cada qual ao seu modo, incorpora- das pelos tratados internacionais de proteção dos direitos humanos".

[18] Do ponto de vista universal, deve-se mencionar a importância da Convenção sobre a eliminação de todas as formas de discriminação contra a mulher, celebrada nas Nações Unidas, em 1979, que serviu de inspiração para outras normas nacionais e internacionais. Além dessa, cabe ressaltar a proibição da discriminação quanto ao sexto, prevista no artigo 2 da Declaração Universal dos Direitos Humanos (1948). Também, a Declaração de Direitos Humanos de Viena (1993) que consagra a inalienabilidade dos direitos humanos das mulheres e meninas, como parte integral dos direitos humanos universais (parágrafo 18), o que reforça a importância de considerar os direitos humanos a partir de uma perspectiva de gênero. No mesmo sentido, é importante mencionar a Declaração e Plataforma de Ação da IV Conferência Mundial sobre a Mulher, a Plataforma de Pequim, de 1995, a qual traz contribuição relevante para a busca da igualdade entre homens e mulheres e ressalta a

Humanos, em seu artigo 1º estabelece que os Estados partes comprometem-se em garantir os direitos humanos de todos aqueles que estejam sob sua jurisdição, "*sem discriminação alguma por motivo de raça, cor, **sexo**, idioma, religião, opiniões políticas ou de qualquer outra natureza, origem nacional ou social, posição econômica, nascimento ou qualquer outra condição social*". (grifo nosso). Em consonância, o artigo 24, fala da igualdade perante a lei, sem explicitar necessariamente a igualdade entre os gêneros. Contudo, pode-se observar que a Convenção é silente quanto a direitos básicos relativos ao gênero, quanto aos direitos reprodutivos e, também quanto a necessidade de reconhecer as características da condição feminina, que devem ser observadas para a proteção da mulher, sobretudo para a redução da desigualdade de gênero e a superação da violência física, social ou psicológica.

Talvez para suprir essa falta, tem-se o advento da Convenção Interamericana Para Prevenir, Punir e Erradicar a Violência Contra a Mulher, também chamada Convenção de Belém do Pará de 9 de junho de 1994. Verdadeiro marco na proteção da mulher no continente. A Convenção, além de estabelecer um rol de direitos inerentes às mulheres (artigos 3 a 6), também estabelece quais são os deveres dos Estados e quais iniciativas eles devem empreender de modo a tornar efetivos esses direitos (artigos 7 e 8)[19]. Ademais, a Convenção de Belém do Pará dispõe sobre a possibilidade dos órgãos do Sistema Interamericano de Proteção aos Direitos Humanos invocá-la e interpretá-la e que o sistema é o meio pelo qual os cidadãos e cidadãs dos Estados partes podem fazer uso para torná-la efetiva (artigos 10 e seguintes).

Importante analisar, para o objetivo desse artigo, o que traz a referida Convenção sobre a violência contra a mulher, determinando que seja considerada (artigo 1, *in verbis*) "*qualquer ato ou conduta baseada no gênero,*

importância do empoderamento feminino para a efetividade desses direitos, colocando a mulher como protagonista do seu destino.

[19] Fundamental o artigo 9 que estabelece que os Estados devem considerar condições especiais de vulnerabilidade de mulheres em condição de (*in verbis*): "*mulher vulnerável a violência por sua raça, origem étnica ou condição de migrante, de refugiada ou de deslocada, entre outros motivos. Também será considerada sujeitada a violência a gestante, deficiente, menor, idosa ou em situação socioeconômica desfavorável, afetada por situações de conflito armado ou de privação da liberdade*".

que cause morte, dano ou sofrimento físico, sexual ou psicológico à mulher, tanto na esfera pública como na esfera privada". O artigo 2, por sua vez, estabelece que a tipificação abrange tanto a violência física, sexual e psicológica, seja aquela ocorrida no âmbito da família, da comunidade (por qualquer pessoa), ou perpetrada ou tolerada pelo Estado e seus agentes. Essa definição abrangente é de suma importância, pois permite classificar e tipificar a violência perpetrada contra a mulher em diversas situações e ambientes. Ademais, ela permite responsabilizar o Estado, sobretudo quando utiliza o termo "tolerada", tanto pela ação quanto pela omissão deste no que se refere à proteção dos direitos da mulher.

Além do aspecto normativo, é necessário apontar os casos paradigmáticos que tratam da questão de gênero e que foram levados ao Sistema Interamericano, seja os que foram apreciados apenas na esfera da Comissão Interamericana, seja os que foram judicializados perante a Corte[20]. Cada um desses casos representou uma oportunidade de o Sistema Interamericano contribuir para a consolidação dos direitos das mulheres no continente, bem como para o combate às violações destes direitos. O presente estudo selecionou três casos paradigmáticos a título de análise e

[20] Faz-se referência a outros casos importantes, a título de exemplo: Ana, Beatriz y Celia Gonzáles Pérez vs. México (2001), Caso Maria Eugênia Morales de Sierra vs. Guatemala (2001), Caso Marta Lúcia Alvarez Giraldo vs Colombia (2018), Caso 10.506 (nomes das vítimas ocultos para preservar sua privacidade) vs. Argentina (1996). Casos que chegaram à solução amistosa: Caso Maria Cháves vs. Peru (2006), M.M. vs. Peru (2014), Mariela Barreto Riofano vs. Peru (2014), Paulina Jacinto vs. México (2007). Senhora X e familiares vs. Colômbia (2008), Alba Cardona vs. Colômbia (2014), Nicolasa e familiares vs. Colômbia (2018), Amira Gusmán de Alonso e familiares vs. Colômbia (2020), Monica Calegillos vs. Chile (2002), Marcela Valdez Días vs. Chile (2009), Gabriella Blás Blás e C.B.B. vs Chile (2018), M.Z. vs. Bolívia (2014), Maria de Morini vs. Argentina (2001). Casos na Corte: Massacre dos Erres vs,. Guatemala (2008), Inez Fernandez Ortega vs. México (2009), Valentina Cantú e outra vs. México (2009), Gladys Gonzáles vs Peru (2011), Maria Izabel Vélez e outros vs. Guatemala (2011), Claudina Paiz vs. Guatemala (2013), Ana Tereza Yarce e outras vs. Colômbia (2013), I. V. vs. Bolívia (2014), V.R.P. e V.P.C. vs. Nicarágua (2016), Maria Selvas Gomez e outras vs. México (2016), Linda Lopez Soto e outros vs. Venezuela (2016), Paola Albarracin e outros vs. Equador (2019), Jineth Bedoya Lima e outra vs. Colômbia (2019), Manuela e família vs. El Salvador (2018), Blas Valencia Campos e outros vs. Bolívia (2021), Cristina Britez Arce e Família vs. Argentina (2021), Beatriz vs. El Salvador (2022).

que, entende-se, foram precursores para o caso que é objeto desse artigo, sobretudo no que tange à violência de gênero. São eles o caso Miguel Castro vs Peru, o Caso Gonzáles e outras vs. México, e o caso Maria da Penha vs. Brasil.

O Caso Miguel Castro vs. Peru (2006) trata da tentativa de transferência de pessoas privadas de liberdade do Presídio Miguel Castro, no contexto do período de exceção Governo de Alberto Fujimori. A justificativa dada pelas autoridades era a necessidade de transferir as presas para o pavilhão feminino. As tentativas de transferências foram conduzidas de forma violenta e abusiva, com graves violações de direitos. Posteriormente, sob a alegação de suposto motim, as forças policiais invadem o presídio com violência causando verdadeiro massacre das pessoas que ali se encontravam. Importante mencionar que, vários dessas pessoas, dentre elas várias mulheres, eram presos políticos, sob os quais sequer havia condenação definitiva. Levantou-se, à época, a suspeita de que tal ação policial havia sido com a intenção velada de eliminar opositores do governo. O caso, notório por abordar o direito das pessoas encarceradas, também é o primeiro a considerar, dentre as violações desses direitos, a violência de gênero. Nele, pela primeira vez, a Convenção de Belém do Pará é invocada pela jurisprudência da CorteIDH ao considerar as condições subumanas e as violações de direitos às quais foram submetidas as presas políticas[21].

O Caso Gonzáles e outras vs. México (2007)[22], também conhecido como "Caso Campo Algodoeiro" em razão do local onde foram encontrados os corpos de três meninas (duas delas menores de idade) que foram assassinadas e torturadas sexualmente, em Ciudad Juarez, no México, também merece destaque. O que torna esse caso fundamental é a relação que a CorteIDH estabelece entre a morte das vítimas e a violência estrutural de gênero, por colocar os crimes no contexto do aumento significativo de homicídios de mulheres, com características sexuais, na região,

[21] Para inteiro teor da sentença do Caso Miguel Castro vs. Peru proferida pelos juízes da CorteIDH: https://www.corteidh.or.cr/docs/casos/articulos/seriec_160_esp.pdf . Acesso em 21/06/2022.

[22] Para inteiro teor da sentença do Caso Gonzáles e outras vs. México: https://www.corteidh.or.cr/docs/casos/articulos/seriec_205_por.pdf. Acesso em 21/06/2022.

desde o ano de 1993[23]. Conforme pontua a CIDH, ao encaminhar o caso à CorteIDH, esse caso refere-se a mais do que o assassinato dessas três mulheres, mas insere-se em um contexto de violência sistêmica e recorrente cometida contra mulheres na região, amplamente denunciada e que, todavia, contava com a inércia e complacência das autoridades estatais[24]. Essa observação da CIDH deixa claro que o caso trata do feminicídio (morte de mulheres em razão de seu gênero) não se trata de casos isolados, mas uma questão de Estado.

Já o Caso Maria da Penha vs. Brasil (2001) refere-se à tentativa de homicídio da Senhora Maria da Penha pelo seu então marido que desferiu disparos contra ela enquanto dormia. A Senhora Maria da Penha sobreviveu a esse atentado, mas ficou com graves sequelas e traumas físicos e psicológicos. Posteriormente, ela sofre um segundo atentado, uma nota tentativa de homicídio pelo seu esposo. O caso demorou a ser julgado (1991), tendo posteriormente o julgamento anulado mediante apelação interposta pela defesa. Após novo pedido da acusação, o caso foi novamente apreciado pela justiça, porém até a data do caso ser apreciado pela CIDH, não havia chegado a uma solução, totalizando mais de 15 anos. O caso representa uma situação recorrente no Brasil, no que se refere à impunidade em relação à violência contra a mulher.

O país, à época não dispunha de uma legislação protetiva da mulher em situação de violência doméstica, o que tornava a situação das mulheres, sobretudo as que denunciavam seus companheiros, especialmente vulneráveis a outros crimes. A Comissão invoca a Convenção de Belém do Pará, no que se refere aos seu artigo 2, que trata da definição da violência de gênero e, também do artigo 7, que trata dos deveres dos Estados em promover ações que protejam as mulheres contra esse tipo de violência. Além de ter de indenizar a Sra. Maria da Penha pelos danos físicos e psicológicos sofridos, o Estado Brasileiro também, em cumprimento da

[23] Ver mais detalhes do desenvolvimento do caso trazidos pelo Centro de Justiça CEJIL: https://summa.cejil.org/pt/entity/u67ek04athi4fgvi. Acesso em 21/06/2022.

[24] Para o inteiro teor do Documento encaminhado pela CIDH à CorteIDH, consultar: http://www.cidh.org/demandas/12.496-7-8%20Campo%20Algodonero%20Mexico%204%20noviembre%202007%20ESP.pdf. Acesso em 17 de junho de 2022.

Recomendação Feira pela CIDH[25], elaborou e promulgou uma lei, que leva seu nome, e que se destina à proteção de mulheres contra a violência doméstica.

4. Análise do Caso Márcia Barbosa e outros vs Brasil

Após, observar os elementos normativos e os antecedentes jurisprudenciais presentes no Sistema Interamericano, sobre a violência de gênero, passa-se, agora a analisar o caso Márcia Barbosa e outros vs. Brasil. O caso se refere ao assassinato de Márcia Barbosa de Souza, na cidade de João Pessoa, no dia 18 de junho de 1998, atribuído, mediante investigação criminal, a Aércio Pereira de Lima (deputado estadual à época). O início do processo foi retardado em razão da imunidade do parlamentar[26], sendo a ação penal encaminhada somente em 2003. A sentença condenatória, por sua vez, foi proferida somente em 2007. Todavia, com recurso interposto, nunca efetivado dado o falecimento do réu, antes de transitado em julgado o processo. Assim, o caso deu-se por extinto sem a devida justiça ou reparação pela morte da vítima, dadas as circunstâncias protelatórias do processo.

A petição individual foi levada à CIDH no ano 2000, auxiliando a família da vítima, o Centro pela Justiça e pelo Direito Internacional (CEJIL), pelo Gabinete de Assessoria Jurídica das Organizações Populares (GAJOP) e pelo Movimento Nacional dos Direitos Humanos (MNDH). A CIDH manifestou-se pela admissibilidade do caso em 2007[27]. Na

[25] Importante mencionar que o Caso Maria da Penha não chegou a ser judicializado, ele foi decidido no âmbito da CIDH, tendo o Estado brasileiro acatado a Recomendação da Corte. Para o inteiro teor da decisão: https://www.cidh.oas.org/annualrep/2000port/12051.htm. Acesso em 17 de junho de 2022.

[26] Foram feitas duas solicitações aos Parlamentares do Estado da Paraíba, para que o réu pudesse ser investigado (e, 1998 e 1999), solicitadas pela justiça do Estado, porém ambas foram indeferidas pelos pares do Deputado, o que impediu o recebimento da denúncia oferecida pela Procuradoria Geral do Estado. O processo contra o réu só pode ser iniciado em 2001, quando uma alteração no artigo 53 da Constituição Federal do Brasil (mediante a emenda constitucional 35/2001) retirou a necessidade de aprovação legislativa prévia para a retirada da imunidade processual de parlamentares.

[27] Vide Relatório de Admissibilidade n.38/07. Disponível em: http://cidh.org/annualrep/2007port/Brasil12.263port.htm. Acesso em 17 de junho de 2022.

sequência, o caso foi analisado pela CIDH, que entendeu pela sua admissibilidade. A Comissão levou em consideração a ineficiência do Estado em investigar e punir o crime, a desconsideração em relação à memória da própria vítima e aos direitos de seus familiares ao acesso e proteção da justiça. Dessa forma, após as negativas quanto às recomendações feitas ao Estado Brasileiro, a CIDH encaminhou o caso à CorteIDH[28].

A CorteIDH recepcionou o caso em 2019 e procedeu à apreciação das alegações das partes e análise das provas[29]. A sentença foi finalmente proferida em 7 de setembro de 2021[30]. A CorteIDH entendeu pela condenação do Estado Brasileiro invocando, principalmente os artigos: 8 (acesso à justiça e garantias judiciais), artigo 25 (que se refere ao devido processo legal, artigo 24 (igualdade perante a lei e proibição da discriminação), artigo 5 (proteção dos familiares da vítima), todos da Convenção Americana de Direitos Humanos. Além disso, a Sentença da Corte destaca também a violação do artigo 7.b da Convenção de Belém do Pará, no que se refere ao dever do Estado de "agir com o devido zelo para prevenir, investigar e punir a violência contra a mulher".

A questão do abrigo da imunidade parlamentar, nesse caso, promovendo a impunidade do agente, foi um ponto importante ressaltado pela CorteIDH na sentença, que disse que tal imunidade não poderia servir de mecanismo para a impunidade, o que implicaria no enfraquecimento do estado de direito e da possibilidade de as vítimas terem acesso à justiça (vide parágrafo 100 da Sentença). Assim, a Corte manifesta-se dizendo que cabe ao Poder Legislativo observar se a persecução criminal põe em risco a atividade parlamentar ou apenas obstaculiza o direito dos cida-

[28] Para inteiro teor da Carta de Submissão da CIDH à CorteIDH do caso: https://www.oas.org/es/cidh/decisiones/corte/2019/3.%20Nota%20de%20Remisión%20-%20Caso%20Marcia%20Barbosa.PDF. Acesso 24/06/2022.

[29] Importante mencionar que a CorteIDH afastou a questão preliminar levantada pelo Brasil acerca da incompetência *ratione temporis* da Corte sobre o caso, que havia ocorrido antes de 10 de dezembro de 1998, data na qual o Brasil reconheceu formalmente a jurisdição obrigatória da Corte. Para tanto, afirmou que os atos de morosidade na investigação do crime e os obstáculos impostos à justiça que às violações ocorreram após essa data. (vide par. 48 da Sentença).

[30] Para inteiro teor da Sentença da CorteIDH, consultar: https://www.corteidh.or.cr/docs/casos/articulos/seriec_435_por.pdf. Acesso em 18 de junho de 2022.

dãos à justiça (parágrafos 107-109). A Corte faz nesse caso, importante reflexão sobre a importância, mas também os limites da imunidade parlamentar, a qual não pode se sobrepor à gravidade do crime cometido. Aqueles que ocupam posições de poder não podem valerem-se delas para cometer crimes e permanecerem impunes.

Outro ponto importante abordado pela CorteIDH na sentença, foi sobre a falta de diligência das autoridades estatais em investigar e punir quem comete violência contra a mulher. A Corte ressalta que a investigação de crimes correlatos deve incluir a perspectiva de gênero. O contexto do feminicídio não pode ser dissociado de um elemento presente nesse tipo de crime: as relações de poder e dominação associados à questão de gênero. A caracterização do feminicídio tem um elemento central que é uma mulher ser morta pelo fato de ser mulher, a condição de gênero está essencialmente ligada com o tipo de violência empregada e por quem a emprega, conforme analisado anteriormente.

Nesse sentido, chama atenção a ênfase que a CorteIDH dá ao fato de que o Estado deve considerar esse contexto na investigação e responsabilização dos crimes, ou seja, a CorteIDH reafirma, por meio da sentença do Caso Márcia Barbosa de Souza e outros vs. Brasil, tal qual já havia feito em outras manifestações, que a violência de gênero é uma questão de Estado e como tal deve ser tratada pelas autoridades. Para ilustrar essa consideração, reproduz-se trecho do parágrafo 125 da sentença, que se julga fundamental:

A Corte recorda que, quando existem indícios ou suspeitas concretas de violência de gênero, a falta de investigação por parte das autoridades sobre possíveis motivos discriminatórios de um ato de violência contra a mulher pode **constituir em si mesmo uma forma de discriminação baseada no gênero**. A ineficácia judicial frente a casos individuais de violência contra as mulheres propicia um ambiente de impunidade que facilita e promove a repetição de fatos de violência em geral e envia uma mensagem segundo a qual a violência contra as mulheres pode ser tolerada e aceita, o que favorece sua perpetuação e a aceitação social do fenômeno, o sentimento e a sensação de insegurança das mulheres, bem como sua persistente desconfiança no sistema de administração de justiça. **Essa ineficácia ou indiferença constitui em si mesma uma**

discriminação à mulher no acesso à justiça. (grifo acrescentado pela autora).

Na decisão do caso, a Corte determinou que o Estado Brasileiro, além de indenizar os familiares de Márcia, que também foram vítimas indiretas do crime e diretas da omissão do Estado, que houvesse o aprimoramento, mediante conscientização e capacitação dos agentes de Estado sobre crimes envolvendo a violência contra a mulher. Ademais, que o Estado mantivesse um sistema nacional de dados que permitisse a análise quantitativa e qualitativa de casos de violência contra a mulher[31].

Após a análise do caso em voga e, também, dos demais anteriormente mencionados, assim como da construção normativa e institucional que o Sistema Interamericano proporciona, entende-se que está demonstrada a importância desses mecanismos para a proteção dos direitos humanos. É importante considerar que a proteção internacional dos direitos humanos, frequentemente, desafia a estrutura de poder dos Estados, pois ela representa, em geral, aqueles elementos que não encontram respaldo e visibilidade nessa estrutura. Dessa forma, segundo Piovesan (2014, p.144):

É neste cenário que o Sistema Interamericano gradativamente se legitima como importante e eficaz instrumento para a proteção dos direitos humanos, quando as instituições nacionais se mostram falhas ou omissas. Com a atuação da sociedade civil, a partir de articuladas e competentes estratégias de litigância, o Sistema Interamericano tem a força catalisadora de promover avanços no regime de direitos humanos.

No mesmo sentido, pode-se dizer que as Cortes internacionais de Direitos Humanos, dentre elas a CorteIDH, atuam, justamente, onde o Estado falha em garantir tais direitos. Nesse aspecto reside sua importância, como alternativa à ausência ou opressão do poder do Estado. Pelas questões discutidas nesse artigo, as quais o caso estudado flagrantemente revela, a violência de gênero é uma questão de Estado, ou seja, ela expressa as relações de poder que fazem parte dele e são legitimadas por ele. Por mais que os Sistemas Internacionais de proteção esbarrem na soberania estatal e tenham suas limitações institucionais ou de efetivi-

[31] A sentença se encontra ainda em fase de implementação pelo Estado.

dade, o caso Márcia Barbosa e outros vs. Brasil, bem como os outros aqui abordados, representam bem esse aspecto e a necessidade e importância dos sistemas internacionais para a proteção dos direitos das mulheres.

Conclusões

A violência de gênero é uma questão endêmica e presente em diversos países. Por essa razão, esse estudo se propôs a fazer uma reflexão sobre esse grave problema social, abordando, além da sua tipificação, conceitos e causas, como ela é tratada pelos mecanismos jurídicos e institucionais de proteção aos direitos humanos de que a região dispõe, no caso em especial, o Sistema Interamericano de Proteção aos direitos humanos.

Para tanto, foram analisados instrumentos normativos e a jurisprudência consagrada pelo Sistema Interamericano e qual sua contribuição para o combate à violência contra a mulher. Em especial, foram selecionados três casos paradigmáticos a título de exemplo: o Caso do Presídio Miguel Castro vs. Peru, o Caso Gonzáles e outras vs. México e o Caso Maria da Penha vs. Brasil. Cada um deles, contribuíram com avanços na jurisprudência, ao interpretar as principais normas que tratam do tema: a Convenção Americana de Direitos Humanos e a Convenção de Belém do Pará, de forma mais específica.

Todavia, o objeto central desse estudo foi o Caso Márcia Barbosa e outros vs. Brasil, o qual trouxe à luz outro caso de feminicídio, que permaneceu durante muito tempo impune, dada a imunidade parlamentar do indivíduo que cometeu o crime. É flagrante no caso, o contraponto entre a falta de consideração e de respeito à dignidade da vítima e de seus familiares, com a figura do réu que gozava de posição de poder na comunidade. Essa condição, chama atenção, conforme mencionado, a dois elementos que se pode extrair da análise dos casos julgados pela CorteIDH no que se refere à violência de gênero: a) que ela se fundamenta em relações de poder; b) e que ela deve ser tratada como uma questão de Estado.

Por fim, observou-se que, apesar do desenvolvimento de normas nacionais (citando o exemplo brasileiro, após o Caso Maria da Penha) e internacionais, bem como dos exemplos supracitados de avanços na jurisprudência internacional, infelizmente os índices de violência de gênero são persistentemente altos. Percebe-se, que os sistemas internacionais de proteção, apesar de serem mecanismos importantíssimos na consecução da justiça e no combate à impunidade. Porém, a discriminação de gênero é estrutural e foi social e historicamente construída, tornando-se profundamente enraizada nas instituições de Estado. Esse fato mostra que o caminho na construção de uma sociedade mais justa e que respeite os direitos das mulheres é difícil e oscila entre avanços e retrocessos. Apesar disso, nesse caminho, é importante dizer que as mulheres não caminham mais sozinhas.

Referências

ARAUJO, Maria de Fátima. Gênero e violência contra a mulher: o perigoso jogo de poder e dominação. **Psicol. Am. Lat.**, México, n.14, out. 2008. Disponível em <http://pepsic.bvsalud.org/scielo.php?script=sci_arttext&pid=S1870-350X2008000300012&lng=pt&nrm=iso>. acessos em 23 jun. 2022.

BALESTERO, Gabriela Soares, GOMES, Renata Nascimento. **Violência de Gênero: uma análise crítica da dominação feminina**. In Revista CEJ, Brasília, ano XIX, n. 66. Maio/agosto de 2015. pp. 44-49.

FERRER-MACGREGOR, Eduardo. Symposium: **The Constitutionalization of International Law in Latin-America Conventionality Control. The Doctrine of the Inter-American Court of Human Rights**. ASIL. 2015. pp. 93-99. Disponível em: https://www.asil.org/sites/default/files/Ferrer%20Mac-Gregor,%20Conventionality%20Control.pdf.

FREDMAN, Sandra. GOLDBLATT, Beth (for Progress of World's Women 2015). Discussion Paper: **Gender Equality and Human Rights**. UN Women, julho de 2015.

PIOVESAN, Flávia. **Proteção Internacional dos Direitos das Mulheres**. In Revista da EMERJ. Rio de Janeiro, Vol. 15, n.57. (Edição Especial), pp. 70-89, jan.-març de 2012.

PIOVESAN, Flávia. **Sistema Interamericano de Direitos Humanos: impacto transformador, diálogos jurisdicionais e os desafios da reforma**. In Revista de Estudos Constitucionais, Hermenêutica e Teoria do Direito. Unisinos, São Leopoldo. pp 142-154, 2014.

SCOTT, Joan Wallach. **Gênero: uma categoria útil para análise histórica**. *Educação & realidade*, v. 20, pp. 71-99.

22.
VIOLÊNCIA CONTRA A MULHER NA ERA DIGITAL

MANUELLA SANTOS DE CASTRO

Introdução

A violência é caracterizada como a qualidade do que é violento, envolvendo ações de emprego da força física ou intimidação moral contra alguém. É crueldade, coação. É o exercício injusto, em geral ilegal, de força ou de poder. É força súbita que se faz sentir com intensidade, fúria ou veemência[1].

Segundo a OMS – Organização Mundial da Saúde, uma em cada três mulheres (cerca de 736 milhões de pessoas), é submetida à violência física ou sexual, seja pelo seu parceiro ou por um estranho. E a violência começa cedo: uma em cada quatro mulheres jovens (entre 15 e 24 anos) relataram já terem sido vítimas de violência cometidas por seus parceiros[2]. Essa criminalidade específica deve ser observada e tratada sob outro olhar, diferente do enfrentamento dispensado à criminalidade comum, sob pena de perpetuação do ciclo de violência e do fracasso do Estado diante dessa triste situação[3].

[1] **Dicionário Houaiss da Língua Portuguesa**. Versão digital.

[2] Disponível em: https://brasil.un.org/pt-br/115652-oms-uma-em-cada-3-mulheres-em-todo-o-mundo-sofre-viol%C3%AAncia

[3] DUARTE, Luís Roberto Cavalieri. **Violência doméstica e familiar**. São Paulo: Almedina, 2022, p. 177.

A era digital, embora tenha trazido avanços tecnológicos e transformado a comunicação, também deu espaço a novas formas de violência contra a mulher. O suposto anonimato proporcionado pela Internet permite que agressores ocultem suas identidades ao difundir conteúdo ofensivo e ameaçador. Além disso, a rápida disseminação de informações amplifica o alcance da violência, tornando mais difícil seu combate.

As redes sociais também podem ser usadas como ferramentas de controle e humilhação, intensificando relacionamentos abusivos. Além disso, a cultura machista perpetua estereótipos que são reproduzidas nas plataformas digitais, normalizando comportamentos violentos. O amplo acesso às redes sociais e a facilidade de divulgar informações tornam a mulher vulnerável a condutas lamentáveis como, vingança pornográfica e *cyberstalking*.

A despeito da emancipação feminina, a vulnerabilidade da mulher ainda é uma realidade social marcante, situação que é incompatível com um Estado Democrático de Direito. Por isso, é latente a necessidade da desconstrução de estigmas e a busca por uma sociedade mais igualitária e acolhedora. Mudar o cenário atual exige uma abordagem abrangente, envolvendo educação, conscientização, leis rigorosas e políticas que protejam as mulheres na era digital.

1. Reflexões sobre o passado para transformar o futuro

O olhar crítico para o passado nos permite compreender o presente. Como historiadora e estudiosa do Direito, acredito na importância de unir essas perspectivas. Iara Cecília Paiva nos mostra que, em tempos remotos, as mulheres eram reverenciadas como deusas, detentoras do poder mágico de gerar vida, essencial para a subsistência das sociedades agrícolas. Com o início do processo de sedentarização, as disputas por terras férteis e a utilização das primeiras armas de bronze realçaram a importância da força masculina. Nasciam então as primeiras sociedades patriarcais[4].

No contexto colonial brasileiro, a sociedade baseava-se em valores que davam ao homem (fosse ele rico ou pobre) o poder total na família e em

[4] Paiva, Iara Cecília. **A culpa é da Eva? De deusas a pecadoras: mulheres na religião.** São Paulo: Almedina, 2020, p. 161.

sua propriedade, e propagavam como verdades incontestáveis a superioridade masculina e a inferioridade feminina, que se traduzia em submissão da mulher ao homem. A predominância desses valores era geral em toda a Europa desde a Antiguidade e foi sacramentada pelo cristianismo. Em Portugal, além das normas da Igreja Católica, a presença muçulmana na Península Ibérica deixou como herança os hábitos de encerrar e cobrir as mulheres com roupas e véus, sob a alegação de que as protegiam de estranhos. De certo modo esse pensamento se transferiu para o Brasil, onde o *pater familias* era definido como proprietário não só de bens materiais, como também de seus escravos, dos trabalhadores livres e agregados que viviam sob sua autoridade, e também de sua mulher e filhos[5].

Essas heranças históricas moldaram as relações de poder e gênero na sociedade brasileira, e ainda percebemos vestígios dessa mentalidade em nosso cotidiano. A revisão crítica de nossa História é um passo fundamental para construir um futuro mais justo e equitativo para todas as mulheres.

Ainda hoje o que vemos no Brasil é a seguinte configuração: a referência fundamental da construção social do gênero masculino é sua atividade na esfera pública, tornando-o concentrador dos valores materiais, o que faz dele provedor e protetor da família. Em contrapartida, à mulher é reservado o espaço familiar e a maternidade.

Como resultado, essa tradicional divisão de espaços reflete-se na distribuição da violência, com homens frequentemente sendo vítimas de violência no espaço público, enquanto a violência contra a mulher é mais comumente perpetuada no âmbito doméstico, muitas vezes pelo próprio parceiro. Ainda há quem enxergue a mulher como alguém que nasceu para procriar e estar dentro de casa. Enquanto aos homens é dado incentivo e tempo para estudar e trabalhar, a mulher é condicionada a cuidar do lar e dos filhos. Há ainda um aspecto que precisa ser lembrado: ainda hoje as atividades domésticas, de cuidados com a casa e com os filhos ("do lar") são vistas como inferiores. Ao passo que as atividades desempenhadas na esfera pública, notadamente pelos homens, e que geram proveitos econômicos, são consideradas mais importantes. O mercado de

[5] Mesgravis, Laima. **História do Brasil colônia**. São Paulo: Contexto, 2021, p. 54.

trabalho, criado sob o molde capitalista, mantém o padrão hegemônico, porquanto criado dentro da cultura machista e patriarcal, contribuindo para a perpetuação da exclusão e do afastamento da autonomia financeira da mulher[6].

O curioso é que essa situação é paradoxal pois, embora não haja reconhecimento, as mulheres desempenham um papel fundamental na preservação e na transmissão das memórias de suas famílias e de suas comunidades. Geralmente é a mulher quem conta as histórias dos antepassados e quem transmite as tradições e os costumes familiares. Se pensarmos bem, trata-se de verdadeiro patrimônio imaterial.

Mesmo as mulheres que alcançam postos de liderança em suas carreiras enfrentam dificuldades decorrentes da sua condição de ser mulher. Como bem expressado por Ana Cláudia Ruy Cardia Atchabahian, as mulheres pesquisadoras produzem mais tardiamente porque precisam conciliar cuidados com os filhos, atividades domésticas, profissionais e vida acadêmica, sem contar a própria saúde mental e física. Essa situação seria diferente se houvesse o entendimento de que os cuidados domésticos e com os filhos são, de fato, do casal, e não somente da mulher.

Se a desigualdade já era evidente, isso se acentou durante a pandemia da COVID-19, com a carga de afazeres domésticos recaindo majoritariamente sobre os ombros femininos. No Brasil, a pandemia ainda foi acirrada pelo pandemônio político crescente que, a um só tempo, enfraqueceu a ciência e a pesquisa e ainda estimulou preconceitos de gênero[7].

Felizmente a visão das pessoas sobre essa temática vem mudando e as redes sociais têm desempenhado um papel crucial nessa mudança. Perfis que tratam sobre feminismo, patriarcado, direitos das mulheres e masculinidade tóxica ganham espaço e difundem ideias transformadoras. A educação positiva também tem sido uma aliada importante ao ensinar meninos a respeitar as meninas, bem como encorajar as meninas a valorizarem a si mesmas, escolhendo livremente o que desejam para suas vidas.

[6] DUARTE, Luís Roberto Cavalieri. **Violência doméstica e familiar**. São Paulo: Almedina, 2022, p. 177.

[7] ATCHABAHIAN, Ana Cláudia Ruy Cardia; PAMPLONA, Danielle; FACHIN, Melina Girardi. **Mulheres, direitos humanos e empresas**. São Paulo: Almedina, 2023, p. 17-18.

É fundamental destacar que a masculinidade tóxica prejudica não apenas as mulheres, mas toda a sociedade. Hoje muitos pais estão se conscientizando da importância da educação emocional. Diferentemente da abordagem tradicional, que recorria à violência, ameaça e distanciamento emocional como ferramentas, a atual geração de pais está focada em ensinar meninos e meninas a lidarem de forma saudável com suas emoções.

Essa mudança de mentalidade é crucial para construir uma sociedade mais igualitária e justa. O rompimento com estereótipos de gênero ultrapassados e a promoção da educação emocional nos torna capazes de criar uma nova geração de indivíduos que valorizem o respeito, a empatia e a igualdade. Ao unir esforços e disseminar essas práticas, poderemos construir um futuro no qual homens e mulheres desfrutem de suas liberdades e capacidades de forma plena e equitativa.

2. Proteção internacional

Em 1993 realizou-se em Viena a *Conferência Mundial sobre Direitos Humanos*, que inovou ao reconhecer formalmente a violência contra as mulheres como uma das formas de violação dos direitos humanos.

Conforme disposto no item 18 da Conferência, "os direitos humanos das mulheres e das meninas são inalienáveis e constituem parte integral e indivisível dos direitos humanos universais". O mesmo item dispõe também que "os direitos humanos das mulheres devem ser parte integrante das atividades das Nações Unidas na área dos direitos humanos, que devem incluir a promoção de todos os instrumentos de direitos humanos relacionados à mulher". Ainda, insta todos os governos, instituições governamentais e não governamentais a intensificarem seus esforços em prol da proteção e promoção dos direitos humanos da mulher e da menina.

A partir desta Conferência, os países-membros da ONU e as organizações da sociedade civil trabalham para a eliminação da violência contra a mulher, que também é reconhecida como um problema de saúde pública.

No âmbito da Organização dos Estados Americanos, a *Convenção Interamericana para Prevenir, Punir e Erradicar a Violência contra a Mulher*, realizada em 1994 em Belém do Pará, assim dispôs[8]:

> "Afirmando que a violência contra a mulher constitui violação dos direitos humanos e liberdades fundamentais e limita todas ou parcialmente a observância, gozo e exercício de tais direitos e liberdades;
> Preocupados por que a violência contra a mulher constitui ofensa Contra a dignidade humana e é manifestação das relações de poder historicamente desiguais entre mulheres e homens;
> Recordando a Declaração para a Erradicação da Violência contra a Mulher, aprovada na Vigésima Quinta Assembleia de Delegadas da Comissão Interamericana de Mulheres, e afirmando que a violência contra a mulher permeia todos os setores da sociedade, independentemente de classe, raça ou grupo étnico, renda, cultura, idade ou religião, e afeta negativamente suas próprias bases;
> Convencidos de que a eliminação da violência contra a mulher é condição indispensável para seu desenvolvimento individual e social e sua plena e igualitária participação cm todas as esferas devida; e
> Convencidos de que a adoção de uma convenção para prevenir, punir e erradicar todas as formas de violência contra a mulher, no âmbito da Organização dos Estados Americanos, constitui positiva contribuição no sentido de protegeres direitos da mulher e eliminar as situações de violência contra ela (...)".

Tendo em vista o cenário internacional, pontua Flávia Piovesan que a existência de um instrumental internacional de proteção dos direitos humanos das mulheres, por si só, revela um grande avanço, pois indica um consenso acerca da urgência para que seja eliminada a discriminação e a violência contra a mulher e, ao mesmo tempo, para que se promova a igualdade material e substantiva[9].

[8] O Brasil promulgou a referida Convenção por meio do Decreto n. 1.973, de 1º de agosto de 1996. Disponível em: https://www.planalto.gov.br/ccivil_03/decreto/1996/d1973.htm
[9] PIOVESAN, Flávia. **Temas de direitos humanos**. 11. ed. São Paulo: Saraiva, 2018, p. 445.

3. Números da violência no Brasil

Conforme o estudo *Women, Peace and Security Index*[10], da Universidade de Georgetown, que captura e quantifica as três dimensões da inclusão das mulheres (econômica, social e política), justiça (leis formais e discriminação informal) e segurança (nos níveis individual, comunitário e social) em 170 países, o Brasil é o 80º colocado (empatado com Fiji e Suriname). Os melhores países para uma mulher viver são os seguintes: Noruega, Finlândia e Islândia.

Segundo o último relatório divulgado pelo Fórum Brasileiro de Segurança Pública[11], que divulga e monitora os números relacionados à violência contra as mulheres no Brasil, em 2021, 1.341 mulheres foram mortas no Brasil pela condição de serem mulheres. Em 2020 foram 1.354 vítimas. Isso significa que pelo menos três mulheres foram mortas por dia no Brasil em razão da sua condição de ser mulher, ou seja, crime de feminicídio.

Entre 2020 e 2021 houve um acréscimo significativo de 23 mil novos chamadas de emergência para o número 190 das polícias militares solicitando atendimento para casos de violência doméstica, com variação de 4% de um ano para o outro. Mas o que esses números significam? Na prática indica que em 2021 pelo menos uma pessoa ligou para o 190 por minuto para denunciar agressões decorrentes de violência doméstica.

Como a polícia militar lida com as chamadas recebidas em contexto de violência doméstica e como ocorre o atendimento às vítimas, ainda é uma questão a ser explorada. O que se pode depreender, no entanto, é que mais pessoas têm procurado as instituições policiais em busca de ajuda, o que pode indicar: a) que as mulheres têm sofrido mais violência; ou b) que as pessoas estão menos tolerantes às violências cometidas contra a mulher no âmbito doméstico (lembrando que a ligação para a emergência não precisa ser feita pela vítima, podendo ser um vizinho, um familiar ou um conhecido).

[10] Disponível em: https://g1.globo.com/dia-das-mulheres/noticia/2022/03/08/veja-quais-os-melhores-e-os-piores-paises-para-ser-mulher-nos-quesitos-inclusao-justica-e-seguranca.ghtml

[11] Disponível em: https://forumseguranca.org.br/anuario-brasileiro-seguranca-publica/

4. Antecedentes da Lei Maria da Penha

Muito embora sob uma aparente neutralidade inspirada pelo princípio da igualdade formal, o direito anterior à Constituição de 1988 era baseado em classificações binárias: homem x mulher, heterossexual x homossexual, branco x negros/índios, adulto x criança/adolescente/idoso, são x doente, proprietário x sem posses. O sujeito de direito, portanto, era homem, heterossexual, branco, proprietário, são e adulto. A luta das mulheres contra esse estado de coisas não é só uma luta por identidade, mas por reconstrução e transformação das identidades históricas que herdaram[12].

O ano de 1998 foi um marco no combate à violência contra a mulher no Brasil. Naquele ano, Maria da Penha Maia Fernandes, farmacêutica bioquímica, que foi vítima de dupla tentativa de feminicídio por parte de seu marido, Marco Antonio Heredia Viveros (ele deu um tiro em suas costas enquanto ela dormia, o que a deixou paraplégica), conseguiu denunciar seu caso para a CIDH/OEA – Comissão Interamericana de Direitos Humanos da Organização dos Estados Americanos[13].

Os fundamentos da denúncia foram os seguintes: a) o primeiro julgamento do seu marido e ofensor ocorreu somente oito anos após o crime. O agressor foi condenado a quinze anos de prisão mas, devido a recursos, permaneceu em liberdade; b) o segundo julgamento ocorreu treze anos após o crime. Seu ex-marido e ofensor foi condenado a dez anos e seis meses de prisão. Contudo, sob a alegação de irregularidades processuais por parte dos advogados de defesa, mais uma vez a sentença não foi cumprida.

Mesmo diante de um litígio internacional, o qual trazia uma evidente violação de direitos humanos e deveres protegidos por tratados aos quais o próprio Brasil aderiu, como a *Convenção Interamericana para Prevenir,*

[12] Ferraz, Carolina Valença. **Manual dos direitos da mulher.** *São Paulo:* Saraiva, 2013. Disponível em: Minha Biblioteca.

[13] O Instituto Maria da Penha disponibiliza informações sobre o caso "Maria da Penha" e tem como objetivo contribuir e fortalecer mecanismos para coibir e prevenir a violência doméstica e familiar contra a mulher. Disponível em: https://www.institutomariadapenha.org.br/quem-e-maria-da-penha.html

Punir e Erradicar a Violência Contra a Mulher, o Estado brasileiro permaneceu omisso e não se pronunciou durante o processo.

Então, em 2001, após receber quatro ofícios da CIDH/OEA, o Brasil foi responsabilizado por negligência, omissão e tolerância em relação à violência doméstica praticada contra as mulheres brasileiras. A Comissão considerou o Estado brasileiro responsável por ter falhado com o dever de observância das obrigações por ele assumidas (ao tomar parte da *Convenção Interamericana para Prevenir, Punir e Erradicar a Violência Contra a Mulher*, de 1994), e também com o dever de condenar todas as formas de violência contra a mulher, seja pelo insucesso em agir, seja pela tolerância com a violência. A ineficiência seletiva do sistema judicial brasileiro, em relação à violência doméstica, foi tida como evidência de tratamento discriminatório para com a violência de gênero (§§ 55 e 56).

A história de Maria da Penha significava mais do que um caso isolado: era um exemplo do que acontecia sistematicamente no Brasil sem que os agressores fossem punidos. Assim, a CIDH deu as seguintes recomendações ao Estado brasileiro:

a) Concluir, rápida e efetivamente, o processamento penal do responsável pela agressão e tentativa de homicídio.
b) Proceder a uma investigação séria, imparcial e exaustiva a fim de determinar a responsabilidade pelas irregularidades e atrasos injustificados que impediram o processamento rápido e efetivo do agressor, bem como tomar as medidas administrativas, legislativas e judiciárias correspondentes.
c) Adotar, sem prejuízo das ações que possam ser instauradas contra o ofensor, as medidas necessárias para que o Estado assegure à vítima adequada reparação simbólica e material pelas violações aqui estabelecidas, particularmente por sua falha em oferecer um recurso rápido e efetivo, por manter o caso na impunidade por mais de quinze anos, e por impedir com esse atraso a possibilidade oportuna de ação de reparação e indenização civil.
d) Prosseguir e intensificar o processo de reforma que evite a tolerância estatal e o tratamento discriminatório com respeito à violência doméstica contra mulheres no Brasil.

A CIDH recomendou particularmente o seguinte:

a) Medidas de capacitação e sensibilização dos funcionários judiciais e policiais especializados para que compreendam a importância de não tolerar a violência doméstica.
b) Simplificar os procedimentos judiciais penais a fim de que possa ser reduzido o tempo processual, sem afetar os direitos e garantias de devido processo.
c) O estabelecimento de formas alternativas às medidas judiciais, como a adoção de práticas de solução de conflitos intrafamiliares, bem como educação quanto à gravidade dos atos cometidos e as consequências penais.
d) Multiplicar o número de delegacias policiais especiais para a defesa dos direitos da mulher e dotá-las dos recursos especiais necessários à efetiva tramitação e investigação de todas as denúncias de violência doméstica, bem como prestar apoio ao Ministério Público.
e) Incluir em seus planos pedagógicos unidades curriculares destinadas à compreensão da importância do respeito à mulher e a seus direitos reconhecidos na Convenção de Belém do Pará, bem como ao manejo dos conflitos intrafamiliares.

Era preciso tratar o caso de Maria da Penha como uma violência contra a mulher em razão do seu gênero, ou seja, o fato de ser mulher reforça não só o padrão recorrente desse tipo de violência, mas também acentua a impunidade dos agressores.

Diante da falta de medidas legais e ações efetivas, como acesso à justiça, proteção e garantia de direitos humanos a essas vítimas, em 2002 foi formado um consórcio de ONGs feministas para a elaboração de uma lei de combate à violência doméstica e familiar contra a mulher.

Após muitos debates com o Legislativo, o Executivo e a sociedade, o Projeto de Lei n. 4.559/2004, da Câmara dos Deputados, foi aprovado por unanimidade em ambas as casas legislativas. Assim, em 7 de agosto de 2006, foi sancionada a Lei n. 11.340, batizada de "Lei Maria da Penha". Considerando que uma das recomendações da CIDH foi reparar Maria da Penha tanto material quanto simbolicamente, o governo do Ceará pagou a ela uma indenização e o governo federal batizou a lei com o seu nome como reconhecimento de sua luta contra as violações dos direitos humanos das mulheres.

Esta lei representa um marco na luta contra a violência doméstica no Brasil, fortalecendo a proteção às mulheres e visando reverter a cultura machista que perpetua a impunidade e a violência de gênero. Desde sua implementação, a lei tem sido fundamental na conscientização da sociedade sobre a violência contra a mulher. Para tanto, é necessário educar a população por meio de campanhas contra a violência doméstica, a fim de promover uma mudança cultural que resulte na erradicação da violência contra as mulheres.

A prevenção da violência de gênero é necessária para que ela não ocorra, mas, se vier a ocorrer, os serviços essenciais devem atender às necessidades de mulheres e meninas, e a justiça deve ser implacável na defesa destes direitos.

O art. 6º da lei dispõe que "a violência doméstica e familiar contra a mulher constitui uma das formas de violação dos direitos humanos". Hoje o Brasil é signatário de todos os tratados internacionais que visam reduzir e combater a violência de gênero.

Além da demora para elaborar uma lei específica (o Brasil foi o 18º país da América Latina a elaborar uma norma de proteção integral à mulher), a Lei Maria da Penha, desde que entrou em vigor, sofreu uma série de detrações, até mesmo chegando ao ponto de ser considerada, por setores do sistema de justiça e parte da sociedade, como inconstitucional. Em razão disso, em dezembro de 2007, o então Presidente da República ajuizou a Ação Declaratória de Constitucionalidade n. 19, perante o STF, com pedido de liminar, no sentido de serem reconhecidos harmônicos com a Constituição os artigos 1º, 33 e 41 da lei. Os Ministros do STF, assim como a Procuradoria-Geral da República, concluíram, ao final do julgamento, pela constitucionalidade da lei.

Destaco que a Lei Maria da Penha foi reconhecida pela ONU como uma das três melhores legislações do mundo no combate à violência doméstica[14]. Por fim, o advento desta lei nos leva à conclusão de que o

[14] PINTO, Alessandra Calabresi. **Direitos das Mulheres.** São Paulo: Almedina, 2020, p. 82.

reconhecimento das mulheres como sujeitos de direitos, tendo por fundamento o princípio da dignidade humana, é fato recente e, mais recente ainda é a produção de um direito voltado para a promoção de uma vida sem violência, rompendo com um ordenamento jurídico calcado na submissão das mulheres às práticas e culturas patriarcais, em especial à violência nas relações familiares[15].

5. Espécies de violência previstas na Lei Maria da Penha

A violência é um fenômeno social global, que atinge as esferas pública e privada, estando seu conceito em constante mutação, uma vez que várias atitudes e comportamentos passaram a ser considerados como formas de violência[16]. A esse respeito, foi muito oportuna a previsão do art. 5º da Lei n. 11.340/2006 (Lei Maria da Penha), que configura violência doméstica e familiar contra a mulher qualquer ação ou omissão baseada no gênero que lhe cause morte, lesão, sofrimento físico, sexual ou psicológico e dano moral ou patrimonial.

Pode se dar tanto no âmbito da unidade doméstica (compreendida como o espaço de convívio permanente de pessoas, com ou sem vínculo familiar, inclusive as esporadicamente agregadas), quanto no âmbito da família (compreendida como a comunidade formada por indivíduos que são ou se consideram aparentados, unidos por laços naturais, por afinidade ou por vontade expressa) e, ainda, em qualquer relação íntima de afeto, na qual o agressor conviva ou tenha convivido com a ofendida, independentemente de coabitação.

A meu ver, uma das mais importantes contribuições que a Lei Maria da Penha trouxe ao enfrentamento da violência contra a mulher foi a definição das diversas formas de violência doméstica e familiar a que uma mulher pode ser submetida. Entendo que isso foi fundamental para ampliar o debate sobre o tema, uma vez que, de modo geral, as pessoas tendem a relacionar violência somente com a violência física. Assim, a lei foi clara e educativa ao dispor que há cinco tipos de violências:

[15] Soares, Inês Virgínia (et al.). **Mulheres, Direito e protagonismo cultural. São Paulo:** Almedina, 2022, p. 60.

[16] Jesus, Damásio de. **Violência contra a mulher**. *2. ed. São Paulo:* Saraiva, 2015. Disponível em: Minha Biblioteca.

a) *Violência física*: qualquer conduta que ofenda a integridade ou saúde corporal da mulher. Exemplos: empurrar, beliscar, espancar, atirar objetos, apertar os braços, ferir usando objetos, fogo ou arma de fogo, torturar, asfixiar.
b) *Violência psicológica*: qualquer conduta que cause dano emocional e diminuição da autoestima ou que prejudique e perturbe o pleno desenvolvimento ou que vise degradar ou controlar ações, comportamentos, crenças e decisões, mediante ameaça, constrangimento, humilhação, manipulação, isolamento, vigilância constante, perseguição contumaz, insulto, chantagem, violação de sua intimidade, ridicularização, exploração e limitação do direito de ir e vir ou qualquer outro meio que cause prejuízo à saúde psicológica e à autodeterminação. Exemplos: omitir ou distorcer fatos a fim de criar dúvidas na vítima sobre sua própria memória ou sanidade mental.
c) *Violência sexual*: qualquer conduta que constranja a mulher a presenciar, a manter ou a participar de relação sexual não desejada, mediante intimidação, ameaça, coação ou uso da força, que a induza a comercializar ou a utilizar a sua sexualidade, que a impeça de usar qualquer método contraceptivo ou que a force ao matrimônio, à gravidez, ao aborto ou à prostituição, mediante coação, chantagem, suborno ou manipulação, ou que limite ou anule o exercício de seus direitos sexuais e reprodutivos. Exemplo: exigir que a mulher se submeta a um aborto, obrigar a mulher a se casar alegando que irá sustentar sua família.
d) *Violência patrimonial*: qualquer conduta que configure retenção, subtração, destruição parcial ou total de seus objetos, instrumentos de trabalho, documentos pessoais, bens, valores e direitos ou recursos econômicos, incluindo os destinados a satisfazer suas necessidades. Interferir diretamente em bens, direitos e/ou recursos econômicos que satisfaçam as necessidades da vítima. Exemplos: controlar dinheiro, deixar de pagar pensão, praticar estelionato.
e) *Violência moral*: qualquer conduta que configure calúnia, difamação ou injúria. Exemplos: xingar, expor a vítima, enviar fotos íntimas para terceiros sem a autorização da mulher, desvalorizar a mulher pelo modo de se vestir.

Todas essas formas de violência são sustentadas pelo pensamento de que a mulher é um ser humano de segunda categoria. Foi esse pensar histórico e atrasado que nos trouxe à situação alarmante de violência contra a mulher que tem marcado o Brasil. O que vemos é uma sociedade que reproduz a subordinação da mulher perante o sexo masculino com base em costumes e em crenças ultrapassadas que são usadas como permissão para a opressão.

6. Novas formas de violência contra a mulher na era digital

De fato, a era digital trouxe consigo inúmeros avanços tecnológicos e transformou a forma como nos comunicamos e interagimos. Contudo, essa revolução tecnológica também abriu espaço para novas formas de violência contra a mulher. Entre as principais manifestações dessa violência, destacam-se:

a) *Cyberstalking e perseguição virtual*: através das redes sociais e dos meios de comunicação online, agressores perseguem e assediam mulheres virtualmente. Isso pode incluir o envio de mensagens ofensivas, ameaçadoras ou difamatórias, a divulgação não consensual de imagens íntimas e o monitoramento constante das atividades da vítima.

b) *Difamação e exposição pública*: a disseminação de informações falsas ou difamatórias por meio da Internet pode causar sérios danos à reputação e integridade das mulheres. Boatos, calúnias e ataques virtuais podem levar a consequências devastadoras, afetando a vida pessoal, profissional e emocional das vítimas.

c) *Anonimato e impunidade online*: a Internet oferece certo grau de anonimato, o que pode encorajar os agressores a se sentirem protegidos e impunes. Os relacionamentos abusivos também se estendem ao mundo virtual, por exemplo: os agressores podem utilizar plataformas digitais para controlar e ameaçar suas parceiras, invadindo sua privacidade, monitorando suas atividades online e exigindo que compartilhem senhas e informações pessoais.

d) *Sextorsão e vingança pornográfica*: a prática da sextorsão envolve a coerção de mulheres para que enviem imagens íntimas, bem como ameaça de divulgação dessas imagens caso não cumpram as exigências do agressor. Já a vingança pornográfica consiste na divulgação não consensual de imagens e vídeos íntimos, a fim de constranger, humilhar e envergonhar a vítima.

e) *Desigualdade de gênero*: a violência contra as mulheres na Internet é um reflexo da desigualdade de gênero que ainda persiste na sociedade. A misoginia, o machismo e a objetificação das mulheres são perpetuados *online*, alimentando a violência contra as mulheres.
f) *Uso abusivo das redes sociais*: as redes sociais podem ser usadas como ferramentas de assédio e violência contra as mulheres. A disseminação de discurso de ódio, a intimidação e o assédio online são exemplos de comportamentos abusivos que ocorrem nas redes sociais.

A violência contra a mulher na era digital tem efeitos devastadores para as vítimas, afetando sua saúde física, emocional e psicológica. Além disso, as consequências podem se estender para a esfera social e profissional, prejudicando a vida das mulheres de maneira ampla. Os danos decorrentes dessas formas de violência incluem:

a) *Traumas psicológicos*: a exposição a agressões e ameaças pode causar transtornos de ansiedade, depressão e estresse pós-traumático nas vítimas, impactando negativamente sua qualidade de vida e bem-estar emocional.
b) *Isolamento social:* a vergonha e o medo de serem julgadas ou de sofrerem retaliação podem levar as vítimas a se isolarem, evitando a interação social e o compartilhamento de suas experiências, dificultando assim o acesso a apoio e suporte.
c) *Prejuízos profissionais e educacionais*: a exposição de informações difamatórias ou íntimas pode ter implicações graves na vida profissional e educacional das vítimas, levando à perda de emprego, evasão escolar e dificuldades de inserção no mercado de trabalho.
d) *Riscos à segurança física*: a violência online pode transcender para a esfera física, com agressores que usam a Internet para planejar ataques, perseguir e ferir suas vítimas.

7. Tratamento penal

O Código Penal tem dispositivos que tratam de algumas condutas relacionadas à violência contra a mulher cometida por meio virtual. Tendo em vista a limitada extensão do artigo em tese, optei por analisar os arts. 218-C e 147-A do Código Penal, pois, a meu ver, são os mais relevantes em se tratando de violência contra a mulher na era digital[17].

7.1. Vingança pornográfica (*revenge porn*)

Previsto no art. 218-C do Código Penal[18], este dispositivo foi acrescentado ao estatuto penal por meio da Lei n. 13.718/2018.

Para o objeto deste estudo nos interessa a conduta prevista na segunda parte do preceito primário do dispositivo penal, ou seja, "divulgar cena de sexo, nudez ou pornografia sem o consentimento da vítima". A salvaguarda legal se volta, neste caso, à proteção da dignidade sexual da vítima, sua honra e intimidade.

O crime ocorre quando a ação é praticada sem o consentimento (nesse caso expresso) da vítima. Não se admite consentimento tácito para a divulgação de cenas envolvendo atos sexuais consentidos. Trata-se de condutas praticadas de maneira privada, no seio da intimidade das pessoas envolvidas, subentendendo-se que a revelação a terceiros é indesejada pelos sujeitos.

[17] Para a redação da análise penal lancei mão da obra do Promotor de Justiça e amigo de longa data, André Estefam. Optei por esta obra porque, a meu ver, o autor une a experiência prática à didática de professor, oferecendo ao leitor uma análise segura e atualizada sobre a matéria. ESTEFAM, André. **Direito penal**: *parte especial. Volume 2. 10. ed. São Paulo: Saraiva, 2023.* Disponível em: Minha Biblioteca.

[18] Art. 218-C. Oferecer, trocar, disponibilizar, transmitir, vender ou expor à venda, distribuir, publicar ou divulgar, por qualquer meio – inclusive por meio de comunicação de massa ou sistema de informática ou telemática -, fotografia, vídeo ou outro registro audiovisual que contenha cena de estupro ou de estupro de vulnerável ou que faça apologia ou induza a sua prática, ou, sem o consentimento da vítima, cena de sexo, nudez ou pornografia:
Pena – reclusão, de 1 (um) a 5 (cinco) anos, se o fato não constitui crime mais grave.
Aumento de pena
§ 1º A pena é aumentada de 1/3 (um terço) a 2/3 (dois terços) se o crime é praticado por agente que mantém ou tenha mantido relação íntima de afeto com a vítima ou com o fim de vingança ou humilhação.

O fato de alguém concordar em ser filmado ou fotografado pelo parceiro durante um ato sexual não implica consentimento à divulgação do registro efetuado (a não ser, obviamente, que se cuide de registro efetuado em tempo real, com transmissão para terceiros, tendo todos plena consciência disso).

Note que o crime em comento é expressamente subsidiário, ou seja, em se tratando de divulgação de cena que retrate pessoa menor de 18 anos, a conduta se subsume ao tipo penal previsto no art. 241-A do ECA, apenado com reclusão, de 3 a 6 anos, e multa. O fato somente é punido na forma dolosa, seguindo a diretriz do art. 18 do Código Penal, que estipula a excepcionalidade do crime culposo. Só incorre no delito, portanto, a pessoa que tem consciência e vontade de divulgar a terceiros o conteúdo mencionado no dispositivo legal.

Por se tratar de delito comum, qualquer pessoa pode figurar como sujeito ativo. Aquele que recebe o material ou o acessa não incorre na infração, a não ser que tenha, de algum modo, participado do ato anterior (por exemplo, o sujeito que induz alguém a filmar sua parceira em cena de sexo para lhe exibir o registro audiovisual obtido). O sujeito passivo é a pessoa retratada, que teve sua honra, dignidade sexual e intimidade ilicitamente expostas com a divulgação das cenas, fotografias ou imagens.

Se a pessoa retratada no conteúdo ilegal for pessoa idosa (com idade igual ou superior a 60 anos) ou com deficiência, a pena será aumentada de um a dois terços. A pena será aumentada de um a dois terços se o crime for praticado por agente que mantém ou tenha mantido relação íntima de afeto com a vítima, ou com o fim de vingança ou humilhação. Note, portanto, que há três causas específicas de majoração da pena do crime de divulgação de cena sexual.

A primeira, refere-se à existência de relação íntima de afeto que o agente mantenha ou tenha mantido com a vítima, não importando o gênero delas, bem como a intensidade ou duração do envolvimento. Assim, estão incluídos o casamento, a união estável, o namoro e até mesmo relações mais efêmeras ou fugazes, nas quais tenha havido uma ligação carinhosa (no sentido sexual) entre os envolvidos.

As outras duas exasperantes se referem à motivação: trata-se de agir por vingança, fato conhecido pela expressão *revenge porn* (por exemplo, a atitude de revanchismo em face do inconformismo com o término da relação mantida ou o ciúme pelo fato de o ex-parceiro estar se relacionado com outra pessoa) ou agir por humilhação (com o propósito de expor a vítima, prejudicando sua reputação perante os demais). O crime é de ação penal pública incondicionada.

Por fim, cabe lembrar que a exposição sexual não consentida viola a dignidade da pessoa na vida real e na vida virtual. A imagem da vida real sofre prejuízo posto que as pessoas do relacionamento da vítima (colegas de trabalho, de estudos, familiares e até mesmo gerente de banco, parceiros de academia, frequentadores do supermercado, do grupo religioso) passarão a julgar a vítima e a recriminá-la, muitas vezes isolando-a e banindo-a do convívio. A imagem virtual também será muito impactada, tendo em vista que os vestígios virtuais se manterão, podendo gerar discursos de ódio e preconceito[19].

7.2. Perseguição (*stalking* ou *cyberstalking*)

Previsto no art. 147-A do Código Penal[20], este dispositivo foi acrescentado ao estatuto penal por meio da Lei n. 14.132/2021.

O advento desta lei teve por objetivo primário suprir uma lacuna em nosso ordenamento jurídico, que não punia a conduta de "perseguição", que é tipificada em países, como: França, Itália, Alemanha, Holanda, Canadá, Portugal e Estados Unidos. Trata-se da versão brasileira para a figura conhecida mundialmente como *stalking*. O objetivo da incriminação é salvaguardar a liberdade pessoal, em primeiro plano, além da

[19] Sydow, Spencer Toth; Castro, Ana Lara Camargo de. **Exposição pornográfica não consentida na virtualidade**. 2. ed. São Paulo: Juspodivm, 2023, p. 140.

[20] Art. 147-A. Perseguir alguém, reiteradamente e por qualquer meio, ameaçando-lhe a integridade física ou psicológica, restringindo-lhe a capacidade de locomoção ou, de qualquer forma, invadindo ou perturbando sua esfera de liberdade ou privacidade.
Pena – reclusão, de 6 (seis) meses a 2 (dois) anos, e multa.
§ 1º A pena é aumentada de metade se o crime é cometido:
I – contra criança, adolescente ou idoso;
II – contra mulher por razões da condição de sexo feminino, nos termos do § 2º-A do art. 121 deste Código;
III – mediante concurso de 2 (duas) ou mais pessoas ou com o emprego de arma.
2º As penas deste artigo são aplicáveis sem prejuízo das correspondentes à violência.
§ 3º Somente se procede mediante representação.

integridade psíquica e física das pessoas, tolhidas em sua tranquilidade quando são alvo de uma perseguição reiterada, que invade sua privacidade e prejudica seu bem-estar cotidiano.

Stalking é uma forma de violência na qual o sujeito ativo invade a esfera de privacidade da vítima, repetindo incessantemente a mesma ação por maneiras e atos variados, empregando táticas e meios diversos, como: ligações, mensagens amorosas, presentes não solicitados, permanência na saída da escola ou do trabalho, espera de sua passagem por determinado lugar. A ação nuclear consiste em *perseguir*, ou sela, correr ou partir atrás de alguém, importunando a vítima. A perseguição deve ser reiterada, isto é, repetida insistentemente.

O crime pode ser praticado por qualquer meio, inclusive virtual. Exemplo: incorre na infração o agente que repetidamente fica no encalço da vítima, molestando-a em suas redes sociais, ameaçando sua integridade física ou psicológica.

Só se pune a perseguição cometida de forma dolosa, de tal modo que é preciso voluntariedade na conduta do sujeito e consciência de que segue ou importuna reiteradamente o sujeito passivo. Qualquer que seja o elemento motivador do agente (paixão, admiração, obsessão, remuneração por sua atividade), haverá *stalking* se a conduta implicar ameaça à integridade física ou psíquica ou provocar restrição à capacidade de locomoção ou perturbação da liberdade ou privacidade.

Qualquer pessoa pode figurar como vítima de perseguição. A pena será aumentada pela metade quando a vítima for mulher, e o fato for cometido por razões da condição de sexo feminino. Nesta hipótese, incidirá a Lei Maria da Penha e suas disposições materiais e processuais. A pena é de reclusão, de seis meses a dois anos, e multa. Por fim, trata-se de crime de ação penal pública condicionada à representação.

Conclusões

A violência contra a mulher na era digital é uma questão urgente e complexa que requer uma abordagem jurídica abrangente. É essencial reconhecer as novas formas de agressão mediadas pela Internet e compreender o impacto devastador que esses atos têm na vida das vítimas. Nesse contexto, a proteção das vítimas e a responsabilização dos agressores devem ser prioridades, aliadas a programas de conscientização e educação para prevenir a violência.

A disseminação de informações na Internet trouxe benefícios, mas também se tornou uma ferramenta para propagar violência contra as mulheres, como *cyberstalking* e divulgação não consensual de imagens íntimas. Essas ações podem ter efeitos devastadores na vida das vítimas, causando traumas emocionais e até mesmo levando a consequências extremas, como o suicídio.

O ambiente virtual facilita o anonimato dos agressores, dificultando sua identificação e punição. Além disso, a falta de conscientização sobre a gravidade desse problema e a cultura de tolerância à violência contra as mulheres na Internet são desafios adicionais para prevenir e combater esses atos nocivos.

É fundamental promover a conscientização e a educação em todos os níveis da sociedade, visando construir uma cultura de respeito e igualdade de gênero. Além disso, uma punição efetiva é essencial para a construção de uma sociedade mais igualitária e segura para as mulheres, combatendo com firmeza a violência virtual.

Por meio dessas ações coordenadas poderemos criar um ambiente virtual verdadeiramente seguro e acolhedor para todas as pessoas, onde a violência seja erradicada e os direitos e a dignidade de cada indivíduo sejam respeitados plenamente. Unindo conscientização, educação e punição, estaremos dando passos significativos em direção a uma sociedade mais justa e igualitária para todos, independentemente do gênero.

Referências

ATCHABAHIAN, Ana Cláudia Ruy Cardia; PAMPLONA, Danielle; FACHIN, Melina Girardi. **Mulheres, direitos humanos e empresas**. São Paulo: Almedina, 2023.

DUARTE, Luís Roberto Cavalieri. **Violência doméstica e familiar**. São Paulo: Almedina, 2022.

ESTEFAM, André. **Direito penal**: parte especial. Volume 2. 10. ed. São Paulo: Saraiva, 2023. Disponível em: Minha Biblioteca.

FERRAZ, Carolina Valença. **Manual dos direitos da mulher.** São Paulo: Saraiva, 2013. Disponível em: Minha Biblioteca.

JESUS, Damásio de. **Violência contra a mulher**. 2. ed. São Paulo: Saraiva, 2015. Disponível em: Minha Biblioteca.

MESGRAVIS, Laima. **História do Brasil colônia**. São Paulo: Contexto, 2021.

PAIVA, Iara Cecília. **A culpa é da Eva? De deusas a pecadoras: mulheres na religião.** São Paulo: Almedina, 2020.

PINTO, Alessandra Calabresi. **Direitos das Mulheres**. São Paulo: Almedina, 2020.

PIOVESAN, Flávia. **Temas de direitos humanos**. 11. ed. São Paulo: Saraiva, 2018.

SOARES, Inês Virgínia (et al.). **Mulheres, Direito e protagonismo cultural**. São Paulo: Almedina, 2022.

SYDOW Spencer Toth; CASTRO, Ana Lara Camargo de. **Exposição pornográfica não consentida na virtualidade**. 2. ed. São Paulo: Juspodivm, 2023.